复旦全球史书系·东西之间丛书

董少新 主编

比利时来华圣母圣心会及其荷语汉学家闵宣化（1886—1976）研究

下 册

[比]郑永君／著
(Simon Yongjun Zheng)

新汉学计划出版项目资助

上海古籍出版社

| 下篇 |

闵宣化传教生平及其汉语语言学研究

闵宣化常用的肖像照

图片来源：Butaye-Mullie Family Archive

第三章　闵宣化的生平及其在华传教的足迹

圣母圣心会传教士闵宣化,想必在国内学术界并非是耳熟能详的学者。他在汉学上的贡献,可能以考古学最为国人熟知。他曾在西方学术期刊上发表过数篇涉及辽金遗址考证的研究性文章,并多受中西学界赞誉。其中,《东蒙古辽代旧城探考记》一文曾被译为中文,自1930年出版后,又多次再版发行至今。但是,闵宣化在汉学领域中最杰出之贡献,应属他在汉语语言学研究中的突破。其语言学著作不仅使他长期作为圣母圣心会汉语学习的领路人,更让其成为荷语汉学界一位具有鲜明代表性的重量级学者。

闵宣化在汉学研究上得以有所作为,则须归功于他在热河二十二年的传教生涯。对其生平的研究,不仅可以揭示出二十世纪上半叶圣母圣心会传教士在华的传教活动和生活特点,也可让我们了解到一名比利时传教士汉学家的成长过程。圣母圣心会史学家贺歌南在1979年撰写的《纪念传教士闵宣化神父》("In Memoriam Z. E. Pater J. Mullie")一文,虽仅10页,但却是目前为止对闵宣化生平最为具体的叙述。该文被收录在比利时《全国人物大辞典》(*Nationaal Biografisch Woordenboek*)中,为后人研究闵宣化的生平奠定了基础。①

本章将贺歌南的文章作为论述线索,再以原始西文史料为基础,对闵宣化的生平进行深入考证。文中涉及的一手史料基本来自鲁汶大学天主教文献研究中心(KADOC)所收藏的圣母圣心会档案。档案中包括闵宣化的往来信件、手稿、日记等。除此之外,比利时和荷兰分别出版的圣母圣心会年鉴(比利时版名为:*Missiën van Scheut: maandschrift der Kongregatie van het Onbevlekt Hart van Maria*;荷兰版名为:*Annalen der Missionarissen van Sparrendaal*)以及贺歌南以荷兰文撰写的 9 卷《东蒙古教区史料汇编》(*Documentatie betreffende de missiegeschiedenis van Oost-Mongolië*)也是本章主要的参考资料。

第一节 赴华之前的闵宣化

一、由高师带领的中学生

闵宣化西文全名 Jozef Lodewijk Maria Mullie,署名多为 Jos Mullie,于 1886 年 2 月 14 日在西弗拉芒省(West Vlaanderen)的圣德奈斯(St. Denijs)小镇出生,闵氏的祖孙三代都是比利时西弗拉芒省人。父亲保罗(Paul Mullie)为小型工厂主,于 1853 年 11 月 28 日出生于圣德奈斯,1922 年 10 月 31 日在科特赖克(Kortrijk)去世。母亲菲利斯(Felice Debandt),1858 年 5 月 1 日出生于西弗拉芒省的佛兰麦廷(Vlamertinge),在闵宣化 7 岁时,

---

① J. Van Hecken, "In memoriam Z. E. Pater J. Mullie," Brussels: Jaarboek van de koninklijke Academie voor wetenschappen, letteren en schone kunsten van Belgie, 1979, pp. 294 - 303; J. V. Hecken, "Jozef L. M. Mullie, missionaris, filoloog en sinoloog," in J. Duverger, eds. , *Nationaal Biografisch Woordenboek*, Vol. VIII, pp. 517 - 532.

第三章 闵宣化的生平及其在华传教的足迹

即1893年3月2日在圣德奈斯去世。①

关于其姓氏"牟里"（Mullie）的起源，闵宣化自己有所考证。在1968年10月3日的一篇油印手稿中，他指出此姓氏可能是由法国姓氏"德牟里尔"（Des Mulliers）演变而来，最初起源于一个位于法国德牟里尔村的农场家庭里。虽该姓氏何时诞生无从知晓，但有资料表明，1388年在法国的瓦特勒洛（Wattrelos）已有三人冠有此姓，说明此姓氏由来已久。②

闵宣化的小学时期是在圣德奈斯小镇上度过的，随后于1897年进入位于梅嫩（Menen）的圣类思中学（Sint-Aloysiuscollege），1898年又转入在科特赖克的圣阿曼中学（Sint-Amandscollege），于1903年完成了六年的中学学业。

在圣阿曼中学里，闵宣化遇到了他的诗歌课老师西栽尔神父（Caesar Gezelle，1875—1939）。③ 西栽尔的出现，让少年时期的闵

---

① Gegevens betreffendeden Ambtenaar/Arbeidscontractant, Archive Nr.：T. I. a. 9. 1. 2. 4., Documentatie- en Onderzoekscentrum voor Religie, Cultuur en Samenleving (KADOC)，KU Leuven。另，在该份文件中，闵宣化把自己的生日写成1866年，实为笔误。因为在一篇题为"Prof. Jos. Mullie, Missionaris en Sinoloog"的新闻报道中，有一处他亲笔改动自己生日的手迹，确定其出生日期为1886年2月14日。除此之外，与其父亲的年龄相比较，闵宣化在1886年出生也更为合理。参见Prof. Jos. Mullie, "Missionaris en Sinoloog," Oct. 22, 1938, Archive Nr.：T. I. a. 9. 3., Documentatie- en Onderzoekscentrum voor Religie, Cultuur en Samenleving (KADOC), KU Leuven.

② Mullie, Gilbert, Aristide, Joseph, Oct. 3, 1968, Archive Nr.：T. I. a. 9. 3., Documentatie- en Onderzoekscentrum voor Religie, Cultuur en Samenleving (KADOC), KU Leuven.

③ 西栽尔·赫斋勒（Caesar Gezelle），1875年10月23日出生在西弗拉芒省的莫塞勒（Moorsele），在布鲁日的圣路易中学（St-Lodewijks college）完成学业后进入布鲁日神学院，1899年晋铎之后到鲁汶大学攻读哲学和文学，后进入科特赖克的圣阿曼中学教书（1900—1913）。1913年起在伊珀尔（Yperen/Ieper）的圣马尔定堂区（Sint-Maartensparochie）担任副本堂。1914年迁入法国，1919年回比之后任鲁斯博格（Roesbrugge）堂区副本堂兼任圣家修女会女子寄宿宿舍（Het meisjespensionaat va H. Familie）的神师主任。1921年回到伊珀尔，1933年因健康原因退休，后居住在莫塞勒，直到1939年2月11日在当地去世。参见"Caesar Gezelle, Priester-dichter en levensbeschrijver van zijn oom Guido," (Feb. 14, 1939), *De Maasbode*, p. 5.

图 3-1　闵宣化就读的高中——圣阿曼中学

图片来源：Stad Kortrijk Beeldbank

宣化萌生了对语言学最初的兴趣。1939 年 12 月 20 日刊登在《玛斯伯德报》(De Maasbode)上的一篇文章这样写道：

> 闵宣化的中学在科特赖克的圣阿曼中学里完成。在诸多的老师中，他有幸成为了才华横溢的西栽尔神父的学生。西栽尔神父是闵宣化诗歌课的老师，对他的学生有着极大的影响力。①

西栽尔的伯父，是比利时弗拉芒省家喻户晓的诗人和作家希都神父(Guido Gezelle，1830—1889)。② 当时比利时以法语为上流语言，希都神父却大力倡导学界用比利时北部通用语言——弗

---

① "Prof. J. L. M. Mullie, Missionaris van Scheut hoogleeraar te Utrecht," (Sep. 12, 1939), De Maasbode, p. 3.

② 关于希都神父的生平、思想和作品，参见 Paul Vincent, eds, Poems of Guido Gezelle - A Bilingual Anthology，London：UCL Press, 2016.

拉芒语（Flemish，比利时的荷兰语）来撰写文学作品。西栽尔极为认同其伯父的行为，不但通过写作积极推广希都的文学作品和思想，还追随他大力推广弗拉芒语在文学领域上的应用，以诗歌等文学形式进行社会宣传，试图以此提升弗拉芒语在比利时知识阶层中的地位。1939年刊登在《玛斯伯德报》上的一篇西栽尔神父的讣闻中有如下文字：

> 西栽尔完成了他的神职学业之后，在鲁汶大学又攻读了哲学和文学，然后在科特赖克教书……在文学创作的道路上，西栽尔历尽艰难，他想要延续一个天才的名声是不容易的。不可否认，他的伯父对他的诗作有着巨大的影响。……他同时又作为一个宣传者，让伯父希都神父的作品越来越被人们所熟识。①

西栽尔对弗拉芒语文学的推崇，以及他的言传身教，潜移默化地影响了学生时代的闵宣化。闵宣化对语言知识的追求，在他与西栽尔的好友——克拉耐斯特神父（Jan Craeynest，1858—1929）的通信中就较为明显地体现了出来。② 在1899年3月7日的一封信中，克拉耐斯特这样告诉闵宣化：

> 如果你以后想学习古荷兰语，你就要先以日耳曼语入手。

---

① "Caesar Gezelle, Priester-dichter en levensbeschrijver van zijn oom Guido," (Feb. 14, 1939), *De Maasbode*, p. 5.
② 克拉耐斯特神父（Jan Craeynest）是闵宣化诗歌老师西栽尔神父的朋友，当时也积极推广弗拉芒语。关于克拉耐斯特神父的生平，通过他去世时的一张题为"为克拉耐斯特神父的灵魂祈祷"（Bid God voor de ziel, van Zeer eerwaarde Heer Jan Craeynest）的通功单（即在教会内的讣告，一般印在天主教小型圣像画的反面，可以了解到：他于1858年3月1日出生在东路瑟贝克（Oost-Rooseboke），1882年8月27日在比利时的布鲁日晋铎。1883年9月14日进入布鲁日的圣路易中学教书。1892年任穆斯克龙（Moescroen）堂区的副本堂，1900年5月6日任布鲁日监狱的指导司铎。1904年10月19日任布鲁日圣弥额尔（St-Michiels）堂区本堂。1929年4月23日，突发疾病逝世。

即便沃尔古力教授(Jozef Vercoullie)①的《语法学习总要》(*Algemeene inleiding tot de taalkunde*)这本书你不是全部都能看懂,但它能让你对印欧语言,特别是日耳曼语有一个宏观的了解。

你现在需要做的,是学习古日耳曼语,特别是哥特语。买一本布劳俄(Wilhelm Braune)的《哥特语语法》(*Gotische Grammatik*),认真地多读几遍,从中你能找到打开许多知识的钥匙。另外一本非常好的著作是斯特莱特贝格(Wilhelm Streitberg)的《原始日耳曼语语法》(*Urgermanische Grammatik*),同样诺伦(Adolf Noreen)的《原始日耳曼语音位学》(*Abriss der urgermanischen Lautlehre*)也是一本好书。恒瑞(Victor Henry)用法语写的《拉丁语与希腊语的语法比较》(*Précis de grammaire comparée du Grec et du Latin*)你也可以读。他是在印欧语的基础上把拉丁语和希腊语的语法进行比较。……不容置疑,以后你还要学习更古老的著作,你可以在《比考尔夫》(*Biekorf*)这本杂志中,找到相关的信息。②

在这封长达七页的信中,克拉耐斯特不但推荐给闵宣化多种语言学书籍来参考,并且还指导他阅读和学习这些著作的方法。通过这封信我们也可以知道,中学时代的闵宣化,已经对印欧语语法学、历史比较语言学、方言学等学科产生了浓厚的兴趣,并掌握

---

① 沃尔古力(Jozef Vercoullie, 1857—1937),比利时西弗拉芒省人,语言学教授和政治家。在根特大学教授荷兰语文学(Neerlandistiek)和历史比较语言学(vergelijkende grammatica)。他是在比利时推广荷兰标准国语(Algemeen Beschaafd Nederlands)的领军人物。其生平研究,参见 Pée Willem, "Professor Jozef Vercoullie (1857-1937)," *Taal en Tongval*, Jaargang 9, 1957, pp. 1-6.

② 克拉耐斯特神父于1899年3月7日在穆斯克龙(Moescroen)写给闵宣化的信。参见 Archive Nr.: T. I. a. 9. 1. 2. 6, Documentatie- en Onderzoekscentrum voor Religie, Cultuur en Samenleving (KADOC), KU Leuven.

了一定的知识。而且,当时年仅十三岁的闵宣化已经可以阅读用德语和法语撰写的专业性语言学书籍,这样的能力在那个时代的同龄人中是不同寻常的。

这封来自克拉耐斯特的1899年的信,是闵宣化保留的所有信件中年代最早的一封。他能够在数十年奔波的传教生涯中留有此信,想必绝非偶然。或许因为这是一封最早把他带进语言学研究领域的指南,或许更是为了纪念克拉耐斯特——他的一位重要的学术启蒙者。

二、热爱语言学的修道生

中学期间的闵宣化,得到了其诗歌老师西栽尔的赏识。他在语言上杰出的天分和怀有的热情也让西栽尔认为闵宣化应该进入大学获得更专业的语言学训练。[1] 然而,出乎预料的是,十七岁的闵宣化在中学毕业后,于1903年9月7日决定进入圣母圣心会位于司各特的初学院。[2] 但立志成为一名传教士并没有影响他在语言学上的追求。反之,加入修会后的闵宣化还逐渐扩大了他对不同语种语言的兴趣。

前文提及,南怀义在1862年曾在司各特小镇无偿获得一幢可以暂居九年的房屋,以供初学生学习和生活之用。随着圣母圣心会的不断扩大,以及九年合约即将结束,1870年5月1日,在圣母圣心会拥有的"恩宠之母"教堂的不远处,一座新修院拔地而起。这也是该修会自行建造的第一座修院。一块刻有拉丁文"中国苗圃"(Seminarium pro Sinis)的石碑放置在了这座修院入口的大门

---

[1] J. Van Hecken, "In memoriam Z. E. Pater J. Mullie," p. 294.
[2] "Prof. J. L. M. Mullie, Missionaris van Scheut hoogleeraar te Utrecht," (Sep. 12, 1939), *De Maasbode*, p. 3.

图 3-2 "中国苗圃"(Seminarium pro Sinis)的石刻原件，现置于司各特总院大门入口处的草坪上

图片来源：笔者自摄，2019 年

之上，①作为其修会的独特标志和坚定不变的座右铭。②

每位新加入圣母圣心会的学生都需要先度过一年时间的"初学期"，学习地点在司各特的新修院里。在此期间，初学导师需要带领每位新成员了解圣母圣心会的目的和精神。一年后，合格的初学生就要宣发第一次暂时性的誓愿，也称"暂愿"。然后在司各特的修院里继续学习两年的哲学，之后转去鲁汶或罗马学习神学三年，完成这些学业后就有资格晋铎。因此，培养一名正式的圣母圣心会会士，一般需要六年的时光。③

圣母圣心会刚刚起步时，由于司各特修院的师资严重不足，学

---

① "中国苗圃"是隆德理《圣母圣心会在华传教简史》中文译本中的用语，原文直译为"为中国而建立的修院"。参见［比］隆德理：《圣母圣心会在华传教简史》，罗光主编：《天主教在华传教史集》，台南：征祥出版社，1967 年，第 185 页。

② Daniël Verhelst, Hyacint Daniëls, *Scheut vroeger en nu 1862 - 1987: geschiedenis van de Congregatie van het Onbevlekt Hart van Maria C. I. C. M.*, pp. 67 - 68.

③ L. Cleynhens, *De scheutisten tijdens de eerste wereldoorlog: hun verblijf in Groot-Brittannië, Nederland en aan de IJzer*, licentiaatsverhandeling, KU Leuven, 1995, pp. 2 - 3. 另，在圣母圣心会建会初期并没有固定的发愿要求。1900 年由教廷认可的会宪规定，每位会士的"暂愿"有效期为五年，在暂愿期过后可以誓发"简单性永愿"(eenvoudige eeuwige geloften)。然而，誓发"永愿"这一规定在 1917 年教会法的强制下才在圣母圣心会中真正地实施了。参见 Daniël Verhelst, Hyacint Daniëls, *Scheut vroeger en nu 1862 -1987: geschiedenis van de Congregatie van het Onbevlekt Hart van Maria C. I. C. M.*, p. 84.

图 3-3　圣母圣心会在鲁汶建立的神学院
图片来源：KADOC-KU Leuven, *Missiën van Scheut*

生的神学课程需要在罗马传信大学（Pontificia Università Urbaniana）或是在鲁汶的圣神学院（H. Geestcollege）里完成。在 1887 年，圣母圣心会在鲁汶的弗拉芒街（Vlamingenstraat）买了几所房子，打算单独建立一所神学院培养本会的神学生。但"生源多，师资少"的情况仍未得到全面改善，至 1914 年为止，圣母圣心会的神学生虽身在鲁汶，但要在鲁汶的耶稣会学习院里借读神学课。除了鲁汶，自 1904 年起，圣母圣心会也派本会的神学生到罗马额我略大学（Pontificia Università Gregoriana）读书。为此，总会还于 1910 年在罗马圣方济各沙雷氏大街（Via San Francisco di Sales）建立了一所账房，专为照管在那里学习的神学生。可见，闵宣化在圣母圣心会学习期间（1903—1909），除了要在司各特读书外，学生们还分别在鲁汶或罗马学习。①

---

① "Het Noviciaat van Scheut te Zuun," in S. Missiehuis, eds., *Missietijdschrift: Missiën van Scheut* (Dec.), Brussel: Scheut Missie, 1942, p. 108；Jozef Van Hecken, *Documentatie betreffende de missiegeschiedenis van Oost-Mongolië*, Vol. 9, p. 75.

闵宣化在初学期间的导师是孔模范(Pieter Dierickx，1862—1946)。1885年至1892年，他曾在中蒙古代牧区传教，回到比利时之后在鲁汶的圣母圣心会神学院里教授过一段时间的中文，1889年又成为司各特修院的初学导师，直到1909年转赴菲律宾传教为止。① 贺歌南认为，闵宣化能够在语言学上坚持钻研并开始倾注于中文学习，是受到了孔模范的鼓舞和影响。② 但是，第一次真正把闵宣化带入中文世界的则是庞孝爱(Cesar de Brabander，1857—1919)，在司各特初学院学习的时候，闵宣化曾作为旁听生参加过他的中文课。③ 庞孝爱早期在西南蒙古代牧区传教，对内蒙古地区考古研究有着突出的贡献。他也是当时在华外国学者中首位发现塞外景教遗迹的人，并陆续在圣母圣心会的年鉴中发表过数篇与之相关的研究性文章，这些学术报告开创了内蒙古地区早期基督教遗迹研究的先河。④ 闵宣化日后对考证辽金遗址的高度兴趣，可能与这位热爱考古学的中文老师有一定的关系。

博览群书，始终是闵宣化最大兴趣之所在。中学时代的他在克拉耐斯特的推荐下已经读过了沃尔古力的著作《语法学习总要》。到鲁汶攻读神学并兼读中文时，闵宣化又购买了他的另两部著作——《简明荷兰语词源学字典》(*Beknopt etymologisch*

---

① Document: Pieter Dierickx, missionaris van Scheut (1862-1946), Retrieved from http://nl.wikisage.org/wiki/Document:Pieter_Dierickx,_missionaris_van_Scheut (1862-1946).

② J. Van Hecken, "In memoriam Z. E. Pater J. Mullie," p. 294.

③ "闵宣化进入初学院后仍然让语言学占据了他的学习生活，他以一种批判式的态度去听过庞孝爱的中文课。"参见 J. Van Hecken, "In memoriam Z. E. Pater J. Mullie," p. 294.

④ 庞孝爱在圣母圣心会年鉴上发表的关于内蒙古景教遗迹的文章，参见 E. H. D. Brabander, "Midden-Mongolië- Brief van den E. H. De Brabander," in S. Missiehuis, eds., *Missietijdschrift: Missiën van Scheut*, Brussel: Scheut Missie, 1891, pp. 409-412. 关于庞孝爱在内蒙古景教遗址上的研究，参见 Tjalling H. F. Halbertsma, *Early Christian Remains of Inner Mongolia - Discovery, Reconstruction and Appropriation*, Leiden: Brill, 2008, pp. 73-79, 209-213, 251, 253, 259.

woordenboek der Nederlandsche taal）和《荷兰语历史语法学》(Schets eener historische grammatica der Nederlandsche taal），但闵宣化对语言学的追求并不满足于此。1939年12月20日刊载在《祖国报》(Het Vaderland）上的一篇文章，提到了闵宣化在修院时期学习语言的情况：

> 中学毕业后的闵宣化在1903年9月7日加入了圣母圣心会，当他研读神学课程的时候，已被指派到中国去传教了。因此，他开始把中文作为他的副科课程进行深入的学习。这位在当时已可算作语言学研究者的闵宣化，学习的范围不只局限于中文，还包括印欧语。在鲁汶的时候，他又学习了汉藏语系的语言和语言比较学，在东方语教授科利奈的指导下他还接触了梵文和巴利语。①

当闵宣化踏入鲁汶神学院时，他已经决定到中国去传教了。② 虽然在初学院他已听过庞孝爱的中文课，但开始真正有规律地学习中文是在他赴华前的两三年里（1907—1909）。那时他的中文老师是桑贵仁（Karel Van Sante, 1852—1930）。③ 这位1852年在韦特伦（Wetteren）出生的传教士是圣母圣心会的鼻祖级人物，他在1876年被派往蒙古代牧区的鄂尔多斯传教，1887年被选为修会的总参议，他一直担任此职直到1920年卸任，此期间他又分别担任司各特和鲁汶修院的院长。同时，他在1889年还创立了圣母圣心会年

---

① "Onderwijs, Prof. J. L. M. Mullie," (Dec. 20, 1939), Het Vaderland, avondblad B, p. 2.

② 在圣母圣心会派遣传教士去中国之后，比属刚果和菲律宾又相继成为了他们的传教目的地。在1888年8月25日圣母圣心会首次派出了传教士去比属刚果，在1907年10月1日首次派出了传教士去菲律宾。参见 Daniël Verhelst, Hyacint Daniëls, Scheut vroeger en nu 1862 – 1987: geschiedenis van de Congregatie van het Onbevlekt Hart van Maria C. I. C. M. , pp. 122, 229.

③ J. Van Hecken, "In memoriam Z. E. Pater J. Mullie," p. 296.

图 3-4 闵宣化的第一位中文老师桑贵仁

图片来源：Beeldarchief Verbiest Institute, KU Leuven

鉴，并长时间担任该年鉴的主编。①

另一位对青年闵宣化的语言学学习产生过影响的人物是科利奈神父（Philemon Colinet, 1853—1917）。科利奈是鲁汶大学东方语言系的教授，他除了常年主持梵文、哥特语课程外，还讲授巴利语、古日耳曼语、古荷兰语、古斯拉夫语、比较语言学、语音学和弗拉芒方言学等科目。②闵宣化曾跟随科利奈学习过两年的梵文和巴利语，与他一起学习的还有同会的惠崇德（Jozef Hemrijck, 1886—1958）。③贺歌南认为，闵宣化在鲁汶期间还学习过彝语（Lolo）、卡米语（Kami）、岱依语（Tay）和孟高棉语（Mon-Khmer），并撰写了大量的学习笔记。④ 总之，除了受教于庞孝爱、桑贵仁和科利奈这三位老师之外，闵宣化还花了大量的时间，通过阅读、自学等方式来了解不同的语言。以至于当时修院院长罗廷梁（Ludovius Roothooft, 1855—1926）对闵宣化的"不务正业"下了最后通牒，明令如果他的哲学考试成绩

---

① "Bij een gouden Priesterjubileum, De Z. E. P. Karel Van Sante," in S. Missiehuis, eds., *Missietijdschrift: Missiën van Scheut*, Brussel: Scheut Missie, 1924, pp. 145-148.

② J. L. Pauwels, *Colinet Philemon, taalkundige, hoogleraar, Nationaal Biografisch Woordenboek*, Vol. II, pp. 132-133.

③ Jozef Van Hecken, *Documentatie betreffende de missiegeschiedenis van Oost-Mongolië*, Vol. 9, p. 76. 另，贺歌南在书中把惠崇德的名字写作 H. Hemrijck，疑有误。

④ 笔者目前并没有在闵宣化的档案中发现这些笔记。J. Van Hecken, "In memoriam Z. E. Pater J. Mullie," p. 296.

未入前四名,所有的这些语言学书籍都要被没收。① 以下表格列出了闵宣化在圣母圣心会学习期间所购买的一些语言学类书籍,从中可以大致了解到他在语言学习上的基本状况:②

表 3-1 闵宣化在修院时期购买的语言学类书籍

著作名	著作名汉译	作者	原文
Beknopt etymologisch woordenboek der Nederlandsche taal	简明荷兰语词源学字典	Jozef Vercoullie	荷文
Schets eener historische grammatica der Nederlandsche taal	荷兰语历史语法学	Jozef Vercoullie	荷文
Praktische Grammatik der Sanskrit-Sprache für den Selbstunterricht	实用梵文自学语法	Richard Lick	德文
Grundzüge der Phonetik Zur Einführung in das Studium der Lautlehre der indogermanischen Sprachen	基础印欧语语音学指南	Eduard Sievers	德文
Principes de linguistique psychologique, essai de synthèse	心理语言学原则	Jaak van Ginneken	法文
Skizze der mongolischen Literatur	蒙古文献综述	Berthold Laufer	德文
Grammatika mongol'skago yazyka	蒙古文文法	A. Bobrovnikov	俄/英文

① Jozef Van Hecken, *Documentatie betreffende de missiegeschiedenis van Oost-Mongolië*, Vol. 9, p. 80.
② 该表格所列出的书目,整理自贺歌南的文章。参见 J. Van Hecken, "In memoriam Z. E. Pater J. Mullie," pp. 294-297.

续表

著 作 名	著作名汉译	作 者	原文
l'Alphabet Tartare, Mantchou	满语之字母	Louis Langlès	法文
Djurtchen of Mandshuria, their name, language, and literature	满洲女真人的名字、语言和文献	Terrien de Lacouperie	英文
Skizze der manjurischen Literatur	满文文献综述	Berthold Laufer	德文
Studies in Korean Etymology	朝鲜语词源研究	Gustaf John Ramstedt	英文

在"知其然"之外,他还希望"知其所以然"。鲁汶大学方言学教授贺鲁达(Ludovic Grootaers,1885—1956)在1938年《新弗拉芒报》的一篇文章里,写下了首次见到闵宣化的一些回忆:

> 1906年,我在鲁汶的语音实验室工作,这个实验室位于浩德街(Geldenaaksevest)科利奈教授住所的二楼。大约中午的时候有两位年轻的圣母圣心会神学生来拜访我。我在去工作的路上时,他们两人过来问我是否可以参观我的语音实验室。我始终很奇怪他们是怎么知道我有这个实验室的,因为整个鲁汶总共也没有十个人知道它的存在。……他们介绍自己,一位叫德克拉克(L. Declercq),另一位叫闵宣化,他们两位都不希望仅仅以实用的角度来学习自己传教区的语言,他们在赴任前,还愿意掌握综合性的科学知识来研究语言。①

---

① "Prof. Jos. Mullie, Missionaris en Sinoloog," (Oct. 22, 1938), *Nieuw Vlaanderen*, p. 8.

贺鲁达教授,不但从此成为了闵宣化的良师益友,并且还培养了自己的儿子贺登崧成为圣母圣心会的另一位语言学家,贺登崧也是开创中国地理语言学的第一人。① 在他看来,闵宣化并不只是把汉语作为一种必备传教工具来对待,他更愿意以科学严谨的语言学知识来充实自己,去更深一层地研究和挖掘汉语语言的精髓。以"系统而科学"的理念去学习汉语成为了闵宣化一生所倡导和坚持的黄金法则。

三、晋铎以及赴华路线

经过圣母圣心会六年的培育,1909年7月18日,闵宣化从范·隆斯类主教(Kamiel Van Ronslé)手中领受了司铎圣职。② 这次晋铎典礼在司各特总会的"恩宠之母"小教堂内举行。包括闵宣化在内的二十四位圣母圣心会会士,在这一天成为了天主教的神父。闵宣化晋铎两个月后,在1909年9月的圣母圣心会年鉴中刊登了一张标题为"本月21和23日派往中国和菲律宾的传教士"的照片,被派往热河传教的闵宣化也在其中。③ 与其一道去热河代

---

① Frans Ludovic Van Coetsem, *Jean Joseph Grootaers (Tongeren, 9 augustus 1885-Leuven, 12 oktober 1956)*, *Jaarboek van de Maatschappij der Nederlandse Letterkunde*, Leiden: Brill, 1957, pp. 100 – 105.

② 卡米尔·范·隆斯类(Kamiel Van Ronslé, 1862—1938),1862年9月18日出生于比利时的罗温德汉(Lovendegem),1886年12月18日晋铎,1888年加入圣母圣心会,1889年7月3日赴非洲刚果传教,1897年2月24日在布鲁塞尔祝圣为主教,成为比属刚果和利奥波特城(Leopoldstad)的首位代牧主教。1938年11月14日在刚果博马(Boma)去世。参见隆斯类的去世讣告 Bid Voor de Ziel van Zijn hoogwaardige Excellentie Monseigneur Kamiel Van Ronslé,私人藏品。

③ 这十二位传教士的姓名是:1. P. Regaert, 2. J. Mullie, 3. L. Schram, 4. L. Dupont, 5. J. Van Runckelen, 6. J. Giebens, 7. P. Hubaux, 8. A. Gryse, 9. J. De Samber, 10. G. Aldenhuyzen, 11. R. Verhelst, 12. M. Van Overbergh. 参见"De zendingen die naar China en de Philipijnen reizen op 21 en 23ste dezer," in S. Missiehuis, eds., *Missietijdschrift: Missiën van Scheut*, Brussel: Scheut Missie, 1909, p. 201.

牧区的还有来自麦赫伦教区霍赫斯特拉滕（Hoogstraeten）的蒲循声（Louis Depont，1886—1966）。除此之外，另有两位圣母圣心会传教士也一同赴华，一位是去甘肃北境代牧区的康国泰，另一位是去上海圣母圣心会账房赴任的雷怀德（Piet Regaert，1887—1961）。① 在闵宣化的晋铎纪念卡上，也可以找到蒲循声和雷怀德二人的姓名，他们三人是在同一天被祝圣为神父的。

图 3-5　标题为"本月 21 和 23 日派往中国和菲律宾的
　　　　传教士"的照片，第一排左边第二位是闵宣化

图片来源：KADOC-KU Leuven, *Missiën van Scheut*

---

①　据考证，闵宣化赴华的正确时间应为 1909 年 9 月 25 日。参见闵宣化 1909 年 11 月 17 日写给巴焕宗（Marcel Baekeroot）父母的信。参见 Archive Nr：BE/942855/1262/509, Documentatie- en Onderzoekscentrum voor Religie, Cultuur en Samenleving (KADOC)，KU Leuven.

1909年从比利时派遣的十二位传教士当中只有四位去往中国，人数如此之少，看起来并不符合南怀义建立"中国苗圃"的初衷。这其中的原因主要是圣母圣心会在1907年增加了一个新的传教目的地——菲律宾，而年轻的传教士都被派往那里去支持新开设的各种教务。①

　　二十世纪初的赴华交通工具大部分已从轮船提升为火车。虽节省了不少时间，但从西到东，横贯西伯利亚的旅程仍可谓是长途跋涉。魏有爱（Ernest Verheyen，1878—1908）在1903年的一篇文章中详述了他从布鲁塞尔去往中国传教区的整个经过。与其同行的共有四人，他们是第一批搭乘西伯利亚火车前往中国的圣母圣心会传教士。② 魏有爱在文章的开篇这样写道：

> 我们为什么要换衣服呢？原因是不要让我们这身天主教教士的长袍惹恼俄国人。我们穿着教士的长袍可能会遭到他们的冷遇，也会让他们产生怀疑而不让我们过境。我们五个人是首次坐火车路经俄罗斯、西伯利亚和满洲去中国的。以前传教士去中国都是坐船，从马赛港出发到北京需要四十天才行。我们现在坐火车的话，希望用二十二到二十三天就可以到达中国的首都。③

---

　　① 1907年起，圣母圣心会接管了菲律宾部分传教区的教务。第一批由菲律宾省会长孔模范代领的十人团于1907年11月2日抵达马尼拉。参见 Daniël Verhelst, Hyacint Daniëls, *Scheut vroeger en nu 1862 - 1987: geschiedenis van de Congregatie van het Onbevlekt Hart van Maria C. I. C. M.*, p. 229.; Jozef Van Hecken, *Documentatie betreffende de missiegeschiedenis van Oost-Mongolië*, Vol. 6, p. 39;

　　② 另外四位传教士的姓名是：潘有信（Paul De Brabandere, 1878—1905）、胡际昌（Alfons Hulsbosch, 1865—1913）、兰广济（Willem Lemmens, 1860—1943）和雷有望（Piet de Leeuw, 1877—1943）。参见 P. Ernest Verheyen, "Van Brussel naar Mongolië met den ijzerenweg over Siberië," in S. Missiehuis, eds., *Missietijdschrift: Missiën van Scheut*, Brussel: Scheut Missie, 1903, p. 243.

　　③ P. Ernest Verheyen, "Van Brussel naar Mongolië met den ijzerenweg over Siberie," in S. Missiehuis, eds., *Missietijdschrift: Missiën van Scheut*, Brussel: Scheut Missie, 1903, p. 242.

魏有爱1903年4月25日从布鲁塞尔出发。正如南怀义首次赴华时一样,在唱完一首祈求一路平安的《万福海星》(Ave Maris Stella)圣歌后启程。① 他们在下午一点半坐火车从布鲁塞尔到毗邻德国的边境小城海尔柏斯(Herbesthal),从那里转乘去往德国的火车,在晚上7点40分到达科隆。然后乘9点40分的火车去往柏林,因为这列火车没有卧铺,所以他们要整整坐上一宿。26日的早上7点半到达柏林后,在克莱伯旅店(Hotel Krebs)休息,晚上7点12分坐上了去往俄属波兰华沙的卧铺列车。午夜时,他们停靠在俄国的边界城市亚历山德罗夫(Alexandrovo),在那里接受态度并不友善的俄国边境官员的行李检查,魏有爱的几本法文和拉丁文书籍险些被没收。

转天27日上午9点他们到达了俄属华沙,火车在车站停靠半小时后即开往莫斯科。在晚上6点到达莫斯科前他们分别停靠布列萨(Beresa)、斯摩棱斯克(Smolensk)、都洛哥布格斯特(Dorogoboukst)三个车站。到了莫斯科后,魏有爱一行五人在车站受到了比利时驻俄国领事的迎接并共进晚餐。参观了这座城市后,他们在29日的晚上11点从莫斯科出发去伊尔库茨克(Irkoetsk),火车这时要不断地在路上行驶8天。这期间他们穿越了乌拉尔山脉(Oeralgebergte),停靠莫尔尚斯克(Morschansk)、奔萨(Pensa)、萨马拉(Samara)、乌法(Oefa)、鄂木斯克(Omsk)、克拉斯诺亚尔斯克(Krasnoiarsk)等几处车站,这是他们第一段"西伯利亚铁路"的旅程。

---

① Ave Maris Stella,中文译作《万福海星》,其中文译文为:万福海星,天主圣母,卒世童贞,天堂福门。天使口中,尊称万福,赐我平安,大地更新。解放囚犯,发聩振聋,消灾免祸,降福赐恩。显示慈颜,为我转求,有求必应,母子情深。温良慈善,伟大童贞,除我罪污,复我纯真。世途艰险,伴我前进,与主同在,欢乐无尽。赞美圣父,圣子圣神,三位一体,万世同钦。亚孟。参见台湾地区主教团礼仪委员会编译:《每日礼赞》,石家庄:河北信德社,2012年,第1385—1386页。

图 3-6　圣母圣心会传教士所拍摄的在西伯利亚铁路上行驶的火车
图片来源：KADOC-KU Leuven, *Missiën van Scheut*

伊尔库茨克是这次路途的中转站,他们需要坐船横渡贝加尔湖(Baïkal),到位于湖北岸的米索娃依亚(Missovaia)转乘另一段"西伯利亚铁路"的火车。他们搭乘"安果拉"(Angora)号渡船在贝加尔湖上行驶了两个半小时,可见该湖面积之广大。

图 3-7　贝加尔湖上航行的"安果拉"号渡船
图片来源：KADOC-KU Leuven, *Missiën van Scheut*

5月7日当晚他们搭上了此行的第二段火车。在魏有爱看来,越接近中国的满洲,窗外的景象就越加美丽和富有。这与他们在俄国所看到的贫穷与困苦有着强大的对比。5月8日,他们到达了乌兰乌德(Verhnioedinsk),在那里魏有爱首次见到了两位中国人,并与他们用中文交谈。有意思的是,当这两位中国人得知魏有爱是传教士时,就立刻认为他是法国人。因此,魏有爱感叹法国在中国保教权的影响之大,他写道:

> 我们明白,作为传教士,是在法国的保护之下。因此,中国人都把我们当成法国人了。①

5月9日,火车经过布里亚特(Bouriatskaia)地区和大兴安岭(Khingan)山脉,在晚上9点15分到达了中国的满洲里。在那里中国的边境官员需要例行公事检查他们的行李。按照魏有爱的话说——"这次他们没看什么就让我顺利地通过了,我再也不希望像在过境俄国时那样被刁难"。5月10日的早晨他们第一次看到了中国,他写下了看到中国时的第一印象:"我们的火车在富饶的中国满洲省穿行,这是一片多山的地区。"②

5月11日的中午,他们到了工商业发达的哈尔滨(Kharbine)。转天,他们到了铁岭(Tienline)。魏有爱的旅行同伴,已经在西南蒙古代牧区工作过的胡际昌相信这座城市里有信徒居住。当询问车站里围观他们的人时,知道了当地有巴黎外方传教会的传教士。下午12点半他们的火车开往奉天(Moekden,今沈阳),奉天的下一站是大石桥(Tashitsiao),他们必须在那里下

---

① P. Ernest Verheyen, "Van Brussel naar Mongolië met den ijzerenweg over Siberië," in S. Missiehuis, eds., *Missietijdschrift: Missiën van Scheut*, Brussel: Scheut Missie, 1904, p. 9.

② P. Ernest Verheyen, "Van Brussel naar Mongolië met den ijzerenweg over Siberië," in S. Missiehuis, eds., *Missietijdschrift: Missiën van Scheut*, 1904, p. 11.

车再转乘去营口(Inkoo)的火车。当天晚上 9 点半到达营口,那里有巴黎外方传教会的账房主任接待他们。①

13 日他们在也称为"牛庄"(Nioe-tchuang)的营口休息了一天,准备再去山海关。14 号的晚上 6 点到达山海关后,他们在一家俄国旅店留宿一晚,15 日早上 7 点从山海关去天津,在天津逗留了数日并采买了中式服装。19 日下午他们去往北京,在那里受到遣使会直隶北部代牧樊国梁的接待。这首次穿越西伯利亚的火车之旅,从 4 月 25 日出发至 5 月 19 日抵京,一共用了二十余天。②

闵宣化在 1909 年 9 月 25 日从布鲁塞尔出发,于 10 月 10 日到达了锦州。旅途所用时间与魏有爱并无差别。锦州是每位传教士来到热河代牧区传教的生活起点,也是他们来华旅途中最后的一个火车站。从那里他们换乘马车,奔赴位于松树嘴子的主教住院赴任。另外,每位到达代牧区的传教士,都会在进入自己的传教区之前换上中国的服装。而去

图 3-8 赴华前的闵宣化

图片来源: KADOC-KU Leuven, Photo archive of the Generalate of CICM

———————

① 此位传教士应为高神父(Joseph Caubrière,1872—1941),参见荣振华等:《16—20 世纪入华天主教传教士列传》,耿昇译,第 831 页。
② 魏有爱一行五人乘火车从布鲁塞尔到北京的旅行记录。参见 P. Ernest Verheyen, "Van Brussel naar Mongolië met den ijzerenweg over Siberië," in S. Missiehuis, eds., *Missietijdschrift: Missiën van Scheut*, 1903, pp. 241-251, 265-273; P. Ernest Verheyen, "Van Brussel naar Mongolië met den ijzerenweg over Siberië," in S. Missiehuis, eds., *Missietijdschrift: Missiën van Scheut*, 1904, pp. 1-12, 25-32.

热河代牧区的传教士们都是在锦州换上这身新式的衣服。① 易装之举不仅是一种入乡随俗的表现,也是一种外在的记号,象征着每位圣母圣心会的传教士即日起就要履行自己的使命,脱去"旧我",换上"新我"。从"中国苗圃"走出来的他们,从此开启了与中国人朝夕相处的生活。

四、闵宣化之汉名考

勤习中国典籍,熟悉中国思想,尽力融入中国文化习俗的"适应政策"始自明末入华的耶稣会士利玛窦。利氏此举虽引来不少教会内部纷争,但其成功之处有目共睹,这促使了接踵而来的后辈传教士们纷纷效法。其中,为自己选取一个响亮和富有寓意的汉名,几乎成为了在华传教士的惯例。

圣母圣心会也不例外,其会祖自取汉名"南怀义",为追随者立下了表率。② 圣母圣心会传教士们为自己选取汉名的方式,基本也都秉持早期耶稣会一贯的做法,或是在本名音译的基础上做出一些"汉化"的调整,或是直接撷取儒家经典中寓意深刻的词汇来

---

① Jozef Van Hecken, *Documentatie betreffende de missiegeschiedenis van Oost-Mongolië*, Vol. 5, p. 41. 另,魏有爱一行五人首次坐火车来中国传教区时,不敢穿神父的长袍,害怕惹俄国人的不满。看起来后期来华的传教士,已经没有如此的顾虑了。

② 关于南怀义(Theofiel Verbist)的中文名字,在已有的史料记录中仍存有一些出入。其中,最重要的两个史料文献是南怀义生前的一枚中文印章和他去世后在老虎沟所立的墓碑。其汉名印章上为"南怀义",但其墓碑上却写为"南怀仁"。据圣母圣心会教内史学家的判断,他们更偏重于"南怀义"为其会祖的汉名。得出这一结论,其实也并不难理解。圣母圣心会的会祖南怀义以自己的"老乡"——同为来自比利时弗拉芒地区的明末耶稣会士南怀仁为自己在华传教事业的楷模,并选取中国儒家道德的标准,"仁、义、礼、智、信"中的第二个字,即排在"仁"之后的"义"字为名。参见 Jeroom J. Heyndrickx, *Verbist versus Verbiest, Nan Huai Yi versus Nan Huai Jen*, *Verbist Study Notes*, CICM SM Province, No. 17 (2004).

表达自己的身份。①

论及闵宣化汉名之由来,"闵"姓大概是根据其荷文姓氏"Mullie"中"M"的音译演变而来。因为同会的另一名传教士闵兰思(Jozef Mullens, 1891—1929),也按同理选择"闵"字为姓氏。而闵兰思的名"兰思"比较容易辨认,是取自其荷文姓氏后半部分"llens"的谐音。而闵宣化却不同,他选"宣化"二字,非取自谐音,而是如同中国人一般,寄予个人的情怀。以《康熙字典》所示,"宣"字,有"明也,示也"的意义(《尔雅·释言》),"化"字释为"告诰谕使人回心"(《正韵》)。因此,"宣化"二字合在一起恰恰符合一位传教士的宗教使命,即"宣传并教化"。在清代李渔的《奈何天·锡祺》中有言:"我们三位都是上帝宣化之臣,生灵造福之主。"想必闵宣化也愿意以"上帝宣化之臣"自居,以此表达以传播基督福音为"生灵造福"的愿望。

目前所知,闵宣化以其汉名署名的首篇文章是 1910 年 5 月 1 日为比利时《新闻报》(*Het Handelsblad*)所撰的一份通讯。从此之后,闵宣化坚持为这家报社撰稿,直到 1914 年为止。这些通讯短文虽然闵宣化都是以荷文撰写,但文末都无一例外地以其汉名的拼音形式"Min-Suan-Hwa"署名。而以汉字书写其名的最早文献,则是一张邮戳为"大正六年"(1917)从沈阳寄给他的新年贺卡。上面注明收信人为"建平县深井天主堂,闵宣化先生",寄信人是"奉天东门外广福当,本村好太郎"。②

从史料上看,好像 Jozef Mullie 的汉名为"闵宣化"已毫无疑义。但是,笔者在闵宣化的遗物中发现了一枚刻有"雨生"的印章,

---

① 关于早期耶稣会士为自己选取汉名的方式,参见康志杰:《明清来华耶稣会士汉名琐议》,《世界宗教研究》1996 年第 4 期,第 101—109 页。

② Archive Nr.: T. I. a. 9. 1. 2., Documentatie- en Onderzoekscentrum voor Religie, Cultuur en Samenleving (KADOC), KU Leuven.

图 3-9 闵宣化刻有"雨生"的印章

图片来源：KADOC-KU Leuven, Photo archive of the Generalate of CICM

并且以此线索发现了一些以"闵雨生"署名的文献。这些以"闵雨生"署名的文献，在数量甚至更多。

首先，在闵宣化的手稿中，发现有三篇以"闵雨生"拼音形式"Min-Yu-Sjeng"署名的油印手稿，这三篇都是他在 1925 年寄给比利时《标准报》(De Standaard)的文章。以此线索考察《标准报》的档案后发现，从 1919 年起至 1933 年，以"Min-Yu-Sjeng"为名在该报刊发表的文章共有 102 篇之多，数量上远远超过他在 1910 年到 1914 年期间以"Min-Suan-Hwa"署名在比利时《新闻报》上发表过的 28 篇文章。①

在中文文献里，以汉字"闵雨生"为收信人的信件一共发现五封。都是来自热河地区的商会或教育厅，信件以行楷书写，且都是以"雨生有道仁兄"为称谓。因这些信封上邮戳痕迹已模糊不清，只能辨识其中一封寄到比利时布鲁日的信件是写于 1932 年。而其余四封信的收信地点为"热河南营天主堂"（两封）、"北平普爱堂"（两封）。因此，这些信件日期不会早于闵宣化在承德南营子大街的天主堂做本堂神父(1926—1930)和离华前在北京账房普爱堂逗留的日子(1930)。

另一份重要的文献，是闵宣化建立鲁汶中文图书馆时所留下的笔记本。其钢笔字迹可以明显地辨认出是闵宣化亲手所写。笔记本的

---

① Jozef Van Hecken, *Documentatie betreffende de missiegeschiedenis van Oost-Mongolië*, Vol. 9, p. 430.

首页以荷兰文书写"语言文字学图书馆,鲁汶"(Philologische Bibliotheek, Leuven)。右边就印有他的正方形中国红色印章,印章上有篆体字"雨生"二字。

其实,"雨生"很可能是闵宣化为自己取的字。《凌源县志初稿》中记载有"闵雨生",并特别指出"雨生"为该人的"字"。从"热河天主教会、闵司铎、精于考古"等内容来看,此人无疑就是闵宣化。

辽史地理志永和县……有热河天主教会闵司铎,字雨生,比国人也。学识超拔,精于考古,以永和故城之石代证之,确为永和县。①

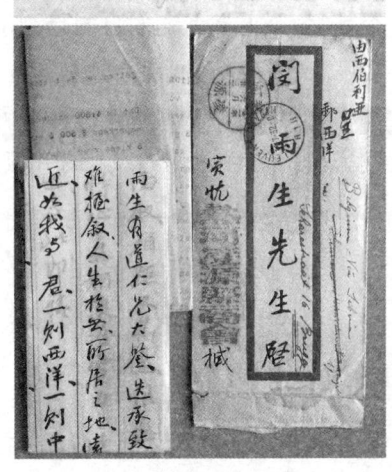

图 3-10　闵宣化的亲笔签名"Min Yu-sjeng"与热河当地官员写给闵宣化的中文信

图片来源：KADOC-KU Leuven, Photo archive of the Generalate of CICM

精于中国文字、史地经典的闵宣化,为效法中国文人,特意为自己取"字",也很合理。并且"雨生"与"宣化"之间也似乎有其相辅相成的含义:"宣化"为"宣传教化",而"雨生"有万物复苏之意,"言雨生百谷,清净明洁也"(《孝经援神契》)。两者结合后可以从侧面映射出一个传教士怀有的理念,即倡导"传扬福音"同时希望"旧命重生"。此外,闵宣化生于西历二月十四日,大约在中国二十

---

① 周宪章修,宫葆廉纂:《凌源县志初稿》第二卷,辽宁省图书馆藏初稿本,1931年,第27页。

四节气当中的"雨水"起始之时,因此,"生于雨水"的闵宣化,为自己取字为"雨生",也好像不无道理。

总之,无论"雨生"是闵宣化的"字",还是他后期为自己取的一个新"名",上文考证的目的是为了让学界了解,署名为"闵雨生"的文献、文章或信件,皆指的是闵宣化本人。这也为继续深入挖掘该人物的史料和文献,带来一定的帮助。例如,在1922年3月5日刊登在比利时《标准报》上的一篇文章中就这样写道:

> 在蒙古的荒地上开垦出一个"集体社区",让路过这里的人都充满好奇……这个社区以天主教信仰为基础,由一名叫作"Min Yoe-sjoeng"的比利时人建立,而他的真实姓名却无人知晓。"Min Yoe-sjoeng"几年前就买了这块地用以开垦,并请了些中国人来帮忙,教他们如何从事农业耕种……因此,迁移到这里来的人越来越多,现已达到了2500户家庭之多。①

如今,我们可以确认文中所提到的这位"真实姓名无人知晓"的神秘人物,就是当时在热河地区指导深井村民植树造林的闵宣化。

第二节 传教的训练场

闵宣化在其二十二年的在华传教生涯里,足迹几乎遍及整个热河地区,并在七个大小不同的地方生活或工作过。无论是接手他人任务,还是建立新传教站,闵宣化都是那一时期热河地区教务发展和变化的见证人和参与者。但每位成熟的传教士都是从新手

---

① "Een Europeesche nederzetting in de woestijn,"(Maart 5, 1922), *De Standaerd*.

成长起来的,他们在抵华之初,都无一例外地需要花至少两年的时间来学习如何融入中国的生活方式以及适应本地的工作环境。在圣母圣心会看来,这个"实地见习"(Pastoraal-jaar)阶段是成功开展中国教务的必经之路。

一、实习地松树嘴子

前文提及,早期圣母圣心会传教士在来华之前都要在比利时母院里学习两至三年的汉语课程。自 1883 年热河代牧区成立后,代牧主教又规定每一位新到任的传教士都要在松树嘴子的主教驻地与当地教师学习一年的汉语口语。这个惯例一直持续到了 1920 年圣母圣心会在北京建立起一所华语学校为止。在该校建立二十周年(1920—1940)之际,《公教白话报》有如下报道:

> 北京的圣母圣心会司铎华语学校,创立已有二十年的历史,系一九二〇年该会会长吕登岸神父创设的。……凡来华入该校的新传教士,必先在他本国学习三五千中国字,所以在校一年,即能毕业。该校从成立以来,连本年刚毕业的 16 位传教士,总计已到 235 位。①

热河代牧吕登岸(Joseph Rutten,1874—1950)建立的这所华语学校,初期并不具规模,1920 年 12 月 8 日有第一批传教士共 11 位来此学习。所谓的学校也仅是位于北京"大甜水井街 16 号"(Ta-t'ien-choei-tsing)的一所租屋里。加之当时遣使会直隶北部代牧林懋德(Mgr. Stanislas-Francois Jardin,1856—1933)强烈阻挠这些比利时传教士在京活动,该校只维持到了 1921 年的 6 月便

---

① 《圣母圣心会华语学校——创立已满二十年》,《公教白话报》第 23 卷第 17 期,1940 年,第 10 页。

宣告结束。① 其后,新来的传教士暂时留在上海的圣母圣心会账房"普爱堂"(Procuur der Belgische Missiën)里学习中文。② 但上海离华北传教区相隔甚远,留沪学习并不是长久之计,因此热河代牧主教考虑在毗邻京城的天津建校更为妥当。于是,1922 年圣母圣心会的华语学校又转至天津。③ 数年之后,在罗马教廷的支持下,圣母圣心会终于可以在北京建立会院,这所学校随之在 1928 年 9 月落户北京的太平仓,教授中文课程直到整个修会离华为止。④ 在圣母圣心会的年鉴中,如下描述了传教士在华语学校中

---

① Daniël Verhelst, Hyacint Daniëls, *Scheut vroeger en nu 1862 - 1987: geschiedenis van de Congregatie van het Onbevlekt Hart van Maria C. I. C. M.*, pp. 173, 195.

② 圣母圣心会在上海的账房取名"普爱堂"。最初由司福音(J. B. Steenackers, 1848—1912)建于 1892 年的 9 月,坐落在上海法租界的霞飞路(Avenue Joffre)。通过闵宣化的往来信件,可以看到上海普爱堂有两个不同的地址。霞飞路 395 号(1923 年 2 月 5 日的信)和霞飞路 613 号(1929 年 12 月 8 日的信)。到了 1930 年,圣母圣心会以十五万盎司的银钱卖掉了在霞飞路的老账房,新账房坐落在上海法租界的海格路(Avenue Haig)。参见 Daniël Verhelst, Hyacint Daniëls, *Scheut vroeger en nu 1862 - 1987: geschiedenis van de Congregatie van het Onbevlekt Hart van Maria C. I. C. M.*, pp. 116, 195; Archive Nr.: T. I. a. 9. 1. 1. 1. 3, Documentatie- en Onderzoekscentrum voor Religie, Cultuur en Samenleving (KADOC), KU Leuven.

③ 这所华语学校也是建立在圣母圣心会在天津新建的账房里。天津账房也取名"普爱堂",1921 年在林辅臣长子(Alphonse Splingard)的帮助下,在天津的法租界买到一块地皮用于建设账房。地址位于福煦将军路 186 号(Rue de Maréchal Foch, Nr. 186),首任账房主任是费建藩(Remi Verhaeghe, 1887—1954)。但是从闵宣化的一些往来书信上看到,其后来的地址是樊主教路 113 & 115 号(Rue Favier, Nr. 113 & 115),迁址之史实待考。参见 Daniël Verhelst, Hyacint Daniëls, *Scheut vroeger en nu 1862 - 1987: geschiedenis van de Congregatie van het Onbevlekt Hart van Maria C. I. C. M.*, p. 195; Archive Nr.: T. I. a. 9. 1. 1. 1. 3, Documentatie- en Onderzoekscentrum voor Religie, Cultuur en Samenleving (KADOC), KU Leuven.

④ E. P. J. Joos, "Scheut te Peking," in S. Missiehuis, eds., *Missietijdschrift: Missiën van Scheut*, Brussel: Scheut Missie, 1939, p. 270. 另,圣母圣心会在后来接管了直隶地区的一部分工作。1938 年,教廷传信部把原遣使会在西南直隶代牧区南部的一部分地区划分给了圣母圣心会,该地区位于京津铁路的沿途。首任区会长为顾维德(Paul Coucke, 1898—1999)。参见"Nieuwe Missie in China aan Scheut toevertrouwd," in S. Missiehuis, eds., *Missietijdschrift: Missiën van Scheut*, Brussel: Scheut Missie, 1938, pp. 346 - 347.

的情况：

> 在欧洲的修院里接受的这些"适应课程"（语言课）确实只算是一个非正式的附科而已。但在北京的学校里，学习汉语就成为了主要任务。我们三四个人分成一班，由一名不会说一句外语的中国老师讲课，每天学习两个小时。学生们每天还要坚持和老师用中文对话，练习口语。①

图 3-11　圣母圣心会在北京太平仓建立的汉语语言学校
图片来源：Beeldarchief Verbiest Institute, KU Leuven

圣母圣心会传教士抵华后要接受一年的中文学习是数年来一直不变的惯例。闵宣化从 1909 年 10 月 10 日入驻松树嘴子至转年 10 月这一整年里，在松树嘴子的代牧主教住院里体验了第一次与中国人近距离接触的经历。

---

① E. P. J. Joos, "Scheut te Peking," in S. Missiehuis, eds., *Missietijdschrift: Missiën van Scheut*, 1939, p. 271.

松树嘴子村是天主教在辽东地区开教最早的几处教友聚集地之一。该村在1883年之前曾是巴黎外方传教会在辽东代牧区所管辖的一个主要信徒村落。从1840年蒙古代牧区成立以来，松树嘴子村就成为了蒙、辽代牧区边界划分问题上的争夺焦点，历经四十余年才得以解决。这也反映出该村在传教士心目中的重要位置。圣母圣心会迁入松树嘴子之前，该村已是一个颇具规模的教友村。据统计，1883年松树嘴子村里的信徒已经有742位。①

自1884年1月2日，建立热河代牧区的宗座诏书到达西湾子后，松树嘴子就被指定为代牧主教驻地，首任代牧吕之仙也于同年6月5日入驻。② 虽然吕之仙一直有把主教府迁移到八沟的打算，但却未能成行。此外，每个代牧区除有一位代牧驻守之外，还设有一位圣母圣心会省会长。松树嘴子的"省会长府"（Provinciaalhuis）于1899年建成。主教和省会长的账房也设在村中，统一管理整个代牧区的行政工作。③

松树嘴子的第一所圣堂在1856年由巴黎外方传教会的费神父（Franclet，人物不详）建立。④ 除教堂之外，巴黎外方传教会还创立了一座规模不小的修道院。热河代牧吕之仙接手松树嘴子教务后，即着手重新建立该修院，且通过在圣母圣心会总院的好友，荷兰籍会士向迪吉的协助，尝试在荷兰筹备一个集资项目，用来维持这座修院的开销，以及资助优秀的中国修生。其中，北子山后的信徒王双子（音译，原文作"Wang, Chwang-tzu"），成为了第一位

---

① Jozef Van Hecken, *Documentatie betreffende de missiegeschiedenis van Oost-Mongolië*, Vol. 4, 1970, p. 15.
② Ibid., pp. 2, 5.
③ Jozef Van Hecken, *Documentatie betreffende de missiegeschiedenis van Oost-Mongolië*, Vol. 6, pp. 347–348.
④ P. A. Botty, "De missie van O. L. V. ter Pijnboomen in Oost Mongolië," in S. Missiehuis, eds., *Missietijdschrift: Missiën van Scheut*, Brussel: Scheut Missie, 1915–1919, p. 154.

接受荷兰奖学金在松树嘴子修院读书的学生。① 松树嘴子修院建立的具体时间不明,但应不会迟于 1884 年底。②

除了教堂和修院之外,圣母圣心会的每个代牧区驻地也都建有一些教育和社会服务机构,如要理班、公学校、贞女院、圣婴会孤儿院、老人院等。③ 其中,松树嘴子的中小学校,又名松树嘴子国文学房,其教育质量和设施建设在当地尤为出名。1909 年 11 月 6 日,圣母圣心会总会长丙存德(Adolf van Hecke,1855—1931)来松树嘴子巡察工作时,④曾对松树嘴子公学的教育水平大加赞赏。⑤ 丙存德这样写道:

> 我来到松树嘴子的学校视察,对他们的发展大感吃惊。学校在白玉贞神父(Florent De Preter,1875—1957)的带领下对科学知识的学习非常地重视。学生们花大量的时间学习中文,也是显而易见的。……这些学生们要在学校度过六到八年的时间。⑥

---

① 1885 年 1 月,包如天在北子山后写给向迪吉的信。参见 Jozef Van Hecken, *Documentatie betreffende de missiegeschiedenis van Oost-Mongolië*, Vol. 4, 1970, pp. 33, 112 - 128.

② 在《松树嘴子天主教会沿革》一文中,松树嘴子修院的成立时间记为 1910 年。贺歌南在其著作中指出松树嘴子修院成立于 1886 年。但两位作者都没有注明史料出处,未能进一步考证。参见张建民:《松树嘴子天主教会沿革》,第 9 页;Jozef Van Hecken, *Documentatie betreffende de missiegeschiedenis van Oost-Mongolië*, Vol. 6, p. 348.

③ Jozef Van Hecken, *Documentatie betreffende de missiegeschiedenis van Oost-Mongolië*, Vol. 6, p. 349. 另,"公学校",也称"公学",西文为"Public School"或"College",原指自费独立之欧陆公立学校。因在早期欧洲,此类学校是公共教育的一部分,多由教会机构或精英阶层创立,以招收平民子弟为目的,以此来提高当地社会的总体教育水平。西来传教士秉持同样办学宗旨,来华建校,虽为私立,但在中文译名上仍沿袭欧洲传统,多称此类学校为"公学"。

④ Ibid., p. 355.

⑤ 张建民:《松树嘴子天主教会沿革》,第 10 页。

⑥ "Onze school hooger onderwijs in China," in Sparrendaal Missiehuis, eds., *Annalen der Missionarissen van Sparrendaal*, S-Hertogenbosch: N. V. Stoomdrukkerij V. H. Henri Berger, 1910, pp. 36 - 37.

图 3-12 松树嘴子公学的外观

图片来源：KADOC-KU Leuven, *Photo archive of the Generalate of CICM*

初到热河的传教士们，在没有承担教务重任的一年里，能与广大的本地信众和学生们朝夕相处，想必是一个非常难得的宝贵机会：传教士们既可以深入地学习本地语言，也可以逐渐适应当地气候、民俗和文化，逐步与当地民众融为一体。1903年，陶维新（Frantz Van Dorpe，1878—1944）在一封写给其母亲的信中，曾描述了传教士在松树嘴子度过"见习阶段"的一些细节，这些日常生活与闵宣化于1909年初到松树嘴子时不会有太多差异。陶维新如此写道：

> 早上不到5点，我的门就开了。我醒了之后觉得有些冷。我穿上我的中式裤子、袜子和鞋，把自己裹得严严实实。5点20分做晨祷，半个小时的静默后我们就到松树嘴子公学里参加弥撒。7点是早饭时间，吃的是：面包、蒙古奶酪、冷羊肉、咖啡。然后我们散心到中午。我自己学习中文并念日课。11点15分，大家一起诵读《师主篇》(*De Imitatione Christi*)并做反省。12点15分吃午饭，午饭很美味但不算丰盛，有汤、羊肉煮白菜、面条、烤肉加土豆，点心是葡萄。你可能注意到我们仅吃羊肉。因为这里屠宰牛的时间是在冬天，目的是寒冷的天气可以有利于长时间的保存。虽然西湾子在中国人的眼里还算富足，但其实一年到

头儿也没有多少肉可吃。

午饭后我们休息到 2 点,然后就要见中文老师了。在戴遂良的一本书中,他提到从中国老师那里学习知识就如从井中取水一样,但我的感觉更像是从柠檬里榨汁。欧洲老师在学生面前大讲特讲他在理论上的独特见解。在中国则正好相反,学生们要主动向老师讨教才行。所以,我要向老师解释我学习中文的方法,并告诉他需要怎么帮助我,如果我有需要释义的地方,总是要追问老师。这些称作"先生"的老师,是极为精通中文的文人,但是他们的教课方法实在对欧洲人来说奇怪得很。

到了 4 点半,我们在西湾子修道院里祈祷,6 点 45 分到 7 点是灵修时间。之后吃晚饭,那是热了的剩菜。然后散心,9 点入睡。这就是我们日常的作息。此外,每个星期二和星期四,我们去骑马散步,如果有马可以骑的话。如果没有马,我就带着枪去涉猎。到现在我仅打到过几只小鸟而已。我也经常去山区,在那里游遍整个地区。①

从以上内容可见,传教士们在松树嘴子学习中文的经验,基本上是按照传统私塾方式,在当地文人的指导下进行的。他们的中文能掌握到何种程度,大概也因人而异。当然,这与学习如何融入中国百姓生活一样,熟练地掌握中文需要时间和经验的积累。但总之,圣母圣心会传教士们在松树嘴子度过的"见习生活"是颇为丰富、轻松并规律的。但在这短暂而快乐的一年之后,等待他们的则是崭新而富有真正挑战意味的传教生涯。

---

① Archive Nr.: F. III. a. 7., Documentatie- en Onderzoekscentrum voor Religie, Cultuur en Samenleving (KADOC), KU Leuven.

二、放垦蒙地建立大营子

在松树嘴子度过一年之后，闵宣化在 1910 年 10 月开始正式接触在华的传教事务。如同每个行业一般，仍处于"学徒"阶段的他需要资深老传教士的带领。闵宣化的领路师傅是龚振沦（Louis Heyns，1875—1953）。① 他们两位要赴任的大营子位于内蒙古巴林左旗，是一个在 1910 年新开辟的传教堂口。②

最早到大营子勘察的圣母圣心会传教士是常竞业（Léon Gochet，1887—1937）。据其所述，"大营子"起初是一片长满野草无人问津的荒地，最早被传教士称为"草地"（Het grasland），距其南部 180 里的地方就是有名的教友村苦力吐和毛山东。十八世纪耶稣会传教士进入塞外的时候，这两个村子里就已有从直隶迁来垦殖的汉人信徒。随着皈依者的逐年增长，那里成为了热河地区天主教的发祥地。③ 但毗邻的大营子却始终未被开垦而长期无人

---

① 龚振沦，1875 年 11 月 20 日出生于安特卫普省的奥伦（Olen），1896 年 9 月 7 日加入圣母圣心会。1897 年 9 月 8 日发初愿。1897 年至 1899 年在司各特学习哲学，1899 年至 1902 年在鲁汶学习神学。1902 年 7 月 13 日晋铎。1902 年 9 月 15 日赴华，1903 年 10 月在北子山后当副本堂，1907 年 10 月在苦力吐堂口传教。在 1910 年，受热河代牧叶步司之托与闵宣化一起建立大营子堂区，成为大营子的首任本堂。1913 年因"库伦事变"，他不得不离开大营子，后又回到大营子，一直工作到 1927 年的 10 月受命成为赤峰传教区区会长。1930 年 8 月 22 日成为热河传教区省会长。后因跌伤在 1935 年回到比利时，休息 9 个月后又回到热河代牧区传教。1948 年 3 月 11 日回到比利时司各特总会，1953 年 9 月 28 日在圣母圣心会安养院修德（Shilde）去世。参见 Jozef Van Hecken, *Documentatie betreffende de missiegeschiedenis van Oost-Mongolië*, Vol. 9, pp. 401-402.

② L. Gochet, "Het grasland," in Sparrendaal Missiehuis, eds., *Annalen der Missionarissen van Sparrendaal*, S-Hertogenbosch: N. V. Stoomdrukkerij V. H. Henri Berger, 1920, p. 52. 另，闵宣化在日记中写在大营子的日子为 1910 年 10 月 23 日。参见 Archive Nr.: T. I. a. 9. 4., Documentatie- en Onderzoekscentrum voor Religie, Cultuur en Samenleving (KADOC), KU Leuven.

③ 关于苦力吐和毛山东教友村的历史。参见宝贵贞、宋长宏：《蒙古民族基督宗教史》，第 170—173 页。

第三章　闵宣化的生平及其在华传教的足迹　247

居住。清末"庚子新政"时期（1901—1911），清廷在内蒙古地区推行了一系列放垦蒙旗土地的政策，并于 1908 年开始在巴林蒙旗放垦建县。① 随后即有佃农陆续涌入该地，并取名"林西县"。②

在清廷决意放垦之前，热河代牧叶步司就从内部听闻了清廷的这一动向。因此，他在 1907 年派遣两位荷籍传教士——驻毛山东堂口的袁敬和（又名元克允，Jozef van Eygen，1873—1961）和驻马架子堂口的魏振铎（Jan Uyt de Willigen，1866—1911）入蒙地进行实地考察，去了解当地的实际情况。③ 袁敬和在 1907 年 11 月 31 日的一封信中，谈及了他的这次旅行：

> 我们堂口的住院就在巴林部边界的附近，因此我们可以时刻关注到（放垦蒙地）的事态发展。魏振铎神父也跟他的好朋友蒙古王公 Pao Kouotch'ang（按：中文名不详）谈过话，这位王公保证在春天的时候要卖五个蒙旗的地，④这些地加在

---

① 1905 年理藩部左侍郎姚锡光随同肃亲王赴内蒙古东部考察，认为潢河以南的十旗为已垦之地，而潢河以北以巴林为中心的一带仍是未垦之地，并且认为放垦之后可以扼制日本和俄国的侵入。此外，热河都统廷杰还认为放垦巴林蒙地也可以解决地方生计，并且"拟为立县"。巴林放垦的事宜于 1904 年 3 月开始筹办，在 1907 年建立垦务局，首任垦务总办是王顺存。其上任后即着手制定垦务章程。该章程由廷杰上奏朝廷，1907 年 6 月清廷给予批准。参见于晓娟：《清末热河地区的蒙地放垦及其影响》，《赤峰学院学报》（汉文哲学社会科学版）2009 年第 30 卷第 4 期，第 22—26 页；格日乐塔娜：《清末官垦在巴林左右二旗的推行》，《前沿》2008 年第 12 期，第 105—107 页。

② "光绪三十四年（1908 年），清政府派官员在此放垦聚民并建县，因位于巴林之西故命名为'林西县'。清宣统元年（1909 年），遂上报清廷，在乌梁苏达川口正式划定县城城基，建县衙，林西镇以县得名。"参见王凤隆主编：《内蒙古自治区地名志》（赤峰市分册），内蒙古自治区地名委员会办公室，1987 年，第 393 页。

③ Jan Uyt de Willigen 的汉名"魏振铎"在《圣母圣心会塞外传教来华神父名册（1865—1947）》又写为"魏拓铎"。参见贝文典（Leo Van Den Berg）：《圣母圣心会塞外传教来华神父名册（1865—1947）》，古伟瀛主编：《塞外传教史》，第 372 页；Jozef Van Hecken，*Documentatie betreffende de missiegeschiedenis van Oost-Mongolië*，Vol. 9，p. 451.

④ 袁敬和在该信中说明，当时清廷从军事管理的角度把蒙古地方划分为 135 个旗。其指的是外藩蒙古诸旗，即内蒙古的 49 旗，以及外蒙古喀尔喀的 86 旗，共 135 旗。特此感谢复旦大学庄宏忠博士的帮助。

一起要有整个荷兰这么大。……因此,我和魏振铎神父两人带着帐篷,穿越巴林的西部旅行了三个星期。我们希望通过这次旅行能够给主教(叶步司)提供一些具体的信息。抓住这样的机会,我们需要考虑在那里是否应该买一块地建立教堂。……这次旅行也是叶步司主教要求我们去的,他愿意我们及时去视察这片新的区域。年度避静结束之后我就和魏振铎神父一起上路了,还带了一些农人和猎人同行,我们一行共有十七位。①

推测两位传教士带上若干猎人和农人的原因,想必是猎人可以沿途狩猎提供每日的食物,而农人的角色则更为重要,他们是勘测土地质量的专家。这两位传教士在旅途中驻扎过一片荒地,该地在西拉木伦河以北九十里,他们都认为这片土地肥沃,适于开垦耕种。② 因此,在叶步司的同意下,袁敬和与魏振铎开始着手买地。"大营子堂口"就由此筹建起来。在闵宣化的笔记本里,他记下了当初建大营子时在1908和1909年两年内买地的情况与所花费的数额,大致如下:

在1908年,以1975两银子的价钱,首次在那里买了27顷地,共包括10顷上地、11顷中地、3顷下地和3顷山荒。其后在1909年又分别买了三次地,第一次花了2015两银子买了43顷地,包括40顷下地和3顷山荒。第二次花了430两银子买了13顷地(未分类),第三次花了1420两买了28顷地,包括3顷中地、22顷下地

---

① 袁敬和写于1907年11月31日(原文如此,疑有误)的信,参见 J. v. Eygen, "Oost-Mongolië, Brief van P. van Eijgen, Een nieuw Missieveld in't zicht," in Sparrendaal Missiehuis, eds., *Annalen der Missionarissen van Sparrendaal*, S-Hertogenbosch: N. V. Stoomdrukkerij V. H. Henri Berger, 1908, pp. 81 - 91.

② E. P. Gochet, "Hoe het zendingspost van Ta-ing-tze gesticht werd," in S. Missiehuis, eds., *Missietijdschrift: Missiën van Scheut*, Brussel: Scheut Missie, 1920, p. 74.

和 3 顷山荒。1908 年到 1909 年期间买的这些地，共计有 111 顷。以 1909 年 12 月 23 日为结点，所有的费用加在一起，包括在此期间借给马氏信徒（Ma Tchen-hai）买地的 205 两银子，共计 6 045 两银子。①

此后，为继续扩大大营子的地盘，购地计划并未结束。在闵宣化的笔记中又发现他从 1912 年到 1913 年期间买地的情况：上地买了 10 顷，共花费 800 两银子；中地买了 11.665 顷，共计 678.6 两；下地买了 55.27 顷，共计 2 210.8 两；山荒地买了两次，共 6.748 顷，花了 93.724 两银子。三次总共买了 83.683 顷地，花费了 3 783.124 两银子。

表 3-2 大营子买地情况（1908—1913）

年份 土地	1908 年	1909 年	1909 年	1909 年	1912—1913 年	总计
上地	10 顷				10 顷	20 顷
中地	11 顷			3 顷	11.665 顷	25.665 顷
下地	3 顷	40 顷		22 顷	55.27 顷	120.27 顷
山荒	3 顷	3 顷		3 顷	6.748 顷	15.748 顷
未分类			13 顷			13 顷
面积共计	27 顷	43 顷	13 顷	28 顷	83.683 顷	194.683 顷
价格共计	1 975 两	2 015 两	430 两	1 420 两	3 783.124 两	9 623.124 两

① Archive Nr.：T. I. a. 9.4.，Documentatie- en Onderzoekscentrum voor Religie, Cultuur en Samenleving (KADOC), KU Leuven. 另，在闵宣化的记录中，他标注的计价单位为"Taels"或"T"，通常被译为"两"。土地面积的计算则用"顷"（K'ing），他又说明了当时土地计量单位之间的换算规律，即五英尺（voet）为一弓，二十四弓为一亩，一百亩是一顷。

此外，在《林西县志》中也有关于圣母圣心会早期在大营子买地建堂的记载：

> 清宣统元年(1909年)，比利时籍神甫袁敬和从北京来林西挂牌领地，买下距县城北9公里处长6公里、宽4公里的荒地一段（今大营子乡中心村处），建房12间，设立教堂1座，作为传教基地，袁敬和为本堂。从此，天主教正式传入林西。①

事实上，与闵宣化同赴大营子的龚振沧才是大营子首任本堂，但大营子堂口的建立确实是袁敬和的功劳。他不但早在1907年就与魏振铎一起着手考察该地的情况，1908、1909年在那里买地的种种事宜也是由他们二人一手操办的。因此，在圣母圣心会中，一直公认袁敬和为大营子堂口的"创立者"。

在此值得一提的是，购买大营子土地时，袁敬和与魏振铎实际上是借用了三位中国信徒作为中间人去巴林部买地。他们是赵庆昌、马琛海和张春元（皆音译，原文作"Chao Ch'ing-ch'ang, Ma Tchen-hai, Chang Ch'un-yuan"）。之所以要这样，是因为在1860年中法《北京条约》以及1865年的《柏尔德密协议》上，虽然明文规定外国传教士在内地"租地买田，建造自便"，但蒙旗地方是否属于此条款中的"内地"却含糊不清。因此，热河代牧区从垦务局购得的所有蒙地，皆是用信徒之名签署地契。而教堂为了慎重，又与相关信徒签署另一份合约，写明这些用信徒名字购买的土地都隶属天主堂。圣母圣心会的文献记述如下：

> 我们买地的所有地契都写的是信徒的名字，再另附加一份合约，内容是说明这些以他们名字买的土地，都属于天主堂所有。在大营子买的所有地诚然是用信徒的名字买的，但事

---

① 林西县地方志编纂委员会编：《林西县志》，呼和浩特：内蒙古人民出版社，1999年，第860页。

实上用的是代牧区的钱。而信徒们确实也很期待能成为土地的所有者。但是代牧主教叶步司坚持要把土地留给教会,而拒绝卖给信徒。这必定带来了信徒们的不满。他们一些人决定迁移到离大营子以北五六十公里远的乌牛台(按:Wu-niu-t'ai,即"老房身"),在那里以他们自己的名字买地。①

事实上,当初一部分信徒肯帮忙为圣母圣心会买地,主要是因为叶步司保证过教会所买到的土地"只可转卖给信徒"。② 因此,他们很愿意让教会以自己的名义买地,并认为教会可以把土地以低廉而无利的价格再转让给他们。但是,叶步司并没有这么做,这无疑促使一些对拥有土地抱有强烈愿望的信徒决意离开大营子,另寻出路去自行买地。借着这样的转变,大营子附近衍生出了一些"附属堂口"或"附属公所"(bijpost)。③ 如乌牛台、号保图这样的小型教友村就是如此衍生出来的。闵宣化在大营子当副本堂期间,也曾频繁地到这些传教站去照顾信徒们的宗教生活。④

虽然"买地风波"让一些信徒扬长而去,但大部分的人还是选择了留下。自从代牧区有了大营子的这片垦地之后,长期驻守在毛山东的袁敬和就开始照管那里陆续迁入的信徒,并且把大营子看成是自己的一个附属传教站,定时前来巡视管理。圣母圣心会

---

① Jozef Van Hecken, *Documentatie betreffende de missiegeschiedenis van Oost-Mongolië*, Vol. 6, pp. 402-403.

② Jozef Van Hecken, *Documentatie betreffende de missiegeschiedenis van Oost-Mongolië*, Vol. 6, pp. 402-403.

③ 荷文原为"bijpost",指的是一个刚刚成立,尚未有本堂神父留任的传教站。而附近的堂口神父负责该传教站的教务,诸如定期巡访信徒、送弥撒、施行圣事等。如果那里已经有小教堂的话,可称为"附属堂口",如果只有一个简易的祈祷所的话,则称为"附属公所"。参见 Jozef Van Hecken, *Documentatie betreffende de missiegeschiedenis van Oost-Mongolië*, Vol. 6, p. 405. "附属公所"一词取自于《松树嘴子天主教会沿革》一文,参见张建民:《松树嘴子天主教会沿革》,第8页。

④ Jozef Van Hecken, *Documentatie betreffende de missiegeschiedenis van Oost-Mongolië*, Vol. 7, Leuven: Private uitgave, pp. 217-218.

的文献这样写道：

> 自从1908年起，毛山东和苦力吐的信徒们就陆续迁徙到巴林（大营子）来了。袁敬和也经常来大营子为那里的信徒主持宗教活动。起初，他和迁到那里的大部分信徒一样，并没有自己的房屋，住的是帐篷。直到1910年，袁神父才在大营子里建立第一座房子，既作为圣婴会的孤儿院，又用作传教士的住所……但还没有建教堂。①

但是，当时体弱多病的袁敬和已经不能兼顾不同地方的教务了，尤其大营子是处于当时热河代牧区最偏远，也是最北端的一个堂口。因此，圣母圣心会在1910年的10月派遣龚振沧为首任常驻大营子的本堂，并分配闵宣化为其副手到该地传教。在1910年的10月1日，闵宣化从三座塔出发，途经兴隆沟、十八里台、赤峰、苦力吐、毛山东等地，于23日到达了大营子。②

三、"库伦独立事变"与大营子天主堂

当龚振沧和闵宣化二人入驻大营子时，当地只有在1910年建成的神父住院和一所小型孤儿院。1911年春，他们二人又分别开办了男童和女童学校，学生有二十人左右。③ 由于没有正式建立教堂，一切宗教活动都依靠信徒们早期搭建的简易祈祷所。据圣母圣心会文献记载，大营子第一座正式教堂的建立是在

---

① Jozef Van Hecken, *Documentatie betreffende de missiegeschiedenis van Oost-Mongolië*, Vol. 6, p. 405.
② Jozef Van Hecken, *Documentatie betreffende de missiegeschiedenis van Oost-Mongolië*, Vol. 6, pp. 43, 51.
③ Jozef Van Hecken, *Documentatie betreffende de missiegeschiedenis van Oost-Mongolië*, Vol. 6, pp. 405-406.

1918年。

建造教堂一事拖了如此之久，主要是受到了欧洲第一次世界大战（1914—1918）的影响。来自欧洲的传教经费在战争期间变得极为有限，让整个代牧区陷入经济困境。① 除此之外，蒙古地区在1913年发生的"库伦独立事变"，引发了一系列的汉蒙冲突。这也给偏僻平静的大营子带来了前所未有的灾难，导致村民不得不弃村逃窜，这也是建堂一事未能及早完成的主因之一。

1911年7月，以库伦活佛为首的外蒙古僧俗封建主在库伦（今乌兰巴托）召开四盟王公会议，谋求"外蒙古独立"，并派遣外蒙古土谢图汗部右翼左旗札萨克和硕亲王杭达多尔济为首的代表团到俄国寻求外援，支持他们脱离大清王朝的企图。1911年10月10日，中国革命党人发动武昌起义，迫使清廷接受共和体制，清帝宣布退位。随后全国许多地方开始发生各种兵变，政局混乱不稳。外蒙古王公借此时机在同年12月1日，调集各旗蒙兵集合库伦，威逼清政府驻库伦办事大臣三多离境，宣告喀尔喀脱离中国管制，公推第八世哲布尊丹巴（博克多汗）为皇帝，建立"大蒙古帝国"。12月4日，三多在俄兵的护送下被迫离开库伦。12月28日，哲布尊丹巴登基，年号"共戴"，外蒙古从此"独立"。其后，内蒙古王公们目睹外蒙古"独立"成功，也都开始蠢蠢欲动。驻京的内蒙古王公也因此分为两派，一派愿意投靠北洋政府，拥护新的政权，另一派则主张拥护旧有君主制，反对共和，并企图借助日本和俄国势力

---

① "De wereldoorlog en de missiën," in Sparrendaal Missiehuis, eds., *Annalen der Missionarissen van Sparrendaal*, S-Hertogenbosch: N. V. Stoomdrukkerij V. H. Henri Berger, 1915-1919, pp. 32-40. 另，欧战的爆发也导致了圣母圣心会年鉴的停刊，复刊是战争结束后的1919年。

投靠在库伦"独立"的外蒙古。① 这一政治事变的发生,让内蒙古各旗的天主教堂也受到了不同程度的冲击。1913年的《时事汇报》上如此记载当时内蒙古的情形:

> 窃以蒙人受库伦独立之害。民业凋残,商务阻塞,匪徒充斥,随处骚然。外蒙固受切肤之痛,内蒙亦遭波及之灾。库伦一日不取消独立,则各蒙旗一日不能安枕。②

闵宣化1913年在比利时《新闻报》上发表过一篇时事文章。在这篇名为《东蒙古代牧区的蒙汉之争,导致了一个天主教传教站撤离》的长文里,闵宣化较为详细地记述了他在巴林地区外蒙古叛军进犯内蒙古时的所见所闻和自己的感触,他这样写道:

> 从上一封信到现在,汉人的军队还未取胜,声望也大不如前:他们被蒙古人一步一步地击退,现在被逼到了巴林的西部。
>
> 这些打仗的蒙古人绝不是从库伦来的,他们都来自内蒙古,因为他们的汉语说得都很好。这一猜测也反映在林西本土蒙古居民的身上。事实告诉了我们真相:大家都心知肚明,在这个地区居住的内蒙古人没有人离开村子去(对抗外蒙古独立军)。这可能是由于内蒙古王公下达的命令,在表面上这些王公们不敢与民国政府作对,但是在背后却和库伦那边秘密合作。这些王公或是因着对自己部落抱有的感情,或是因为他们害怕人或神明对他们施加报应。现在在巴林打仗的

---

① 关于晚清民初外蒙古寻求独立的事件,参见汪炳明:《清朝覆亡之际驻京蒙古王公的政治活动》,《内蒙古大学学报》(哲学社会科学版)1985年第3期,第9—17页;刘存宽:《中俄关系与外蒙古自中国的分离(1911—1915)》,《历史研究》2004年第4期,第106—115,191页;韩狄:《民国初内蒙古王公与日本"第一次满蒙独立运动"》,《日本研究》2016年第2期,第71—77页。

② 《蒙古王公对于中俄蒙约之主张》,《时事汇报》1913年第1卷第14期,第4页。

蒙古人不超过两千人，可能还不到一千或五百人。他们正等着从库伦那边下来的大部队。①

这一冲突事件在《林西县志》中也有记载：

> 民国二年(1913)，外蒙"独立"军兵分五路，窜犯内蒙古各地，时驻林西毅军统领、林西镇守使米振标提师北上，"用兵坝外"，迎战外蒙"独立"军。② 与此同时，由海山和巴布扎布率领的外蒙"独立"军第二路在多伦、张家口一带窜扰，由于担任内蒙古锡林郭勒盟一带防守的国民政府军于旅沈团"作战不利，节节败退"，巴布扎布率部乘虚而入，攻占经棚（克什克腾旗）并危及林西。③

闵宣化在实地观察中认为，在林西地区的这场争斗中，与驻西林毅军军队对抗的外蒙古"独立"军其实都是由会说流利汉语的内蒙古人组成的，而非来自外蒙古。以他的看法，这些蒙古族人秘密加入外蒙古"独立"军的现象，与那些口称拥护民国政府，但心中仍愿意保住特权的内蒙古王公有很大关系。这印证了当时一些封建蒙古王公复杂的心理状态和一种模棱两可的政治倾向。其背后原因不仅只因为内、外两蒙古之间的民族联系颇为复杂，而且宗教信仰在其中也起到了一定的作用。此外，这场争战让大营子村也备受毅军士兵的大肆掠夺，反映出当时直隶军阀部队的混乱、腐朽，以及不得民心。闵宣化如下写道：

---

① Min Suan-Hwa, "Sino-Mongoolsche oorlogsverrichtingen in Oost-Mongolie. Eene Katholieke missie ontruimd," *Het Handelsblad*, December 9, 1913.

② 当时由米振标带领的军队称为"毅军"。据《赤峰军事志》记载："1913年，蒙边战乱，袁世凯派毅军20个营，约4万人驻守热河。11月7日任命陈光远为赤峰镇守使，米振标为林西镇守使兼毅军前敌司令。……米振标镇守使署设在林西县城二道街中段北侧（现林西县政府院）。"参见《赤峰军事志》，呼和浩特：内蒙古人民出版社，1992年，第101页。

③ 林西县地方志编纂委员会编：《林西县志》，第663页。

林西县的官员几天前给离那里西北部 40 公里的十八里台的米统帅（按：米振标）传达消息。告诉他现在林西已经被蒙古人包围，要求立即派兵支援对抗。这一突然的消息让米统帅急速派一支七千人的部队前来林西支援。

　　尽管时局出现了如此重大的转变，林西的官员却没有向在大营子的两位传教士（龚振沦和我）事先警告这个危险的局势。官员几天前还曾向我们保证过会及时提醒我们战事的进展，何况条约上也明文规定，他应按其约定来实行保护。

　　有一整天的时间，被蒙军击退的汉人部队经过我们大营子教友村。信徒们都来向我们询问意见，是留在村子里还是搬离这危险之地。刚开始，村民们还愿意不惜任何代价地留守在大营子里，但是后来他们的勇气越来越弱，考虑离开村子。最后到了晚上，包括我们两位传教士在内，大家都还是决定留在村里。

　　忽然到了午夜时分，一队作为后卫的直隶官兵突如其来地以粗鲁之势强行闯入每家住户进行掠夺，还有一群官兵也撞毁了我们的神父住院的大门。他们闯进来之后就开始抢我们的所有牲口。整个村子的每条街上都充满了无法形容的混乱。我们开始敲响大钟，以此警醒村民们赶快逃。这些村民们逃离的可不是蒙军呀，他们逃离的是这些自己人——直隶官兵的暴力行径，而这些官兵本应该捍卫他们的祖国。这些人与强盗无异，他们把财富置于民族的荣誉和国家的利益之上了。

　　信徒们尽可能地把抢救下来的物品装上马车。转天早上我们离开了这座有四千村民的美丽村庄。信徒们把他们的财产和这片有着黄金般收成的土地留在了身后。

这些暴力的行径不得不让信徒和本地村民都离开了这片地区。所有的这些人都想在逃亡过程中再找一个落脚之地。因此,本堂神父龚振沦向米统领上交了一份请愿文书,在其中说明了村民们遭受到的这些毅军士兵如野人般的掠夺和偷盗行为。米统领收到了这份报告,并答应愿意为可能发生的事件承担责任。他又表达出他的诚意,派遣了四位士兵带领我们去邻近的堂区——毛山东。我们这群信徒花了三个整天在路上,两晚在寒冷的露天过夜。①

闵宣化的叙述是否有夸大的成分,我们不得而知。因为这虽然是一篇时事性质的通讯,但其内容也明显抱有向比利时信众求得同情,寻求他们积极向传教区募捐的目的。② 然而,毅军士兵对大营子村进行破坏掠夺的事实则不可否认。可以佐证该事件的另一文献是时任热河都统的熊希龄在1913年10月16日发给承德都统的一封电报,其日期与闵宣化撰写此文的日期1913年10月13日仅有数日之差。该电报内容如下:

> 请拨款抚恤被抢之林西大营子教堂致承德舒护都统电
> 承德舒护都统鉴:彝密。昨据赤峰叶知事大匡函称:"林西大营子教堂被抢,该堂总司铎郭明道开单索赔,情愿从速了结,拟请先给一千元,以为该教民等抚恤之费,俾日后易与磋

---

① Min Suan-Hwa, "Uit China, Sino-Mongoolsche oorlogsverrichtingen in Oost-Mongolië. Eene katholieke missie ontruimd," (Dec. 9, 1913), *Het Handelsblad*.

② 因为文中有写:"度过了这次遥远和艰辛的逃难路程,我们这群蒙灾的信徒们到达了毛山东。但是他们仍然很难在他们的亲属那里找到住处,再加上那里很差的收成,让这群人的口粮和柴火这些必需品也很快地用光了。一千四百位可怜的信徒要在那里过冬,他们把信心交给天主,和你们这些欧洲兄弟姐妹们的善心(捐款)。"参见 Min Suan-Hwa, "Uit China, Sino-Mongoolsche oorlogsverrichtingen in Oost-Mongolië. Eene katholieke missie ontruimd," (Dec. 9, 1913), *Het Handelsblad*.

商。"等语。① 查此次林西教堂全堂被毁,席卷一空,教徒千余人嗷嗷待哺,该总司铎开诚相见,尚属能明大义,应速给一千元,以资抚恤。至此外被难人民,亦应设法安抚,以免向隅。希龄。铣。印。②

此外,在 1914 年圣母圣心会的年鉴上,时任热河代牧区省会长的葛崇德(Louis Van Dyck,1862—1937)也同样发表通讯,描绘了当时的军事对峙。该文指出,这场战事不仅对大营子,而且对整个巴林北部传教区都带来了很大的影响。大营子被掠夺之前,毅军士兵在位于大营子北部的号保图那里也曾有过类似的暴力行径,以致那里的信徒被迫向南逃亡大营子。③ 葛崇德在他的文章中写道:

汉蒙军队之间的冲突以及汉人军队的失败,迫使所有在号保图和周围村落的信徒们在 9 月初都不得不逃往大营子去了。④ 几天之后,败下阵来的中国军阀米统领和他的军队退

---

① 郭明道时任"赤峰传教区"区会长一职,大营子堂口归属于赤峰传教区的行政管理之下。此处的"区会长"指的是代牧区内传教区的长上。为了管理方便,1899 年圣母圣心会的会宪在第 18 条上设置了"区会长"的职务。热河代牧区自 1899 年 9 月 9 日开始实施该项任命。最初划分有三个传教区:即松树嘴子传教区、八沟传教区和马架子(赤峰)传教区。参见 Jozef Van Hecken, *Documentatie betreffende de missiegeschiedenis van Oost-Mongolië*, Vol. 6, pp. 45, 50; Vol. 5, p. 38. 另,在闵宣化的文章中提到,先是大营子的本堂龚振沦向米振标反映了毅军的不法行为,要求予以保护。参见 Min Suan-Hwa, "Uit China, Sino-Mongoolsche oorlogsverrichtingen in Oost-Mongolië. Eene katholieke missie ontruimd," (Dec. 9, 1913), *Het Handelsblad*.
② 《请拨款抚恤被抢之林西大营子教堂致承德舒护都统电》(1913 年 10 月 16 日,上海图书馆藏件),见周秋光编:《熊希龄集》第四册,长沙:湖南人民出版社,2008 年,第 339 页。
③ 葛崇德在大营子事件的记述上与闵宣化有不一样的地方。在闵宣化的文章中指出,大营子村民的逃亡是因为有毅军士兵的掠夺。而葛崇德在文章中指出,毅军士兵的掠夺是在大营村民逃离家乡之后才发生的事情。
④ 虽然这篇文章发表在 1914 年的年鉴中,但根据前文闵宣化在 1913 年 10 月写的关于大营子遭到官兵掠夺的内容分析,这里应指 1913 年的 9 月。

到了林西县和大营子。大营子的神父和信徒还勉强可以坚持着不让这些土匪士兵(他们把土匪征来当兵)闯进村里来。但神父受命带着信徒转去后府(Heou Fou)之后,①大营子的整个村落以及神父的住院都被士兵们洗劫一空了。对本堂龚振沦来说是多么地可悲呀,除了他的这些信徒外,他失去了所有的一切。今年对于我们整个的北部传教区都很悲惨。除此之外,那里还充斥着大量的土匪。请为他们和我们祈祷吧。②

这次外蒙古叛军与直隶毅军之间爆发的军事动乱,导致了"林西教堂全堂被毁,席卷一空"。失去了早期的那座简易的祈祷所,此时的大营子需要重新建立一座正式教堂。而熊希龄的电报中已经提到了对毅军破坏行径进行赔偿的事情。这笔磋商之后的赔款,也成为了大营子建立一座教堂的部分经费来源。③

由于资金短缺,建堂一事又拖至数年。直到1917年,热河代牧主教要求新上任的大营子副本堂金声远(Leo Daelman,1880—1951)主持建堂事宜。但这是一份苦差事,因为大营子地处偏僻,建堂所用的材料并不容易运到那里,而建筑用的石砖则要想办法在当地烧制。建堂工程始于1918年的春季,历时一个夏天最终完工。1918年接手金声远副本堂职务的常竞业,在1919年这样写道:

---

① "后府"指的是热河代牧区北部传教区的范围,主要包括马架子、苦力吐、毛山东、佟家营子等堂口。参见 M. Abels, "Oost-Mongolië, Brief van M. Abels, Bijzonderheden over eene-bekeering," in S. Missiehuis, eds., *Missietijdschrift: Missiën van Scheut*, Brussel: Scheut Missie, 1889 - 1890 - 1891, pp. 41 - 43.

② L. Dijck, "Verspreid Nieuws, China. Oost-Mongolië - Onaangename tijding," in S. Missiehuis, eds., *Missietijdschrift: Missiën van Scheut*, Brussel: Scheut Missie, 1914, p. 21; L. Gochet, "Het grasland," in Sparrendaal Missiehuis, eds., *Annalen der Missionarissen van Sparrendaal*, pp. 52 - 53.

③ Jozef Van Hecken, *Documentatie betreffende de missiegeschiedenis van Oost-Mongolië*, Vol. 7, p. 215.

  自从去年开始,在全村最美丽的村子中央,建立起了一座华丽的哥特式教堂,那是大营子堂区的创立者(袁敬和)所指定的地方。这座教堂可谓是内蒙古的一颗珍珠。他是我们同会的兄弟金声远的艺术杰作。我们的信徒,甚至在工作的日子都来这里望弥撒和参与各种宗教活动。①

韩国才、赵杰民的《林西县大营子天主教堂》一文,是关于大营子堂口为数不多的中文文献之一,文中具体地描述了大营子传教站的范围以及信徒租用田地的情况。现转述如下:

  林西县大营子天主教教堂……位于林西县林西镇北十八里大营子乡中心村。该堂始建于1909年,为比利时圣母圣心会传教士郭明道、袁敬和所建,属欧洲哥特式建筑。

  建堂之初,先在林西垦务局以挂地垦荒为名,购得平川一段,经垦务局丈量,南靠司令地,北邻德苏坑,东西以山顶分水岭为界,南北长约五公里,东西宽为四公里,总面积为二十平方公里。垦务局颁发了执照,然后教会从乌丹毛山东开始迁去十户教民,垦荒的教民免费耕种三年。期满将地权交给教会,留种者交二成地租。在挂地中间地段,辟南北一里,东西一里作为居民点,总面积为五百亩。在其中教会自留一部分,共一百亩,拟建筑教堂。在建教民住房之前,先为教堂建住宅九间,筑临时小堂五间,食堂七间,以供神甫临时居住。1912年后,教堂由法国圣母圣心会接管,闵宣化曾一度主持此教堂工作。②

---

 ① P. L. Gochet, "Het grasland," in Sparrendaal Missiehuis, eds., *Annalen der Missionarissen van Sparrendaal*, p. 53.
 ② 韩国才、赵杰民:《林西县大营子天主教堂》,中国人民政治协商会议赤峰市委员会:《赤峰风情》,北京:中国文史出版社,1987年,第250—251页。

《林西县大营子天主教堂》一文虽在细节上与圣母圣心会文献略有出入,但较为清晰地展现了大营子传教站的整体面貌。文中还特别提到了闵宣化在大营子任职一事,但并不准确。闵宣化在大营子追随本堂龚振沧共有两年时间。起始于 1910 年 10 月,直到 1912 年 9 月获得了代牧区的新任命为止。他在 1912 年 9 月离任后,由苏汝安(Georges Seys, 1886—1965)接替其在大营子副本堂的职务。①

四、向巴林的蒙古族人传教

大营子位处蒙古巴林部之西侧,地面宽广辽阔,人烟稀少,曾有不少蒙古族人来到这片地区牧放牛羊。大营子堂口的开创者袁敬和在 1907 年考察该地时,就曾遇过很多蒙古族牧民。他有意向这些牧民传教,但因为语言不通而束手无策,他在信中如此写道:

> 好可惜,我不能和这些蒙古族人深入地交往,他们对我们的工作也毫无兴趣。我也不会说蒙古语,他们也不会说汉语。因此我和他们能谈论一些什么呢?一些严肃的问题还是一些宗教上的问题?向蒙古族人传教真的不是一天两天的事情,因此,我要耐心地等待我们荷兰的信徒(按:袁敬和是荷兰人)能够慷慨地支援我们,让我们有朝一日能够建立起第一个蒙古族人的教友村。②

闵宣化早期在圣母圣心会学习时,已从鲍勃罗夫尼科夫(A.

---

① Jozef Van Hecken, *Documentatie betreffende de missiegeschiedenis van Oost-Mongolië*, Vol. 7, p. 3.

② 袁敬和写于 1907 年 11 月 31 日的信,参见 J. v. Eygen, "Oost-Mongolië, Brief van P. van Eijgen, Een nieuw Missieveld in't zicht," in Sparrendaal Missiehuis, eds., *Annalen der Missionarissen van Sparrendaal*, p. 90.

Bobrovnikov)的《蒙古文文法》中接触过蒙古语。因此,当他来到大营子传教的时候,想必也非常渴望能够有机会接触到真正的蒙古族人。这不仅是为了履行传教职责,更是为了有机会亲自验证一下他在书本中学到的语言知识。贺歌南曾这样写道:

> 闵宣化在大营子传教的时候,住在离蒙古族人聚集地不远的地方,因此他利用了这个好机会加强了他对蒙古学的深层认识。现在他可以从蒙民的口中,真正地去学习他们的语言、发音、丰富的词汇以及语法的结构了。①

这些在长城以北游牧的蒙古族人,分布在内蒙古的各个蒙旗之中。因此,在热河代牧区活动的传教士们,把蒙民皈依的问题也纳入到了他们的日程当中。关于向蒙民传播天主教信仰的早期记录,最为人所熟知的是1850年在法国巴黎出版的《鞑靼西藏旅行记》(Souvenirs d'un voyage dans la Tartarie, le Thibet et la Chine pendant les années 1844, 1845 et 1846),他是由遣使会士古伯察所撰写。其实,向蒙古人传教,早在十八世纪的耶稣会时期就已经开始了。在1735年,耶稣会士杜赫德(Jean-Baptiste Du Halde,1674—1743)整理并出版了《中华帝国全志》(Description géographique, historique, chronologique, politique et physique de l'Empire de la Chine et de la Tartarie chinois)。其中有《张诚神父回忆录中关于大鞑靼地区的历史考察》("Observations historiques sur la grande Tartane tirées des Mémoires du Père Gerbillon")一文,这样写道:

> 蒙古人都很善良,并且对他们自己的宗教信仰非常地虔诚。他们对喇嘛们也痴心地依赖,虽然这些喇嘛并不怎么高

---

① J. Van Hecken, "In memoriam Z. E. Pater J. Mullie", p. 297.

明,大多数人在生活上也没有规律。因而,我对归化蒙古人信从基督没抱有什么希望。我第一次到蒙古巡游的时候,本打算在蒙古人中间建立教会,把我的余生奉献在向他们传播福音的工作上。但是我发现他们并没有多少人会真正地从心里愿意接受基督信仰这颗神圣的种子,因此,我认为放弃中国那片充满希望的传教区而来到这里,将是一个不明智的选择。①

百年之后,在遣使会孟振生主持下建立蒙古代牧区的初期,皈依基督宗教的蒙古族人仍是屈指可数。《遣使会在华传教史》一书中总结出了这背后的原因:

> 孟主教管理的信徒中,没有正式的蒙古族人。他们过游牧生活,不宜接受福音;他们牧放牲口,随着牛羊一起迁移,并朝夕在部落中生活。而部落酋长则是人及物的主人,离开酋长的地方,就是不服从他的权威,就不能牧牲种地;此外,喇嘛对迷信的愚民,势力颇大。②

遣使会认为蒙古族人不会轻易皈依基督宗教的原因,除了耶稣会士张诚曾指出的佛教影响外,还有居无定所的生活方式,以及部落酋长的权威。

1837年来华的遣使会传教士秦噶哔,曾与古伯察同去蒙古和西藏地区考察。秦噶哔在1847年8月25日递呈教宗庇护九世一份书面报告,详述了他们两位传教士为向蒙民传教而翻译的诸多宗教书籍。这其中包括蒙文的祈祷经文、教理问答以及护教类书

---

① Jean Baptiste Du Halde, *Description Géographique, Historique, Chronologique, Politique Et Physique de L'Empire de La Chine Et de La Tartarie Chinoise*, Paris: P. G. Le Mercier, Imprimeur-Libraire, Vol. 4, 1735, p. 58.
② 樊神父著:《遣使会在华传教史》,吴宗文译,第99—100页。

籍等。① 虽然让蒙民皈依基督宗教的道路异常艰难,但也不是毫无进展。第一位皈依天主教的蒙古族人是一位二十五岁的小喇嘛。汉姓为齐,教名是保禄(Paulus)。他是在帮助秦噶哗学习蒙文期间皈依天主教的。不久之后另一位小喇嘛也皈依了,教名伯多禄(Petrus),他后来成为第一位蒙古族遣使会神父。②

圣母圣心会接手蒙古代牧区后不久,会祖南怀义就在 1868 年指派吕之仙学习蒙文,尝试与蒙民接触。随后吕之仙、费尔林敦和南治灵(Paul-Piet Hendriks,1846—1906)三人深入到代牧区西南部的蒙古族人聚集地传教,但都无功而返。其后他们又计划在毗邻蒙民部落的四周建立传教站,同样没有奏效。传教士们认为,由于蒙民对藏传佛教无比虔诚,确实难以使其皈依其他宗教。③ 屡次碰壁之后,热河代牧区也似乎不再抱有幻想。1899 年马也耳在寄给鲁汶修院院长李崇耀(Albert Gueluy,1849—1924)的信中如此写道:

> 到目前为止,在热河代牧区里仍然没有对蒙民的皈依做出什么尝试。如果没有在这方面极为有才能的传教士从总院派来的话,我们不打算开始真正的传教活动。去年(1898)来的这六位传教士,或许还没有一个人可以适应普通中国信徒的生活,何况再让他们生活在蒙古人的帐篷里。所以我们不会很快地去蒙民游牧的"草地"那边建立传教点。……希望司各特那边能够理解代牧区的迫切要求,在有可能的条件下提供给我们

---

① Patrick. M. W. Taveirne, "The CICM Apostolate in Mongolia, late 19th and early 20th century," (Unpublished) Revised Paper presented at the Conference on "The Importance of the History of Evangelization Taking CICM as an Example", (2020), p. 6.

② 樊神父著:《遣使会在华传教史》,吴宗文译,第 100—101 页。

③ Patrick. M. W. Taveirne, "The CICM Apostolate in Mongolia, late 19th and early 20th century," (Unpublished) Revised Paper presented at the Conference on "The Importance of the History of Evangelization Taking CICM as an Example", (2020), pp. 7‑9.

一些有能力胜任的传教士,去履行这份必要的工作。①

由此可见,蒙民的文化习俗、宗教信仰等方面,固然是导致其民族难以接受外来宗教的原因,②但传教士自身条件的不足也不可忽视。他们在语言、体能、适应能力等方面的匮乏,也让其无法真正地走入蒙古族人的生活之中。缺少合适的传教士,是圣母圣心会当时所面临的窘境。

向蒙民传教的失败经验,给圣母圣心会的传教士们带来了不少压力。但相比之下,与边疆的汉民接触,则显得易如反掌,教务也蒸蒸日上。起初,传教士在蒙古族人聚集的地方建立过不少的传教站,比如在伊金霍洛(Ejen-Qoroo)、巴音陶海(Bayan toqai)、定远营、宁夏西北部的经济要塞、成吉思汗朝圣地和喇嘛寺的周围,但却都一无所获。而同时期在汉人聚集地所建立的传教站,比如三道河、李岗堡、下营子等,都获得了显而易见的发展。③ 不难想象,面对这样的结果,传教士的精力就逐渐转移到了当地信教人数逐年上升的汉人身上。

闵宣化在大营子的时候,向蒙古牧民传教也是他的既定目标,并为此加紧学习和巩固蒙语。他首先把自己经常阅读的鲍勃罗夫尼科夫的《蒙古文文法》翻译成了弗拉芒文,并改写成一个简易本用以自学。随后,他又从北京订购了其他关于学习蒙语的书籍,如威达雷(Guido Vitale,1872—1918)的《蒙古语语法及词汇——喀

---

① 马也耳在 1899 年 7 月 7 日写给李崇耀的信。参见 Jozef Van Hecken, *Documentatie betreffende de missiegeschiedenis van Oost-Mongolië*, Vol. 7, pp. 185 – 186.

② 关于圣母圣心会传教士在蒙古人中间未能成功开教的原因分析,参见张彧:《晚清时期天主教会在内蒙古地区活动研究》,北京:中国社会科学出版社,2019 年,第 44—50 页。

③ Patrick. M. W. Taveirne, "The CICM Apostolate in Mongolia, late 19th and early 20th century," (Unpublished) Revised Paper presented at the Conference on "The Importance of the History of Evangelization Taking CICM as an Example", (2020), p. 9.

尔喀方言》(Grammaire & vocabulaire de la langue mongole - dialecte des Khalkhas, 1887),以及兰司铁(Gustaf John Ramstedt,1873—1950)的《喀尔喀蒙古语的词形变化》(Über die Konjugation des Khalkha-Mongolischen, 1903)等。除此之外,闵宣化为了方便与蒙民直接交流,还通过蒙文的要理书为自己制定了一套常用的蒙语词汇表,用以熟记生词并扩大词汇量。总而言之,闵宣化在大营子期间没有中断对蒙语的学习。①

然而,大营子最终没能留住蒙古牧民。放垦蒙地让大营子改变了原有的牧场生态和蒙民的生活习惯。随着清廷放垦政策的逐渐开放,汉人佃农不断地向口外迁徙,以游牧为生的蒙古族部落开始寻找更为广阔的牧场和适应自己的生存空间。② 圣母圣心会文献中这样写道:

> 传教士在大营子买蒙地的时候,那里仍住着不少蒙古族人。自从汉人信徒迁来之后,他们为了避免和汉人之间出现冲突,就渐渐地向北移走,走出了汉人聚集的圈子。③

鉴于此,曾经投入大量精力研读蒙语的闵宣化最后还是放弃了对该语言的学习,他决定把全部的时间投身到学习汉语中。这一重大的转变不仅是因为大营子的蒙古族人已渐渐地离开了林西地区,更主要的是他在1912年获得了代牧叶步司的一个新任命,他要被派遣到一个汉人最为集中的地方去传教,一个蒙语为"乌兰哈达"的城市,它的意思是"红山",汉人称之为"赤峰"。

---

① Jozef Van Hecken, *Documentatie betreffende de missiegeschiedenis van Oost-Mongolië*, Vol. 9, pp. 196 - 197.

② 关于汉蒙之间冲突起始原因的分析。参见谭永亮(Patrick Taveirne):《汉蒙相遇与福传事业:圣母圣心会在鄂尔多斯的历史1874—1911》,第244页。

③ Jozef Van Hecken, *Documentatie betreffende de missiegeschiedenis van Oost-Mongolië*, Vol. 6, p. 405.

第三节　闵宣化领导的赤峰公学

经过了两年在大营子的实习训练,闵宣化已经有资格接受第一份独立的工作。1912 年 9 月 14 日,时任热河省省会长的白玉贞写信给闵宣化,转达了代牧区对他的新安排:

> 闵宣化神父,今被任命为赤峰公学的校长。了不起! 祝贺你![1]

赤峰公学的校长一职成为了闵宣化独当一面后的第一个挑战。在叙述赤峰公学之前,首先有必要在此梳理一下热河代牧区中三大传教区之———赤峰总堂的创立历程。

一、赤峰堂口的建立

传教士进入赤峰传教的历史由来已久,前文提及,华籍耶稣会士刘保禄早在 1772 年就到过赤峰开教。其后,首座正式的赤峰教堂是由圣母圣心会所建,现位于赤峰市的红山区,在《赤峰市红山区志》中有如下记载:

> 天主教,清咸丰元年(1851)年传入县境。[2] 同治四年(1865),比利时圣母圣心会获得在内蒙古的势力范围。县境内最早建堂的有苦力吐、毛山东、马架子等村。县城设有公

---

[1] 白玉贞 1912 年 9 月 14 日在松树嘴子写给闵宣化的信。参见 Archive Nr.: T. I. a. 9. 1. 1. 3., Documentatie- en Onderzoekscentrum voor Religie, Cultuur en Samenleving (KADOC), KU Leuven.

[2] 《赤峰市志》中指出天主教传入赤峰地区的时间是清道光十五年(1835)。参见赤峰市地方志编纂委员会编:《赤峰市志》卷二十,第 3039 页。

所，供来往神甫住宿。1900年义和团举事，赤峰一带义和团烧毁公所三间土房，并将神甫驱逐出境。义和团失败后，教会借机索地赔款。圣母圣心会会士宋神甫用庚子赔款，于二道街东段北侧修建歌德式教堂和供神甫居住的11间北房及4间屏门。民国9年(1920)后，比利时人闵神父在东院主持建华峰学校。①

上文指出，赤峰在义和团运动之前并没有教堂，而只有一间简单的祈祷公所。据圣母圣心会文献记载，1883年在赤峰城仅有三位信徒。鉴于该地的信徒寥寥无几，1884年，热河代牧任命马架子的传教士代为照管在赤峰的宗教活动。十年后的1894年，赤峰的信教人数仅仅增长到十几位而已。② 其中之缘由，可能在很大程度上与赤峰的很多居民都是伊斯兰教信徒有关。当时负责从马架子来赤峰巡查教务的卢薰陶对当地浓郁的伊斯兰教气氛印象深刻。③

卢薰陶坚持一年几次从马架子骑马来赤峰巡视教务。虽然该地的信徒寥寥无几，但圣母圣心会也拥有一处简单的传教"驿站"，这也是后来赤峰堂口的雏形。卢薰陶对赤峰有如下的描述：

赤峰城，离马架子有220里的路程，那里住着一名县长。赤峰是我们首先想要宣教的地方。……赤峰城从东到西，从北到南有3英里。……城里现在有六条大街，每条街彼此间

---

① 赤峰市红山区地方志编纂委员会编：《赤峰市红山区志》，呼和浩特：内蒙古人民出版社，1996年，第714页。

② Jozef Van Hecken, *Documentatie betreffende de missiegeschiedenis van Oost-Mongolië*, Vol. 5, pp. 57, 73.

③ Jaak De Groef 的汉名在《圣母圣心会塞外传教来华神父名册(1865—1947)》中记为"卢薰阿"，疑有误。因为笔者在圣母圣心会的档案中曾发现一纸，钤有"卢薰陶"印。参见贝文典(Leo Van Den Berg)：《圣母圣心会塞外传教来华神父名册(1865—1947)》，古伟瀛主编：《塞外传教史》，第368页；Jozef Van Hecken, *Documentatie betreffende de missiegeschiedenis van Oost-Mongolië*, Vol. 9, p. 355.

都是平行的,最短的一条街也要长于 1 英里。最东边的第二条街上就有我们一处很小的落脚点,到现在我已有三个月没有去过了,一般我们每年都会去那里给信徒们开展宗教活动。①

1900 年义和团运动爆发,打着"扶清灭洋"口号的愤怒拳民烧毁了圣母圣心会在赤峰的这个"落脚点"。苦力吐本堂范国安在其 1901 年 8 月 23 日给家人的信中有如下记述:

> 在乌兰哈达(Oelan Hata,即赤峰)的城里,我们有几间房的产业。为的是去松树嘴子的路上,在赤峰可以有个落脚点。这几间房在 1900 年 7 月 19 日让义和团给烧毁了。我决定抽出时间去赤峰与当地官员商讨赔偿的事。1901 年 7 月 7 日我从在围场的德步天神父那里回到了马架子,转天就启程去了赤峰。②

范国安虽然没有细说与清廷交涉的具体事宜,但最初建立赤峰堂口是靠"庚子赔款"所得却是无可争议之事实。除了该赔款外,建堂支出另有另一部分来自比利时信徒的善款。③ 1903 年,赤峰堂口在马架子传教区会长魏振铎的主持下完成,热河代牧叶步司和热河省会长葛崇德曾去巡查访问,葛崇德在 1903 年 6 月 24 日的一封信中这样写道:

---

① D. Groef, "Een rondreis van een Missionaris," in S. Missiehuis, eds., *Missietijdschrift: Missiën van Scheut*, p. 538.

② 范国安在 1901 年 8 月 23 日写给家人的信,参见 Alois Goossens, "Brief van den Eerw. Pater Goossens," in Sparrendaal Missiehuis, eds., *Annalen der Missionarissen van Sparrendaal*, S-Hertogenbosch: N. V. Stoomdrukkerij V. H. Henri Berger, 1902, pp. 175 - 176.

③ 魏振铎在 1903 年 2 月 15 日写的信。Uyt de Willigen, "Brief van den Eerw. Pater Uyt de Willigen," in Sparrendaal Missiehuis, eds., *Annalen der Missionarissen van Sparrendaal*, S-Hertogenbosch: N. V. Stoomdrukkerij V. H. Henri Berger, 1903, p. 166.

我们在5月1日从十八里台离开,去往大约距离这里450里的西北部城市赤峰。这也是我们第一次走这条路线。……赤峰的新住院是用我们修会从欧洲申请到的善款建成的。房子建得坚固并且装潢得很好,可说是代牧区最漂亮的了。我们在那里受到了区会长魏振铎的接待,他每个月都要在这里停留几天。①

赤峰堂口建成后,由原老虎沟本堂宗示津(Leon Van Damme, 1870—1911)担当首位本堂,华籍神父王俊琳(Petrus Wang, 1856—1907)协助其工作。② 在《赤峰市红山区志》中,提到赤峰首位本堂为"宋神甫",这想必是把"宗示津"的姓氏"宗",误认为"宋"了。③ 此外,新中国成立后,冯允中曾在赤峰总堂担任牧职,他在《天主教赤峰教区沿革》一文中较为详细地描述了赤峰堂口的具体占地情况。冯氏在文中这样写道:

> 赤峰教堂在1900年以前还是个公所……教会借机要求赔地赔款,扩大公所左近地基:南自二道街路北,北至头道街路南,宽一百零五米,东自清河路道西,马王庙后身齐,西至旧

---

① 葛崇德在1903年6月24日写的信。参见Jozef Van Hecken, *Documentatie betreffende de missiegeschiedenis van Oost-Mongolië*, Vol. 6, pp. 209. 魏振铎建造赤峰住院的目的也是将来把在马架子的区会长住院迁移到赤峰来。参见Jozef Van Hecken, *Documentatie betreffende de missiegeschiedenis van Oost-Mongolië*, Vol. 6, p. 87.

② Jozef Van Hecken, *Documentatie betreffende de missiegeschiedenis van Oost-Mongolië*, Vol. 6, p. 11. 另,荷文文献记载宗示津的华籍助手为Petrus Wang,根据古伟瀛编的《国籍神父名册》来考察,推测其汉名应为王俊琳。参见古伟瀛:《国籍神父名册》,古伟瀛主编:《塞外传教史》,第449页。

③ Leon Van Damme的中文名在《圣母圣心会塞外传教来华神父名册(1865—1947)》中写为"宗示津"。而贺歌南将其汉名写为"宗示"(Sung Shih)。虽然两位会内史学家对Leon Van Damme的中文名有不同记载,但都认为其汉姓为"宗"。然而,贺歌南对其汉姓的西文拼写为"Sung",符合"宋"音。所以,Leon Van Damme的中文姓氏还有进一步考察的必要。参见贝文典(Leo Van Den Berg):《圣母圣心会塞外传教来华神父名册(1865—1947)》,古伟瀛主编:《塞外传教史》,第375页;Jozef Van Hecken, *Documentatie betreffende de missiegeschiedenis van Oost-Mongolië*, Vol. 9, p. 455.

第三章 闵宣化的生平及其在华传教的足迹

修女院西墙,长三百米。其中除东部有徐林的一小部分房基和女修院有一部分为教会自置外,其余大部分均为赔地款,此外另获得一部分赔款。圣母圣心会宋神甫到此,用庚子赔款修建了一所小教堂和供神父居住的十一间北房。宋神甫成为第一任本堂。随后是魏神父和郭明道神甫为本堂。……1917年前后,比利时闵神父任本堂。①

在宗示津(即上引文所指"宋神甫")之后,郭明道于1906年起任赤峰本堂直到1909年。② 后由魏振铎接手直到他在1911年3月23日去世为止。③ 而后,郭明道又回到赤峰续任。1916年,该堂区再由陶范(Felix Dosfel, 1876—1918)负责。④

冯允中在上文中也提及了闵宣化在赤峰的工作情况,但内容有误。闵宣化于1912年9月14日接到任命从大营子转赴赤峰,而非在1917年前后。更重要的是,闵宣化并非赴任赤峰本堂一职,而是以校长身份筹建赤峰公学。闵宣化任校长期间,郭明道为本堂。⑤

二、筹办赤峰公学

赤峰公学,最早圣母圣心会传教士以荷文"Sint-Jan

---

① 冯允中:《天主教赤峰教区沿革》,中国人民政治协商会议赤峰市委员会文史资料研究委员会编印:《赤峰市文史资料选辑》,第二辑,1984年,第4页。
② Jozef Van Hecken, *Documentatie betreffende de missiegeschiedenis van Oost-Mongolië*, Vol. 6, p. 30.
③ Ibid., pp. 38, 47.
④ Jozef Van Hecken, *Documentatie betreffende de missiegeschiedenis van Oost-Mongolië*, Vol. 7, p. 19.
⑤ Ibid, p. 4. 另,赤峰自1908年起,代替了马架子传教区中心的位置。传教区区会长魏振铎也随之迁往赤峰住院。参见 Jozef Van Hecken, *Documentatie betreffende de missiegeschiedenis van Oost-Mongolië*, Vol. 6, p. 38.

Berchmanscollege"(圣若汉伯尔格满公学)为其命名,后又改称"华峰学校"。① 该校在中西文献中都有记载。虽内容稍有差别,但表明该公学在赤峰教育史中的重要地位。在当时,它优质的教育水平和先进的设施也都得到了教会内外的好评与认可。《赤峰市教育志》对赤峰公学的记载如下:

> 华峰学校为赤峰天主教会创办,是赤峰地区教会学校中规模最大、设备最好、唯一的两级小学。1920年(民国九年),由比利时神甫以教会款建成。校址在赤峰二道街天主教堂东院。学校初名圣若汉伯尔格满公学,由比利时神甫任校长。1930年(民国十九年),改由中国神甫任校长,并改校名为华峰学校。②

闵宣化作为该校筹建者之事实,也可在《赤峰人物(总近代卷)》中找到:

> 闵宣化,比利时名牟里,比利时天主教神甫,1920年赤峰天主教华峰学校创建者……华峰学校的校名最初为"圣若汉伯尔格满公学",是1920年由比利时闵宣化神甫用教会款主持筹建的。③

然而,首先可以肯定的是,赤峰公学的建校时间应早于1920年。前文提及,闵宣化被正式任命为赤峰公学校长的时间是在1912年9月。而通过查看赤峰传教区会长郭明道的文献又可发现,该校的成立其实更早,闵宣化也不是它的真正首创者。郭明道如下写道:

---

① J. Van Hecken, "In memoriam Z. E. Pater J. Mullie," p. 297.
② 《赤峰市教育志》编纂委员会编:《赤峰市教育志》,赤峰:内蒙古科学技术出版社,1995年,第70页。
③ 赤峰市政协文史委员会编:《赤峰人物(总近代卷)》,第276页。

把赤峰建立成一个传教堂口需要耗费很多的时间,如果在堂区里(原文"Intra Muros",意指"城内")建立一些能结出丰硕果实的机构,也需要传教士的大量精力。其中最重要的就属公学(college)了——这是比小学(lager onderwijs)更高一级的学校。这所学校原本是1909年从毛山东迁到赤峰城来的,最初由卢扬愿(Jozef Van Durme,1883—1954)建立,①随后再由闵宣化接任校长一职。传教士深刻地认识到如果学生将来成为一名教育者、传教员或者神职人员,将必然要以科学知识来塑造自己。

建设好赤峰公学是赤峰传教区内七个堂口和十三位传教士的共同心愿。这个任务我们委托给有能力的闵宣化来主持。我们要把这所公学建设成不仅可以培养高水平的基督信徒,而且可以培养他们成为在外教人中间(传播福音)的坚强使徒。②

圣母圣心会在华建立各式学校是其在华传教策略的中心任务,也是该修会入华后循序开展的关键性工作。圣母圣心会在华建校的整体情况,在王守礼撰写的《边疆公教社会事业》一书中有如下描述:

光绪九年(1883),传教事业迈入了一个新的阶段,就是罗马教廷将塞外地区划分为三个传教区域……到这个时候,修身教育书房,或称要理学校,仍然继续存在,不过学年略有延长,科目也略为增加了一点。但在另一方面,教会又作了一种新的贡献,即所谓"公学校"的创立,这是创设学校的第二阶

---

① 卢扬愿的中文名在《圣母圣心会塞外传教来华神父名册(1865—1947)》中又写为"卢扬懋"。参见贝文典(Leo Van Den Berg):《圣母圣心会塞外传教来华神父名册(1865—1947)》,古伟瀛主编:《塞外传教史》,第388页。

② Jozef Van Hecken, *Documentatie betreffende de missiegeschiedenis van Oost-Mongolië*, Vol. 7, pp. 178-179.

段,这种公学校一直存留到民国成立。边疆教会学校的第三期进展的特征:一是学校一切现代化,二是由政府立案。民国成立……因此教士们按照地方情形,努力设立或改善地方学校,在各教堂创办初级小学,在区公所创办高级小学,在各教区则设立中学或师范学校。①

1909年赤峰堂口建立后,因其地理位置的优势,热河代牧区决定让这个新的堂口接替马架子堂口原有的角色。因此,赤峰一跃成为了热河北部传教区的总部,该传教区规模最大的毛山东公学也随之在同年迁入赤峰,卢扬愿继续担任校长。民国政府成立后,1912年9月颁布了"壬子学制",全面改革全国教育体系。此时,圣母圣心会任命闵宣化主掌赤峰公学的改革任务,把赤峰公学

图3-13 闵宣化任校长时期的赤峰公学

图片来源:Beeldarchief Verbiest Institute, KU Leuven

---

① [比]王守礼:《边疆公教社会事业》,傅明渊译,第117—118,121页。

提升到一个符合新法所规定的水平,达到"一切现代化"并"在政府立案"的要求。

同时期,位于松树嘴子传教区的松树嘴子公学(亦称"松堂公学")是圣母圣心会建立的另一所规模较大的学校,由热河首任代牧吕之仙于1885年创立。由于该校是圣母圣心会最早建立的教育机构,其教育水平、规模和设施都更为完善。在闵宣化的档案中,存有一封松树嘴子公学校长南阜民(Louis Janssen, 1876—1950)在1912年10月24日写给他的信,信中这样写道:

> 首先,我真诚地祝贺您接到了修会的这项任命。……在公学里工作我们可以做出非常多有益的事情。但是,我们会在工作中遇到挫折、拒绝,努力可能也没有回报,我们有时在工作上也看不到持久的成果。尽管这样,工作本身还是美好和值得称赞的,是一个真正的"神圣工作"(Opus Sanctum)。……虽然松树嘴子公学在很多方面还有待进步,因此不能算作一个好的榜样。但我们把想法一起分享总归是好的。您问我,我们的学生都学些什么内容?我想最好的方法是把我们每天的课程表写给您,关于涉及宗教的教育,是最为重要的。毕竟没有宗教教育,就达不到我们办学的目的。①

不难想象,年仅26岁的闵宣化,刚刚离开传教实习的岗位,就要立即担任一校之长,并要把学校从一个教会蒙养学校水平提升到一个国民学校的层次,这对一位初出茅庐的外国传教士来说,的确是一个很大的挑战。② 此外,无论教育体制如何改革,圣母圣心

---

① 南阜民于1912年10月24日在松树嘴子写给闵宣化的信。参见 Archive Nr.: T. I. a. 9. 1. 1. 3. , Documentatie- en Onderzoekscentrum voor Religie, Cultuur en Samenleving (KADOC), KU Leuven.

② 贺歌南认为闵宣化当时把赤峰公学从小学水平发展到了中学水平。参见 J. Van Hecken, "In memoriam Z. E. Pater J. Mullie," p. 297.

会在华办学的目标仍很明确,即以推广"宗教教育"为首要任务。①

图 3-14 写有"松堂公学"字样的锦旗照片②

图片来源:KADOC-KU Leuven, *Missiën van Scheut*

三、赤峰公学的教学水平

松树嘴子公学虽地处长城口外,远离华洋汇聚、名校林立的中国沿海城市。但这并不意味着这些塞外学生所受的教育不能与沿海地区的学生相比。相反,重视双语教学的松树嘴子公学,其学生水平更胜一筹。1910 年来公学访问的丙存德在他的报告中如下写道:

---

① "该学制(按:指壬子学制)整个教育期仍是 18 年,共分 3 段 4 级。一为初等教育段,分初等小学校、高等小学校 2 级,共计 7 年;二为中等教育段,只有一级,4 年或 5 年;三为高等教育段,亦只一级,分预科、本科,共计 6 年或 7 年。"关于"壬子学制"的颁布和发展,参见周文佳:《民国初年"壬子癸丑学制"述评》,《河北师范大学学报》(教育科学版)2011 年第 11 期,第 47—52 页。

② 照片拍摄于 1922 年 11 月 28 日,在叶步司代牧主教的银庆纪念活动上。

第三章 闵宣化的生平及其在华传教的足迹

省会长把我们松树嘴子学生做的两份物理试卷寄给了上海一所名为"晨曦"的学校（按：即震旦公学）。该校的李校长告诉我们，解答这张试卷的学生将在上海的学校里名列前茅，你们的教学方法非常好。此外，在上海的学校还不敢用中文教学，学生们都要先学法语才行。①

松树嘴子公学，在当时提供五至八年的教育，与"壬子学制"中初、高两级小学在时间上的安排略同，其课程安排在南阜民写给闵宣化的信中有详细介绍。在此，以表格方式转述如下：

表 3-3 1912 年松树嘴子公学的课程安排

年级	学习科目																			
一	国	写		地		算	盘													
二	国	写		地		算	盘	史												
三	国		字	地		算	盘	史		护	教	S	C	拉	物	古				
四	国		字	地		算	盘	史		护	教	S	C	拉	物	古	文	书		
五	国		字		欧地	算			中史		教	S	C	拉	物		文	书	论	宣

（国：国文；写：写账；字：写字；地：地理；欧地：欧洲地理；算：欧洲算学；盘：算盘；史：历史；中史：中国历史；护：护教学；教：教会历史；S：Sen Chou［所指科目不详］；C：Cheng Chou［所指科目不详］；拉：拉丁语；物：物理；古：古新史略；文：作文；书：书札；论：论说；宣：宣教。）

南阜民提供的信息无疑为闵宣化的教学方向带来了一定的启迪。据闵宣化自己介绍，赤峰公学在 1913 年开设的课程已增加到

---

① "Onze school hooger onderwijs in China," in Sparrendaal Missiehuis, eds., *Annalen der Missionarissen van Sparrendaal*, S-Hertogenbosch: N. V. Stoomdrukkerij V. H. Henri Berger, 1910, pp. 36 – 37.

十四门,即国文、中国地理、中国历史、宗教学、教会史、欧洲算学、中国珠算、护教学、物理、农学、历史概要、教会史、五大洲地理学和天文。① 闵宣化没有把拉丁文、写字、书札、论说科目纳入到自己的学校中,但增添了天文和农学课。总之,与松树嘴子公学在科目设计上无很大的差别。南阜民想必对闵宣化的工作非常满意,并且在他1914年6月22日写给闵宣化的信中,对他为赤峰公学编纂课本一事也大加赞扬:

> 我真的很佩服你。虽然你到学校工作还没有多久,你就能上这么多门课,并且还能找出时间来编写教材,并都印了出来。②

确实,从1913年到1914年的两年时间里,刚刚来华不久的闵宣化就一共用中文为学生编写了九本教材,实为不易。这些教科书是否由他自行编写而成,或是译自从欧洲引进的课本,因目前还未能发现这些教材原本,所以还不能妄下结论。现仅将这些教科书的书名罗列如下,以供参考:

表3-4 闵宣化为赤峰公学编写的教科书③

中文书名	外文书名	册数	页数	印刷年
圣教史纲(一)	Cheng-Kiao-Che-Kang(I)	1	40	1913
圣教史纲(二)	Cheng-Kiao-Che-Kang(II)	1	104	1914

---

① Min Suan-Hwa, "Uit China, Een Katholiek kollegie in Oost-Mongolië," (Jul. 05, 1913), *Het Handelsblad*.

② 1914年6月22日南阜民在松树嘴子写给闵宣化的信。参见 Archive Nr.: T. I. a. 9. 1. 1. 3, Documentatie- en Onderzoekscentrum voor Religie, Cultuur en Samenleving (KADOC), KU Leuven.

③ Willem A. Grootaers, Dries Van Coillie, *Proeve eener bibliographie van de Missionarissen van Scheut (Congregatio Immaculati Cordis Mariae)*, Brussel: Priestermissiebond, 1939, p. 64.

续　表

中文书名	外文书名	册数	页数	印刷年
天文	Tien-Wen	1	19	1914
万国史纲	Wan-Kouo-Che-Kang	3	67,100,48	1914
农学	Nong-Hio	2	53,57	1914
地理（亚、美洲）	Ti-Li	1	52	1914
地理（欧、非洲）	Ti-Li	1	65	1914
礼貌	Li-Mao	1	24	1914
护教学	Apologetica	1	24	1914

1913年6月15日，闵宣化为比利时《新闻报》撰写了一篇通讯，题目为《东蒙古的一所天主教公学》（"Een Katholiek kollegie in Oost-Mongolië"），该文是闵宣化阐述赤峰公学办学情况最为详细的文献，现摘录如下：

  赤峰公学创立已有四年了。[①]……建校的目的是为了提供给来自不同传教点的男童们一个接受教育的机会，让他们将来在学识上和品德上都可以辅助圣职人员。而最主要的，培养他们成为好的教育者，在信仰上和科学知识上能够得到足够的陶成，让他们在传教区之外的初等学校里，也可以教书育人。现在很多信徒的小孩子们不能接受良好的教育，所以我们在基础教育方面要做一些事情才对。

  但我们遇到的困难也有很多，除了政局的动荡、信徒的贫

[①] 在创校时间上，闵宣化从卢扬愿神父1909年建立该校的时间算起，这更能证明闵宣化非赤峰公学的创立者。

穷、传教点之间距离遥远等问题外,本地人对教育也根本不放在心上。我们要说服他们顽固不化的观念不是一天两天的事,并且一些人自作聪明,也不听我们的劝告。然而,这一情况正在逐渐改变,现在人们已经把一群有志向的男童带到了我们的学校里,他们是我们获得丰收的希望。①

初入中国的闵宣化认为,旧有的私塾制度以及陈旧而艰涩的文言经典对中国未来的发展是没有任何实际用途的,而民国提倡的现代教育才是为中国带来思想进步和科学发展的动力和根本。当时他对中国新旧教育体制的更替有如下感想:

> 十年时间里,中国旧有学制和新式学校之间呈现的鸿沟越来越大。在私塾里,学生就是每天不停地背诵这些繁复的中国经典,而且这些孩童们也根本不懂这些古老文言文的意思。……我们很庆幸在这个新的时代里,这些中国古旧的经典都被抛弃了。在赤峰公学,我们的学生们使用的是"国语课本",在里面呈现的是一个全新的世界观。②

最后在文章中,闵宣化提到了赤峰公学的办学规模问题,其目的是呼吁比利时信徒能够在办学经费上给予更大的支持。而他又着重强调了圣母圣心会以培养高素质信徒为中心的办学宗旨,以及募集善款、建设学校、发展信徒三者之间良性循环的重要性。闵宣化这样写道:

> 经过三年的学习后,最大的学生已经可以初步掌握并运用他们的母语知识了。但鉴于中国的局势正处于旋涡之中,

---

① Min Suan-Hwa, "Uit China, Een Katholiek kollegie in Oost-Mongolië," (Jul. 05, 1913). *Het Handelsblad*.
② Min Suan-Hwa, "Uit China, Een Katholiek kollegie in Oost-Mongolië," (Jul. 05, 1913). *Het Handelsblad*.

我想扩大课程的范围，这将会对学生们更加有利。赤峰公学现在有四十三位学生，这是我们在经济上能够承担的最大限度了。但是这些学生却是来自赤峰周围地区的一万名信徒中间的。①……因此，请让我向比利时的天主教国民们呼吁，更多的学校，就是更多的信徒，更好的学校，就有更好的信徒，让赤峰公学在比利时信众的帮助下发展壮大起来吧。②

赤峰公学在闵宣化短短两年的领导下，教育水平和体制逐渐步入正轨。然而意想不到的是，1914年7月第一次世界大战在欧洲爆发，比利时随之也卷入战争。欧洲社会与经济的严重动荡直接影响了海外传教区的发展。③ 当时圣母圣心会不但在派遣传教士来华上遭遇困难，而且来自欧洲信徒的传教经费也受战争的影响而锐减。④ 热河代牧叶步司曾以"洪流"比喻这场突如其来的战事，他这样感叹道：

  欧战严重地影响了我们传教区的经济来源。传信善会与圣婴善会都缩紧了它们的津贴数额。我们在欧洲的朋友和传教士的亲属们也停止像往常那样寄钱给我们。所有的这些困境都临到了这段最为艰难的时期。这真好似一场浩大而汹涌的倾盆大雨顺着山间小溪直泻而下，瞬间吞噬了山下的城镇。

---

① 此处指的是赤峰传教区的信徒人数。1913年赤峰堂口的信徒有1 304位，而整个赤峰传教区（赤峰1 304、佟家营子1 393、毛山东493、苦力吐879、山湾子640、大营子1 614、马架子2 277、六家子746）的话，一共有9 346位信徒。参见Jozef Van Hecken, *Documentatie betreffende de missiegeschiedenis van Oost-Mongolië*, Vol. 7, p. 13.

② Min Suan-Hwa, "Uit China, Een Katholiek kollegie in Oost-Mongolië," (Jul. 05, 1913), *Het Handelsblad*.

③ 在1918年11月欧战结束之前，圣母圣心会只在1915年里派遣过三位传教士来热河工作。参见Jozef Van Hecken, *Documentatie betreffende de missiegeschiedenis van Oost-Mongolië*, Vol. 7, p. 15.

④ "De wereldoorlog en de missiën," in Sparrendaal Missiehuis, eds., *Annalen der Missionarissen van Sparrendaal*, pp. 32-40.

这场大难不但摧毁了"庄稼",就是"树林"和"民居"也无法逃脱它的破坏。①

不难想象,闵宣化主持的赤峰公学在这时也因经济问题进入了进退两难的地步,时任松树嘴子公学的校长南阜民在1914年12月5日给闵宣化的信中如此写道:

> 闵弟兄,现在到代牧主教那里提钱的事儿已不是那么轻松了。要先想好怎么和他说,然后再鼓起勇气和他讲。我废了好大的力气跟主教解释赤峰公学或是在新年开学,或是关门。虽然主教认为如果在战争期间关闭赤峰公学,将不会对学校带来什么影响,然而他经过深思熟虑还是决定让你在新年重新开学。但是,主教希望你要认真地选择学生:老生当中不抱有希望的,就让他留在家里吧。选择新生时也要非常慎重,不要花没有用的钱。我认为主教的想法是对的。我在松树嘴子公学里也劝退了几个学生,可能今年我也不再收新学生了。②

虽然欧洲战事严重限制了圣母圣心会在华的经济来源,但代牧区最终还是坚持让这所已颇具规模的圣母圣心会学校在热河存留下来。③ 赤峰公学的建设没有半途而废,不能不归功于闵宣化在1912年到1915年这三年间,把该校从一个蒙养班转型成了一所正

---

① Koenaard Abels, *The Good Work*, Vol. 8 (1916), p. 188.
② 1914年12月5日南阜民在松树嘴子写给闵宣化的信。参见 Archive Nr.: T. I. a. 9. 1. 1. 3, Documentatie- en Onderzoekscentrum voor Religie, Cultuur en Samenleving (KADOC), KU Leuven.
③ 据统计,在1915年,热河代牧区里除了有松树嘴子和赤峰两所公学(荷文虽为college,即中学,但以当时民国政府的标准则是初、高两级小学。后来在1930年又建立了第三所公学,即山湾子公学,由欧化民[Jozef Nols, 1900—1974]担任首任校长)之外,另有男子小学校34所,学生1045人;女子小学校35所,学生1299人。参见 Jozef Van Hecken, *Documentatie betreffende de missiegeschiedenis van Oost-Mongolië*, Vol. 9, p. 52.

式国民两级小学。在 1930 年,赤峰公学改名"华峰学校"。1932 年赤峰传教区成为国籍监牧区后,该校随之也完全隶属于华籍神职人员领导,校名再次更名为"私立华峰完全小学校"。①《赤峰教育志》曾高度评价该校为赤峰地区教会学校中规模最大、设备最好、也是唯一的两级小学。② 闵宣化在 1915 年 9 月 14 日被派往康平县后,赤峰公学的校长一职交由何雷树神父(Eugeen Grossé)担任。③

第四节 深井堂口的传教时期

一、从康平县到深井

康平县地处今日辽宁省境内,该地区原属巴黎外方传教会的传教范围。当辽东代牧区和热河代牧区的边界争议解决之后,自 1907 年起,该地教务便转由圣母圣心会接管。康平县堂口的首任圣母圣心会本堂是吴秉真(Jozef De Wolf,1878—1958),副本堂是顾永珍(Armand Cools,1880—1963)。④ 在《康平县志》上有关于一段天主教在当地开教的记录:

---

① 据圣母圣心会的文献所载,梅岭芳(Gabriel Kervyn,1883—1944)是赤峰公学最后一任由圣母圣心会传教士担任的校长。自 1930 年赤峰传教区立意从热河代牧区独立后,1931 年起,大部分在赤峰传教区的堂口已经开始交付给华籍神父,其中赤峰公学也于 1932 年正式转交国籍代牧区管理。参见《赤峰市教育志》编纂委员会编:《赤峰市教育志》,第 70 页;Jozef Van Hecken, *Documentatie betreffende de missiegeschiedenis van Oost-Mongolië*,Vol. 7,pp. 279 - 285.

② 《赤峰市教育志》编纂委员会编:《赤峰市教育志》,第 70 页。

③ Eugeen Grossé 的汉名"何雷树"在《圣母圣心会塞外传教来华神父名册(1865—1947)》中又写为"何云树"。参见贝文典(Leo Van Den Berg):《圣母圣心会塞外传教来华神父名册(1865—1947)》,古伟瀛主编:《塞外传教史》,第 388 页;Jozef Van Hecken, *Documentatie betreffende de missiegeschiedenis van Oost-Mongolië*,Vol. 9,p. 391.

④ Jozef Van Hecken, *Documentatie betreffende de missiegeschiedenis van Oost-Mongolië*,Vol. 6,p. 257.

19世纪末,天主教传入县境,在县城建教堂一处,开始布教。康平、法库天主教同属四平街教区。由教区主教领导,属加拿大派系。首任传教士为高贵荣、高明远二神甫。……宣统初年,县内天主教众106人,1935年伪县署调查,传教士2人,教徒65人。1940年以后,石永基、孟化东主持教堂期间,教徒有所发展。①

以上县志内容与圣母圣心会文献中的记载有不少差异:圣母圣心会在1907年从巴黎外方传教会手中接过康平教务时,康平县仍没有建立正式教堂,也没有长驻传教士照管该地工作。康平县城人口总共仅有五千,其中信徒有两百人左右。巴黎外方传教会1900年之前在康平城西建立过一个简单的祈祷公所,由驻留在法库门(今辽宁省法库县)的传教士代为照管教务,但该公所毁于义和团运动时期。其后,巴黎外方传教会在康平城东又另建一处。1907年,圣母圣心会传教士吴秉真和顾永珍被派往康平县常驻后,先暂住在祈祷公所里。1908年春,吴秉真在公所的东部买地开始建造神父住院,1909年又建立起一座圣堂,取名为"圣若瑟堂"。后来,又设新式国文学校一所,希望能吸引更多的康平居民加入教会。② 在1915年,闵宣化任康平本堂时,该堂口的信教人数已经增长到了约六百人,周围隶属于康平县堂口的传教站也发展到了六处。③

前文提及,1914年欧战的爆发,不但让圣母圣心会在经济上

---

① 康平县志编纂委员会编:《康平县志》,沈阳:东北大学出版社,1995年,第661页。

② Jozef Van Hecken, *Documentatie betreffende de missiegeschiedenis van Oost-Mongolië*, Vol. 6, pp. 305–306.

③ 1915年热河代牧区的教务统计未有记录,因此该数据参考1916年。参见 Jozef Van Hecken, *Documentatie betreffende de missiegeschiedenis van Oost-Mongolië*, Vol. 7, pp. 16, 19.

陷入了窘境，大力缩减各项开支，而且欧洲总会也骤然停止了每年向中国派遣传教士的惯例。新人员的短缺让年迈传教士留下的工作无人接替，代牧区在人事安排上捉襟见肘。1915年9月刚刚赴任康平县堂口的闵宣化不得不在同年12月调动到深井（今辽宁省建平县境内，圣母圣心会内部有时用其荷语别名Pitthem或Putthem），接手急需去顶替省会长职务的吴秉真的工作。①

闵宣化刚到深井时，副本堂是华籍神父赵振纲（Chao Marcus，1869—?）。到1916年10月，赵氏的职务由刚刚完成一年"见习阶段"的桑维远（Florent Boudewijn，1888—1980）接任，他与闵宣化一起在深井工作到1920年。② 在《建平县志》上有一段关于深井天主堂的记述，摘录如下：

> 此教堂建于清光绪二十四年（1898），原属东蒙古教区朝阳松树嘴子教区管辖，由法国神甫到此修建。1900年义和团运动，该教堂房屋多数被烧，只剩一幢讲堂。清光绪二十八年（1902），神甫又来此建堂，盖海青平房70余间。1912年建成现存教堂。……该堂共有8任神甫，曾设置学校一处，有男女学生50多名。育婴院1所，收养25名儿童，设养老院1处，收养老人4名。③

在闵宣化的手稿中，也发现一篇他对深井堂区历史的记述，其内容更为具体丰富。据闵宣化所记，深井隶属于建平县，又名叶柏

---

① Jozef Van Hecken, *Documentatie betreffende de missiegeschiedenis van Oost-Mongolië*, Vol. 7, p. 17.

② Florent Boudewijn的汉名"桑维远"在《圣母圣心会塞外传教来华神父名册（1865—1947）》中又写为"桑维达"。参见贝文іп（Leo Van Den Berg）：《圣母圣心会塞外传教来华神父名册（1865—1947）》，古伟瀛主编：《塞外传教史》，第397页；Jozef Van Hecken, *Documentatie betreffende de missiegeschiedenis van Oost-Mongolië*, Vol. 9, p. 334.

③ 辽宁省建平县县志编纂委员会编：《建平县志》，沈阳：辽海出版社，1999年，第903页。

寿县,县址曾立在新丘(Sin-K'ioul)。深井堂口成立之初,该地蒙汉杂居,汉人大部分是从山东和直隶迁徙而来,蒙古人则多来自喀喇沁左翼旗。深井第一位信徒可追溯到 1890 年,一名叫张健(Tchang K'ien)的汉人。他在北子山后居住时,曾慕道于在那里传教的圣母圣心会传教士易维世。①

1891 年金丹道起义在当地爆发,一个月后即被清军镇压。②随后,有几户住在深井的汉人在张健的引荐下要求皈依天主教,但其皈依的真实目的并非与宗教信仰有关,他们只是为了以教会的势力作为挡箭牌,来防止遭到报复。张健带这些所谓的慕道者去平泉县(八沟)面见圣母圣心会传教士祁训真,在那里学习天主教要理并接受洗礼。他们因此成为了深井第一批皈依的信徒。③

1899 年,宗示津来到深井做首任本堂,副本堂是华籍神父郑牧灵(Pactricius Cheng, 1850—1919)。④但不久义和团运动就爆发了,传教士住院被烧毁。义和团运动平息后,1902 年 2 月第二位本堂雷霈霖(Leon Delhaye, 1873—1909)来到深井,副本堂是华籍"二张"神父张思源(Thomas Tchang, 1868—1938),⑤但"二张"当初的任务只是来八沟地区找寻义和团后逃落四散的信徒,所以

---

① Jozef Van Hecken, *Documentatie betreffende de missiegeschiedenis van Oost-Mongolië*, Vol. 9, p. 337.

② 金丹道起义,由金丹道、在理会和武圣教一起组织起来发动的暴动起义,其爆发的主因是反对蒙古王公贵族以及教会势力。该事件发生在光绪十七年(1891)十月的敖汉旗贝子府,一个月之后被清军平复。参见[日]佐藤公彦:《热河金丹道起义》,宝力格译,《蒙古学资料与情报》1990 年第 1 期,第 27—30 页。

③ J. Mullie, *Oost Mongolië, Chenn-tsing*, Archive Nr.: T. I. a. 7. 3. 2., Documentatie- en Onderzoekscentrum voor Religie, Cultuur en Samenleving (KADOC), KU Leuven.

④ Jozef Van Hecken, *Documentatie betreffende de missiegeschiedenis van Oost-Mongolië*, Vol. 5, p. 43.

⑤ Jozef Van Hecken, *Documentatie betreffende de missiegeschiedenis van Oost-Mongolië*, Vol. 6, p. 7.

并没有久留深井。① 1903 年"大张"神父张喆元（Joannes Tchang，1868—1932）来深井作了正式的副本堂。那时的信徒已增长到约有 180 位。此外，离深井 90 里还有一个"附属堂口"——房身。房身于 1916 年成为独立堂口后，由邓维翰（Leonard Joosten，1885—1938）担任那里的首位本堂。② 深井和房身的两座天主堂在民国《建平县志》（1931）上均有记载：

> 县西四区房身有天主堂一，县南三区深井有天主堂一……而各堂皆有教徒数十人，现无外人传教，无可纪述。③

一个有意思的想象是，金丹道起义平复后促使了若干深井村民的皈依，而第二个深井信徒的"皈依潮"，也是集中在义和团运动被镇压不久后的这一时期。而令人意想不到的是，这些皈依者们也全部都是当初参加义和团运动的成员，深井的一切教产都曾毁于这些人之手。④ 他们皈依的目的是否与金丹道时期的皈依者如出一辙，以教民身份为借口防止受到报复或惩罚？我们不得而知。但在闵宣化个人的眼里，他认为昔日的义和团成员并不是因憎恨教会而攻击教会。他们是以义和团事件来寻报私仇，借机报复那些曾在家庭、土地等问题上与其积怨结仇的人，而这些人有的则是在教会的保护之下。⑤

---

① Jozef Van Hecken, *Documentatie betreffende de missiegeschiedenis van Oost-Mongolië*, Vol. 9, p. 244.
② J. Mullie, *Oost Mongolië, Chenn-tsing*, Archive Nr.：T. I. a. 7. 3. 2., Documentatie- en Onderzoekscentrum voor Religie, Cultuur en Samenleving (KADOC), KU Leuven.
③ 田万生修，张滋大纂：《建平县志》（政事）第四卷，1931 年（民国二十年稿本），第 2 页。（"爱如生中国方志库"）
④ 闵宣化对深井堂区记述的油印手稿。参见 Archive Nr.：T. I. a. 7. 3. 2., Documentatie- en Onderzoekscentrum voor Religie, Cultuur en Samenleving (KADOC), KU Leuven.
⑤ 闵宣化对深井堂区记述的油印手稿。参见 Archive Nr.：T. I. a. 7. 3. 2., Documentatie- en Onderzoekscentrum voor Religie, Cultuur en Samenleving (KADOC), KU Leuven.

闵宣化的这一观点也有迹可循,恽毓鼎在其《庚子日记》曾表述"数十年来,教民情外人之势,欺压平民,地方官恐开罪外人,左袒教民,无复曲直,民心积愤,激成此变"。① 他们二者之观点较为一致。

1911年4月,曾为首任深井本堂的宗示津从比利时就医返华后,坚持继续到深井工作,但其身体并未痊愈,且在同年6月3日就去世了。他被埋葬在深井当地的一座小山上。② 宗示津去世后,1911年9月戴如兰(J. Piet Van Dijk, 1879—1918)接手他位置。他在1914年开始在深井正式建立第一座教堂,并由时任松树嘴子账房主任的顾永珍负责设计,命名为圣若瑟堂。③ 顾永珍在1914年1月14日的年鉴通讯里这样写道:

> (设计的)这座新的小教堂虽然不是一座惊世之作,但在图纸上看起来还不错。这比上主在白冷城住的那个小马槽要更体面一些。我们这位不知疲倦的戴如兰本堂有一笔1500法郎的预算以及对主的无限信赖。当他要付账单的时候,上主也定会帮他一把的。而深井目前的这座小堂已经太小了。它要被当作学校来用,这是我们(八沟)传教区的第五所学校了。现在寄宿(男)学校里有26个学生,还有一个圣婴会的孤儿院,里面有30个孤儿,还有几位老人,发展还是挺快的。④

---

① 《恽毓鼎庚子日记》,北京大学历史系中国近代史教研室编:《义和团运动史料丛编》第一辑,北京:中华书局,1964年,第48页。

② 于名世(Dionysius Truyens, 1884—1944)的信(未具日期)。参见 Jozef Van Hecken, *Documentatie betreffende de missiegeschiedenis van Oost-Mongolië*, Vol. 6, pp. 368–369.

③ 闵宣化对深井堂区记述的油印手稿。参见 Archive Nr.: T. I. a. 7. 3. 2., Documentatie- en Onderzoekscentrum voor Religie, Cultuur en Samenleving (KADOC), KU Leuven.

④ P. A. Cools, "Korte Berichten, Oost-Mongolië, Chenn-tsing, Januari, 14," in S. Missiehuis, eds., *Annalen der Missionarissen van Sparrendaal*, S-Hertogenbosch: N. V. Stoomdrukkerij V. H. Henri Berger, 1914, p. 191. 另,正如顾永珍所述,建造深井教堂时确实受经费所困,并且完工后的深井教堂并没有完全按照原设计图纸的样式来建造。

第三章 闵宣化的生平及其在华传教的足迹 289

图 3-15 顾永珍为设计深井教堂最初绘制的图纸
图片来源：KADOC-KU Leuven, Photo archive of the Generalate of CICM

图 3-16 闵宣化任期内的深井教堂
图片来源：KADOC-KU Leuven, Photo archive of the Generalate of CICM

1914年之前,在深井的教堂其实只可称作一间祈祷公所,虽不具规模但也算设施齐全,且附有学校、孤儿院以及养老院各一间。1915年正式教堂建成后,本堂戴如兰即转去佟家营子,吴秉真接任其职。但吴氏到任不久,就于同年12月被推选为热河代牧区的省会长了。这时,闵宣化接手了深井教务,并在那里度过了九年时光。深井成为了闵宣化在华工作时间最长的地方。

图 3-17　闵宣化在深井的住院

图片来源:KADOC-KU Leuven, *Missiën van Scheut*

二、深井的早期公教进行会

1933年9月时任山湾子堂口本堂的雷震东(Oktaaf De Vreese,1900—1996)得到总部指示,协助热河助理代牧南阜民,在代牧区内的各个主要堂口筹办"公教进行会"(De Katholieke Actie,下称"公进会")。这是为了响应教宗庇护十一世(Pius XI, 1857—1930)的号召,鼓励普世平信徒加入到教会工作之中,在神职人员的带领下开展传教活动。

然而在此之前，公进会之活动在热河地区就已经开始了，里昂传信会的机关刊物《公教传教报》(Les Missions Catholiques)上，闵宣化曾在1920年刊登过一则法文简讯，介绍他在深井建立的"公教进行会"(法文：L'action Catholique)。他如此写道：

> 昨天在我的堂区里召开了一次公进会的会议，因为现在地里的农活快结束了，粮食也都收进了谷仓里。淡季随着入冬慢慢来临，因此信徒们有时间把心思更多地放到他们的信仰上来了。①

"公进会"为何物？简单地说，它是二十世纪天主教会为鼓励广大平信徒成为教会骨干而开展的一项普世性的传教革新运动，其雏形最早可追溯到欧洲的十九世纪下半叶。当时的欧洲民众受到现代主义的影响，社会的发展也越来越趋向于世俗主义，天主教会的至上权威和地位因此也受到了极大的威胁。教会此时把希望寄托在平信徒的身上，号召他们能够积极地参与到教会的工作中来，成为"基督的勇兵"(Milites Christi)，让欧洲重新树立起以教会为主体的基督教精神价值观，挽救教会在社会中逐渐丧失的主导地位。教宗庇护十世(Pius X, 1835—1914)在1905年6月11日颁发了宗座通谕"坚心立志"(Il fermo proposito)，第一次把公进会的理念介绍给了普世教会。随后，西欧各国，如意大利、西班牙、法国、比利时的信徒纷纷响应，建立各种形式的平信徒组织，试图以此带动世俗社会重归基督教化。② 而后，被称为"公教进行会

---

① Joseph Mullie, "Lettre du E. P. Joseph Mullie, Mongolië Orientale, L'action catholique," in O. P. P. F., eds., *Les Missions catholiques: bulletin hebdomadaire de l'Oeuvre de la propagation de la foi*, Lyon: Oeuvre de la propagation de la foi, 1920, pp. 112-113.

② Tine Van Osselaer, "Christening Masculinity? Catholic Action and Men in Interwar Belgium," *Gender & History*, Vol. 21, No. 2 (2009).

教宗"的庇护十一世以"意大利公进会"为模板,在二十世纪二十年代把该运动推向高潮,其影响也极速深入到欧洲社会的各方面和各阶层之中,它成为了一股新生力量,抵御世俗主义以及无神论主义在欧洲的蔓延。①

公进会运动在欧陆的开展,无疑也广泛地影响到了各个海外传教区。但是,公进会在天主教的欧洲主要提倡的是"重建"基督教的社会价值观和宗教价值观,而作为以"异教人"为主要群体的海外传教区,这种"重建"当然没有它的实际意义,更没有它的基础。海外传教士们因此把公进会的精神作出了"异地化"的调整,即以公进会的精神为导向,最大限度地调动平信徒在基层教会中的作用,但其工作重心主要集中在"积极参与本地传教"的任务之中。

其实,这种以平信徒为主力的传教方式,来华传教士在早期就已经开始实行了。因为东西语言、习俗之差异,没有平信徒的参与,传教工作便无法进行。西方传教士积极在各个堂口或传教站建立要理学校、男女公学,以及培养贞女或传教先生的初衷也正是如此。但是,公进会的设立,在更大程度上保证了本地信徒在传教工作上的组织性和制度性。合理地分配工作,定期的会议讨论,不但提高了信徒在传教工作中的参与力度和积极性,并且使传教士与信徒之间的合作更加有效和稳固。圣母圣心会从入华初期开始,就始终强调本地信徒在传教工作中有不可或缺的地位。贺歌南这样写道:

> 为了传播天主教信仰和拯救人灵,由本地信徒进行的使徒工作有着至关重要的意义。……我们的传教士被派遣到一

---

① John Pollard, "Pius XI's Promotion of the Italian Model of Catholic Action in the World-Wide Church," *The Journal of Ecclesiastical History*, Vol. 63, No. 4 (2012).

个陌生的国度,对其语言文化一无所知,与自己往常所熟悉的一切大相径庭。虽然传教士们可以学习当地语言、当地文化、当地的一切,但他仍然是一个外国人。因此,没有本地信徒的协助,传教士的工作将很难做得面面俱到。虽然华籍神父对中国教会也是不可或缺的,但是他们仍然需要本地信徒的协助,人数有限的神职人员不可能顾及到距离遥远的各个传教据点,并且很多附属堂口或附属公所的建立也都是这些平信徒们的功劳,他们在这里起到的作用我们无可计数。……除了这些无私的信徒为传扬福音做出自己力所能及的工作外,还有一部分有组织的信徒,以(公进会)集体服务的形式参与到传教区的工作中来。①

公进会组织进入中国,初始于民国初期。最早的发起者是来自甘肃省徽县的华籍神父王远志(1873—1940),他的人生与圣母圣心会也有着紧密的联系。王远志曾在鲁汶圣母圣心会修院攻读神学,毕业后于1905年晋铎,随后在西湾子修院教书,又于1921年赴比利时鲁汶大学教授中文课程。民国成立后,以康有为为代表的中国士人发起孔教运动,大力倡导立孔教为国教。② 此举引起了王远志的不满和抗议,他上书民国政府参政院表达国民信仰自由的立场,并创立"全国教友联合会"以求聚集国内天主教信徒的力量抵抗孔教运动。③ 当时在天津的比利时传教士雷鸣远(Frédéric Vincent Lebbe, 1877—1940)受其号召,与山西籍神父刘锦文商议后,在时任山西代牧翟守仁(Odorico Timmer, 1859—

---

① Jozef Van Hecken, *Documentatie betreffende de missiegeschiedenis van Oost-Mongolië*, Vol. 9, p. 161.
② 邹小站:《儒学的危机与民初孔教运动的起落》,《中国文化研究》2018年第4期,第16—38页。
③ 《中华公进会的首倡者——王远志神父逝世》,《公教白话报》1940年第23卷第8期,第9页。

1927)的批准下起草《中华公教进行会简章》。① 该简章由华籍神父潘谷声执笔,1912年8月发表于《圣教杂志》。② 公进会就此在天津成立,拉开了该组织在中国发展的序幕。③

此后不久,闵宣化在1913年6月28日的比利时《新闻报》上发表了一篇名为《关于中国公进会》("De vereeniging der Chineesche Katholieke Actie")的时讯,大致概括了初期公进会在中国教会中的主要目的和宗旨,他如下写道:

> 公进会刚刚在天津成立后,中国的各个代牧区也随之相继效仿。该组织最重要的目的是把在中国的天主教信徒紧密地联系在一起,来捍卫和传播自己的天主教信仰。积极响应圣座的号召,不要使自己的信仰受到基督新教思想或无神主义的摧残。建立公进会的另一个宗旨是带领所有的天主教信徒在修身立德、勤谨祈祷、遵纪守法的道路上进步。为了达成以上所提到的这些目的,公进会通过以下纲领进行推进:
>
> 一、追求个人的自我陶成:宗教教育、要理学习、护教知识、提高宗教生活、勤领圣事,常做退省等。二、建立天主教教育机构:建立初等、中等教育的学校,职业技术学校,师范学校,改革中国旧有的学习制度。三、大力推广宣传:创立报纸、杂志并举行演讲活动。四、积极参与本国政治活动:天主教信徒在城镇、省市或政府的选举上积极工作,以求增加教会人士参政的机会。五、积极发展慈善事业:创办医院、孤儿

---

① 《中华全国公教进行会统计手册》,北平:中华全国公教进行会监督处,1936年,第3—4页。

② 《专件——中华公教进行会简章》,《圣教杂志》1912年第1卷第8期,第145—148页。

③ 天津公教进行会成立于1912年农历八月初四。参见《本国之部》,《圣教杂志》1912年第1卷第9期,第180—181页。

院、老人院、戒酒所和戒鸦片所。六、努力维护信仰：当政府或省市团体推行违反基督教价值观的政令时，要试图进行协商以求捍卫信仰。

以这些纲领为指导而展开的社会工作会带来何等结果，人们必须还要耐心观察和等待。或许公进会的推行会带领很多人皈依，但这并不意味着我们传教士在工作上要怠慢放松，因为绝大多数的中国人还是异教人群。因此，这就需要神职人员和平信徒之间携手共进，争取带来一些成绩。①

闵宣化的这篇短文是对 1912 年颁布的《中华公教进行会简章》的一个总结。② 总的说来，闵宣化对公进会组织在中国天主教会中能够扮演的角色，似乎仍是处于比较理智的观察状态中。他认为，《中华公教进行会简章》的纲领虽迎合了教廷宣扬的立场，但仍未考虑到中国的实际国情。因为中国地大物博，人口众多，而信教人数却可谓寥寥无几，这种以信教群众为中心力量，来实现把教会影响力渗透到全社会的"远大憧憬"未免好高骛远。因此，闵宣化在深井创立公进会后，他所做的首要尝试仍是非常基础性的工作，即带动本地老信徒来监督、照管、发展新信徒。闵宣化在 1920 年《公教传教报》上的文章中如此介绍了深井的这个早期公进会：

> 深井公进会开会的目的是认真地重温一下本堂区信徒的情况。看一看信徒的家庭里是不是有孩子到了应该领圣体的时候了，这家的父亲或者母亲是不是还没有领洗奉教，新婚的奉教夫妇是否在感情上不温不火或夫妻不和。因此，我们看

---

① Min Suan-Hwa, "De vereeniging der Chineesche Katholieke Actie," (June 28, 1913), *Het Handelsblad*.
② 《专件——中华公教进行会简章》，《圣教杂志》1912 年第 1 卷第 8 期，第 145—146 页。

一下是否能够给予一些帮助。这些热心的人来自本堂区的四面八方,其中也有一两个助手帮助我照看、鼓励和劝诫堂区里的信徒。我们并不是说这些助手有多么高的学识,完全不是。为了天主的国度得到拓展,他们凭借自己的奉献精神来帮助我做使徒工作。我真应该感谢这些心地善良的协助者,这两年来,已经有过百的外教人领了洗。我希望这个冬天将一如既往地那样大有收获。①

从目前所收集的文献中,还未能发现闵宣化建立深井公进会的具体日期。但闵宣化在 1917 年 3 月 18 日的日记中曾这样写道:

> 我和我的助手商讨关于建立"公教进行会"(Kong-Kiao-Tsin-Hing-Hoei)的事情。虽然村子里成员不多,但建立也没有什么问题。②

因此,深井公进会很有可能成立在 1917 年的 3 月,它也是在中国落地的最早的公进会之一。③ 此外,在热河代牧区还有两个早期建立的公进会组织,它们分别是朝阳本堂杨峻德在 1913 年创立的公进会——圣保禄青年团(de Jeugdvereniging van Sint Paulus)以及塔巴拉洼本堂希泽通(Jozef Sioen,1881—1952)创立的公进会。④

随着时间的推移,公进会组织在热河代牧区发展的范围越

---

① Joseph Mullie, "Lettre du E. P. Joseph Mullie, Mongolië Orientale, L'action catholique," in O. P. P. F., eds., *Les Missions catholiques: bulletin hebdomadaire de l'Oeuvre de la propagation de la foi*, 1920, pp. 112 - 113.

② Archive Nr.: T. I. a. 9. 4., Documentatie- en Onderzoekscentrum voor Religie, Cultuur en Samenleving (KADOC), KU Leuven.

③ J. Van Hecken, "In memoriam Z. E. Pater J. Mullie," p. 298.

④ Jozef Van Hecken, *Documentatie betreffende de missiegeschiedenis van Oost-Mongolië*, Vol. 9, pp. 173 - 176.

第三章　闵宣化的生平及其在华传教的足迹　297

图 3-18　闵宣化在深井领导的公进会成员

图片来源：*Les Missions Catholiques*

来越广，并且也趋向成熟。代牧驻地松树嘴子自 1934 年起甚至定期出版了公进会指导性刊物《公教晶星会月刊》，以供成员阅读推广。① 这份月刊虽然每期仅有十页篇幅，并自 1937 起又缩短为季刊发行，但它逐步见证了这个国际性的天主教世俗组织在热河地区的发展过程。该刊物虽然发行量并不可观，但也汇集了不少当地公进会活动的真实一手史料，在一定程度上为当今学界研究公进会在塞外地区的活动提供了一份不可多得的历史文献。

---

① 《公教晶星会月刊》西文拼写为"Kung Chiao Chin Hsing Hui Yüeh K'an"，而临近的宣化教区双树村公教青年会和公进会也曾办过一本教会杂志，名为《景星季刊》，"晶星"与"景星"二者在西文拼音上相同，在此勿要混淆两份刊物。关于《景星季刊》，参见中国人民政治协商会议河北省涿鹿县委员会文史资料征集委员会编：《涿鹿文史资料选辑》（一），1985 年，第 76—77 页。

三、开办女童学校

在海外传教区开设各种形式的教育机构是传教士在全球范围内普遍采用的传教策略。当罗马教廷大力推动普世公进会运动之际,中国公进会更明确指出,"推进天主教教育机构"是新时代传教士在华施加影响的指导纲领之一。因此,建立各级学校愈加成为了在华传教士们工作的重中之重。

前文提及,深井在未建正式教堂之前,圣母圣心会的传教士已把初级教育引入当地,并设立一所男童蒙养学校。1915年闵宣化接手深井教务不久后,极为重视教育工作的他,就着手开创先河,即在男童教育的基础上计划另建一所正式的女童学校。不同于其他传教堂口的女童孤儿院或女童要理班,闵宣化建立该校的目的是寄望女童在当地也能得到与国文学校一样的正规初级教育。闵宣化在1919年的《公教传教报》上如此分享了他的建校计划:

> 我在贫困的东蒙古(热河)代牧区开始筹备一个全新的项目——着手在我的堂口建立一间女童寄宿学校。为何我有如此的计划呢?很显然,良好的教育可以让我们的女童将来成为一位优秀的母亲,明白她们在家中的职责,以后也有能力培养她们的子女成为好的基督信徒。同样,借着这项有益的事工,我们的女童可以很快地拥有如同老奉教者一样坚定的宗教知识,在大风大雨中保持对信仰的忠贞。
>
> 我们将如何开展教育呢?贞女们将教授他们要理、国文、算术和地理。我们还教她们手工。随着时间的推移,我们会在教学上有更多的经验。……现在堂区的信徒留给我们60位女童,她们大部分是寄宿生,但因为地方不够我最多能接收

其中的 20 位。

培养一位寄宿女童一年的费用需要大约 20 个银元(Pistres),如果我能让每个女童每年交 5 个银元的话(这对她们来说是很大的一笔钱),我仍要付余下的 15 个银元。我要承担 20 位女童费用,所以要还乘以 20。(一个银元等值 5.5 法朗)你能想象这一大笔钱将给我的预算所带来的压力,因此这是一个大胆的办学计划。……中国人不让女童上学念书,甚至中国信徒也不愿意承认这些女童需要在知识和品德上接受教育。①

很显然,闵宣化撰文的根本目的是为了就建立女童寄宿学校向西方读者寻求善款。他在文中着重表达了开办女童教育给传教士带来的经济压力,以及在学校资源和设施方面严重短缺的情况。但除此之外,该文仍提供给我们一些有价值的史料信息,首先,是建立女童学校的基本目的,如闵宣化所言,其主旨是为信徒家庭培养称职的母亲,因为信仰坚固的家庭环境极有利于保证子女成为新一代的信徒,持续不断地延续信仰传统。圣母圣心会的传教士们又相信,一旦家庭主妇皈依了天主教,那么她的整个家庭都必然会紧随其后,一起加入到教会中来。② 其次,文中指出了女童学校所涉及的基本教学内容,即要理,还有国文、算术、地理和手工,课程设置已明显超出了天主教要理班的范畴。第三,寄宿女童是要交费用的,金额在文中也有详示。除教会的补贴外,一名女童每年应付五个银元的学费,而培养一个寄宿女童所需的正常费用,是一

---

① E. P. J. Mullie, "Lettre du E. P. Joseph Mullie, Mongolië Orientale, Une nouvelle oeuvre," in O. P. P. F., eds., *Les Missions catholiques: bulletin hebdomadaire de l'Oeuvre de la propagation de la foi*, 1919 pp. 422 – 423.

② Jozef Van Hecken, *Documentatie betreffende de missiegeschiedenis van Oost-Mongolië*, Vol. 9, p. 167.

年二十个银元。

在闵宣化的档案中,又发现一份毛笔书写的中文"学房每日规矩"(非闵氏笔迹)。所列的日常规矩分夏季和冬季两部分。夏季定为"从若瑟圣月完起,至圣母玫瑰主日止"。冬季定为"从圣母玫瑰主日起,至若瑟圣月止",①且又附加一份"总规矩"。据其内容推测,这两份材料很有可能就是深井寄宿女童学校的"校规"和"作息表"。② 现把夏日的十条"学房规矩"整理如下。这对考察圣母圣心会女童寄宿学校的面貌和特点来说,是一份不可多得的史料:

> 第一,每日四下二刻起,后用二十分钟工夫梳头洗脸,后念早课默想。第二,为望弥撒之时,当听管书房神父定规所以。或在望弥撒以前或望完弥撒之后,大人该整理孩子干净,或打扫屋子并院子。第三,望完弥撒之后,用早饭,散心至八下钟。第四,八下钟上学念书或作针线活。管孩子者该分排孩子谁当念书,谁当做活,或学活计。也要按他们之力量给他们定下时候。若无大人之命,不许私离本处。第五,每主日或瞻礼之日,望完弥撒以后,用早饭,然后上学。惟预备饭者,当尽预备饭的本分。第六,十一下三刻念圣书,然后朝拜圣体。私省察完,念三钟经,然后用晌午饭。第七,晌午后回钟两下念圣传玫瑰经完,然后上学念书或作针线活。俱如前晌规矩。第八,四下钟散心。四下二刻上学。六下三刻念圣书,朝拜圣体,私省察完。七下钟用晚饭。第九,八下钟念晚课。孩子们

---

① 按天主教的规定,每年的三月为"若瑟圣月",十月为"圣母玫瑰月",而玫瑰月的第一个星期天为"圣母玫瑰主日"。参见孙政清校订:《天主教圣月》(合订本),石家庄:河北信德社,2009年。

② 这份"学房规矩"也不是为圣婴会孤儿院或贞女院所立,因为在该文件中另有一份"婴孩院每日规矩"以及一份"Winterdagorde der Maagden in de Vrouwenschool"(贞女院冬日规矩)。

即当安歇。若无要紧之事,不准说话。住家者念完晚课就念圣母小日课,后念圣书及第二日默想题目。若无神父宽免,大孩子不准同住家者一齐念圣书。第十,九下钟住家者安歇。但是在孩子安歇之处当有一位住家者,同他们一齐安歇。

以上的这份带有作息表性质的"学房每日规矩",真实地反映女童在寄宿学校全天的生活面貌。除了每天女童约有9个小时的睡眠时间外,用于望弥撒、念早晚课、读圣书、念玫瑰经、私省察等宗教活动的时间每天约为4个小时,上学或做针线活的时间约为8个小时,用于吃饭、散心的时间约为3个小时。冬季的"学房规矩"与夏日的大致相符,只是每日起床的时间比夏日晚了半个小时。晚饭的时间也提前到下午四点,然后从下午五点再上学至七点半,八点入睡。在另附的"总规矩"上,有如下九条,基本上是针对纪律上的问题:

第一,至论满七岁的孩子,一年内当办四次神工。领过头次圣体者,至少每月办神工一次。第二,每年四次若能安排一位别的神父,为指引住家者灵魂之事,更为妥当。第三,除了未开明悟的孩子或害病者,皆当望弥撒。然望弥撒或去堂里念经,总要一位大人看家为妥。第四,若往堂屋去或出外散心,俱定排队而行。第五,若在堂屋或在学房,或吃饭或安歇之时,住家者与孩子们皆当各守本处,不许私离定所。第六,住家者不拘哪里不拘何时,都有本分看守孩子,令他们在言语行为上修端方之德。第七,亦教他们在小事上当全听大人之命,为成全他们热爱天主,热爱圣母的心。第八,断不许孩子们同外来的妇女或挑水之人说话,若有上司允许,同外人说话时,当有一位住家者在跟前。第九,住家者若有神父宽免,能同外人说话。但在说话之时,不可闲谈是非,当讲论道理或修身救灵魂之事为妥。①

从以上的"总规矩"以及"学房规矩"来看,寄宿学校的女童有"住家者"即贞女的照看或带领,②基本上是在严格的制度下过着与世隔绝的生活,在接触外人上有严格的控制和监督。此外,在宗教培育、灵修、听命、言谈方面,与天主教贞女的生活规则也没有太大的区别。("贞女当守之规"见下。)

因此,建立女童学校除了如闵宣化所提到的培养合格的女子信徒和母亲之外,其中想必也有一层培养未来天主教贞女的目的。因为人数过多且没有能力的贞女并不是传教士所乐见的,这在一定程度上会增加传教区在经济上无益的负担。③ 虽然贞女从始至终都是在华传教的"隐形主力军",而教会仍寄望于她们都可以"在德行、知识和智慧等方面要超过他人"。④

当初期中国教会仍未建立正式的修女制度时,贞女团体已活跃在了传教的舞台上。⑤ 这些没有加入任何修会团体,只宣发"贞洁"私愿的女性信徒,是所有在华传教士不可或缺的得力助手。⑥

---

① "每日学房规矩"与"总规矩"皆摘自档案 Archive Nr.: T. I. a. 7. 3. 2., Documentatie- en Onderzoekscentrum voor Religie, Cultuur en Samenleving (KADOC), KU Leuven.

② 天主教贞女又被称为"住家的、姑娘、姑太太、姑姑、老妈妈、阿姨"等等。参见唐志杰:《基督的新娘:中国天主教贞女研究》,北京:中国社会科学出版社,2013年,第9—14页。

③ Raymond Renson, "Virgins in Central Mongolia," in W. F. Vande Walle, eds., *The History of the Relations between the Low Countries and China in the Qing Era (1644 -1911)*, pp. 365 - 366.

④ 唐志杰:《基督的新娘:中国天主教贞女研究》,第270页。

⑤ 鸦片战争之前,天主教修女的概念基本上仍然不被中国人所了解。自二十世纪初,贞女才逐渐开始进入国际修会或者本地建立的修会团体,但这一发展趋势仍因地区的不同而不同。比如,中国的中部和北部在当时仍以贞女制度发挥着主要功能。参见唐志杰:《基督的新娘:中国天主教贞女研究》,第123—127页。

⑥ 关于贞女的定义,参见唐志杰:《基督的新娘:中国天主教贞女研究》,第5—9页。

图 3-19　圣母圣心会设计的"裤子教堂"
图片来源：KADOC-KU Leuven, *Missiën van Scheut*

因为受几千年来中国封建礼教的影响，"男女授受不亲"之观念已深入人心，不容逾越。甚至早期男女信徒在一个空间内共同参加宗教活动都未能允许。圣母圣心会的传教士们建的"裤子教堂"（Broekkerk，也称"人字堂"），就是为了解决这种礼教束缚而萌生的设计方案。特殊的教堂设计既可以使男女信徒一起参与弥撒礼仪，又能够保证他们不违背礼教传统而免受教外村民的非议。[①] 然而，传教一事则不同，其活动涉及的是人与人之间频繁的生活接触和道理讲授，这就让男性传教士们在中国女性群体中束手无策。这一窘况早在明末清初的传教士笔下就有记录。耶稣会士沙守信（Emeric de Chavagnac，1670—1717）在 1703 年 10 月 2 日的一封信中这样写道：

　　传教士们既不能亲自向妇女们布道，也不能通过传教员去做。必须先归依其丈夫，再通过丈夫向妻子传教，或者通过

---

① 罗薇：《"人字堂"——尊重中国传统而建造的教堂》，《中国建筑史论汇刊》2014 年第 1 期。

一些女基督教徒上她们家向她们解释教义。①

在这种情况下，专为向中国女性传教的贞女团体孕育而生。她们虽集体群居，但过的并不是严格意义上的修会生活。据唐志杰的考证，意籍耶稣会士高一志（又名王丰肃，Alfonso Vagnoni，1566—1640）1611年在南京创立的"诸天使之后善会"，是中国贞女团体的最早雏形。②

当圣母圣心会初到蒙古代牧区时，那里就已经有贞女辅佐教务了，并且孟振生在当地也建有"贞女学校"作为专职培训机构。③这些贞女们或是住在自己的家里协助传教，或是住在圣婴会的孤儿院里照顾孤儿。当热河代牧区独立于蒙古代牧区后，首任代牧吕之仙同样认识到贞女在传教事业中的重要角色，因此开始着手计划在自己的主教驻地扩建贞女院，一是可以把贞女聚集起来统一管理分配，二是能够让她们得到更正规的教育。1904年，热河代牧区的一所全新的"国籍贞女师范学校"（Normaalschool voor Inlandse Maagden）建立，因位于松树嘴子总堂的南部，所以也称为"南院子"。能够进入"贞女学校"学习的贞女们，其年龄限定在19到24岁之间。④她们要在学校里学习要理、传教法等宗教知识，另外还要掌握简单的医学常识。从贞女学校毕业后，她们需要在主教面前誓发"暂愿"。这些受过教育的贞女与住家贞女在称呼上有所差别，她们一般被称为"姑奶子"（Ku-Nai-Tzu），而住家贞女

---

① ［法］杜赫德编：《耶稣会士中国书简集——中国回忆录》上卷，第224—225页。
② 唐志杰：《基督的新娘：中国天主教贞女研究》，第33页。
③ Raymond Renson, "Virgins in Central Mongolia," in W. F. Vande Walle, eds., *The History of the Relations between the Low Countries and China in the Qing Era (1644-1911)*, pp. 346-347.
④ Jozef Van Hecken, *Documentatie betreffende de missiegeschiedenis van Oost-Mongolië*, Vol. 6, pp. 120-121, 348; P. A. Botty, "Een Normaalschool voor missiemaagden," in S. Missiehuis, eds., *Missietijdschrift: Missiën van Scheut*, Brussel: Scheut Missie, 1914, pp. 271-273.

则被称为"住家姑奶子"(Chu-Chia-Ku-Nai-Tzu)。而这些被统称为"传道神女"(Ch'uan-Tao-Chen-Nu)的贞女们虽受传教区衣食供养,但是没有薪水。①

随着热河代牧区的教务日渐繁荣,立志成为贞女的人数也愈趋增长。位于南部的松树嘴子贞女院已不堪重负。因此,在赤峰传教区会长魏振铎的建议下,由毛山东本堂袁敬和在1901年建立的一所小型贞女学校,于1908年从毛山东迁入赤峰,扩建为热河代牧区另一处正规的"国籍贞女师范学校",专门培养代牧区北部之贞女。② 在闵宣化的档案中,有一份记为"冬天当守之规"的文件,全文是由毛笔书写的正楷中文,最上方有两行荷兰文,"贞女学校在冬日的作息表,由代牧主教提供"。③ 闵宣化曾于1912年到1915年在赤峰当公学校长。这想必是当时他保存的赤峰贞女院的冬日作息表。全文如下:

　　五下钟起;五下二刻念早课;五下三刻默想;六下一

图 3-20　热河代牧区的贞女

图片来源:KADOC-KU Leuven, Photo archive of the Generalate of CICM

---

① Jozef Van Hecken, *Documentatie betreffende de missiegeschiedenis van Oost-Mongolië*, Vol. 9, pp. 305 - 306.
② Ibid.
③ 荷文为"Winterdagorde der Maagden in de Vrouwenschool, Hun door Mgr. gegeven",直译为,妇女学校的贞女在冬日的作息表。这里的"de Vrouwenschool"与"女童学校"(Meisjesschool)不同,因为"Vrouwen"指的是成年女子,所以推测这里应该指的是"贞女学校"。

刻望弥撒；七下钟用早饭；七下二刻念书、讲要理经文；十一下三刻拜圣体、私省察、念三钟经；十二下钟用午饭、后散心；一下钟念书、讲要理经文；五下二刻散心；六下钟看圣书、念玫瑰经、私省察；六下三刻用晚饭、后散心；八下一刻念晚课、公省察；八下二刻安歇。①

此作息表与前面转录的"女童学校作息表"相比，作息安排非常地相似。② 贞女用于睡眠的时间为8.5个小时（女童约9个小时），用于宗教生活方面约为3个小时（女童约为4个小时），念书、讲要理经文时间约为9个小时（女童为8个小时），休闲时间为3.5个小时（女童为3个小时）。因此可以推断，女童学校的建立在很

图3-21 热河的女童学校与贞女

图片来源：Beeldarchief Verbiest Institute，KU Leuven

---

① Archive Nr.：T. I. a. 7. 3. 2., Documentatie- en Onderzoekscentrum voor Religie, Cultuur en Samenleving (KADOC), KU Leuven.
② 唐志杰在其著作中摘录了圣言会为贞女所定的《守贞要规》，其内容与闵宣化保留的这份"冬天当守之规"在内容上也较为相似。参见唐志杰：《基督的新娘：中国天主教贞女研究》，第198—199页。

第三章 闵宣化的生平及其在华传教的足迹 307

大程度上为培养幼龄女童怀有贞女意识、适应贞女生活奠定了基础。

受过教育的贞女在代牧区的主要职责是在孤儿院里照顾孤儿,或者去指导女性信徒的信仰,或者到女童学校里去教书。① 无论去从事何种工作,贞女基本上都是两位一起结伴共事。② 深井的副本堂桑维远在 1972 年的一份口述中提到了在深井工作的贞女:

> 在深井,那时有两位先生在男校里教书,闵神父在教育上特别地用心推进。在圣婴会的孤儿院里有两位贞女负责照顾,玛加利大段(Margareta Tuan)和露西亚段(Lucia Tuan)③,她们来自当时由祁训真神父负责的那拉必流堂口。④

女童学校创立的目的,除了培养合格的母亲和为教会服务的贞女外,尚有第三个目的,即可以皈化迎娶这些女童的外教男子。因为闵宣化在日记上多次重申"合法婚姻"在乡民信徒中的重要性,此"合法"之意是指男女双方都要奉教才行。1917 年 4 月的复活节,闵宣化在日记上写道:

> 在早晨弥撒开始前,我听了有 187 个人的告解了。这有助于大家积极领圣体。堂里男女信徒都很多,我还没有见过

---

① Jozef Van Hecken, *Documentatie betreffende de missiegeschiedenis van Oost-Mongolië*, Vol. 9, pp. 306 – 307.

② P. A. Botty, "Een Normaalschool voor missiemaagden," in S. Missiehuis, eds., *Missietijdschrift: Missiën van Scheut*, Brussel: Scheut Missie, pp. 271 – 273.

③ 原文用的是"Zuster",一般译为"修女",但在这里应为贞女。热河代牧区确实曾有过一个国籍修女会,是叶步司在 1934 年 10 月 28 日建立的圣母无原罪修女会(De Congregatie van Imheens Religieuzen van Onze-Lieve-Vrouw Onbevlekt Ontvangen)。参见 Jozef Van Hecken, *Documentatie betreffende de missiegeschiedenis van Oost-Mongolië*, Vol. 9, pp. 292 – 294.

④ 桑维远 1972 年 4 月 2 日的私人口述记录。参见 Jozef Van Hecken, *Documentatie betreffende de missiegeschiedenis van Oost-Mongolië*, Vol. 7, pp. 135 – 136.

这么多人来望弥撒呢。8点半的那堂弥撒又是人满,我讲道的时间有点长。我在此特别强调了什么是婚姻的不合法性。①

不久后的5月8日,他又写道:

我让夏老四(Hia Lao IV)知道,他必须在婚姻上符合天主教的规定才行(他连着两次和外教妇女结了婚,也没有举行婚配圣事,女儿十七岁还没接受教育,儿媳妇也没有领洗),如果还不解决:1.我就没收他的一块耕地。2.把他送到本地政府,让他补缴欠下的会费(Hoi-fei)和其中的厘钱(按:Li-tsien,可能这里指的是"厘金",即某种地方商业税)。②

男女信徒之间的通婚对传教士来说是很重要的问题,也是建立当地信仰基础的关键。任何男女信徒间的"不合法婚姻"可能就会遭到教会收回耕地等形式的经济制裁。不仅外教男子与信教女子的婚姻会受到教会的干涉,迎娶从女童学校毕业或从圣婴会孤儿院出来的适龄女子更需严格遵循教会的首要要求,即男子必须为信徒。在圣母圣心会的年鉴中,对培育圣婴会女婴的目的有如下的陈述:

圣婴会的工作有两个目的:一、向外教人濒死的婴儿施行洗礼,使天堂的大门向她们敞开;二、寻找被遗弃的婴儿,在孤儿院里把她们抚养成人,而后使她们嫁到一个规矩的信徒家庭里。……当她们长到十五六岁,快成年的时候,我们就要

---

① 闵宣化1917年复活节在深井的日记。参见 Archive Nr.: T. I. a. 9. 4., Documentatie- en Onderzoekscentrum voor Religie, Cultuur en Samenleving (KADOC), KU Leuven.

② 闵宣化1917年5月8日在深井的日记。参见 Archive Nr.: T. I. a. 9. 4., Documentatie- en Onderzoekscentrum voor Religie, Cultuur en Samenleving (KADOC), KU Leuven.

把她们嫁给本村或周边的信教男青年。这个就是圣婴会杰出的传教方法。①

我们同时可以想象，这些女孩子从宗教气氛浓厚且生活严谨的女童学校或孤儿院毕业后，在自身宗教观和教会制度的双重影响下，对迎娶她们的男子，自然会有信仰上的要求。而奉教家庭的待嫁女孩，特别是从孤儿院走出来的女孩更容易吸引外教男子皈依，其中的最大原因就是廉价的彩礼：

> 在这些刚刚（因着结婚）皈依的家庭里可以看到，通常都是一家有四五个男孩，最多有两个女孩。这些贫穷的男孩们很难找到媳妇，何况还要让他们出一笔可观的钱预备彩礼呢。而圣婴会的女孩们只要求非常少的钱做彩礼，外加男方也可以得到衣服和好多礼物作为回礼。……这些在圣婴会孤儿院受过严格的宗教教育的女孩，不会忘记天主对她们的仁慈，她们将教育她们的子女归向基督，她们的能力和好榜样也会吸引更多的外教人认识我们的信仰。②

传教士对这些以无彩礼迎娶奉教女子为条件而入教的情况当然也心知肚明。③ 曾在热河代牧区传教的巴焕宗在他的文章中曾言：

> 一些人就是不能够从心里皈依，虽然他们对教会的要理

---

① Eene Missionaris van Scheut, "De verkeerde wereld, of de gewoonten en gebruiken van China (De Heilige Kindsheid)," in S. Missiehuis, eds., *Missietijdschrift: Missiën van Scheut*, 1898, 1899 en 1900, Brussel: Scheut Missie, 1900, pp. 189-190.

② Eene Missionaris van Scheut, "De verkeerde wereld, of de gewoonten en gebruiken van China (De Heilige Kindsheid)", p. 192.

③ Henrietta Harrison, "'A Penny for the Little Chinese': The French Holy Childhood Association in China, 1843-1951," *The American Historical Review*, Vol. 113, No. 1 (2008), pp. 84, 87.

完全熟悉。他们皈依的原因仅仅是为了迎娶一位我们的女童而已。①

虽然"吃教者"皈依天主教完全是因利益的驱使，但这在闵宣化的眼中却不算是一个严重的问题，在他看来，一位受过良好宗教教育的女童能够进入外教男子的家庭，正是一条皈依道路的开始。闵宣化曾这样认为：这些受到严格宗教教育的女孩们将会引导她们的丈夫以及他们的下一代。

因此，无论是女童学校的女孩还是圣婴会的女孩，在传教士的心目中，她们都将是建立本地天主教家庭的一粒种子和一股潜在的"母性"动力。

四、自给自足的"教友村"

前文提及，1922 年 3 月 5 日比利时《标准报》的一篇文章中，一位记者报道了一位化名为"闵雨生"的比利时传教士在蒙古地区的工作，而这位闵雨生即是闵宣化。该文如下写道：

> 在蒙古的荒地上开垦出一个"集体社区"，让路过这里的人都充满好奇……闵雨生几年前就买了这块地用以开垦，并请了些中国人来帮忙，教他们如何从事农业耕种……因此，迁移到这里来的人越来越多，现已达到了 2 500 户家庭之多。②

---

① E. P. M. Bakeroot, "Over bekeeringsmethoden in China," in S. Missiehuis, eds., *Missietijdschrift: Missiën van Scheut*, Brussel: Scheut Missie, 1937, p. 202.

② "Een Europeesche nederzetting in de woestijn," (Maart. 5, 1922), *De Standaerd*. 另，从 1921—1922 年深井堂口的信徒统计来看，信教者(1244)加上慕道者(400)一共有 1 644 人。参见 Jozef Van Hecken, *Documentatie betreffende de missiegeschiedenis van Oost-Mongolië*, Vol. 7, p. 243.

可见,除了建立公进会、创立男女学校,闵宣化也曾在深井购买土地,召集汉人佃农前来耕种。他的这一做法很可能得益于在大营子工作时的经验和启发。深井的副本堂桑维远在 1972 年的口述中提及了闵宣化在深井附近买地耕种的情况:

> 我当时与闵宣化神父一起工作了四年。每年都有人受洗,新的信徒增长到几百人。并且闵神父还找到了流离四散的老信徒,他们也回来了。闵神父在神父住院的附近买了一块地,在上面种了一片菜地。他又在另一处买了一块山地,在上面种上松树,长得很好。他又是代牧区里第一个从北京买来一台法国手动洗衣机(draaiwasbekken)的人,这台洗衣机在村里充分地利用了起来。①

以上的这段文字,描绘出了一幅田园式的"集体社区"场景。因着传教士购买大片放垦蒙地,来吸引信徒或非信徒前来耕种,从而建立"教友村",是圣母圣心会较早即采用的传教方式。但该法并非是圣母圣心会的独创,与其形式较为相近的做法可追溯到 17—18 世纪耶稣会传教士在南美洲建立起的"集体农场"(Les réductions)。这些自给自足式的天主教农场主要分布在巴拉圭、巴西、秘鲁等国。其中以巴拉圭建立起的"耶稣会天主教集体农场"(Les réductions Jésuites du Paraguay)较为著名。② 虽然耶稣会在南美洲建立的农场因 1772 年该会解散而一度退出历史舞台,

---

① 桑维远 1972 年 4 月 2 日的私人口述记录。参见 Jozef Van Hecken, *Documentatie betreffende de missiegeschiedenis van Oost-Mongolië*, Vol. 7, pp. 135-136.

② "Les réductions"在中文上有若干不同的翻译,比如:集合化传教村、归集村、教友村、传教居民点、集体农场等。谭永亮(Patrick Taveirne)《汉蒙相遇与福传事业:圣母圣心会在鄂尔多斯的历史 1874—1911》中文版中的译名为"天主教集体农场"。鉴于国内以"教友村"一词较为常见,因此本书采用"教友村"这一表述。参见谭永亮(Patrick Taveirne):《汉蒙相遇与福传事业:圣母圣心会在鄂尔多斯的历史 1874—1911》,第 347—354 页。

但耶稣会复会后,天主教农场又于 1840 年代再次进入美洲的西北地区。①

虽然教会内外对这种管理信徒的模式褒贬不一,但因其显著的传教成果,促使其他的传教修会也尝试效仿,在华圣母圣心会的"教友村"即是其中一例。1911 年,在蒙古考察的法国探险家兼陆军少校多隆(Henri Marie Gustave d'Ollone, 1868—1945)路经阿拉善三道河堂口时就认为,那里就是耶稣会在巴拉圭集体农场的再现。西南蒙古代牧区的德玉明代牧在给传信部的报告中则以"农垦聚落"(agricultural colonies)一词来称呼圣母圣心会建立的

图 3-22 热河代牧区的教友村

图片来源: KADOC-KU Leuven, *Missiën van Scheut*

---

① 关于耶稣会在巴拉圭建立的集体农场的具体内容,参见 Robert M. Weaver, "The Jesuit Reduction System Concept: Its Implications for Northwest Archaeology," *Northwest Anthropological Research Notes*, Vol. 11, No. 2 (1977); Paul Andrews, "Experiment in Paraguay," *Studies: An Irish Quarterly Review*, Vol. 45, No. 179 (1956)。

这种以聚集信教佃农而成立的教友村。①

以"开垦蒙地"建立起来的圣母圣心会教友村主要集中在鄂尔多斯、河套地区,然后是绥远、察哈尔,而在热河地区则相对不多。②第一个以购买蒙地而建立的热河教友村是蒙古镇(Mong-Kuchen),又称"哈拉户稍"。此后,传教士从位于喀喇沁(Haratsin)左旗的山湾子买地又建立了第二处教友村,随之是新开地、大营子、号保图、乌牛台、锥子山和王子庙等。③ 当时山湾子与大营子的教友村在热河代牧区较为有名,规模也比较大。深井何时开始以租赁垦地的方式吸引信徒,现在无从考证,但是从闵宣化的日记中可以找到他曾经到山湾子本堂董惠生(Gustaaf Van Roo,1872—1949)那里"取经"的记录。在1917年4月24日的日记中,闵宣化这样写道:

> 山湾子的国文学校有47个学生,村子一半的男孩都在那里念书。神父又买了一块地,最好地皮的租金是1.8两银子(Tean),佃农在那上面能挣到9两银子。村民大多数都因此致富了。……他们那里还有一个教会作坊(Kerkfabriek),发

---

① 谭永亮(Patrick Taveirne):《汉蒙相遇与福传事业:圣母圣心会在鄂尔多斯的历史1874—1911》,第348页。而后,在圣母圣心会的1936年年鉴中,王守礼的文章中出现"Reducties"一词。贺歌南在1957和1958年的两篇文章中也分别用到了"Les réductions"。参见 C. V. Melckebeke, "De 'Reducties' van Mongolie," in S. Missiehuis, eds., *Missietijdschrift: Missiën van Scheut*, Brussel: Scheut Missie, 1936, pp. 201 – 204, 232 – 235; Jozef Van Hecken, *Les réductions catholiques du pays des Ordos: une méthode d'apostolat des missionnaires de Scheut*, Switzerland: Schöneck/Beckenried, 1957; Jozef Van Hecken, "Les réductions catholiques du pays des Alashan," *NZMW*, Vol. 14 (1958), pp. 29 – 40, 131 – 144.

② 赵坤生:《近代外国天主教会在内蒙古侵占土地的情况及其影响》,《内蒙古社会科学》1985年第3期,第63—65页。

③ Jozef Van Hecken, *Documentatie betreffende de missiegeschiedenis van Oost-Mongolië*, Vol. 9, p. 29.

展得也很好。①

毋庸置疑,每个国家和地区都有着独特的地理环境、物质资源、民族风俗、历史背景,任何"教友村模式"都不能够完全地照搬应用。例如,耶稣会在巴拉圭的教友村主要是为了"集中教化"美洲原住民而设,②而圣母圣心会在塞外地区建立的教友村则是为了"利诱吸引"汉人垦农而设。二者在目的上并不一致,但在"管理模式"上却呈现出一定的共同特征,即"集中管理""高度封闭"和"自给自足"。山湾子本堂董惠生在1920年的《北京公教月刊》(Le Bulletin Catholique de Pekin)中,解释了他建立教友村的初衷:

> 很多堂口都拥有自己的土地,信徒们不但是为了堂口的利益,更是为了维持自己的生活而前来耕种。实行垦地承租的策略对传教士来说,其好处不只是让信徒有地可种。这个方法还可以让信徒们围绕在教堂和传教士的周围,使他们远离异教的氛围。因此,数百计的信徒们都可在健康的环境中生活,邪恶的事情将无法靠近他们。……热心的本堂神父,在传教员的辅佐下,有序而正确地引导,看顾这些信徒们。③

耶稣会士的做法也是同理,他们到达美洲后首先是以创立农业经济为目的来寻找适宜的土地,然后着手建立教堂,以其作为宣扬天主教教义和道德规范的建筑性标志。随后把皈依者聚集起来,建立起同小镇一样的社区。小镇以教堂广场为中心,并有谷仓、医院和民房等基础设施围绕四周。每个传教村基本上都至少

---

① 闵宣化1917年4月24日在深井的日记。参见 Archive Nr.: T. I. a. 9. 4., Documentatie- en Onderzoekscentrum voor Religie, Cultuur en Samenleving (KADOC), KU Leuven.

② Paul Andrews, "Experiment in Paraguay," p. 330.

③ P. A. Van Roo, "Affermage des terres de la Mission aux chrétien Chinois," Le Bulletin Catholique de Pekin, (1920), pp. 68 - 69.

有两名耶稣会士管理,并有辅理修士协助。此外,耶稣会士们也阻止陌生人闯入教友村,让集中起来的信徒尽可能地与世隔绝。传教士们认为,教友村原住民与外国殖民者、商人的直接接触或贸易往来会打乱纯真的宗教生活,并带来负面的影响。

耶稣会教友村的另一个特点是保持自给自足的生存方式。其主要的经济来源就是耕种农作物或牧养牲畜。另外,耶稣会士观察到原住民的文化生活方式异常丰富,手工制品和艺术品在当地和海外也较有销路,因此又以生产具有本地特色的手工艺品来支撑教友村的生活。① 在闵宣化的日记中,他提到了董惠生在山湾子建有一个"教会作坊",或许是受到了该经营模式的启发和影响,闵宣化在深井创办了一个乡村市场。深井副本堂桑维远曾在他的口述中提到,这个市场不但吸引了很多人来深井赶集采购,而且也大大地改善了当地信徒们的生活状况。② 此举所带来的显著经济成效,让附近传教站,如房身堂口,也纷纷效仿。③

关于"教会作坊"的运营方式,目前在圣母圣心会的文献中还未发现更多的记载。但在辽东代牧区巴黎外方传教士的文献中,对"教会作坊"有以下的描述:

> 没有人可以知道,对于每个"教友村"(chrétienté)来说,有足够的收入会有多么地重要。不但以此用来维持教堂、学校的经费,如果破例需要巡访患病的信徒,我们的教友村还要支付旅费。因此,我们必须现在建立一个能够支持教会经费的作坊(Fabrique),经营的利润需要在传教士的妥善管理之

---

① Robert M. Weaver, "The Jesuit Reduction System Concept: Its Implications for Northwest Archaeology," p. 163.
② 桑维远1972年4月2日的私人口述记录。参见Jozef Van Hecken, *Documentatie betreffende de missiegeschiedenis van Oost-Mongolië*, Vol. 7, pp. 135–136.
③ Joosten L., Fabgshenn-Marktplaats, in Scheut Missiehuis, eds., *Missietijdschrift: Missiën van Scheut*, Brussel: Scheut Missie, 1925.

下。我们可以看到,这些利润是用以神圣的事工,因此传教者要知道正确保管这些金钱的重要性。①

从以上这段文字的叙述来看,"教会作坊"是用以维持教友村日常开支的一个具有经营性质的机构,与耶稣会教友村所提倡的"自给自足"具有相同理念。值得一提的是,为了保证良好的生活秩序和维护道德准则,耶稣会士在教友村中实施严格的赏罚制度,严惩在劳动或经营过程中出现的违规和欺骗行为,其中包括收回特权和体罚这样的惩治方式。② 闵宣化在他的日记中也记下了在山湾子教会作坊里类似的体制,指出在那里不守规矩的信徒,也会受到杀一儆百式的惩处。③

事实上,受土地、气候、风俗、政策等客观条件的制约,传教士在中国内地以建立"耶稣会教友村"的方式来吸引、管理信徒并不常见。但在内蒙古广阔的土地上,建立起这样的"教友村"则具有一些先天的优势。④ 首先,塞外大片可供开垦的土地为建立教友村提供了地理基础。其次,大量从内地迁徙入蒙的贫瘠汉民,大部分是以家庭为单位来到口外寻找新的生存空间。寻找一块可供耕种的土地固然是他们的燃眉之急,他们同时也渴望在新的家园能够找到一个拥有归属感的"集体"。所谓的"集体",不仅包括把佃

---

① Ji Li, *Becoming Faithful: Christianity, literacty, and female consciousness in Northeast China, 1830 - 1930* (unpublished doctoral dissertation), The University of Michigan, 2009, Appendix 2: The Regulations of the Manchuria Mission, p. 265, Retrieved from: https://deepblue.lib.umich.edu/bitstream/handle/2027.42/62344/liji_1.pdf? sequence=1&isAllowed=y.

② 以上所有关于耶稣会在美洲建立教友村的陈述,参见 Robert M. Weaver, "The Jesuit Reduction System Concept: Its Implications for Northwest Archaeology," p. 163.

③ 闵宣化 1917 年 4 月 24 日在深井的日记。参见 Archive Nr.: T. I. a. 9. 4, Documentatie- en Onderzoekscentrum voor Religie, Cultuur en Samenleving (KADOC), KU Leuven.

④ R. G. Tiedemann. (Ed.), *Handbook of Christianity in China, Volume Two: 1800 to the Present*, Leiden: Brill, 2010, pp. 234 - 235.

农的力量集合在一起进行开荒耕种,还包括对佃农的家眷以集体的力量进行安置。所以,这些遍及在塞外地区,并拥有大量土地的圣母圣心会传教士们,在此时就成功地扮演了一个众人期盼的"大家长"角色。

热河代牧区教友村发展的高峰期是在义和团运动后至民国政府成立的这段时间里,其原因之一与"赔教"有关。义和团运动平息之后,各地教会对"庚子教案"的赔教要求接踵而至。而塞外地区当时经济并不富足,各蒙旗便以丰腴之土地作为赔教支出,所以这些土地也被称为"赔教地"。① 加之传教士在获得赔款之前购买或租赁过大量土地,致使教会手中积累的土地已数量可观,这些土地自然也成为了传教士在传教和生存两方面的强大资本。②

图 3-23 搭建"教友村"的高大围墙

图片来源:KADOC-KU Leuven, *Missiën van Scheut*

---

① 关于圣母圣心会在内蒙古的"赔教地"研究,参见王晗:《晚清民国时期蒙陕边界带"赔教地"研究》,《中华文史论丛》2019 年第 2 期,第 349—377、395—396 页。但是,当时蒙旗的"赔教地"并不全都是可耕种的,因此圣母圣心会的传教士们仍需增建水渠进行灌溉。参见 Carol Van Melckebeke, "De 'Reducties' van Mongolië," *Missietijdschrift: Missiën van Scheut*, 1936, p. 233.

② 并不是所有的蒙古王公都愿意卖自己的土地。1875 年,时任西南蒙古代牧区代牧的德玉明在阿拉善王公那里得到了在当地传教的许可。但是,蒙古王公并不愿意出售土地,而是以"永租"(eeuwigdurend huurcontract)的形式让传教士使用土地。传教士对土地的租赁,没有时间上的限制,只要按期付租即可。租金或为收成,或为银钱。在永租的土地上,传教士可以任意耕种、建渠、转租汉人佃农,完全可以自由安排。参见 C. V. Melckebeke, "De 'Reducties' van Mongolie," in S. Missiehuis, eds., *Missietijdschrift: Missiën van Scheut*, p. 232.

以传教方面来说，教会的土地只限制租赁给皈依信教的佃农，并且传教士借给他们垦地的农具、耕牛，以及帮助他们在垦地周围建造房屋。这样不但让垦农有田地可耕，也解决了他们在生活上的后顾之忧。对这些离乡背井的贫苦汉人来说，这是极具吸引力的条件，让他们很快地聚集到了传教士们的周围。

以生存的方面来说，传教士向佃农收取租金来维持自己一部分的生活。佃农租金除了可以用金钱支付外，也可以用自己的收成代替。而这些租金远远低于当地地主所要求的，这也是佃农积极投奔教会而不到地主田里耕作的主因。此后，传教士再用佃农的租金、教会作坊的收入、海外的筹款等去支撑教友村中一系列配套设施的建设，比如学校、孤儿院、医院等慈善机构。而这些硬件设施也是用来为当地的垦农及其家眷服务。因此，这所有的一切形成了一个良性循环，既保证了教会的平稳发展，同时也安稳了佃农家庭的生活。

圣母圣心会教友村的建立，逐渐地把塞外的片片荒地开垦为点点绿洲，这些默默耕耘的汉人佃农也成为早期开发中国西北地区的先锋。① 但我们不能忽视的是，传教士建立起的这些自给自足的传教村，它所带来的负面影响也是显而易见的。传教士依靠不平等条约所赢得的治外法权，以"保护人"的角色吸引了大批以现实功利为目的的皈依者。这些所谓的"皈依者"留驻教友村的唯一目的便是拥有耕地，此行为也潜移默化地怂恿更多的"吃教者"

---

① 在西北地区，圣母圣心会在1878年接手了从陕西代牧区分离出来的甘肃代牧区（1908年又分为北甘肃、南甘肃代牧区），1888年又从甘肃代牧区中划出伊犁作为独立传教区，1922年兼有从西南蒙古代牧区分离出来的宁夏代牧区。参见 Daniël Verhelst, Hyacint Daniëls, *Scheut vroeger en nu 1862 - 1987: geschiedenis van de Congregatie van het Onbevlekt Hart van Maria C.I.C.M.*, pp. 63, 115, 188.

加入此行列。① 除此之外，入教时穷困潦倒的平民获得教民身份后便敢于和官府对立，成为了所谓的"诉讼教民"（litigation Christians），他们利用传教士一贯袒护信徒的作风为靠山，在赢得一桩桩土地诉讼案后其贪婪有增无减——"强争越占，有恃不恐，不入教不可以得地，一入教并可以制人"。② 久而久之，导致了教会、信徒与当地的蒙古人、汉人、地商、庄头、官府之间的冲突愈演愈烈，涉及的教案、土地诉讼案也频发不止。③ 这些地方事件不得不让当时的教廷做出了深刻的反省，认识到传教士偏袒不良教徒，干预民事诉讼是最失败的传教方法，其负面作用和不良影响必将导致中国人对天主教的仇视有增无减。④

第五节　在华传教的最后时光

一、直奉战争中的传教堂口

在华圣母圣心会在每年九月上旬都以各个代牧区为单位，例

---

① Patrick Taveirne, *Han-Mongol encounters and missionary endeavors: a history of Scheut in Ordos (Hetao), 1874-1911*, p. 359.

② 光绪二十八年六月十一日（1902年7月15日）《兵部左侍郎贻谷等奏请将口外各旗除划留外尽数及早开放片》，朱金甫主编：《清末教案》第三册，北京：中华书局，1998年，第409页。另，关于"诉讼教徒"的研究，参见 R. G. Tiedemann, "Baptism of Fire: China's Christians and the Boxer Uprising of 1900", *International Bulletin of Missionary Research*, Vol. 24, No. 1 (2000), pp. 8-10；李晓晨：《近代河北乡村天主教会研究》，北京：人民出版社，2012年，第250—251页。

③ 在内蒙古地区由土地诉讼引发的教案，比如七苏木购地案、萨拉齐厅郭姓霸占教堂地亩案、乌兰卜尔勒赎教士案、兴义楼惨案、陈太回赎地惨案、老虎沟庄头丁文秀强索地租案等，参见张彧：《晚清时期天主教会在内蒙古地区活动研究》，第120—161页。

④ 刘国鹏：《刚恒毅与中国天主教的本地化》，北京：社会科学文献出版社，2011年，第336、342页。

行召集全体传教士在代牧主教驻地进行为期数日的年度退省神修活动(retraite)。此举不但方便将分散各个传教堂口的传教士聚集一起,适当地度过一段集体性的生活,以建立彼此友情和提高宗教修养,更重要的是,在此期间,代牧主教和代牧区会长也将与全体传教士们促膝商讨一些传教工作上的具体事宜,并颁布代牧区一些新的工作实施方向。就是在 1924 年的年度退省中,闵宣化接到了新的任务,即离开他已生活九年的深井村,转去塔子沟建立新的传教堂口。闵宣化在同年 9 月 13 日的日记中这样写道:

> 代牧区新的派遣指示今日已经下达,要我去塔子沟。其实那里的堂口已建得差不多了,已没有什么需要再添置的了。神父住所也有一幢,如要添加的话,可能也只是再建一处门房而已。①

塔子沟(今辽宁省凌源市),正式建于清代。是乾隆三年(1738年)清廷设立"塔子沟厅"后所建立的厅署所在地,当时隶属于直隶省。该地商贾云集,在早期已是重要的交通和商贸枢纽。而乾隆四十三年(1778 年)塔子沟厅改称建昌县时,该地工商业发展更为成熟。民国三年(1914 年),建昌县再次易名为凌源县,县政府驻地塔子沟也随之改称为"凌源镇"。

在热河代牧区成立的初期,第二任代牧主教叶步司已打算在塔子沟创立传教堂口,并派遣荷兰籍传教士康霖雨(Hubert Kallen, 1871—1902)到该地主持建设事宜,但康氏到任不久即因病撒手人寰。随后,包克仁(Ernest Van Obbergen, 1875—1919)接手了这一任务。鉴于塔子沟当时重要的政治和商贸地位,代牧区曾设法把原本属于八沟堂区的塔子沟发展成为一处独立的传教

---

① 闵宣化 1924 年 9 月 13 日的日记。参见 Archive Nr.: T. I. a. 7. 3. 2, Documentatie- en Onderzoekscentrum voor Religie, Cultuur en Samenleving (KADOC), KU Leuven.

中心，并拨款购置了一幢房产以供设立教堂，计划派遣传教士常驻。这也是为何闵宣化在日记中提及在其赴任前，塔子沟已有一幢圣母圣心会住院的原因。但事与愿违，包克仁去世后，建立塔子沟传教中心的计划由于人手严重短缺而无人接替，导致建堂事宜前功尽弃，不得不搁置一旁。因此原则上说，闵宣化并非是建立塔子沟堂口的第一人，但他确是让圣母圣心会立在塔子沟教务起死回生的关键性人物。而这一进程也相当艰难，首先给他当头一棒的就是第二次直奉战争在热河的爆发。

辛亥革命胜利后，北洋军统帅袁世凯篡夺了革命成果，成为首任"民国大总统"后又蓄意恢复帝制。他死后，混乱的中国政局即进入了军阀割据时期。虽然地处北京的北洋政府以"中央政府"之名成为当时国际社会所承认的唯一合法政权，但掌控中国各个地方的军阀势力仍不断地明争暗斗、企图独霸一方，大小战争更是此起彼伏。一些强大的军阀集团甚至垂涎北洋政府的中央领导权，以此梦想操控全国的政治和经济命脉。其中尤以北洋军阀内以段祺瑞为首的皖系、以吴佩孚为首的直系、以张作霖为首的奉系之间的较量最为激烈。而直奉之间发生的两次声势浩大的武力冲突，让华北地区惨遭重创，特别是在第二次直奉战争期间，战事虽仅持续两个月，却导致热河地区各乡各镇民不聊生，满目疮痍。

第一次直奉之战于1922年5月结束后，直系获胜并控制了北京政权。但溃败的奉系张作霖并未因此偃旗息鼓，反之，他积极整军经武，伺机卷土重来，他以江浙战争为契机，对直系宣战。1924年9月15日，第二次直奉战争爆发。当时，热河代牧区在松树嘴子举行的年度退省刚刚结束，因此大部分圣母圣心会传教士仍尚在主教驻地，并准备返回各自属地。但直奉再次开战的消息不得不让一些传教士改变返程计划，闵宣化就是一例，他离开松树嘴子后并未直接去塔子沟或深井，而是去了这场战事的爆发地——朝

阳。闵宣化在其 9 月 14 日的日记中如下写道:

> 今天下午传来消息,张作霖的军队已经进入 Tayaokeou (按:疑为"大窑沟"),战事绝对要爆发了。从三座塔(即朝阳)堂口的助理那里也来了一封信,让朝阳本堂杨峻德神父赶快回去,因为朝阳县城和传教堂口已经混乱不堪。因此,我们马上决定,我陪同杨神父一起动身去三座塔。①

1924 年的直奉战争主要分为东、西两个战场,东部在山海关,西部则是在热河,而热河的朝阳县城又是张作霖拉开这场战争序幕的地点,想必当地居民在一时之间皆人心惶惶,混乱一片。鉴于杨峻德终年抱病,身体状况欠佳,又加之是自己的多年好友,闵宣化不顾战事危险,奋勇提议与杨峻德为伴,同返朝阳以护卫堂口免遭摧毁。他们二人在 15 日早晨四时到达朝阳时,已见奉军士兵布满了全城。据闵宣化所记,在 9 月 17 日晚,奉军再次开火,形势之严峻甚至让朝阳县长感到危在旦夕,他把全家老小及自己的夫人,遣到朝阳教堂寻求传教士的庇护。而当地居民看到县长已自保不暇,更觉大祸临头,便纷纷效法,摩肩接踵地蜂拥奔至朝阳教堂里。神父关闭大门后,又开启小门等候一些迟来的逃难者。奉军军长也看到朝阳城居民已到了惊魂落魄的地步,特在城中发出布告,阐明朝阳之战只为擒拿"曹贼"和"吴贼",绝无对抗百姓之意,其目的显然是为了安抚民心。但是,逃难者并未由此得以平静。因为在他们眼里,兵匪之间的差别并不大。②

---

① 闵宣化 1924 年 9 月 14 日的日记。参见 Archive Nr.: T. I. a. 7. 3. 2, Documentatie- en Onderzoekscentrum voor Religie, Cultuur en Samenleving (KADOC), KU Leuven.

② 闵宣化 1924 年 9 月 17 日的日记。参见 Archive Nr.: T. I. a. 7. 3. 2, Documentatie- en Onderzoekscentrum voor Religie, Cultuur en Samenleving (KADOC), KU Leuven.

朝阳城的局势在9月下旬似乎平息了许多。奉军西部的李景林拿下朝阳县城后,一路南下直奔承德。闵宣化因此也认为朝阳已无大碍,这时可以动身去塔子沟了。但意想不到的是,传来的消息说塔子沟已沦为战场。闵宣化在其日记中如下写道:

> 今天我的行李已经打点好了。据说昨天新丘已被奉军占领,而现在他们已到塔子沟了。Tchai Yu(按:人名不详,疑为信使)今天早上11点钟来了说,从朝阳去深井的路倒还是保持通畅可行的。①

因此,闵宣化决定从朝阳先返回自己的老传教堂口深井,在那里观察战事的进展后再另做打算。10月3日,他乘马车出发上路,一路上所看到的都是战争留下的片片狼藉。烧毁的房屋,踏平的庄稼,街上除了成群的士兵之外,也不见有老百姓的踪影。深夜降至时,在途经的山中想找到喂马过夜的地方也是非常困难,各个村落几乎都是空荡的,年轻人都逃命去了。闵宣化的车夫也是一位信徒,他最终找到了一对年老的夫妇可以收留他们驻足过夜。闵宣化不无感慨地写道:

> 终于有两位老人出现了,其中一位老人家把他的小屋让给了我们,他可能是这个村子的村长,有七十二岁了,他愿意在夜里保持警惕,要睡在院子里马厩的屋顶上,马车也在附近。晚上可冷了,也刮大风,他可真是个刚强的老头儿。②

辽东奉军在西路李景林的指挥下夺取了朝阳之后,大部队继

---

① 闵宣化1924年9月30日和10月1日的日记。参见 Archive Nr.: T. I. a. 7.3.2, Documentatie- en Onderzoekscentrum voor Religie, Cultuur en Samenleving (KADOC), KU Leuven.

② "In Oorlogstijd" 1924年10月3日。参见 Archive Nr.: T. I. a. 7.3.2, Documentatie- en Onderzoekscentrum voor Religie, Cultuur en Samenleving (KADOC), KU Leuven.

续往南前行,顺着建平、赤峰与直军部队一路对峙,力争夺取热河地区的控制权。而沿途大小村庄都惨遭各方势力的蹂躏,他们强行征集粮草,勒派民车,还另有逃兵转身为匪,大肆抢掠各家各户,导致村庄人畜不宁。在闵宣化去深井的路上,也常常遇到从朝阳南下的大量士兵,他们几乎都是奉系的军队。为了安全起见,闵宣化在他的马车上插上了法国国旗,法国"保教权"在此时似乎又派上了用场。他如下写道:

> 眼前又有一队五十多人的士兵队伍过来,他们问话的势头并不妙。"你们是从哪儿来的?"我的马车夫立即答道是来自天主教传教堂口后,就马上又向前行使。其实,这样的问话对我们并不利,我们更没有必要和这些气冲冲的大兵继续对谈。幸好在我们的马车上挂有一幅小的法国国旗,以此来警告这些人,法国政府对教会是有保护的。这对我们来说真是太有用了,因为这面小旗可以提醒一些暴徒不要对我们为非作歹。①

闵宣化虽然在战乱时期有感法国的"保教"作用,但他在日记中也不否认,法国在华行使"保教权"是阻碍天主教信仰在中国有效传播的一道屏障,其带来的负面影响很难消除。其一,法国始终在华以天主教"代言人"的姿态出现在各个政治和宗教场合,长此以往,就难免会让中国人觉得天主教会,这一在闵宣化眼中属于全人类的宗教信仰,完全隶属于法国或是法兰西文化的一部分。其二,法国以"保教"之名,或因教产,或因教案,不断插手中国地方事务,并明显袒护外国教士之权利,而轻视本土居民之所需,这是天

---

① "In Oorlogstijd" 1924 年 10 月 4 日。参见 Archive Nr.: T. I. a. 7. 3. 2, Documentatie- en Onderzoekscentrum voor Religie, Cultuur en Samenleving (KADOC), KU Leuven.

主教始终身着"洋教"外衣并受到地方民众强烈反感的主因。其三,是"保教"范围大多数局限在外国教士身上,而国籍教士在中国教会内部没有实质权力,不能亲手管理带领地方教务,也无法为本土教会发声或施加影响,而信教群众也多为贫困农人家庭。因此,中国天主教会在根本上始终是"外人掌权",这必然是教会不能在本土生根成长的重要原因之一。

闵宣化从朝阳行路一日,在 10 月 4 日到达深井,时有华籍袁神父(疑为袁宏道神父,1892—1939)在那里代为驻守教堂。闵宣化看到已有不少当地的信徒与非信徒把自家的牲畜和物品迁入教堂堂院,携家带口地聚集一处,战战兢兢。而要求进入堂院的村民仍然源源不断。他们无一不求在高墙环绕,戒备森严,且有武器装备的教友村中得到最大的保护,以防仅有的家当和生活来源被乱兵夺去。① 村中更有一些妇女,对士兵的到来感到惊恐万分,闻声色变。闵宣化如下记述他所见的场景:

> 当晚有十几个兵(可能是逃兵)要留宿在村里。有一户不奉教的富户金家(Kin),他们就靠在我们堂院的东边住,他家的女人们看到有大兵进村,虽然都裹着小脚,行走艰难,但也都纷纷跳墙,急着避身在果树之间。一个十七八岁的小姑娘竟然跳进了一个井里,那是那户人家挖出来用作冬天藏酒用的大井。②

村民对乱兵的恐惧并非没有来由,军阀内战让地方社会进入

---

① 圣母圣心会的传教士普遍在其负责的各个堂口修筑围墙,目的是防范热河土匪的袭扰。除了在战乱时期匪患猖獗,平日教堂和传教士也经常是他们掠夺和攻击的对象。具体内容参见[比]王守礼:《边疆公教社会事业》,傅明渊译,第 49—62 页。

② "In Oorlogstijd" 1924 年 10 月 6 日。参见 Archive Nr.: T. I. a. 7. 3. 2, Documentatie- en Onderzoekscentrum voor Religie, Cultuur en Samenleving (KADOC), KU Leuven.

全面的无序状态,兵亦匪,匪亦兵,战乱之际,兵匪之恶行尤为肆无忌惮。而地方政府已名存实亡,无暇顾及手无寸铁的百姓的安危。当时中华全国商会的要人安迪生,曾撰文呈交民国政府段祺瑞,以数言真实地描绘了热河兵灾的场景。安氏写道:"焉兵端大启,介处其间,或视为南下之捷途,或视为北上之要道,炮火所经,魂飞魄落。兼之征调夫役,勒派车马,责成供应,村落萧然,鸡犬无存,十五县之间,甚至数十里无人烟。多少村无釜甄,而车马有自八月出外,至今无踪者。呜乎。抑何惨耶。"①

在如此朝不保夕的时局里,不但平民百姓胆战心惊,热河的大小传教堂口也皆深感不安,传教士纷纷插上了法国国旗以求不被乱兵攻击和侵扰。但事实上,政府在华行使"保教"的政策对不少的军阀士兵和一些下层军官来说好似空纸一张。而1900年义和团运动发生后引发的一系列"赔款赔教"事件,或许更能让他们留下一种"洋人不好惹"的印象,在一定程度上促使其霸行有所收敛。闵宣化的日记中曾记录下这样的一个细节:

> 有一名强住在金家的军官,声称要与我们传教堂口换马。金家告诉他教堂那里没有马时,这名军官就想要我们的驴。金家忙解释说教堂那儿总共才有两匹毛驴而已,也是神父唯一的交通工具,更不是什么好品种的驴。然后他又补充到,"军官你可不要忘了,教堂是外国人的,和他们闹麻烦可得不偿失。这次战乱平息后,不知道政府又会出什么赔偿政策,而将来由谁承担责任也不好说呀。教堂大门上现在甚至贴了一张由军长李景林颁发的通告,严重警示全体士兵不许闯入教

---

① 中国第二历史档案馆:《安迪生请赈济第二次直奉战争热河遭兵灾情形致政府呈(1924年12月13日)》,《中华民国史档案资料汇编(军事)》,第五辑第三编,南京:江苏古籍出版社,1979年,第318页。

堂属地"。①

深井作为一个无名小镇,也非远近闻名的传教中心,如何能获得奉军要人,时任第二军军长李景林颁布的这份护教通告?闵宣化自己在日记中解释说,他能收到这份奉军军方的"保护令",完全是凭其一己之力争取来的。当时,闵宣化眼见奉军士兵在深井为非作歹的行径已到无法控制的地步,虽然堂口四周筑有高墙并架有武器,但并不保险。因此,闵宣化随即在 10 月 9 日去信驻守在建平县县城叶柏寿的奉军官员,揭露该军士兵在深井之屡屡恶行,同时请求奉军上级能够出头保护教产。意想不到的是,这份附有李景林印章的"保护教堂令"隔日就送到了闵宣化手中。这份通告对深井堂口的安危来说,无疑是一根名副其实的"救命稻草"。

然而除了兵灾之外,"匪灾"也是直奉战争时期热河地区面对的棘手问题。出没于热河各个城乡地区的土匪帮派由来已久,组织严密,作恶无数。他们常年趁火打劫、烧杀抢掠的暴行在当时已臭名昭著。而军阀割据时期的北洋政府混乱无序,军阀之间只顾争夺政权,对剿匪之事却熟视无睹,无心顾及。这必然让热河匪患变本加厉。军方出示的"保教通令"不会对土匪有任何约束,法国的"保教权"更是对他们毫无作用。

闵宣化曾对这些在热河活动的匪贼有详细的观察。他曾指出,土匪势力在热河地区的不断壮大,是直奉开战期间最为显著的社会现象。这些土匪甚至从以前较为隐蔽的行动方式,逐渐转化成在光天化日下大张旗鼓地进行掠夺。他们人数众多,甚至其中的一些组织打着"自治军"的幌子游街串巷,明目张胆地进行扫荡。

---

① "In Oorlogstijd" 1924 年 10 月 17 日。参见 Archive Nr.: T. I. a. 7. 3. 2, Documentatie- en Onderzoekscentrum voor Religie, Cultuur en Samenleving (KADOC), KU Leuven.

他们又自称受命于直隶军长,以中央政府之名在地方与南下的奉军交战。这样一来,让已毫无实权的地方官绅对他们更是无能为力、避退三舍。据闵宣化分析,虽然这些以"自治军"为旗号的土匪确实曾与奉军屡次交战,但他们勇于奋战的原因,决不是完全以爱国之心甘愿为直系军阀掌权的中央政府赴汤蹈火。在闵宣化看来,这些土匪"自治军"们无非看重的是他们交战胜利后,所能霸占的那些奉军马匹和精良的外国军火而已。

除了掠夺奉军马匹和武器之外,绑架当地富农也是热河土匪在战乱期间最常用的敛财手段。他们会收买当地的贫农,以此收集可靠的内部信息,来保证每次行动的成功。鉴于贫农中的一部分人长期受到地主和富豪的剥削凌辱,早已心怀仇恨,他们会毫无保留地为土匪提供精准消息,以达到为自身报复的目的。

而战乱期间土匪活动的另一现象,即是土匪的队伍越来越壮大,人数越来越多。这一结果不但对当地民众的生命与财产带来巨大的威胁,同时对农业经济发展也造成了严重的阻滞。据闵宣化观察,毗邻深井地区的大小富农几乎无人逃过土匪的洗劫,匪贼的频频出手,让他们已到了闻风丧胆的地步。一些大户人家为了防止再次遭到绑架勒索,便试图让自己的男性家庭成员加入匪贼的帮派。因为他们普遍认为如果与匪帮"联姻",就能真正摆脱他们出没无定的侵袭。此外,广大贫穷乡民,在战争的摧残之下,也失去了原有的经济来源和生活保障。他们为了在乱世中糊口求生,也不得不隐姓埋名,加入大小匪贼组织。① 而这些直接导致了农乡壮丁的大量流失,留下大片耕地无人管理,农业经济结构遭到破坏。再加上战争期间各路人马对农田的践踏和毁坏,让本就要

---

① 对热河土匪内部严密的组织和招募情况之阐述,参见李守信:《热河胡匪与我当胡匪的经历》,内蒙古自治区文史研究馆编:《内蒙古文史资料选辑》,第七辑,呼和浩特:内蒙古人民出版社,1996年,第16—38页。

经受恶劣自然环境考验的塞外农业生产,陷入了避坑落井、雪上加霜的境地。

毋庸置疑,热河土匪的攻击目标不仅局限于当地的百姓和富豪,他们对传教士展开的绑票、勒索等活动也不胜枚举。塞外教堂虽大多都有土垒和武器的防御,但也时常不敌匪贼人多力壮的强大攻势。① 尤其在二十年代初期,此类"洋绑票"事件尤为严重。因为匪帮心知肚明,西方传教士身受不平等条约的层层保护,遭遇不测时会牵扯到中外政府机关之间的交涉,而外国当局也曾屡次三番地以"教案"为借口与中国当局对峙,小则赔款了事,大则掀起政治纠纷。所以,以外国传教士为肉票,匪徒不仅可以诈取教堂资金、物品、武器或牲畜;当地的政府官员也不敢轻举妄动,对他们的要挟也尽力慨然允诺,唯恐地方小事演变成国际大案。而且匪帮还认识到,把外国传教士作为"洋票"同样是对抗政府剿匪运动行之有效的"护身法宝"。

无恶不作的土匪在广大国民心中的形象无外乎是心狠手辣,毫不留情,但在闵宣化的日记中,可以发现一个有意思的现象,那就是部分匪贼组织对西方传教士所怀有的一份恻隐之心。他们中的一些头目对传教士能牺牲自我远赴他乡,并毕生献身异国的精神刮目相看,甚至具有崇敬之心。与此同时,他们也认为大多数的外国教士是饱读中国诗书、深详孔孟之道、知书达理之人。若干在仕途上失志后转为匪贼者也愿意视传教士为"同道知己",以礼相待。在一些冲突中,他们不但会对传教士们网开一面,也对被绑的信徒从宽处理。据闵宣化记述,土匪一般对被绑富户狮子大张口,除了索要高昂的赎金,也不放过他们的武器和牲畜。但如果传教士答应从中干预调解,某些匪首会"看在神父的面子上"减免勒索

---

① [比]王守礼:《边疆公教社会事业》,傅明渊译,第54—59页。

的赎金。① 传教士也深谙此道，很清楚一些商家富户在动乱期间积极要求入教的根本目的就是希望免遭重金敲诈，在教会的协助下虎口逃生。

　　直奉战争期间，闵宣化暂居深井堂院的围墙之中，在兵灾、匪灾、口粮短缺的诸多挑战中试图携手与当地信徒共渡难关。在他留下的一张看似讲道词的手稿中，我们大致可以了解闵宣化在当时的心境以及对全体乡民的期望，其大意是：在战乱中的深井乡民要同舟共济，不分你我，教会中人更是如此。因为战争对生活的蹂躏深刻地影响到了每一个人的生活。因此，克服战争带来的困难是每位乡民应该做的事情。而团结、无私和临敌的勇气是战胜一切的良方。闵宣化着重强调，大家都是深井的父老乡亲，手足情深。信教与否在此时毫无差别，信仰的不同绝不会阻碍乡亲们首尾共济和通忧共患的原则。抵御声势浩大的兵匪和土匪需要全村乡民的团结，它是力量和勇气的源泉。

　　同时，闵宣化对和平时期依靠教会获利，而在战乱时期便摒弃教会于不顾的信徒提出斥责，他指出自私的"逃跑者"是教会所唾弃的，"吃教"的叛徒更是可耻。大家也不能都指望着教堂区区之地可以收容所有人，大家守驻在自己的家里才最为理智，但不要忘记邻里间互相帮忙照应的重要性。在这张仅有数言的讲道稿的最后，闵宣化如下写道：

　　　　乡亲们一定要彼此鼓励，不要放弃希望。奉教的不要忘记有天父的保护。不奉教的乡民也要保持清醒，一直向前看，

---

　　① 闵宣化在其日记中记述，深井一名叫"王田魁"（音译，Wang Tien-Kwi）的富有信徒，其两个儿子被土匪绑架，索要赎金一万洋元（doller）。经闵宣化出面，匪徒明言，看在神父的面上，赎金减至三千即可。参见"In Oorlogstijd"1924 年 10 月 17 日。参见 Archive Nr.：T. I. a. 7. 3. 2, Documentatie- en Onderzoekscentrum voor Religie, Cultuur en Samenleving (KADOC), KU Leuven.

咱们的好日子还在后头呢。战争不会总打下去的！①

闵宣化的这番话应验了，直奉开战后未及两个月，直隶军阀吴佩孚在 1924 年 11 月 3 日即从塘沽南逃，奉系军阀入主中央，无情的战乱终告结束。战后的局势虽然还是混乱不稳，百废待兴，但闵宣化已决定启程到新委任的塔子沟堂口复命了。但未曾料到的是，塔子沟信徒来信件告知，圣母圣心会早期购置的那座多年已无传教士居住的房产，已被奉军强行攻入，不但建筑在大火中严重受损，而且屋内一切物品皆被洗劫一空。闵宣化认为在塔子沟度过隆冬已不现实，即决定继续留在深井，等候开春后重建塔子沟住院。② 而闵宣化的这一建设计划竣工完成时，已是 1925 年的 6 月了。

塔子沟虽为商贾云集的市镇，但城中信奉天主教者屈指可数。当时县内的五百余位信徒皆散居在周边村落，极为分散，且代牧区又未指派副本堂协助闵宣化操持塔子沟教务，因此，以其一己之力既要在县城执掌新堂口，又要出行访乡"下会"，实非易事。据闵宣化写给杨峻德的一封信可知，在塔子沟时期，闵宣化一年"下会"走访乡民不少于二十次。③

闵宣化主持新建的塔子沟堂口有主房两间，一间设为圣堂，另

---

① 闵宣化在 1924 年 11 月 2 日日记中插入的一张荷文手稿，此手稿未注明日期。参见 Archive Nr.：T. I. a. 7. 3. 2, Documentatie- en Onderzoekscentrum voor Religie, Cultuur en Samenleving (KADOC), KU Leuven.

② "In Oorlogstijd" 1924 年 11 月 4 日。参见 Archive Nr.：T. I. a. 7. 3. 2, Documentatie- en Onderzoekscentrum voor Religie, Cultuur en Samenleving (KADOC), KU Leuven.

③ 闵宣化在 1927 年 8 月 18 日写给杨峻德的信。参见 Archive Nr.：T. I. a. 7. 4. 3., Documentatie- en Onderzoekscentrum voor Religie, Cultuur en Samenleving (KADOC), KU Leuven. 另，"下会"是教会用词，即神父例行到每家每户拜访信徒，亲自关切信徒家庭的生活和需要，慰问行动不便的居家长者或病人，需要时也为其施行教会圣事。

一间供传教士居住。他还在堂院内加盖一间蒙养院，邀请国籍贞女照顾当地孤儿及学童。闵宣化于1925年6月11日正式迁入塔子沟。当时的居住条件极为有限，可谓家徒四壁。当他到达塔子沟的第一天时，甚至发现没有一个水杯可用。数日之后，闵宣化在日记中终于写下了一句可喜的话："四辆马车把我的图书馆拉来了！"

闵宣化对书的痴迷是他在少年求学时期就已形成的。入华之后，对中国语言文字和历史文化的追求，更促使他孜孜不倦地收集了大量的汉文典籍，其种类包罗万象。1910年，即闵宣化来华第二年在大营子传教时，其中文藏书已初具规模。当地方官员到他的住所吃茶访问时，就曾对闵宣化的藏书大加赞赏，并对一位西方人能如此饱读中国诗书，崇尚中国文化惊喜交集，刮目相看。①

无疑，数年之后的闵宣化不但在中文研究上大有造诣，他的汉籍藏书也日积月累地愈加丰富。与早期耶稣会士利玛窦全力奉行"适应政策"的结果如出一辙，闵宣化对中国学问的精深掌握使其在华传教工作如虎添翼。当他到任塔子沟时，县长周宪章即要求登门拜访城内这位外国天主教教士。② 闵宣化早有耳闻，天主教在塔子沟声名狼藉，仇视者比比皆是，因而县长的到访对教会在当地的发展将甚为重要。当这位学识渊博的周县长踏入闵宣化的客厅时，立即被其书架上琳琅满目的中文藏书所吸引。随之诧异地

---

① Jozef Mullie, "het bezoek van een Chin. Mandarijn," *De Katholieke Missiën, geïllustreerd Maandschrift*, No. Juni 8 (1911).

② 闵宣化在日记中并未写明县长之姓名。但考证之后，可认定为周宪章。因闵宣化在其1925年7月15日的日记上曾提道："我在城中刚刚拜访过几名官员，他们说县长有意着手撰写《凌源县志》(Ling Yuan Hien Tcheu)，我与这位县长也熟识。"而从《凌源县志》的序言中可知，该县县长周宪章为《凌源县志》之最早策划者。参见 Archive Nr. : T. I. a. 7. 3. 2, Documentatie- en Onderzoekscentrum voor Religie, Cultuur en Samenleving (KADOC), KU Leuven；周宪章修，宫葆廉纂：《凌源县志初稿》第一卷，辽宁省图书馆藏初稿本，1931年，序言。

询问闵宣化是否有能力阅读这些古文典籍。当闵宣化点头称是时,周县长即表示钦佩赏识,并对闵氏直言:"神父,倘若您在本县遇到任何由民众或官员制造的麻烦和事端,请勿要迟疑通告,我必鼎力相助。"后期周宪章主持修订《凌源县志》时,也不惜笔墨,明言闵宣化为"学识超拔之比国人"。① 闵宣化晚年曾向圣母圣心会的历史学家贺歌南坦言,不是所有的中国地方长官都对管辖范围内的外国人有意施加保护,周县长这番话也让他在当时深感意外。闵宣化从始至终毫不否认,西方传教士对中国语言的熟练掌握以及对中国学问的虚心领受,是天主教在华教务工作得以成功开展的最有效途径。②

二、最后的传教驿站承德

热河代牧区自1883年成立以来,在热河省首府承德建立传教堂口似乎并未受到过积极的响应。到了二十世纪二十年代,当比利时传教士已基本扎根于塞外的各个角落时,省会承德仍没有他们的传教驻地。追其缘由,除了在经济上常年捉襟见肘外,最主要的原因还是因为这座号称"塞外京都"之城曾为华北政治和军事交通的重地,在如此敏感要塞主持教务并与政商周旋,实让圣母圣心会自感力不从心,只好望而却步。热河代牧区省会长纪星朗曾证实,他的前任任广布神父曾在1924年协同其他教士自愿献金在承德筹建传教士住院,以此作为礼物来庆祝叶步司晋升热河代牧主教二十五年之银庆,甚至助理代牧南阜民也献出一千银元作为创

---

① 周宪章修,宫葆廉纂:《凌源县志初稿》第二卷,辽宁省图书馆藏初稿本,1931年,第27页。

② Jozef Van Hecken, *Documentatie betreffende de missiegeschiedenis van Oost-Mongolië*, Vol. 7, p. 402.

立经费。但尽管如此，代牧主教仍再三考虑在省会建立传教堂口的利弊之处，仔细物色可以承担此任的传教士。因为他深知，能够与当地政府首脑和军队将领相处融洽，并建立良好的政教关系，是保证圣母圣心会在承德，甚至在热河省长久立足、顺利发展的关键因素。①

代牧叶步司本为荷兰籍人士，自感心腹之人莫过于自己的本国同胞，因此他提名让原在房身传教的荷兰籍传教士邓维翰赴承德开创教务，且在 1926 年终于下定决心购置了一处房产作为临时传教公所。但当时国民革命军北伐已初露锋芒，承德是北洋奉军之要塞，邓教士知道此任命任重道远而明言推辞。在这样的情况下，中文娴熟、深知中国礼仪的闵宣化受命接替了这项工作，于同年 9 月 26 日被任命为承德首位本堂。在其他传教士的心目中，他也是建立承德堂口的最合适人选。②

事实虽然如此，但从闵宣化的私信当中可以窥见，他在受命之初并非心甘情愿地接受这一派遣。因为他认为，当传教堂口在承德站稳脚跟之后，代牧主教叶步司必定还是会把该热河首府之本堂职位转给与自己同根同源的荷兰籍会士。闵宣化自感"呼之即来，挥之即去"——自己在承德开创一片新天地的努力终究还是会拱手让人。以此细节可见，比、荷传教士虽共事多年，且又同属一个修会团体，但他们之间始终存在着一种不可逾越的矛盾与互不信任的态度，国籍差异是他们难以真正接受彼此的主要焦点。闵宣化在这封私信中如下写道：

> 为了搬到新的住院，又让我写书（即《热河文法》）的工作搁置了好几天，因为我还得收拾我的小房间。开春后我还打

---

① Jozef Van Hecken, *Documentatie betreffende de missiegeschiedenis van Oost-Mongolië*, Vol. 9, p. 433.

② Ibid., p. 434.

算把房子装修一下。因为我当然得把这个地方给那个荷兰人弄得舒舒适适的,当一切都安置妥当后,他就要上门儿来接手这里了。我想到这儿的时候就气不过:有荷兰主教叶步司撑腰,那些荷兰人都轻而易举地把传教区所有的东西归为己有。他们住在这儿好像有着"最惠国待遇"的感觉。当你跟他们这么公开地说,他们还气嘟嘟地不服,但事实就是如此呀。①

怀有一丝怨气的闵宣化在 12 月 18 日(星期六)第一次到达了承德,起初安身在传教区前期购置的公所里。这间公所狭小简陋,又因常年无人到访或打理,居住条件已经变得较为恶劣。他曾与贺歌南讲述过他初次在那里过夜的情形:

> 第一次在承德的公所过夜,屋里除了一张行军床外,空无一物。屋顶是木制的格子状,然后上面糊着纸。可喜的是,墙纸非常厚,因为经由不少的满人、蒙古人和汉人在此处居住过,每来一户都糊一次房顶,所以长年累月已积有数层,颜色斑斓也添了不少喜庆。当我躺下后,房顶上成群成队的老鼠开始出动,好几个钟头从左到右滚来跳去,不休不止,好似世界末日即将降临一般,声音大的像有人在砸门……转天清早我从小教堂里做完主日弥撒回来,开门后看到房间里挤满了老鼠。它们毫不怕人,频频跑来在我的眼皮底下吃我放在桌子上的面包。我不得不去城里找人帮忙,一个药店的老板李来治(按:音译,原文作"Li Lai-chih")愿意帮我灭鼠。②

这位曾帮闵宣化灭鼠的李来治成为了闵宣化在承德的第一位

---

① 闵宣化在 1927 年 3 月 1 日写给杨峻德的信。参见 Archive Nr.: T. I. a. 7.4.3., Documentatie- en Onderzoekscentrum voor Religie, Cultuur en Samenleving (KADOC), KU Leuven.

② Jozef Van Hecken, *Documentatie betreffende de missiegeschiedenis van Oost-Mongolië*, Vol. 9, pp. 436 - 437.

中国朋友。但不久后李氏老人即病入膏肓，闵宣化也数次登门探望。弥留之际，他被闵宣化的爱心和品德所感化，受洗成为了在承德屈指可数的几位皈信者之一。

图 3-24　闵宣化在承德最初安身的公所

图片来源：KADOC-KU Leuven, Photo archive of the Generalate of CICM

而这座简易的公所，除了鼠患成灾，更未满足一个正式传教堂口应具备的规格。加之当时刚过壮年的闵宣化，因长期劳碌已身患严重的腰部风湿病，寒累交加时便疼痛难忍，坐立不安，寻医问诊后也不见任何起色。① 温暖适宜的居住条件可能是他能够缓解风湿痛的唯一良方。所以，在代牧的允许下，闵宣化开始物色新的住院，他的助手王焕（音译，原文作"Wang Hoan"，人物不详）也为

---

① 闵宣化在 1926 年 11 月 30 日写给杨峻德的信。参见 Archive Nr.：T. I. a. 7. 4. 3. , Documentatie- en Onderzoekscentrum voor Religie, Cultuur en Samenleving (KADOC), KU Leuven.

此四处奔走。时隔不久,闵宣化便看中了位于承德南营子(今南营子大街)的一处房产,共有二十九间瓦房之大,①据说该地原是属于一户周姓的地主。② 在 1927 年 2 月 26 日写给杨峻德的信中,闵宣化如下描述了这所新住院:

> 在咱们的小公所住了一个半月之后,我上个星期六终于搬到了这座新的住院。我住在公所那里时,整条街对我都是七嘴八舌、谣言四起的。……这幢新住院的位置好极了:它坐落于南营子,建在一座小山嘴子(Chantsoeize)的斜坡上。避暑山庄、塔楼、群山以及整个承德城的景色都尽收眼底,你绝对找不到有比这里更美的地方了。房子的品质也不错,使用几年也没问题。现在要做的只是建立一个圣婴会的孤儿院而已,对我来说轻而易举。③

虽然承德堂口在闵宣化的建设下已很是像模像样,但作为传教士的他,其传教成果却可谓是凤毛麟角,当时全城的信徒总共仅有三十余位而已。在操持教务方面,闵宣化显然无需投入大量的时间和精力。而这份闲暇,使他能更多地游走于政府和教会之间。

闵宣化凭借娴熟的中文,以及八面圆通的处事能力,在承德政界和官场很快就成为了一位小有名气的人物。闵宣化虽为泰西之人,金发碧目、身高面白,但他平日总是身着中式长衫,口衔长杆旱烟袋,与本地文人的装束并无异样。此外他又常年面蓄银髯,长至

---

① 闵宣化在 1927 年 2 月 6 日写给杨峻德的信。参见 Archive Nr.:T. I. a. 7. 4. 3.,Documentatie- en Onderzoekscentrum voor Religie, Cultuur en Samenleving (KADOC),KU Leuven.

② 兰晓东:《承德寺庙概览》,北京:中国戏剧出版社,2008 年,第 177 页。

③ 闵宣化在 1927 年 2 月 26 日写给杨峻德的信。参见 Archive Nr.:T. I. a. 7. 4. 3.,Documentatie- en Onderzoekscentrum voor Religie, Cultuur en Samenleving (KADOC),KU Leuven. 另,闵宣化不久后在承德的堂口内建立了圣婴会孤儿院,并邀请了三位中国贞女来照管当时的六名孤婴。参见 Jozef Van Hecken, *Documentatie betreffende de missiegeschiedenis van Oost-Mongolië*, Vol. 9, p. 437.

胸前,一副耆老学者的样子,更是在众人中较为醒目。因其蓄须的相貌特点,当地人赠与他"闵大刷子"这一绰号。① 闵宣化的胡子像刷子,做事也有"两把刷子"。他不分教内教外,在承德当地广交朋友,各路显赫之人都是他的座上宾。闵宣化在其私信中时常提及为操办宴席而奔波忙碌的事情,下面这一段就是他在写给杨峻德的信中提到的细节:

> 这几次饭局进展得还是很顺利的。城里的所有大人物都来齐了,除了几位等级不高的军官没能到,不要紧(pou yao-kin)。当时我一共摆了四次宴席,每天办置两次宴。昨天我还和承德的副县长、少帅,以及全省大多数的厅长和署长一起到棒槌山去散步。几个星期前,受孟氏(按:Meng,人物不详)之邀,我和这些军政要人一起到承德的小布达拉宫和避暑山庄游览,孟氏为人不错,极爱喝欧洲产的葡萄酒。②

奉军首脑张作霖之亲信,原军阀政府安国军第十二军军长汤玉麟(字阁臣,1871—1949)在1926年4月被北洋政府提拔为热河都统,统掌该省大权。刚刚登上统领宝座的汤玉麟对这位游刃于承德政商界的比国传教士同样刮目相看,他不时邀请闵宣化同席,参与某些政治活动。从下面这一段中,可看出闵宣化在当时已是一位卓有政治地位的宗教界人士。

> 承德……有避暑山庄,风景美丽,有里八景、外八景之称。十八日晨,宋子文偕秘书侍从等,先看内外风景,中午是汤玉麟同地方各界预备的欢迎午宴,计主客共六十余人。主客当

---

① 裘凤仪:《承德市区的天主教堂变迁和夏树卿神甫》,第541页。
② 闵宣化在1927年8月29日写给杨峻德的信。参见 Archive Nr.: T. I. a. 7. 4. 3., Documentatie- en Onderzoekscentrum voor Religie, Cultuur en Samenleving (KADOC), KU Leuven.

然是宋子文、张学良、张作相、杨杰和后援会的朱庆澜、黄炎培、穆藕初、杜重远等,还有一个天主教法国人敏司铎也参加。①

闵宣化的为人处世之道不但赢得汤玉麟的赏识,同时地方政府对他也颇为信任。自1920年起,直隶等北方各地民众频受旱灾之苦,加之军阀政府治国不善,以致饿殍遍野,形势严重。在赈灾事宜上一贯积极奔走的在华基督宗教团体此时提议,愿与民国政府携手共同开展各地的放赈救灾活动,并于1921年11月在上海成立"中国华洋义赈救灾总会"(International Famine Relief Committee),以求中西双方并肩合作,共同组织和分发各种救援物资。② 随后,包括"热河华洋义赈会"在内的各个地方分会也相应成立,以便主持监督地方放赈工作。当热河分会还未正式成立前,闵宣化即被热河政府任命为督察员,指导和监督热河地区赈灾善款的流通工作。闵宣化也不负使命,尽其全力且认真负责地监督此项工作。他甚至不畏强权,以冷静圆滑的方式阻止军阀政要企图以公谋私,贪污善款的行为。在1927年8月29日的一封信中,闵宣化如下写道:

> 这位"糖"军长(按:de Suiker,直译为"糖")妄想把华洋义赈会的三万两千五百块洋元善款直接装入自己的口袋里,但是我最终还是在没有得罪(teetsoei)任何人的情况下把这笔钱给挖回来了。现在我把这笔善款放在了这里的银行里,并着手与大家商讨我们该怎么合理地用这笔钱来做救济工作。地方要员们也不知道到底应该怎么运作这个义赈会,所

---

① 此处"敏司铎"应为"闵司铎",又因圣母圣心会大部分在华教士依仗法国"保教权"而持有法国护照,因此也常被误认为法国人。参见章伯锋、庄建平主编:《抗日战争》,第一卷,成都:四川大学出版社,1997年,第390页。

② 蔡勤禹:《传教士与华洋义赈会》,《历史档案》2006年第3期。

以要登门到我这里来商量此事。也许我将提议用这笔善款来救济本地的老者,但不以教会的身份直接当中间人,我监督一些信徒去做这项工作就可以了。

其他地方官员企图贪污善款的可能性也是会有的。所以华洋义赈会想着手选拔华籍和欧籍负责人各三位,在承德建立热河分会,并已向总部提出了申请。你要愿意的话,也可以来试试。①

毫无疑问,闵宣化与热河军政官员的友好交往,以及他为地方慈善事业的积极奔走,在一定程度上扭转了天主教会在当地恶劣的口碑。尤其都统汤玉麟与闵宣化之间建立的关系,让在热河活动的圣母圣心会传教士无形中好似有了一层"保护伞"。例如,在1926年北伐战争期间,广东国民政府率领国民革命军自南向北讨伐称霸于北方的各个军阀派系以及执掌中央大权的奉系军阀,奉军的军事要塞热河再次成为此战事的前沿阵地,一贯猖獗的匪贼借此之机更是肆无忌惮,人人唯恐避之不及。都统汤玉麟本为土匪出身,因与闵宣化建有私交,而对圣母圣心会传教士在热河的人身安危有格外的照应,明令大小匪帮对该会各地的传教士都应予以尊重,不容侵扰。1928年奉系军阀张作霖重伤身死,其子张学良宣布服从国民政府。东北易帜后,汤玉麟继之又转任为热河省主席,匪贼仍听命于汤之号令,也常对圣母圣心会传教士网开一面。② 曾在热河传教的雷震东在其信中指出:

闵宣化神父当时与在承德居住的所有大人物们都互通往

---

① 闵宣化在1927年8月29日写给杨峻德的信。参见 Archive Nr.: T. I. a. 7.4.3., Documentatie- en Onderzoekscentrum voor Religie, Cultuur en Samenleving (KADOC), KU Leuven.

② Jozef Van Hecken, *Documentatie betreffende de missiegeschiedenis van Oost-Mongolië*, Vol. 9, p. 338.

来,包括各级官员以及大都统汤玉麟。这位汤都统有骑马的高超技巧,飞奔之时,在其右方的任何敌人都会被他击毙。这也是他唯一的技能,但在当时以土匪和强盗称霸的塞外之地,这也是一种鹤立鸡群的强人功夫。闵宣化神父是他的好友,因此在整个热河省谁也不敢和我们圣母圣心会的传教士作梗。我们操持教务也变得轻松顺利,否则我们在那里什么也干不下去。这些全都是闵宣化神父的功劳。此外,在汤玉麟身边有很多聪明能干的行政官员,而其中的很多人也视闵神父为挚友。他们都不约而同地景仰闵神父饱读中国诗书的人格魅力并且钦佩他对中国学问的高深学识,这也许就是我们新时代传教策略的开始。①

"以文会友"的闵宣化,不但以其学识交结了不少热河的军政要客,为圣母圣心会在当地的活动扫清障碍,而且他也以"本地人"的角色帮助和引荐非教会人士进入热河官场,了解承德境况。其中最典型的例子莫过于闵宣化协助瑞典探险家斯文·赫定(Sven Hedin,1865—1952)对承德的考察。② 1930年6月28日,在闵宣化写给杨峻德的信中,他这样写道:

> 昨天晚上,斯文·赫定带着蒙特勒博士(Dr. Montell),与索德伯(按:原文为 Mouchen Söderbon,疑为瑞典探险家 George Söderbon)的儿子到我这儿来了。赫定给了我两本书,一本是他写的关于楼兰的书,这本书你也有。还有一本是

---

① Jozef Van Hecken, *Documentatie betreffende de missiegeschiedenis van Oost-Mongolië*, Vol. 9, pp. 437 - 438.

② 斯文·赫定曾在柏林受教于德国地理学家李希霍芬(Ferdinand Paul Wilhelm von Richthofen, 1833—1905),他曾组织过四次大规模的探险活动(1893—1897,1899—1902,1905—1909,1926—1935),深入到亚洲腹地进行考察。他的足迹也遍及中国十多个省份,所收集的材料数量庞大并涉及诸多科学领域。笔耕不辍的他还撰有不少考察报告和游记见闻,其著作的学术价值仍得到当今学术界的广泛重视。

马尔日里(Emmanuel de Margerie)写的《斯文赫定之著作与西藏地形学》(*L'Oeuvre de Sven Hedin et L'Orographie du Tibet*)。他要对承德做一下研究,并想丈量两座承德的喇嘛庙,分别重建在斯德哥尔摩和芝加哥。他从一个在美国发财的瑞典人那里得到了钱,我估计他要在承德待上一阵子。①

1926年末,极富远东探险经验的斯文·赫定受德国汉莎航空公司(Lufthansa)之托,开启了他第四次的中亚探险之旅,其主旨是为了考察开辟中欧航线的可能性。在华期间,赫定又负责带领一支由中外学者组成的"中瑞西北科学考查团"(The Sino-Swedish Expedition),集多人之力对中国西北地区进行实地科考。而在考察之中,赫定发现中国不少的文物古迹,未能得到民国政府的妥善保护。古老的佛教建筑、雕像不但遭到损坏弃置,而且可以轻易购置运往国外。赫定即认为大肆采购中国文物为可行之举,他的这种近似掠夺的行为,曾受到中国学术界的强烈谴责。②

在西北考察期间,赫定于1929年短期离华赴美。在途经芝加哥时,他造访了美籍瑞典富商文森·本迪克(又译"边狄克",Vincent Bendix,1882—1945)。当赫氏讲论其在华探险的种种经历时,本迪克即表达了愿意资助赫定到中国物色两座寺庙的想法。他企图将寺庙购置后分解装运,送至海外。一座计划在1933年召开的芝加哥世界博览会上参展,而另一座则运到位于瑞典首都斯

---

① 闵宣化在1930年6月28日写给杨峻德的信。参见 Archive Nr.:T. I. a. 7. 4. 3.,Documentatie- en Onderzoekscentrum voor Religie,Cultuur en Samenleving (KADOC),KU Leuven.

② 《北京学术界发表宣言,反对外人采取古物》:"近且闻有瑞典人斯文赫丁组织大队,希图尽攫我国所有特种之学术材料。观其西文原名为 Sven Hedin Central Asia Expedition(按:斯文赫定中亚探险队)已令人不能忍受。"参见"中华民国"史事纪要编辑委员会编:《中华民国史事纪要(初稿)中华民国十六年(1927)》,台北:"中华民国"史料研究中心,1978年,第275页。

德哥尔摩的瑞典民族博物馆(Swedish state Ethnographical Museum)内展出。赫定随即应允本迪克的要求,并邀请瑞典籍人类学学者古斯塔·蒙特勒(Gösta Montell,1899—1975)与其一起赴华考察。① 正如前文闵宣化在其信中所言,他们二人于6月27日从北京到达承德。在赫定所著旅行游记《帝王之都:热河》(Jehol, city of emperors)中,他如下写道在承德见到闵宣化的情景:

> 我们从北京跨越了114英里,径直来到了比利时传教堂口的大门前。一位穿着中式服装的庄重绅士很友善地接待了我们,他就是这里的本堂神父闵宣化。……闵宣化神父和蔼友善且平易近人,他带领我们穿过传教堂口的大院直到内庭。在那里,左边是一座小圣堂,右边是带有一间餐室和厨房的客房。正对着出口的大门就是神父自己的房间。整个堂院很美,石砖所铺的甬道两边种植了枝叶丰满的老槐树和栽有秀丽繁花的花坛。②

当赫定走入闵宣化的书房时,一排排琳琅满目的书籍更给他留下了深刻的印象,他在书中继续写道:

> (承德的)天主堂里有三十位皈依的信徒,闵宣化神父不仅仅是他们信仰生活的导师,也是一位学识深厚的汉学家。……在他的书房里,层层书架遮蔽住了四周的墙壁。成摞的书籍、文献和手稿布满整个写字台,甚至在他的椅子和茶

---

① Jozef Mullie, "Dr. Sven Hedin in Jehol," in Missiehuis Scheut, eds., *Missiën van Scheut*, Brussel, Scheut Missie, 1932, p. 202.

② Sven Hedin, *Jehol, city of emperors*, trans. by E. G. Nash, London: Kegan Paul, Trench, Trubner & Co. Ltd., 1932, p. 13, 15. 另,本书已有中译本问世,名为《帝王之都——热河》,但鉴于尽量使用原始文本的原则,本书中所引用的该书文字,皆是由笔者翻译自该书的英文版本。

几上都堆满了语言学领域的著作和文章。整个书房充满了浓厚的学习气氛,空气中所嗅到的书香之气也都是源自他的古书和封尘已久的卷宗,闵宣化神父落座之后的形象就犹如一尊神像,他手持长杆烟袋伏案桌前,对一些语言学上的问题深思熟虑。①

通过笔者所见档案资料可知,赫定在1930年7月赴承德之前就已与闵宣化结识并保持书信交流,其中最早的一封是赫定在同年5月8日于北京写给闵宣化的。此封信中他简要地说明了来到承德考察喇嘛庙宇的主要目的,因此很愿意得到闵宣化的一些建议。而最值得注意的一点是,原本计划到承德购买庙宇的赫定,最后却放弃了他的初衷而决定复制一座庙宇运去美国。从史料来看,这与闵宣化有直接的关系。因为在闵宣化1930年6月2日写给赫定的信中,曾试图找出合适的理由来说服赫定,证明购买喇嘛庙实为不妥之举。闵宣化在信中如下写道:

> 我很高兴收到你在5月27日写给我的信。我很期待你下一次的到访。我也将很高兴再次见到蒙特勒博士,并且有机会结识索德伯先生。
>
> 我相信,你更愿意复制某一座喇嘛庙来替代直接购买原建筑的这个想法很好。如果你选的庙翻过新而且维护得很好,那你是绝不能买到手的,因为这座庙的主人一定是位富翁且不准你碰他的庙宇。如果这座庙已经荒废,你可能有机会得到它,但你能用这些已近破烂不堪的建造材料再建成一座完整的庙宇吗? 我很怀疑呀。我起初曾试图向胡梅尔博士(按:Dr. Hummel,赫定探险队主要成员兼外科医生)提议来

---

① Sven Hedin, *Jehol, city of emperors*, trans. by E. G. Nash, pp. 15-16.

复制庙宇,但他反对我的意见,认为复制品不能与真品媲美。但我认为,作为展品的复制庙宇,也会散发同样的魅力。再有,如果复制庙宇的话,我认为将不用担心在丈量勘察和收集信息上遇到官方的阻碍。我希望(我)向都统汤玉麟提出申请后,他会提供给你所有必要的设施协助。

蒙特勒博士会告诉你(小)布达拉宫构造复杂精巧,(复制)价格也将极为昂贵。如果你能来到承德身临其境地参观一下这座庙宇再下定论也为时不晚。复制庙宇最经济划算的方式是邀请一个杰出的建筑师指导木工和建房师傅亲临美国,在当场重建庙宇,当然还需要画工,砖工和制作琉璃瓦的师傅。①

闵宣化在后来的文章中解释道,赫定在承德购买庙宇的想法根本是天方夜谭。因为除了庙宇建筑构造复杂,分解后重建毫不现实外。最大的阻力则是当地的喇嘛以及蒙古的佛教信徒,他们绝不会让洋人把自己的庙宇拆掉运往海外,本地的汉人也会毫不留情地去抵抗这种做法。更何况还有政府官员坐镇,他们对此更是不会容忍的。②

赫定 7 月来承德之前,似乎已经对小布达拉宫,即普陀宗承寺有所耳闻,但究竟复制哪座寺庙却没有任何的想法。因此到达承德的第一天,闵宣化即与他同行,到普陀宗承寺参观。赫氏在其

---

① 闵宣化在 1930 年 6 月 2 日写给斯文·赫定的信。参见 Archive Nr.: T. I. a. 9. 1. 2. 1., Documentatie- en Onderzoekscentrum voor Religie, Cultuur en Samenleving (KADOC), KU Leuven.

② Jozef Mullie, "Dr. Sven Hedin in Jehol," in Missiehuis Scheut, eds., *Missiën van Scheut*, p. 203. 另,据中文史料《仿建热河普陀宗承寺诵经亭记》所载,1928 年前后,赫定氏"以移建保存之说,质之美商边狄克……愿出资修缮北平澹和宫,即以热河诸寺之一,拆运出洋装设为酬赠。……究以闵时既久,卯榫朽蚀,终所不免,拆后恐难再装,远涉重洋,运费亦且过巨,乃改为仿建计划"。此说也可作为赫定改变购庙计划的参考。参见王世垍:《仿建热河普陀宗承寺诵经亭记》,《中国营造学社汇刊》1931 年 9 月,第 2 卷,第 2 期。

《帝王之都：热河》中有记："6月28日，就是我们到承德的第一天，闵宣化神父就带我们到了这次朝圣的目的地，小布达拉宫去参观。"①当赫定亲眼看到小布达拉宫的真面目后，便立即为其精美的建筑构造所折服，闵宣化对此有如下的描述：

  赫定笔直地站在避暑山庄宽大的围墙上，目光注视在狮子沟的山坡上，在那里，几座寺庙的金色大顶分布在古香古色的苍松之中，并且在夕阳的照射下显得格外绚丽。赫定情不自己地连连感叹，"这是我在亚洲看到过的最美的景色"。②

图 3-25 在芝加哥博览会上的"万法归一殿"

  图片来源：Art Institute of Chicago —— A Century of Progress, International Exposition Chicago, Kaufmann & Fabry Co.

---

 ① Sven Hedin, *Jehol, city of emperors*, p. 16.
 ② Jozef Mullie, "Dr. Sven Hedin in Jehol," in Missiehuis Scheut, eds., *Missiën van Scheut*, p. 203.

似乎小布达拉宫寺庙的金色大顶给赫定留下了最为深刻的印象,这也许也是他最终选取精确复制小布达拉宫山顶主殿——由金色大顶覆盖的万法归一殿的原因之一。而从热河地方政府顺利获得复制该大殿的许可一事,据贺歌南所述,应归功于闵宣化与汤玉麟之间建立起的私人关系。① 此观点也非毫无依据,在赫定《帝王之都:热河》中,他详细地记录了两次面见都统汤玉麟的内容,而这两次登门拜访皆是由闵宣化亲自陪同的。在第一次拜访中,汤玉麟即欣然允诺了赫定复制热河庙宇的要求。赫定写道:

> 6月29日那天,我们由闵宣化神父陪同,取车来到了避暑山庄的大门前。……一条蜿蜒的石路一直通向都统接待访客的殿堂。一大队乐队奏起欧洲进行曲。都统的年龄有五十五岁,身强体壮,面露严肃的表情,穿着一件简单的灰色军服,踏进大院来欢迎我们。他请我们到客厅一聚……他请我们喝白兰地酒、啤酒、柠檬汁并给我们雪茄烟,我们谈起了新疆的旅行,张学良将军的事以及我们这次来到承德的目的。都统向我们保证我们完全享有测量、绘图和拍摄的自由。他也会确保无人打扰我们的工作。最后,他吩咐一名官员带我们游览整个避暑山庄和一些知名的景点。②

笔者相信,赫定团队的承德之行可以如此自由顺畅,汤玉麟表达出的信任是十分重要的。闵宣化在其中的作用如何,因史料有限,目前还难以考证。但是,在闵宣化写给赫定的信中曾言:"我希望(我)向都统汤玉麟提出申请后,他会提供给你所有

---

① Jozef Van Hecken, *Documentatie betreffende de missiegeschiedenis van Oost-Mongolië*, Vol. 9, p. 439.

② Sven Hedin, *Jehol, city of emperors*, p. 130.

必要的设施协助。"由此即可推测,赫定能够在承德顺利勘测,必有闵宣化的一份功劳。而汤玉麟第二次邀请赫定与其团队一同登门赴宴时,特请他与闵宣化为自己的座上宾而同桌共饮,在此更加体现了闵宣化为汤、赫二人之"中间人"的特殊身份。赫定如下记载道:

> 在我们临行前不久,都统汤玉麟邀请我们到他的衙门里赴宴,那是前朝皇帝的下榻之地。一位信使取走了我们的名片后,通告我们是时候入席了。……我们一行人被邀请坐到一面长桌子的一侧,茶与香烟也随之递上。不一会闵宣化神父、三位地方要员以及我的团队被邀请到汤都统的餐桌上就坐,而其他的客人却坐在另外的餐桌共饮共食。……转天,教育部部长张翼廷来拜访我们,愿意看看我们画的图纸,然后闵宣化神父与我们一起到罗汉堂参观。

图 3-26　闵宣化(左一)、汤玉麟与斯文·赫定

图片来源:KADOC-KU Leuven, *Missiën van Scheut*

赫定一行人在热河停留的时间并不长,考察后不久他便邀请中国建筑师梁卫华指挥数名能工巧匠成功地完成了复制承德万法归一殿的任务,在 1931 年初海运至芝加哥,其零部件共装有 173 箱之多,所耗工时可想而知。赫定又依照闵宣化先前在信中所提出的建议,派遣中国技工、画工共同赴美重建金顶"万法归一殿"。① 此项目完成后,赫定与闵宣化之间的联系并没有就此结束,在其后的数年中,他们一直保持着书信上的交流,档案中所见的两人通信中最晚的一封,写于 1938 年的 8 月 3 日,那时闵宣化已回到比利时的鲁汶生活,赫定在信中这样写道:

> 我可以完全想象得到,你的侄子在我的书(《帝王之都:热河》)中可以清楚地认出你在热河那间住所的样子。我也相信你在鲁汶的房间不会有什么变化,可能甚至(书多得)还会更疯狂些。但是以书作为家具也是我在斯德哥尔摩的居家风格了。你和我,在这个多变而越加疯狂的世界里,将永远会在书籍中找到我们的慰藉。②

和所有与闵宣化相识的人一样,赫定对他的高深学识深感崇敬。以赫定自己的话说,闵宣化是装点圣母圣心会的一颗灿烂"明星",而他在汉语语言学研究上的不懈追求以及所取得的学术成就,始终为在华圣母圣心会增光添彩,是该传教会永远值得骄傲的一枚闪耀勋章。③ 就在赫定承德之行结束后不久,闵宣化即收到

---

① 关于赫定赴承德组织复制万法归一殿的详细情况,参见 Sven Hedin, Gösta Montell, *The Chinese Lama temple*, *Potala of Jehol: Exhibition of historical and ethnological collections made by Dr. Gösta Montell*, *member of Dr. Sven Hedin's Expeditions*, *and Donated by Vincent Bendix*, Chicago: Lakeside Press, 1932.

② 斯文·赫定在 1938 年 8 月 3 日写给闵宣化的信。参见 Archive Nr.: T. I. a. 9. 1. 2. 1. , Documentatie- en Onderzoekscentrum voor Religie, Cultuur en Samenleving (KADOC), KU Leuven.

③ Sven Hedin, *Jehol*, *city of emperors*, p. 16.

了圣母圣心会总会的新使命——鉴于闵宣化在汉语研究上的出色表现,希望他回到母国为培养年轻的传教士效力。1930年9月12日寄自司各特的这封信让闵宣化在承德的传教生活落下帷幕。在中国二十二年的传教生活也成为了闵宣化永不会抹去的回忆。在比利时等待他的则是一段全新的旅程,不再有中国的信徒,不再有中国的内战,不再有中国的官场。闵宣化将要面对的是一段以教育、学术和研究为中心的生活,让他在汉学领域里崭露头角。

图 3-27　斯文·赫定所拍摄的闵宣化

图片来源：Butaye-Mullie Family Archive

小　　结

圣母圣心会作为十九世纪末的一个新兴传教团体,在基础设施、人力资源、经济条件都不优越的条件下,能够用数年时间培养一批合格的传教士,实属不易。每位早期来华的传教士,要经过哲学和神学共计六年的学习,而且在鲁汶、罗马等高等学府的熏陶下,对其他学术领域的知识也或多或少地有所接触,此外,还要加上他们在汉语上的准备以及两年在华的实习训练。也就是说,总共需要数年之久才能培养出一位合格的会士。在当时偏僻、荒凉的塞外传教之余,他们也责无旁贷地成为了把现代西方知识传入该地区的主力军。

仅仅拥有足够的知识对传教士来说是远远不够的,他们进入中国的核心目的是传播基督信仰。而如何采取有效和适应当地的传教策略才是他们在华活动的重心。我们通过观察闵宣化在热河代牧区的传教轨迹,基本可以概括出以下几点:

一、购买土地,以放垦的形式建立堂口。早期塞外地区人烟稀少,无人耕种的荒地、盐碱地遍布各处。圣母圣心会依靠与当地蒙古王公建立的关系以及不平等条约中赋予的置地特权,以低廉的价格购买或租赁大片土地进行开垦,以极优惠的转租形式吸引包括信徒在内的汉民前来耕种,逐渐形成规模后,建立堂口。除此之外,一些对耕种条件不满的信徒迁徙他处,以此契机又形成了一些"附属堂口",传教据点也随之向外扩展。

二、建立学校。圣母圣心会非常重视基础教育,在各个主要堂口基本都设置了要理班、孤儿院和初级小学。他们以宗教启蒙教育作为开办教育的宗旨。其中男校以培养合格的教育者、神职人员、高水平的信徒为主。这些信徒是辅助西方传教士在外传教的新生力量。而在家庭内部,母亲对子女的影响无可替代,开办女童学校的初衷就是从小培养一位合格的公教母亲。此外,女童学校也是培养贞女的摇篮,她们是向女性传教的重要力量。而一位信仰虔诚的待嫁女子,同样可以影响到外教男子的皈依。

三、建立公教进行会,以带动本地平信徒的传教热情。与早期的传教先生不同,公进会组织是天主教在二十世纪新时代下的产物。它主要的宗旨是带动本地广大教徒与传教士一同合作,是天主教开展本地化的重要步骤。公进会的建立促使平信徒的传教工作更具有组织性和制度性,与传教士的合作也更加稳固和有效。

四、教友村的建设,这是在放垦土地建立堂口的基础上发展起来的一种更成熟的传教方式。"尚未充饥,何谈教礼"——放垦农田是为了吸引教徒,而建立教友村是为了维护教徒。贫穷的信教佃农在一个"集体社区"的制度下有田可种,在自给自足的环境下接受教育、获得医疗,他们在生活上获得的安全感以及在精神上获得的满足感,是教友村得以取得成功的关键因素。

然而,任何策略都是利弊相间的。传教士放垦荒地,把大批汉人信徒聚集到了一起,但是以游牧生活为主的蒙古人则对开垦不感兴趣,又因汉人的迁入而不得不移居他处,这就在很大程度上阻碍了圣母圣心会对蒙古族人民传播信仰。再有,教友村的建立,使充当"一家之长"角色的传教士不可避免地介入到民间纠纷当中,这不但助长了"吃教"信徒的猖獗和蛮横,而且赔地、赔款的不公结果让信徒与非信徒之间的鸿沟越来越大。正如狄德满(R. G. Tiedemann)所说的,"虽然侵入的基督教不是乡村社会秩序长期恶化的始作俑者,但它却从许多重要的方面强化了这一趋势。传教士介入地方的巨大成功,在教民和平民之间制造了新的纷争和冲突"。① 而不平等条约赋予传教士和信教群众的特殊地位以及西方势力的频繁介入,让他们在地方冲突中屡屡获胜。但在这短暂的"胜利"背后,圣母圣心会的在华传教事业不由自主地披上了"帝国主义"的外衣,换来的是抹杀不掉的敌视和斗争。

---

① [德]狄德满:《义和团民与天主教徒在华北的武装冲突》,刘天路译,《历史研究》2002年第5期,第86页。

而基督教会在华得以树立新的形象,扭转"教"与"民"之间长期敌对关系的重要方式,莫过于积极推动教会的本地化建设。"本地化"一词既指的是教会组织结构上的"本地化",也意味着在华神职人员在知识水平和文化素养上应具备的"本地化"特色。自从教廷于1919年颁布"夫至大"通谕之后,督促基督宗教应按照"本地化"轨迹发展的呼声已越来越高,入华已久的基督宗教从始至终脱不去"洋教"的外衣,这是教会在华不得进步的主要原因之一。"保教权"下大量滋生的"吃教""以教欺人"的案例比比皆是。西方教士对地方事务频频插手带来的负面影响长时间挥之不去,而提倡和支持华籍神职掌权,大力推动华籍神职教区的建设是扭转"洋教当政"刻板局面的必行之路。而知识的本地化,更是教会需要努力奋斗的目标。外籍教士在"讲经传道"的基础上尤应以本土的文化知识包装自己。毫无疑问,闵宣化是"本地化"传教士中的佼佼者。这也是饱读中国诗书,与中国文人比肩的闵宣化在中国教会、乡村、官商政要之间如鱼得水,受人敬仰的重要原因。

第四章 闵宣化汉语语言学的研究

圣母圣心会对汉语非常地重视,并且汉语教学在年轻传教士的培养上有着重要的地位。我们曾是欧洲第一个能够如此长期而系统地教授汉语的修会,到目前为止,很少有几个修会能够跟上我们的步伐。①

——闵宣化(1940)

在中国学界,如果我们提到闵宣化,想必很多人首先会提及他的考古著作《东蒙古辽代旧城探考记》。这部著作的中译本多次再版,因此国内学者对闵宣化的考古学研究印象深刻。然而自幼热爱语言学的他,一生的主要研究方向始终是汉语语言学,他的第一篇涉及汉语语言学的研究性文章《对北京以北方言语音的调查》("Phonetische Untersuchungen über die nordpekinesischen Sprachlaute")早在 1913 年就以德文发表在《人类学杂志》(*Anthropos*)上了。②

---

① Jos Mullie, "De Studie van het Chineesch in de Congregatie van Scheut," *Wetenschappelijke Tijdingen*, Vol. 5, No. 9 (1940). p. 200.

② Jozef Mullie, "Phonetische Untersuchungen über die nordpekinesischen Sprachlaute," *Anthropos*, Vol. 8, No. 2/3 (1913).

在圣母圣心会内,闵宣化对汉语的研究很有声望。因此,1930年9月12日,司各特总会去信,令闵宣化回到比利时总院,承担圣母圣心会在司各特、鲁汶以及荷兰奈梅亨(Nijmegen)学习院里的汉语教学工作。闵宣化在中国二十二年的传教生涯就此结束,之后他便把全副精力都放在了汉语的研究和教学上。闵宣化在中国传教期间以荷兰文著有三册汉语方言研究专著《热河方言文法》(Het Chineesch Taaleigen),后来又分析了中国文言文的语法结构,引经据典,以荷兰文写成三册《古文原则》(Grondbeginselen van de chinese letterkundige taal)。这两部著作奠定了其在荷语汉学界的重要学术地位,他在汉语语言学上的造诣也得到了修会之外的广泛肯定。① 1939年他被荷兰当时仅有的两所设有汉语系的大学之一——国立乌特勒支大学(De Universiteit Utrecht)特聘为汉语教授,主掌讲席长达十七年之久(1939—1956)。他不但是首位担任此教职的比利时人,而且也是第一个获此殊荣的天主教传教士。在荷兰期间,闵宣化没有放弃在圣母圣心会学习院里教授汉语的工作,因为那里是二十世纪初比利时仅有的几个以弗拉芒语进行系统中文教学的课堂之一。②

作为一个弗拉芒的天主教传教士,闵宣化是如何理解汉语的?他是如何以自己的母语,通过自己的著作来表达他对汉语的诠释?

---

① "汉学"一词有不同的内涵,可以指汉代经学,作为"Sinology"的译名时,又可以指"有关中国的学问",今日也以"中国学"(Chinese Studies)称之。本书中"汉学"一词,统一指的是"中国的学问"。

② 荷兰奈梅亨学习院的汉语教学工作,1940年由苏汝安神父接任。参见1940年3月9日,魏达恒在奈梅亨写给闵宣化的信,Archive Nr.:BE/942855/1262/5515 (KADOC18-3388),Documentatie- en Onderzoekscentrum voor Religie, Cultuur en Samenleving (KADOC), KU Leuven. 另,关于比利时北部弗拉芒地区的语言称谓问题,一直以来都是一个敏感和复杂的问题。不同领域的学者和政治家有着自己不同的看法。其主要分为三种观点,即"弗拉芒语"(Vlaams)、"荷兰语"(Nederlands)和"弗拉芒的荷兰语"(Vlaams-Nederlands)。本书在行文中对这一称谓不做任何意义上的区别,均指的是弗拉芒民众的母语。

除了汉语的实际功能之外,语言学在传教以及文化交流上又具有什么样的特殊意义和作用?本章将结合闵宣化自身成长的教育背景、所处的政治环境以及个人经历等内外因素,具体讨论其汉语语言观的形成过程,以及在荷兰语为母语的传教士眼中,汉语所呈现出来的特质与面貌。

第一节 弗拉芒与中国——比利时的荷语汉学的发展

前文提及闵宣化第一次接触汉语是在司各特的初学院里,读过不少西方语言学著作的他旁听了中文课程,来满足自己对东方语言的好奇心。但是,他真正开始系统地学习汉语是在鲁汶的圣母圣心会神学院里,这让闵宣化第一次跨进了汉语浩瀚世界的门槛。因凡事都有其"先入为主"的影响,因此,最初的汉语基础教育或多或少都会左右到闵宣化汉语观的形成。

鲁汶学习院里的汉语课程基本都是由圣母圣心会自行组织安排的,任课老师几乎都是曾经在华传教多年的"资深前辈"。然而,他们并不是专业的"汉学家"或"汉语语言学家",因为在神学院里设立汉语课程,根本目的只是为了满足传教士实际的传教和交流需要,而不是要发展学术性的汉学研究。但是我们不可忽略众多的来华传教士在比利时汉学发展中所扮演的重要角色。因此,在简述圣母圣心会传教士汉语学习的情况之前,首先需要梳理一下比利时荷语区汉学研究的发展轨迹,以此了解圣母圣心会在其中所起到的推动作用,特别是在中比文化交流史上具有的特殊地位。值得一提的是,目前在比利时的所有大学中,只有两所院校开设了汉学专业,即位于比利时荷语区弗拉芒大省的国立根特大学(Universiteit

Gent)和鲁汶天主教大学(Katholieke Universiteit Leuven)。

一、比利时荷语区的早期汉学先驱

"汉学"(Sinology)学科在欧洲的正式诞生起始于 1814 年 12 月 11 日,以法兰西学院(Le Collège de France)设置"汉语与鞑靼满语语言和文学"(de langues et littératures Chinoises et Tartares-Mandchoues)的讲席为开端。① 但众所周知,西方人对中国的研究早在数个世纪之前就已开始。最早对中国的描述可追溯到十三世纪的《马可·波罗游记》(*Il Milione*)。该书对元朝的详尽记录,曾经风靡欧洲。据张西平所言,这部作品所发挥的影响力使其成为了西方"游记汉学"的奠基之作。② 此后十五世纪大航海时代来临,毫无疑问地带动了东西方在众多领域的广泛交流。关于中国的文字、地理、历史、宗教、民俗以及各种所见所闻,通过西方传教士、商人、外交使节以及探险家的记录源源不断地传入欧洲,让西方世界对中国有了更强的求知渴望。耶稣会传教士们在其中的表现最为活跃,他们不仅对中国有着丰富多彩的描写,并且著书立说,对中国的各个领域进行深入的研究。例如在汉语方面,迄今为止发现的最早一部中西文辞典就是由耶稣会士罗明坚和利玛窦合作编写的《葡汉辞典》,成书时间在 1584 年至 1588 年之间。而最早的一部汉语官话语法书《中文文法》(*Grammatica Linguae Sinensis*)也是由同为耶稣会士的卫匡国(Martino Martini, 1614—1661)撰写的,该书在 1653 年传入北欧。以上两部作品虽

---

① 首任讲席由雷慕沙(Jean Pierre Abel Rémusat,1788—1832)担任,于 1815 年 1 月 16 日正式开课。雷慕沙时年二十七岁。参见[德]傅海波:《欧洲汉学简评》,张西平主编:《欧美汉学研究的历史与现状》,郑州:大象出版社,2006 年,第 108—109 页。

② 张西平:《西方游记汉学简述》,张西平主编:《欧美汉学研究的历史与现状》,第 44 页。

皆为手稿,但在西方汉语语言学的学术史上迈出了重要的第一步,开启了"传教士汉学"的先河。① 它超越了前期的"游记汉学",为走入"专业汉学"奠定了学术基础。

被称为"东方使徒"的耶稣会士方济各沙勿略在1552年的信中有一句"给我比利时人吧"(Da mihi Belgas)②,这句来自远东的呼唤,预见了中国与比利时之间经久不衰的历史联结。在汉学领域,无论是在"游记汉学"还是"传教士汉学"时期,③都留下了比利时人的足迹,其中弗拉芒籍者也不在少数。④ 前文讲述基督宗教

---

① Giuliano Bertuccioli,"Martino Martini's Grammatica Sinica," *Monumenta Serica*,Vol. 51(2003); Federico Masini,"Notes on the first Chinese dictionary published in Europe(1670),"*Monumenta Serica*,Vol. 51(2003);杨福绵:《罗明坚、利玛窦〈葡汉辞典〉所记录的明代官话》,张西平、杨慧玲主编:《近代西方汉学研究论集》,北京:商务印书馆,2013年,第87—148页。另,第一本汉语方言语法书是有麦奇奥神父(Melchior de Mançano)署名的手抄本《漳州话语法》(*Arte de la lengua Chiō Chiu*)。原著作者不详,手抄成书的日期可能在万历四十八年(1620)。关于该书的简述参见 Hilary Chappell,Alain Peyraube,"The History of Chinese Grammars in Chinese and Western Scholarly Traditions,"*Language and history*,Vol. 57,No. 2(2014),pp. 115 - 116.

② Thomas J. Campbell,*The Jesuits (1534 - 1921)*,New York:The Encyclopedia press,Vol. 2,1921,p. 77.

③ "传教士汉学"(Missionary Sinology)这一名词最早可能是由杰弗里·冈恩(Geoffrey C. Gunn)提出。参见 Geoffrey C. Gunn,*First Globalization: The Eurasian Exchange, 1500 -1800*,Lanham:Rowman and Littlefield,2003,p. 237;张西平:《西方游记汉学简述》,张西平主编:《欧美汉学研究的历史与现状》,第50—56页;Kathryn A. Montalbano,"Misunderstanding the Mongols: Intercultural Communication in Three Thirteenth-Century Franciscan Travel Accounts,"*Information & Culture*,Vol. 50,No. 4(2015).

④ 本书中的"弗拉芒"概念,既包括现时比利时北部由五个荷语省组成的弗拉芒大省,即东弗拉芒(Oost-Vlaanderen)、西弗拉芒(West-Vlaanderen)、安特卫普(Antwerpen)、林堡(Limburg)和弗拉芒布拉班(Vlaams-Brabant),也包括中世纪曾经出现过的"弗拉芒诸侯国"(Graafschap Vlaanderen,862—1795)。而该诸侯国与现在的弗拉芒大省在地理范围上有所不同。"弗拉芒诸侯国"包括比利时的东弗拉芒省、西弗拉芒省、安特卫普省的一部分,比利时法语区埃诺省(Henegouwen/Hainaut)的一部分,另外还有法国的诺尔省(Le Nord)和荷兰的泽兰省(Zeeland)。关于"弗拉芒诸侯国"的历史,参见 Jan Dhondt,*Korte geschiedenis van het ontstaan van het graafschap Vlaanderen van Boudewijn den Ijzeren tot Robrecht den Fries*,Brussel:Manteau,1943;《新编弗拉芒运动百科全书》(*Nieuwe Encyclopedie van de Vlaamse Beweging*)中"弗拉芒地区简史"条目,网络版:https: //nevb. be/wiki/Geschiedenis_van_Vlaanderen。

在蒙古地区的沿革时,我们提到欧洲第一部介绍中国的书籍是意大利方济各会士柏朗嘉宾的《蒙古行纪》(1245—1247),而步其后尘的另一本游记是鲁布鲁克撰写的《鲁布鲁克东行纪》(1253—1255),该书作者就一位弗拉芒籍的方济各会士。① 他的游记对中国的地理、人民、医学、宗教和绘画等方面都有一些描述,对蒙古人和契丹人的介绍也比柏朗嘉宾的记录具体丰富。这不仅促使当时的欧洲社会萌生对远东更浓厚的兴趣,也为后期赴华传教士带来了第一手珍贵的旅行参考资料。在闵宣化 1960 年写的一篇书评里,就介绍了一部以文化交流史的角度研究鲁布鲁克蒙古游记的著作,作者阐明了这本横跨欧亚的游记在十三世纪中西文化碰撞上所带来的历史性意义,以及在开辟欧亚经贸交通上所起到的积极作用。②

继鲁布鲁克之后,弗拉芒人的身影并没有在中西交流的历史中隐去。以耶稣会士为核心的"传教士汉学"时代,最早出现的一位弗拉芒籍耶稣会士是金尼阁(Nicolas Trigault, 1577—1628)。

---

① 鲁布鲁克出生在当时被称为"弗拉芒诸侯国"的吕布鲁克市(Rubrouck),现属于法国埃诺省境内。到二十世纪,该城镇仍然用荷兰语。鲁布鲁克的名字在不同的语言中有不同的拼写方式。比如在英语里是 William of Rubruck,在法语里是 Guillaume de Rubrouck 或 Guillaume de Rubroeck,在德语里是 Wilhelm von Rubruk,拉丁文里是 Gulielmus de Rubruquis 或 Willielmus de Rubruquis,等等。因鲁布鲁克本人为弗拉芒人,其荷语名为 Willem van Rubroeck,但其拼写方式也有争议。参见 Luc Kinnaert, "Willem van Rubroek, niet: Van Ruisbroek," *De Brabantse folklore*, No. 294(1986), pp. 2 - 16. 关于《鲁布鲁克东行纪》的专题研究,参见 Simon Corveleyn, *Het Itinerarium van Willem van Rubroek, De reis van een Vlaamse minderbroeder naar het Mongoolse Rijk (1253 - 1255)*, unpublished master dissertation, 2014, in de historische taal- en letterkunde Universiteit Gent,原文链接参见:https: //lib. ugent. be/fulltxt/RUG01/002/162/321/RUG01-002162321_2014_0001_AC. pdf.

② J. Mullie, "T. JANSMA. Oost- Westelijke Verkenningen in de dertiende eeuw. De Reizen van de Franciscaan Willem van Rubroek naar Mongolia in de jaren 1253 - 1255 en van de Nestoriaanse Prelaat Barsauma naar Eutropa in de jaren 1287 - 1288. (Leiden: E. J. Brill. 1959. Pp. 67. Gld. 12.)," *The Economic History Review*, Vol. 13, No. 1 (1960).

这位出生在杜埃（荷语：Dowaai，原属"弗拉芒诸侯国"，今为法国北部城市）的耶稣会士于 1610 年到达中国。当他 1614 年回到欧洲时，不仅向教廷传达了中国教会的发展情况，而且成为了中欧之间重要的文化使者。"公事毕，公又乘机晋谒各国当道，详述在华传教情形，并宣扬中国文化。"①金尼阁最知名的著作当属《基督教远征中国史》（De Christiana expeditione apud Sinas）。该部拉丁文著作是基于利玛窦的意大利文日记编译而成的，于 1615 年首次出版面世后，在欧洲引起很大反响，并被译成多国文字广为流传。②而金尼阁在汉语语言学方面的成绩也不容忽视，1626 年他在杭州出版了《西儒耳目资》一书，用西方拉丁字母为汉字制定了一套注音方法。利玛窦在 1602 年也曾撰写过四篇带有罗马注音的汉字文章（又称《西字奇迹》），并被收录在程大约的《程氏墨苑》中。③不过，金尼阁的《西儒耳目资》比利玛窦的注音方案更加系统，他以元音、辅音、双元音的形式对汉字发音进行系统分析，把明代官话与拉丁语的发音规律联系到了一起，该书成为了西方汉语语音学研究的开拓性成果。金尼阁的这套注音方式直到十九世纪仍被使用，也

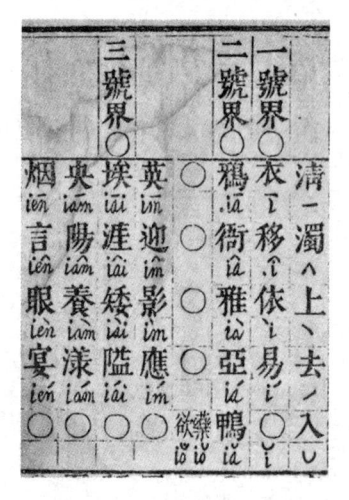

图 4-1 《西儒耳目资》内页

图片来源：笔者自摄

---

① 徐宗泽：《明清间耶稣会士译著提要》，上海：上海书店出版社，2010 年，第 275 页。

② Liam Matthew Brockey, *Journey to the East: The Jesuit Mission to China, 1579-1724*, p. 13.

③ 方豪：《中西交通史》下卷，第 796—797 页。

为后期《汉语拼音方案》的建立提供了有益的借鉴。①

1651 年,为了解决当时耶稣会在华传教团捉襟见肘的经济问题、人手短缺的困境,以及向罗马陈述"礼仪之争"中耶稣会秉持的观点,意籍耶稣会士卫匡国被派往欧洲。② 在他的游说鼓舞和层层筛选下,有三位弗拉芒籍的耶稣会士从众多"赴华申请"(Indipetae)的候选者中脱颖而出,③于 1659 年与卫匡国一起来到中国。这三位是吴尔铎(Albert Dorville/d'Orville,1622—1662)、南怀仁和柏应理。④ 他们几乎每人都在人文学科上有着长期的教学经验,凭借其多年积累的语言学知识和文学修养,可以以"泰西学者"的身份走入中国文人和士大夫中间,为后续的汉学研究提供了有利的学术基础。⑤

---

① 现行的《汉语拼音方案》,是十六世纪以来许多拼音方案的总结性成果,历史上的 14 个注音方案对它都有贡献。声母来自利玛窦、卫匡国、刘孟杨、黄虚白、刘继善、拉丁化新文字 6 个方案;韵母来自利玛窦、金尼阁、卫匡国、马礼逊、艾约瑟、威妥玛、S. Couvreur、马提人、朱文熊、黄虚白、国语罗马字 11 个方案;韵母自成音节形式来自利玛窦、马礼逊、威妥玛、刘继善、国语罗马字 5 个方案。参见马庆株:《〈汉语拼音方案〉的来源和进一步完善》,《语言文字应用》2013 年第 1 期,第 45—46 页;罗常培:《汉语拼音方案的历史渊源》,《文字改革》1958 年第 1 期,第 15—16 页;方豪:《中西交通史》下卷,第 797—798 页;曾晓渝:《试论〈西儒耳目资〉的语音基础及明代官话的标准音》,《西南师范大学学报》(人文社会科学版)1991 年第 1 期,第 66—74 页。

② Liam Matthew Brockey, *Journey to the East: The Jesuit Mission to China, 1579‑1724*, pp. 113‑114.

③ 在 1640—1660 年期间,弗拉芒-尼德兰省会(Provincia Flandro-Belgica,按:"Belgica"此处意为"低地国",当时指尼德兰)有多达九十位申请去往中国的耶稣会士,但一共只有八位得到了任命。参见 Liam Matthew Brockey, *Journey to the East: The Jesuit Mission to China, 1579‑1724*, p. 227. 另,"Indipetae"或"Litterae ad Indiam petentes"原意为"赴印度之申请","印度"在此句中统指东方。

④ 与这三位一同前往中国的还有一位来自耶稣会弗拉芒-尼德兰省会的耶稣会士鲁日满(François de Rougemont,1624—1676)。虽然他与其他赴华耶稣会士同为荷语母语者,但鲁日满的本籍为荷兰的马斯特里赫特(Maastricht),因此不在本书弗拉芒地区的讨论范围中。有关鲁日满的研究,参见[比]高华士(Noël Golvers):《清初耶稣会士鲁日满常熟账本及灵修笔记研究》,赵殿红译,郑州:大象出版社,2007 年。

⑤ 赴华之前,金尼阁在比利时弗拉芒地区的根特讲授过八年的修辞学,柏应理在梅赫伦讲授过希腊语,南怀仁在布鲁塞尔讲授过拉丁文、希腊文和修辞学。参见 Thijs Weststeijn, "The Middle Kingdom in the Low Countries: Sinology in the Seventeenth-Century Netherlands," in Thijs Weststeijn, Rens Bod, Jaap Maat, eds., *The Making of the Humanities*, Amsterdam: Amsterdam University press, 2012, p. 213.

出生于布鲁塞尔的吴尔铎,在耶稣会在华传教史中并没有像同时期的南怀仁和柏应理那样光辉耀眼,著作等身。但他却是继鲁布鲁克之后,第二位开辟欧亚陆路交通的先锋式的人物。①1661年,德籍耶稣会士汤若望(Adam Schall von Bell,1591—1666)在北京接到总会长尼格(Goswin Nickel,1584—1664)的命令,谋求在欧亚大陆上开辟一条安全通道,方便欧洲传教士可以经陆路来华,以躲避由葡国人垄断的海上交通所带来的麻烦。吴尔铎以及奥地利籍耶稣会士白乃心(Jean Grueber,1623—1680)接此任务,于同年从西安出发。他们二人一路西行,穿越柴达木盆地进入西藏,翻越雪山进入尼泊尔、孟加拉。然而吴尔铎中途不幸在印度的亚格拉(Agra)去世,白乃心与新的同伴罗德神父(Heinrich Roth,1620—1668)继续完成余下的征途,于1664年抵达罗马。虽然吴尔铎在途中逝世,但他与白乃心成为了最早穿越西藏、翻越喜马拉雅山的欧洲人,②他们在拉萨停留了有两个月之久,并学习了当地的习俗、语言、宗教等知识。他们对所到之处作的文字记录和绘制的图画在欧洲也是史无前例的。比如,第一张西方人绘制的布达拉宫就是出自他们的笔下,除风景画之外,还有西藏男女服饰,甚至达赖喇嘛的画像等等。这些文献日后被收录在德籍耶稣会士基歇尔(Athanasius Kircher,1602—1680)于1667年出版的《中国图说》(*China illustrata*)中,成为了反映早期西藏风土人情

---

① 吴尔铎出生地为布鲁塞尔,现今属于弗拉芒地区,又是比利时首府,因此在这里定义为"弗拉芒人"。关于吴尔铎的生平参见 J. Van Hecken, "Albert d'Orville," in J. Duverger, eds., *Nationaal Biografisch Woordenboek*, Vol. II, Brussl: VIGES, 1992, pp.650 - 651;[法]费赖之:《明清间在华耶稣会士列传:1552—1773》,上海:天主教上海教区光启社,1997年,第357—358页; C. Wessels, *Early Jesuit travelers in Central Asia, 1603 - 1721*, New Delhi/Madras: Asian educational services, 1992, pp.176 - 178.

② 关于这次欧亚陆路之行的具体研究,参见 C. Wessels, *Early Jesuit travelers in Central Asia, 1603 - 1721*, pp.164 - 204.

的第一手珍贵材料。①

弗拉芒籍耶稣会士柏应理,出生在今弗拉芒地区安特卫普省的梅赫伦,他在明清之际中西文化交流上的贡献为中外学界所共知。在其众多的汉学著作或译著中,以《中国哲学家孔夫子》(*Confucius Sinarum Philosophus*, *sive*, *Scientia Sinensis Latine Exposita*)最为知名。该书由他与其他三位耶稣会士合作完成,把"四书"中的三部——《大学》《中庸》和《论语》译为拉丁文并于1687年在巴黎出版。它是十七世纪耶稣会在汉学研究领域的"巅峰之作",而它更大的功绩则是把中国的哲学思想首次带进了欧洲的社会。② 其实,这本著作带来的不仅是中西哲学思想的早期碰撞,而且在中西语文学(Philology)的交流上也具有重要意义。因为翻译这些中国经典的最初目的,是为了帮助来华传教士们学习汉语以及了解中国的文化传统。除此之外,他们对汉籍经典的解读也建立在西方传统"释经学"的基础之上,其角度与研读拉丁文和古希腊文的《圣经》

---

① Baleslaw Szczesniak, "Athanasius Kircher's: China Illustrata,"*Osiris*, Vol. 10 (1952), pp. 400 – 401; Gerhard F. Strasser, "The Impact on the European Humanities of Early Reports from Catholic Missionaries from China, Tibet and Japan between 1600 and 1700," in Rens Bod, Jaap Maat, Thijs Weststeijn, eds., *The Making of the Humanities*, pp. 199 – 202.

② 另外三位参与者是殷铎泽(Prospero Intorcetta, 1625—1696)、恩理格(Christian Herdtrich, 1624—1684)和鲁日满。[英]傅熊(Bernard Fuehrer):《中西思想诠释之早期交汇新探——评〈中国哲学家孔夫子〉》,归伶昌译,《国际汉学》2015年第5期,第186—188页;Thijs Weststeijn, *The Middle Kingdom in the Low Countries: Sinology in the Seventeenth-Century Netherlands*, in Thijs Weststeijn, Rens Bod, Jaap Maat, eds., *The Making of the Humanities*, pp. 217 – 224. 另,梅谦立认为与柏应理一同参与翻译的另两名耶稣会士恩理格和鲁日满也是弗拉芒人,疑有误。恩理格为奥地利籍,鲁日满为荷兰籍。参见梅谦立:《〈孔夫子〉:最初西文翻译的儒家经典》,《中山大学学报》(社会科学版)2008年第48卷第2期,第134页;[法]费赖之:《明清间在华耶稣会士列传:1552—1773》,第379、414页;[比]高华士(Noël Golvers):《清初耶稣会士鲁日满常熟账本及灵修笔记研究》,第5页。

同出一辙。① 耶稣会士认为，一位优秀的传教士要在语言学的学识和文字学的考证上下功夫。应对中国经典的原文进行考证，力图避开历代汉儒、宋儒的各种"有害"的诠释，以求在中国的古老文献中，或在中国最被推崇的智者身上找到"基督的真光"。柏应理在《中国哲学家孔夫子》的前言中如下写道：

> 作为传教士，我们首先应该彻底地掌握他们的语言和经典。之后继续阅读最重要的著作和对这些著作的诠释，并且做出全面的审视和评估。……如果这些著作不与基督福音的真光相抵触，甚至可以帮助正义的太阳早日破晓。作为传教士的我们绝不应鄙视这些著作，相反我们应运用它来循序渐进地感化新皈依者那坚硬的心。②

虽然柏应理崇尚在中国经典的原始文字中寻找基督，但他一生中似乎并没有撰写过针对汉语语言的专著。③ 反而他在中国的同乡，另一位著作等身并在传教士中有着显赫学术地位的南怀仁，可能是最早一位在中国语言学上有著述的弗拉芒人。南怀仁出生在现西弗拉芒省的皮特姆（Pittem），在其墓志上明确注明了自己

---

① 初期传教士倾向于摒弃"程朱陆王"对儒家经典的疏解，而直接阅读中国经典的原文，正如在《圣经》释经学上以《圣经》的古希腊和拉丁文本为权威版本一样。对柏应理《中国哲学家孔夫子》的研究，参见 T. Meynard (ed.), *Confucius Sinarum Philosophus* (1687), *The First Translation of the Confucian Classics*, Rome: Institutum Historicum Societatis Iesu, 2011. 该作者在前期也发表过相同课题的中文文章，参见梅谦立：《〈孔夫子〉：最初西文翻译的儒家经典》，《中山大学学报》（社会科学版）2008 年第 48 卷第 2 期，第 136—138 页。
② 此前言内容转引自 T. Meynard (ed.), *Confucius Sinarum Philosophus* (1687), *The First Translation of the Confucian Classics*, Rome: Institutum Historicum Societatis Iesu, 2011, pp. 222–223.
③ 《明清间在华耶稣会士列传》在介绍柏应理的著作时指出，柏应理曾给皮凯（M. Picquet）先生带去了一本《中国语文法》以及他在巴黎留下了一本《中国字典》，不知这两部著作是否出自柏应理之手。参见［法］费赖之：《明清间在华耶稣会士列传：1552—1773》，第 355 页。

的本籍"泰西拂郎德里亚国人"。他在中国传教期间的生平和著作已在学界被广泛地考察和研究,在此不再赘言。① 然而,南怀仁除了在天文、地理、制图等方面成绩卓著,在语言上的造诣也非同小可,是当时耶稣会士中研究满语的专家。② 他撰写的《鞑靼语言原理》(*Elementa Linguae Tartaricae*)于1682年在巴黎出版,是有史以来首部满语语法的研究性著作。然而长期以来,其作者被误认为是耶稣会法籍会士张诚。但圣母圣心会杨峻德神父以及鲁汶学者高华士等学者考证后都认为该著作的真实作者为南怀仁。同时,闵宣化的一篇文章里也提到了南怀仁是首位撰写满语语法的西方人。③

图4-2 南怀仁的墓碑,右方第一行有"西拂郎德里亚国人"一词

图片来源:Herdenking F. Verbiest S. J. 1623-1688, Pittem

进入十八世纪之后,在汉学的研究方面,特别是在汉语语言学

---

① 关于南怀仁的研究,以高华士(Noël Golvers)的成果最多,其大部分研究在鲁汶大学南怀仁研究中心(Ferdinand Verbiest Institute, KU Leuven)的"鲁汶中国学丛书"(Leuven Chinese Studies)中出版。近期的研究参见 Noël Golvers, *Minor Essays on Ferdinand Verbiest*, S. J. (1623-1688), Leuven: F. Verbiest Institute K. U. Leuven, 2024.

② Hartmut Walravens, "Christian Literature in Manchu: Some bibliographic notes," *Monumenta Serica*, Vol. 48 (2000). p. 446.

③ Karel De Jaegher, "Le père Verbiest, auteur de la première grammaire mandchoue,"*T'oung Pao*, Vol. 22, No. 3 (1923); J. L. M. Mullie: "Ferdinand Verbiest," in Leon Elaut, Ludovic Grootaers, Robert Van Roosbroeck, August Vermeylen, eds., *100 groote Vlamingen: Vlaanderens roem en grootheid in zijn beroemde mannen*, Antwerpen: Standaard, 1941. pp. 255-257.

上,包括弗拉芒籍学人在内的西方学者好像销声匿迹了。这在很大程度上与"学术巨头"耶稣会的解散有直接的关系。汉学研究的再次复苏,一直要等到1807年新教传教士马礼逊(Robert Morrison,1782—1834)抵华——西方汉学好似度过了一个世纪的"冬眠"。①

作为传统天主教信仰群体的比利时弗拉芒人,在来华新教传教士中间并没有他们的身影。弗拉芒籍学者在汉学研究领域的再次出现,是以圣母圣心会入华的1865年为重要转折点。在我们阐述该修会传教士的汉学学术成就之前,有必要先简单介绍一下比利时汉学专业发展的大致面貌。其目的是以此作为参考,为圣母圣心会传教士的汉学研究作出一个合理的定位,总结他们所作出的贡献。除此之外,比利时汉学专业的诞生与闵宣化也有一定的渊源,他在荷兰大学执掌汉语语言学教席时,也为比利时孕育了汉学人才,为该专业在比利时的建立创造了必要条件。

二、比利时汉学及其首位教席的诞生

比利时,尤其是弗拉芒地区,与她的北方邻居荷兰不仅语言相通,而且在历史上也关系紧密。② 但是,两国的汉学发展道路却不同,相比之下,比利时的汉学发展是缓慢而落后的,这不仅是由于两国与中国的往来关系不同,两国自身的政治背景也是其中一个重要因素。

---

① 朱维铮:《十八世纪中国的汉学与西学》,《复旦学报》(社会科学版)1987年第3期,第12页。
② 包括今日荷兰、比利时的"低地国"经历了哈布斯堡尼德兰(Habsburg Netherlands)王朝的长久统治。自1588年"荷兰共和国"(Republiek der Zeven Verenigde Nederlanden, 1588—1795)成立后,荷比两国在历史上因地理位置和政权的划分,曾分别以"北尼德兰"和"南尼德兰"(De Zuidelijke Nederlanden)命名,直到比利时在1815年受荷兰统治为止。参见《大英百科全书》"低地国"条(low countires),网络版:https://www.britannica.com/topic/history-of-the-Low-Countries。

从十七世纪开始,荷兰因着阿姆斯特丹发达的出版印刷业以及荷属东印度公司(Vereenigde Oostindische Compagnie,1602—1800)在远东开展的贸易,逐渐对中国产生了兴趣。① 1624年,来自荷兰莱顿(Leiden)的赫尔尼奥斯牧师(Justus Heurnius,1587—1651/1652)被派到当时的荷属印尼。他既为当地荷兰殖民者布道,又向本地人传教。鉴于当地华人众多,1628年他在巴达维亚(Batavia,今雅加达)以荷文撰写了一部《中文词典》(*Dictionarium Sinense*),这是目前发现的首部以荷语研究中文的著作。② 这部手稿与利玛窦的《葡汉辞典》在时间上前后仅相差四十余年。然而,第二部出自荷兰人的汉语语言学著作则是在一个世纪之后了,即1886年由施古德(Gustaaf Schlegel,1840—1903)撰写的《荷华文语类参》(*Nederlandsch-Chineesch Woordenboek met de Transcriptle der Chineesche Karakters in het Tsiang-tsiu Dialekt*),这是一本记录闽南漳州话的荷汉词典,其撰写目的是为在荷属印尼的荷兰人服务的,因为在那里的华人大部分为闽南或客家籍。③

据戴闻达(Jan Julius Lodewijk Duyvendak,1889—1954)所言,早在十七世纪,莱顿大学数学兼东方学教授荷兰籍学者胡利尤

---

① 当时在阿姆斯特丹出版过一些关于中国的出版物。比如,1655年卫匡国的《新中国地图志》(*Novus Atlas Sinensis*)、尼霍夫(Joan Nieuhof,1618—1672)的《荷兰东印度公司访华纪实》(*Het Gezantschap Der Neerlandtsche Oost-Indische Compagnie*)等书。参见 Wilt L. Idema:"Chinese Studies in the Netherlands," in Wilt L. Idema, eds., *Chinese Studies in the Netherlands – Past, Present and Future*, Leiden: Brill, 2014, p.2.

② Koos Kuiper, "The Earliest Monument of Dutch Sinological Studies: Justus Heurnius's Manuscript Dutch – Chinese Dictionary and Latin – Chinese Compendium Doctrina Christianae (Batavia 1628)," *Quaerendo*, Vol.35, No.1 – 2 (2005).

③ Rint Sybesma, "A history of Chinese Linguistics in the Netherlands," in Wilt L. Idema, eds., *Chinese Studies in the Netherlands – Past, Present and Future*, pp.129 – 133.

斯(Jacobus Golius,1596—1667)在卫匡国的影响下就开始钻研汉学,研究中国的天干地支。① 但是,荷兰在汉学研究上的真正动力则是来自荷兰东印度公司的远东活动。② 不过,在十七、十八世纪,虽然荷兰人在荷属印尼开展的贸易和种植事业与当地的华人有着不可分割的关系,但事实上二者之间的交流仅仅停留在工作的层面上,没有产生过真正的交往和接触。③ 到了十九世纪中叶,在英法汉学相继建立之后,荷兰学者才意识到培养熟识中国语言文化专业人才的重要性,建立汉学的呼声由此响起。④ 而汉学在荷兰真正的诞生,则是以鸦片战争之后《南京条约》的签订为起点。西方列强用大炮强行攻破了中国的大门,更广泛的对华贸易以及更多迁移到荷属印尼的华工,迫使荷兰急需一批高水平的"中国通"。在这样的情形下,荷兰莱顿大学在 1877 年任命施古德为首位汉语言专业(de Chineesche Taal)教席,打开了荷兰汉学研究的序幕。⑤

而在一山之隔的比利时,第一次把汉语带进大学课堂是在

---

① J. J. L. Duyvendak, "Early Chinese Studies in Holland," *T'oung Pao*, Vol. 32, No. 5 (1936), p. 298 - 305.

② [荷] 包罗史:《拓荒者和引水者:莱顿大学的早期汉学家(1853—1911)》,张西平主编:《欧美汉学研究的历史和现状》,第 224 页。

③ 以 1749 年在巴达维亚发生的屠杀华人的"红溪惨案"事件为例,该惨案发生的原因之一,就是荷兰人和华人在文化上互不了解、在语言上缺少沟通并在隔阂中互生猜疑。参见 Wilt L. Idema, "Chinese Studies in the Netherlands," in Wilt L. Idema, eds., *Chinese Studies in the Netherlands - Past, Present and Future*, p. 3; Koos Kuiper, *The Early Dutch Sinologists (1854 -1900)- Training in Holland and China, Functions in the Netherlands Indies.*, p. 12.

④ 1849 年 4 月 10 日,马来语教授彼得维斯(Pieter Johannes Veth, 1814—1895)在阿姆斯特丹荷兰皇家学院(the Royal Netherlands Institute in Amsterdam)曾呼吁建立汉学专业。参见 Koos Kuiper, *The Early Dutch Sinologists (1854 - 1900)- Training in Holland and China, Functions in the Netherlands Indies.*, p. 9.

⑤ 在十九世纪中叶荷兰学者开始呼吁建立汉学,参见 Koos Kuiper, *The Early Dutch Sinologists (1854 -1900)- Training in Holland and China, Functions in the Netherlands Indies.*, pp. 9 - 13.

1900年。当时根特大学(Universiteit Gent)的佛教研究(Buddhist Studies)教授德·拉·瓦莱·普桑(Louis de La Vallée Poussin, 1869—1938)把中文开设为一门选修课,以辅助学生研读佛经文本。① 其后在1926年,根特大学的艺术史及考古学高等学院(Hoger Instituut voor Kunstgeschiedenis en Oudheidkunde)里,卡尔·翰资(Carl Hentze,1883—1975)教授也开设过古代汉语课作为选修。② 但是,这些所谓的"汉语言课程"并不是一门专业,而是作为一种对其他学科研究的辅助。比利时汉学专业的首次设立是在1958年,以根特大学创立"远东、东欧、非洲语言和历史高等学院"(Hoger Instituut voor Oosterse, Oosteuropese en Afrikaanse Taalkunde en Geschiedenis)为标志。其设立的"东亚系"有权颁发学士、硕士和博士学位,因此汉语专业第一次脱去了"选修"的外衣,而被提升至了专业学术研究领域,该系成为了今日根特大学东方系中汉学专业的前身。③

---

① 德·拉·瓦莱·普桑,出生在比利时法语区的烈日(Liège)。1888年他在烈日大学获得了哲学和文学博士学位后,到鲁汶大学攻读梵文、巴利文和阿维斯陀文(Avestaans),1891年他获得了东方学博士学位。其后他又赴巴黎索邦大学(Sorbonne)在利维(Sylvain Lévi)的门下学习了一年印度学。1892年他再次进入荷兰的莱顿大学攻读袄教学(Zoroastrisme),并且又学习了汉语和藏语。他在莱顿大学的老师是荷兰籍东方学学者柯尔恩(Hendrik Kern, 1833—1917)。参见 E. Lamotte, "Nécrologie de Louis de La Vallée Poussin (1869 - 1938)," het Bulletin de l'école française d'Extrême-Orient, Vol. 38(1938), pp. 479 - 483.
② 卡尔·翰资1883年7月22日出生于安特卫普。他在根特大学的艺术史和考古学高等学院任教到1943年,同年9月27日他被法兰克福学院(de Hoogschool van Frankfurt)聘请为汉学教授,并兼任那里中国学院(het China-Instituut)的主任职位。参见根特大学教职档案,链接:https://lib.ugent.be/fulltxt/MEM10/000/000/698/MEM10-000000698_1960.pdf.
③ Mieke Matthyssen, Bart Dessein, "China in Belgium: From a religious, economic and political interest, to the development of an academic discipline," in Chih-Yu Shij, Peizhong He, Lei Tang, eds., From Sinology to Post-Chineseness Intellectual Histories of China, Chinese People, and Chinese Civilization, China/UK: Social Sciences Academic Press/Paths International Limited, 2019, p. 45;[比]巴得胜:《比利时的汉学机构》,《中国典籍与文化》1998年第3期,第123页。

1959年10月23日,首任汉学教席通过皇家政令颁给了弗拉芒籍汉学家丹尼尔·艾乐希尔斯(Daniel Ellegiers),[①]这位新诞生的汉学教授就是闵宣化在荷兰乌特勒支大学任教时栽培的学生。艾乐希尔斯与闵宣化的师生关系可以由他在1951年6月18日签署的一份"助学津贴"(studietoelage)申请书证明:

> 我,签名之申请者,已经获得了艺术史和考古学的大学学位(licentiaat)(根特),现在是中国和日本语言和文学专业的博士候选人(乌特勒支)。我在乌特勒支的博士导师是闵宣化教授和克雷赫教授(Krieger)。[②]

从学术谱系的角度来看,闵宣化无疑为比利时汉学学科播下了第一粒种子。我们不能忽略艾乐希尔斯是闵宣化汉学研究直接继承者的事实。如果我们称闵宣化为"比利时汉学鼻祖"的话,也不是毫无道理的。闵宣化在历史上的角色与施古德的老师霍夫曼(Johann Joseph Hoffmann,1805—1878)并无差别,相比之下,他

---

① 丹尼尔·艾乐希尔斯1921年2月12日出生于西弗拉芒省的外斯托泽贝克(Westrozebeke),1948年毕业于根特大学艺术史和考古系,1952年在荷兰乌特勒支大学获得中国和日本语言与文学系(Chinese en Japanse talen en letteren)博士学位,1957年又在同一学校获得文哲系博士学位。1954年至1955年在日本国立大阪大学(de Rijksuniversiteit te Osaka)教授日法和法日的互译课程。1959年10月23日受皇家正式任命(Universiteit Gent),成为根特大学古代汉语研究、现代中文研究和现代日文研究专业的教授(docent),艾乐希尔斯执掌教席直到1986年退休为止。参见根特大学教职档案,链接:https://lib.ugent.be/fulltxt/MEM10/000/000/707/MEM10-000000707_1960.pdf.

② 原文只写"Krieger",据考证此处指的是乌特勒支大学"远东艺术史及日本语言与文学"(Bijzonder hoogleraar De kunstgeschiedenis van het Verre Oosten met inbegrip van de Japanse taal- en letterkunde)教授Carel Coenraad Krieger。该教授自1947年9月1日起在该校任教。参见乌特勒支大学教授档案目录,链接:https://profs.library.uu.nl/index.php/profrec/getprofdata/1188/68/122/0.

与学生的传承关系还要比霍氏更为明确和专业。①

我们可能会问,比利时另一所历史更加悠久的天主教鲁汶大学的汉学发展是怎样的呢?作为一所资深的欧洲天主教大学以及耶稣会在"低地国"神学院的所在地,鲁汶曾是培养赴华传教士的重要基地之一,其拥有的优势或许会促使它成为第一个建立汉学专业的高等学府。然而事实并非如此,鲁汶大学正式建立汉学专业的时间甚至晚于根特大学。这其中的原因与比利时复杂的政治背景有一定的关系。

与根特大学在二十世纪初的情况相似,把汉学(更准确地说是"汉语")带进鲁汶课堂的是对佛学的研究。早在西属尼德兰时代,鲁汶大学作为低地国的第一所"中世纪大学"(studium generale),在当时教宗马尔定五世(Martinus V,1368—1431)的支持下于1425年成立。以教会为起点的这所大学在1517年建立起专门研究拉丁语、希腊语和希伯来语的"三语学院"(Collegium Trilingue),目的是对《圣经》及早期教父著作能够有深入的研究。在法国大革命时代,欧洲天主教会以及包括鲁汶大学在内的各种教会机构都受到了不同程度的摧残。1830年比利时独立后,荷兰籍的《圣经》学和神学学者贝伦(Ian Theodor Beelen,1807—1884)开始着手重建"三语学院",并在"三语"的基础上陆续加入印地语、伊朗语、阿拉伯语、亚美尼亚语等东方语言,因此汉语也作为对佛经文本的辅助研究一起被带入课堂。到了十九世纪末,一批欧洲探险家和考古学家陆续进入西域勘查和搜集重要文献,他们发掘

---

① 包罗史曾言,"(为荷兰汉学)播下第一批种子的是大约140年前服务于荷属东印度政府的霍夫曼博士……1853年11月13日这位扎根于莱顿的学者在他的家里教一个小男孩学习古汉语入门知识,这个小学生就是施莱格(施古德)"。参见[荷]包罗史:《拓荒者和引水者:莱顿大学的早期汉学家(1853—1911)》,张西平主编:《欧美汉学研究的历史和现状》,第224页。

并带回了许多展现中亚历史和文字的文化遗产,让西方学界对"神秘东方"的学习热情随之升温。① 在这种潮流的推动下,1936年鲁汶大学东方学院(Orientalist Institute)成立了。其成立的目的很明确,即是为了更好地为《圣经》、神学和古典语文学的研究服务。② 该学院的知名学者之一是拉蒙特神父(Etienne Lamotte, 1903—1983),他在1932年被授予佛学研究的教席。这位来自比利时法语区的学者掌握了梵文、巴利文、藏文和中国文言文,他在佛学研究上是东方学院的主力,为该学院的国际声誉作出了积极的贡献。③

但是,在独立后的比利时,国家的语言问题始终是一个争执不休的政治敏感话题。法语和荷兰语之间矛盾激化,因语言导致的政治运动在弗拉芒地区尤为长久激烈。因此,官方的语言政策也直接影响到了全国教育的体制,以法语授课的弗拉芒鲁汶大学在这时变成了比利时荷语和法语知识分子在"语言战"上交锋的阵地,这为汉学学科的建立以及师资的引进带来很大的阻挠。

比利时的语言问题可谓是长期沉淀下来的历史淤泥。早在十二世纪勃垦底公国(Duché de Bourgogne)统治低地国的时代,法语就在弗拉芒地区生根并成为了上层社会和贵族阶级使用的语言。而那时弗拉芒语与法语在地位上却不相上下,也被平等看待。然而到了十六世纪,荷兰的加尔文主义者力图反抗天主教专制的西班牙,让南北尼德兰在1588年分道扬镳。为了力阻北部荷兰人新教观念渗入到南部弗拉芒人中间,天主教会设法以法语作为知

---

① 耿昇:《伯希和西域探险与中国文物的外流》,《世界汉学》2005年第3期,第98—120页。

② W. Vande Walle, "Onderzoeksgroup Sinology - Geschiedenis, KU Leuven,"文章链接:https://www.arts.kuleuven.be/sinologie/geschiedenis.

③ 关于拉蒙特神父的佛学研究,参见 Michael Pye, "Feature: Francophone Buddhist studies - Introduction," *The Eastern Buddhist*, Vol. 48, No. 1 (2017).

识垄断工具,断绝弗拉芒人与北部荷兰有文化上的接触,在行政、教育、人文等领域贯彻法语的单一语言方针。久而久之,弗拉芒语的地位逐渐被"贬为"方言,甚至在荷兰统治比利时的十五年间里,法语作为捍卫天主教信仰以及上层社会、中产阶级和知识分子的"专属语言",地位仍未动摇。①

独立后的比利时,政府规定只有满足一定纳税数额的公民才被赋予投票的权利,这使得投票权完全集中在了上层人士和中产阶级——也就是说法语的比利时人的手中。在选举权上的不公对待,令农民阶级的弗拉芒人感到愤怒,加之社会各方面对弗拉芒语的歧视,更加促进了弗拉芒人民族意识的觉醒,十九世纪中叶声势浩大的"弗拉芒运动"随之响起。这场以弗拉芒知识分子、政要以及教会人士为主要领导力量的运动迫使比利时国会改革语言政策,经过近一个世纪的斗争,弗拉芒语的官方语言地位上才逐渐被写进法律章程。而此时,鲁汶大学的体制也受到了考验。②

1911年,比利时议员首次提交了"荷语平等权利"(de geleidelijke vernederlandsing)的申请法案。经过二十年的斗争,根特大学在1930年从一所"唯法语授课"的弗拉芒大学转变成为了全国第一所以全荷语教学的高等学府,成为了弗拉芒运动胜利的标志性成果。③ 而同样位于弗拉芒地区的鲁汶大学,因隶属教会而非国立,具有决定权的比利时主教们选取折中办法,把鲁汶转变成一所法、荷双语并用的大学。但这样的改革结果并未得到弗拉芒籍学生的认可,1968年1月他们在"弗拉芒人的鲁汶,瓦隆人出去"(Leuven Vlaams, Walen buiten)的口号下,发起猛烈的学生

---

① Louis Pierard, "Belgium's Language Question: French vs. Flemish," *Foreign Affairs*, Vol. 8, No. 4 (1930), pp. 644-646.
② Louis Pierard, "Belgium's Language Question: French vs. Flemish," p. 646.
③ Ibid. pp. 650-651.

运动,誓言要赶走在学校里的瓦隆籍学生和老师,此事成为了1970年鲁汶大学被一分为二的导火索。①

图 4-3 鲁汶大学的弗拉芒籍学生示威运动,高举"瓦隆人回家"的标语

图片来源：De Standaard-photo news

  鲁汶大学的分裂,让在东方学院占绝大多数的法语教授们不得不离开老鲁汶,迁到新的法语鲁汶大学(Université catholique de Louvain)继续任教。其中也包括上文提到的重量级佛学教授拉蒙特神父。在此还应提及的是,原在根特大学的佛学法语教授德·拉·瓦莱·普桑也转到了法语"新鲁汶"。这起政治事件对汉学学科的建立带来不小的影响。在这场"语言革命"后,荷语鲁汶大学在1978年建立了自己的"东方学"专业,以代替原来的"东方

---

  ① 其实在1968—1969学年之时,鲁汶大学已经有了分别管理荷、法大学的两位校长,鲁汶大学在事实上已经分裂。关于鲁汶大学荷、法分裂的历史研究,参见 Willy Jonckheere, Herman Todts, *Leuven Vlaams: Splitsingsgeschiedenis van de Katholieke Universiteit Leuven*, Leuven: Davidsfonds, 1979.

学院"。1979年,继根特大学之后第二个有权授予学位的汉学专业在荷语鲁汶大学成立,首任系主任是李培德(Ulrich Libbrecht,1928—2017)教授。鲁汶汉学系的建立,与根特的情形略有不同,它是以中国的改革开放为基础,寻求与中国在经济、文化等领域的合作是汉学系建立的起点。①

以上我们大致梳理了汉学专业在比利时高等学府的建立过程。从中我们也可以总结出比利时荷语汉学的发展相对荷兰而言进程缓慢的原因:

首先,比利时对中国研究兴趣的起点与荷兰不同。荷兰建立汉学专业有强烈的实用性和目的性,即为了培养专业的翻译人才,服务于荷属印尼的殖民政府以及协助中荷之间的商贸往来。这一点从莱顿大学最初三位汉学教席的身上可以反映出来。施古德与他的接班人高延(Jan Jakob Maria de Groot,1854—1921)都曾经在荷兰的印尼殖民政府效力多年,第三位教席戴闻达在1919年进入莱顿前曾在荷兰驻北京大使馆负责翻译工作七年(1912—1918)。② 更值

---

① Mieke Matthyssen, Bart Dessein: "China in Belgium: From a religious, economic and political interest, to the development of an academic discipline," in Chih-Yu Shij, Peizhong He, Lei Tang, eds., *From Sinology to Post-Chineseness Intellectual Histories of China, Chinese People, and Chinese Civilization*, p. 46. 另,在比利时,除了根特、鲁汶这两所大学的汉学专业,在布鲁塞尔还有一处非教育职能的汉学研究机构。该机构是成立于1929年8月8日的比利时高等汉学学院(L'Institut belge des hautes études chinoises),隶属于比利时皇家博物馆(Musées royaux des Beaux-Arts de Belgique),因此并不是一个依附于大学的教育机构。该研究院在1931创办了一份汉学刊物《中国与佛学丛刊》(*Mélanges chinois et bouddhiques*),这可能是比利时第一份汉学刊物。参见 Hubert Durt, *Les soixante-quinze ans de l'Institut Belge des Hautes Etudes Chinoises, Institut belge des hautes etudes chinoises. Belgisch instituut voor hogere Chinese studie, 1929–2004*, Brussels: IBHEC/BIHCS, 2004;[比]巴得胜:《比利时的汉学机构》,第124—125页。

② Koos Kuiper, *The Early Dutch Sinologists (1854–1900)-Training in Holland and China, Functions in the Netherlands Indies.*, pp. 1057, 1001, 963. 他们三位学者的汉学传承关系,参见[荷]包罗史:《拓荒者和引水者:莱顿大学的早期汉学家(1853—1911)》,张西平主编:《欧美汉学研究的历史和现状》,第247—263页。

得一提的是,如果莱顿大学汉学系的学生签署一份毕业后为荷属印尼殖民政府服务十年的合约,其就学期间将享受一笔可观的奖学金。① 政治利益和经济利益的驱使,必然会促使荷兰政府尽早设立汉学专业,以培养符合需求的人才。我们会说"西方汉学先锋"法国在汉学专业的建立上要比荷兰早了半个世纪。但施古德声称,十九世纪七十年代前的欧洲汉语研究,未曾被当时学界所重视,他们的研究也只局限在一些"爱好者"(liefhebbers)中间。②

与荷兰汉学的"实用主义"不同,比利时汉学的建立,起点是对佛学和考古学的研究。学习汉语的目的仅是用来辅助学生识读佛教文献或历史文献。对汉语的学习也只是局限在书本上的"文言文",因此也导致了研究者"只认不说"。这样的情形也出现在一些法国早期汉学家的身上,如萨西(Antoine Isaac Silvestre de Sacy,1758—1838)和儒莲(Stanislas Aignan Julien,1797—1873)。③ 十八世纪初曾经让中比之间直接贸易成为现实的奥斯坦德公司,或许有机会让比利时如同荷兰一样催生出"实用性"的汉学专业,但海上霸主英国、荷兰的压制让中比之间的贸易未满十年就成泡影,这个契机也随之夭折了。④

其次,政权上的混乱也是阻碍比利时汉学学科建立的原因。上文提到早在西属尼德兰时期,北部尼德兰就因不满西班牙国王菲利普二世(Felipe II,1527—1598)的专制,在1588年建立了自

---

① Wilt L. Idema: "Chinese Studies in the Netherlands," in Wilt L. Idema, eds., *Chinese Studies in the Netherlands - Past, Present and Future*, p. 5.
② Dr. G. Schlegel, *Over het belang der Chineesche Taalstudie*, p. 6.
③ 陈喆:《19世纪西方语言学思想和科学方法对汉学家的启发与误导——艾约瑟对汉语音韵学和语言起源的研究》,《复旦学报》(社会科学版)2019年第5期,第102页。
④ Henri Van Daele, *Een geschiedenis van Vlaanderen*, Tielt: Lannoo nv., 2005, p. 93.

己的"荷兰共和国",脱离了外族的政治压迫和宗教束缚也促使其经济发展蒸蒸日上。东印度公司在荷兰建国的四年后创立,奠定了其海上强国的地位。虽然荷兰共和国在1793年被拿破仑吞并,但1815年又以"联合王国"之名再次崛起,稳定的社会环境造就了学术的平稳发展。比利时与之相比,则经历了不同王权和政权的统治,历史沉积下来的矛盾加剧了国内弗拉芒人与瓦隆人之间长久的不和,其"不团结"的负面影响波及包括教育在内多个领域的发展。再加上以"弗拉芒运动"为标志的民族斗争,给汉学学科的建立以及师资的引进都带来了不稳定的因素。因此愿意投身汉学研究的比利时学生,不得不选择到邻国荷兰或法国的大学里攻读。比利时首位汉学教席艾乐希尔斯就是其中一例,作为西弗拉芒人的他,获得根特大学艺术史和考古学的学位后,选择到荷兰乌特勒支大学闵宣化门下攻读汉语言博士专业,那里是继莱顿大学后在荷兰设置的第二个汉学教席。

最后,在汉学教育的师资储备上,比利时也不及邻国荷兰。尤其是在1930年"语言平等"条款生效后,这一问题更是浮出水面。鲁汶大学在七十年代改为荷语大学后,原东方学系被一分为二,大多数的教授们都因自己是法语母语者,转移到了法语区的"新鲁汶"中,导致"老鲁汶"的东方学系面临几乎无师任教的境地。[①] 而物色荷语教师来建立一个全新的汉学系,不是一件轻而易举的事。弗拉芒籍师资的短缺是比利时知识界长期"扬法贬荷"所带来的不良后果。而在荷兰情况则不同,使用单一语言的荷兰人并没有经历过语言上的分歧和斗争,加上其汉学研究从一开始就是以辅助荷兰人的远东殖民统治为基础。因此,"统

---

① W. Vande Walle, "Onderzoeksgroup Sinology - Geschiedenis, KU Leuven," 文章链接: https://www.arts.kuleuven.be/sinologie/geschiedenis.

一的语言"和"鲜明的目的"为荷兰汉学的发展和传承奠定了优越的条件。

纵观比利时的汉学历史,看似从十八世纪"传教士汉学"时代的终结到二十世纪五十年代"专业汉学"时代的诞生,二者之间出现了长达一个世纪的汉学"空白"。然而这并不是真实的情况,甚至我们可以说,从十九世纪末开始,比利时的"传教士汉学"不但没有趋于消亡,反而还在茁壮地成长。1865年以弗拉芒籍传教士为主体的圣母圣心会进入中国,其在汉学领域的研究不但不逊色于前期的耶稣会士,而且明显有着"青出于蓝而胜于蓝"的势头。圣母圣心会的传教士不仅在汉学研究的人数上明显多于前者,而且在著作的数量上也相当可观。

第二节 圣母圣心会在汉学领域上的贡献

"对一个国家的语言和文化的研究,只有在其发生地才可能最为深入。"①中国在鸦片战争中的失利让被禁教政策压制了一个世纪的传教士再度卷土重来。借着这股旋风,十九世纪中叶来华的圣母圣心会成为了有史以来最大的弗拉芒籍传教士团体。他们在华近一个世纪的传教生活、对中国的报道以及在各个领域的研究,令比利时人再次把目光转向了中国这个遥远的东方大国。直到今天,当比利时人提起"司各特传教士"时,都会不约而同地把中国与之联系到一起。

---

① [荷]包罗史:《拓荒者和引水者:莱顿大学的早期汉学家(1853—1911)》,第225页。

一、传教士与"杂学家"

从前文梳理的"汉学专业"在比利时的发展状况可见,在十九世纪的荷兰、比利时甚至法国,"汉学"一词在很大程度上专指现代或古代的"汉语语言、文字和文学",其汉学教席也通常以"汉语言及文学教授"冠之。然而,圣母圣心会传教士们有关中国的研究,涉及的内容可谓是包罗万象。除了汉语言之外,还包括中国的地理学、地质学、民族学、动植物学、医药学、制图学等诸多方面。他们有时一人兼有多种领域的研究,范围之广令人称奇。以闵宣化为例,他在语言学、考古学和历史学领域都有自己的专著或文章,并且著述丰硕,在学术界颇有影响。而又有另一些传教士,他们的研究成果虽然不多,但也涉足了各个学科。因此,一些传教士便被戴上了一顶"杂学家"(Jack-of-all-trades)的帽子——"五脏俱全,但却不精于一处"。① 除此之外,一些"学院派学者"对"传教士学者"研究成果的可信性和学术性也抱有一定的怀疑,对传教士以基督信仰为基础来对待科学的态度不予认同。比如,作为人类学家的泰勒(Edward Burnett Tylor, 1832—1917)就曾如此说过:"传教士们如此厌恶并且鄙视异教徒的本土信仰,因此他们经常会对当地人的真实生活有着曲解的认识。"②

这样的例子其实还有很多,比如早期"索隐派"(figurist)耶稣会士白晋、傅圣泽(Jean-François Fouquet, 1665—1741)、马若瑟(Joseph de Premare, 1666—1736)等人对中国经典与文化的解读

---

① Patrick Taveirne, *Han-Mongol encounters and missionary endeavors: a history of Scheut in Ordos (Hetao)*, 1874 - 1911, pp. 288 - 289.

② Christopher Herbert, *Culture and Anomie: Ethnographic Imagination in the 19th Century*, Chicago/London: University of Chicago Press, 1991, p. 152.

建立在基督信仰的基础之上,在当时也被视为"旁门左道"。① 对异文化的"曲解现象"在圣母圣心会传教士中也不例外。不可否认,他们早期对于中国的审视同样带有狭隘的思想。传教士将"溺婴现象"和"鬼神迷信"描绘成中国急需"拯救"的证据并大加渲染。这其中的原因是多方面的,包括他们以一个"真理"宣扬者的姿态来反观"异教"的中国、在"欧洲中心论"影响下对中国持有偏见,以及需要描写中国的"悲惨"来博得欧洲信众对传教工作的同情和支持等诸多因素。

但是,这样的状况并不是一成不变的,随着传教士到达中国并且与当地民众真正地相知相识后,他们对中国文化和习俗的认知开始日趋成熟并切合实际,而且在此基础上他们愿意更加深入地了解中国人生活的点点滴滴。或许我们可以认为这是传教士投身汉学研究的一个最原始的动力和起点。因此,进入二十世纪后,很多圣母圣心会传教士打破了原有的成见,对中国有了更为理性的认识,比利时国内社会对中国的印象也随之改观。

不容否认,对传教士汉学研究"专业性"的怀疑,直接导致一些学院派学者忽视了传教士学术成果的重要性。② 当然,作为一名传教士,他们并没有为自己成为一名专业性的学者作出准备。恰恰相反,早期圣母圣心会长上们对传教士耗费时间去钻研"俗世科学"(profane wetenschappen)甚至表示了反对。在修会眼里,一名合格的传教士需要尽力在"神圣学科"(gewijde wetenschappen)上苦读和钻研,例如在哲学、神学、《圣经》学、教会史、护教学等方面。因为行使神职,广传福音才是他们的职责和目标,而其他的学问都

---

① [美]魏若望(John W. Witek S. J.):《耶稣会士傅圣泽神甫传:索隐派思想在中国及欧洲》,郑州:大象出版社,2006年,第8页。

② Jozef Van Hecken, *Documentatie betreffende de missiegeschiedenis van Oost-Mongolië*, Vol. 9, p. 74.

是为"世俗的需要"而预备的。因此,这导致了一些有志在科学领域里发展的传教士不得不在"听命愿"的束缚下,放弃学术上的追求。早期在圣母圣心会里,能够得到在鲁汶或莱顿大学学习"世俗科学"的批准实在是少之又少。① 前文我们提及过,闵宣化要得到全班前四名的成绩,院长才不会没收他的语言学书籍。成绩优秀的闵宣化也曾向院长表示过希望到鲁汶大学攻读语言学专业,却没有得到首肯。圣母圣心会对学术研究的态度直到二十世纪三十年代才有转变。②

然而,每位传教士都在神学院里受过六年"神圣学科"的训练,这使他们潜移默化地打好了在人文学科上的基础,练就了严谨的逻辑思维方式,同时更培养了良好的学习能力。加之他们对某一"世俗学科"持久的热爱,让他们在进入中国传教区后能够有条件进行实地考察,利用原始素材对中国进行深入研究,这远比欧洲本土汉学家在早期耶稣会著作中去挖掘中国更加切合实际。③ 经过日复一日的学术积累,无疑在这些"业余学者"中间会产生同样著作等身、但并非为学术而学术的"大家"。比如,在蒙古学学界知名的权威学者田清波就是很典型的一个例子。④ 此外,康国泰、贺登崧、司礼义

---

① 其中也有一些例外,比如白玉贞神父在鲁汶大学学习了酿酒工程,吴秉真学习了语言学,康国泰学习了佛学研究,闵宣化与惠崇德一起学习了梵文和巴利文等。尽管如此,他们也都不是正式的学位学生。参见 Jozef Van Hecken, *Documentatie betreffende de missiegeschiedenis van Oost-Mongolië*, Vol. 9, p. 76.

② 关于神职人员与科研研究之间关系上的探讨,参见 Dr. M. Jeuken S. J., "De priester als wetenschapper," *Streven-Maandblad voor geestesleven en cultuur*, No. 15 (1961-1962).

③ "汉学家们在欧洲就像是离开了水里的鱼。"[荷]包罗史:《拓荒者和引水者:莱顿大学的早期汉学家(1853—1911)》,第 225 页。

④ 1993 年在鲁汶大学南怀仁研究中心召开了田清波的专题研讨会。其论文集中收录了对田清波生平和著作的研究。参见 Antoon Mostaert, C. I. C. M. (1881-1971), *Apostel van de Mongolen en geleerde*;田清波在中国学界的研究参见额尔敦孟克:《田清波与鄂尔多斯方言研究》,第 24—28 页;曹纳木:《田清波与鄂尔多斯研究》,《内蒙古社会科学》(文史哲版)1992 年第 6 期,第 42—44、48 页。

(Paul Serruys,1912—1999)和司律义等人,也都是学术界值得尊敬的学者。①

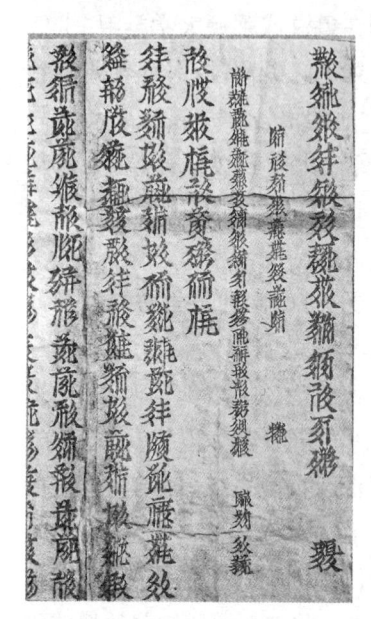

图 4-4 闵宣化收集的契丹文字

图片来源:KADOC-KU Leuven, Photo archive of the Generalate of CICM

圣母圣心会的传教士凭借自己在传教区多年的实地考察,不但撰写出不少具有学术价值的作品,而且他们还帮助其他学者收集必要的材料,以此来达到学术互助的目的。在天津创建北疆博物馆(Musée Hoangho Paiho)的著名地质学家法籍耶稣会士桑志华(Émile Licent,1876—1952),在1935年出版了他1131页的巨著《1923—1933黄河流域十一年勘查报告》,在该书中有诸多关于圣母圣心会传教士协助他在内蒙古地区考察的记载,他在书中这样写道:

我们受到了圣母圣心会传教士们悉心的帮助,因此我们的考

① 关于康国泰、贺登崧、司律义和司礼义的生平以及著作介绍,参见 Jeroom Heyndrickx, "Louis J. M. Schram, CICM: Missionary and Ethnologist," in Ku Weiying, Zhao Xiaoyang, eds., *From Antoine Thomas S. J. to Celso Constantini: Multi-aspect Studies on Christianity in Modern China*, Beijing/Leuven: Social Sciences Academic press/Ferdinand Verbiest Instituut KU Leuven, 2011; Willy F. Vande Walle, "Willem A. Grootaers, Linguist and Ethnographer," in Ferdinand Verbiest Institute, eds., *History of the Catholic Church in China: from its beginning to the Scheut Fathers and 20th century: unveiling some less known sources, sounds and pictures*; W. South Coblin, "Paul L-M. Serruys, C. I. C. M.（1912 - 1999）," *Monumenta Serica*, Vol. 47（1999）; Françoise Aubin, "Paul L. M. Serruys, In Memoriam Le R. P. Henry Serruys（Ssu Lü-Ssu 司律思）, CICM（10 Juillet 1911 - 1916 août 1983）Erudit Sino-Mongolisant," *Monumenta Serica*, Vol. 36（1984）.

察之行可以得心应手地开展。……圣母圣心会的传教士是我的忠实朋友和协助者,在这最后的九年里,我从他们那里得到的新材料和指导意见,对我的著作可谓是受益匪浅。①

这里还应该提及一下圣母圣心会收集到的古老蒙文手稿和木刻,这些材料也为欧洲学界提供了学术研究上的便利。波恩大学的奥籍蒙古学教授海西希(Walther Heissig,1913—2005)曾经对这些珍贵的文本进行过系统的研究,他在文章中写道:

> 圣母圣心会自1865年起就在蒙古地区进行传教活动,基本上是在内蒙古地区的察哈尔和鄂尔多斯。传教期间他们收集到了不少蒙文手稿和木刻文本,其中的51件收藏在了他们在鲁汶大学的神学院和司各特总院的博物馆里。我很感谢他们能够同意让我使用和描述这些文献材料,在此我也要特别感谢闵宣化神父……②

事实证明,传教士们的研究和发现不应被学界所遗忘,更不应因为他们非"科班"出身而轻视他们的研究成果和学术贡献。为了对圣母圣心会传教士在汉学上的研究有一个整体的了解,下文将对他们在汉学各个领域的著述做一梳理,这些著述对我们今后的汉学研究将是一个有益的补充和参考。③

----

① Émile Licent S. J., *Hoang Ho-Pai Ho. Comptes-rendus de onze années* (1923–1933) *de séjour et d'exploration dans le Bassin du Fleuve Jaune*, *du Pai Ho et des autres tributaires du Golfe du Pei-Tcheu-Ly*, Tientsin: Mission de Sienhsien, 1935–36, pp. 90, 927.

② Walther Heissig, "The Mongol manuscripts and xylographs of the Belgian Scheut-Mission," *Central Asiatic Journal*, Vol. 3, No. 3 (1957).

③ 目前发现的首篇对圣母圣心会在华传教士汉学研究的介绍性文章出自贺登崧之手,于1947年刊载在天津的《益世报》上。参见[比]贺登崧:《在华圣母圣心会会士之学术研究》,常守义译,《益世报》(天津)民国36年1月25日,第6版。

圣母圣心会来华的 679 位传教士中，对汉学有研究的人不在少数。据王守礼在 1950 年出版的《边疆公教社会事业》一书中所做的统计，共有 241 位会士参与到了不同程度的汉学研究里，以专著或文章的形式发表的研究成果也有一千五百多份。① 但如果加上 1950 年之后的研究成果，则远远不止于此。②

最早为传教士提供分享研究心得平台的是圣母圣心会自编的对外年鉴《在中国和刚果的司各特传教会杂志》(*Tijdschrijft met platen der Missiën in China en Congo bediend door C. I. C. M te Scheut bij Brussel gevestigd*)，这份刊物由比利时总会出版，以月刊的形式从 1889 年一直发行到 1969 年为止。③ 当圣母圣心会在荷兰成立分会后，荷籍传教士在 1901 年又独立创立了自己的年鉴《司帕伦道传教会年鉴》(*Annalen der Missionarissen van Sparrendaal*)。这两份年鉴是现今研究圣母圣心会在华传教历程的重要史料，其中不仅包括传教士们的往来书信、时事报道，以及教会发展等内容，还有传教士对汉语语言、中国文化、民俗礼仪等诸多汉学知识的分享。前文我们阐述过在比利时独立之后，荷语一直在上层社会和知识界备受歧视和冷落。因此，作为当时为数不多的以荷语为传播媒介的刊物，圣母圣心会的这份年鉴在这特殊的政治情境下就显得更为珍贵。它打破了语言的屏障，使得其受众扩展到了平民阶层。因此，我们不能忽视这份年鉴扮演的特殊角色，它既是早期向弗拉芒民众传播中国文化

---

① ［比］王守礼：《边疆公教社会事业》，傅明渊译，第 128 页。
② 仅以闵宣化为例，在 1950 年之后，当时已经 70 高龄的他又发表过 12 篇关于汉学的文章。而年轻一代的圣母圣心会学者，如贺律义、司礼义、贺登崧等人的著作将更为丰富。
③ 该年鉴在 1914 年起又改名为《司各特传教事业》(*Missiën van Scheut*)。

以及分享中国知识的重要窗口，①也是一台借"他者"的眼光来观察中国的"显微镜"。葛兆光曾说过："大凡到了外国，人们注意到的常常是与本国相异的东西，那些一眼看去觉得不同的事物、人物和现象，会自然地凸现在视野中，而生活在其中的本国人，却常常会因为熟悉而视而不见，因此被淡忘和忽略。"②浩瀚的中国在这些传教士笔下被转写，或许这将为我们研究本国的诸多领域带来新的视角和启迪。当然，圣母圣心会年鉴的大众化并不意味着它舍弃了学术性。这一点在创刊号的前言中有明确的表示：

> 我们的这份刊物面向各个领域的读者……其内容将以一个相对简单的笔法来撰写。但是，大家有时也会读到一些具有学术性质的文章。这可能会导致一些读者需要下一些功夫来明白我们想要阐释的一些内容。这些内容涉及的是一个与我们自己有着天壤之别的国家：她的历史、地理、宗教、道德观、文化、语言、文学、建筑、考古，如此多的领域。这将会由我们的传教士从他们的信件或文章中向大家娓娓道来。③

正如前言所示，此创刊号的开篇就是一篇关于中国语言的文章，题目为《语言学——"Foe-Moe"就是父亲母亲吗？》(*Taalkunde—Foe-Moe of Vader Moeder*)，其后的文章还有《中

---

① 十九世纪末，在比利时涉及有关中国内容的荷语刊物还有于 1847 年在根特(Gent)创刊的《圣婴善会年鉴》(*Annalen van het genootschap der H. Kindersheid*)和于 1833 年在梅赫伦创刊的《传信善会年鉴》(*Annalen van het Genootschap tot Voortplanting des Geloofs*)。进入二十世纪后，以荷语报道中国事务的教会年鉴或刊物才开始增加。

② 葛兆光：《想象异域：读李朝朝鲜汉文燕行文献札记》，北京：中华书局，2014年，第 15 页。

③ "Wat ons tijdschrift zijn zal," in Scheut Missiehuis, eds., *Missietijdschrift: Missiën van Scheut*, Brussel: Scheut, 1889, p. 3.

国妇女》《秘密社团"白莲教"》《中国人的诗意》《中国异教徒对于宗教的认识》《在中国的动乱》《中国人对数字"五"的使用》《中国语言的口语与文体》《中国的建筑、艺术与工艺品》等,可见其内容之广泛。

其他出自圣母圣心会传教士之手的汉学著作或文章较为分散。笔者在考察这些著述方面,主要参考的书目有两部:一是斯雷特(Robert Streit,1875—1930)与丁狄阁(Johannes Dindinger,1881—1958)两位神父编撰的三十卷巨著《传教书目汇集》(*Bibliotheca Missionum*,1916—1974)①,其中第七、十二、十三和十四卷名为《中国传教著述》(*Chinesische Missionsliteratur*),而十三和十四两卷收录了1885年至1950年期间不同修会传教士的汉学著作。二是贺登崧与万广礼(Andries Van Coillie,1912—1998)二人合编的《圣母圣心会会士著述总览》(*Proeve eener bibliographie van de missionarissen van Scheut*,1939),书中收录了1878年到1937年间该修会传教士撰写的著作和文章。前辈学者们投入数年精力进行的书目收集工作对我们现今查考圣母圣心会汉学著作起到了非

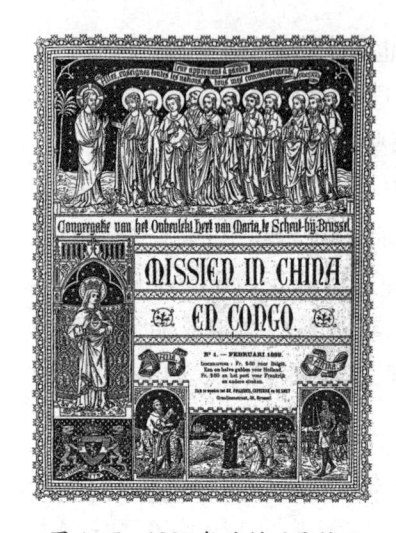

图4-5 1889年的创刊号封面

图片来源:KADOC-KU Leuven, *Missiën van Scheut*

---

① 关于该著作的介绍,参见 Marek A. Rostkowski, OMI, *Missionary Oblates of Mary Immaculate [OMI] and Their Contribution in the Beginning and Development of the Missionary Bibliography*, 2012. 文章链接:https://beth.eu/wp-content/uploads/2012/12/2012-5-contribution-of-OMI-copia1.pdf.

常重要的帮助。

值得注意的是,与其他在华天主教修会相似,圣母圣心会在汉学研究范围上也有其显著的特点与倾向性。他们地处塞外的传教范围和自下而上的传教策略促使他们的汉学研究具有鲜明的地域民族特色。这在其语言学、民族学、地理学、历史学等领域的研究成果中表现得尤为突出。①

二、语言学

毫无疑问,一个修会无论行使什么样的传教策略,掌握传教区的本地语言历来都是传教士首先需要面对的问题。除此之外,利用文字进行传播也同样重要。因此,我们可以将语言学的著作分为两种,一种是服务于传教士的语言学习类书籍,另一种是服务于本地信徒的译著。而在此领域撰写过著述的圣母圣心会传教士为数众多,不能一一介绍,在此仅介绍几位有突出成就的学者。

在二十世纪初,涉足蒙文研究的外国传教士可说是凤毛麟角,②圣母圣心会因着它得天独厚的地域优势,培养出了几位在蒙文上颇有造诣的学者,其中最为知名的当属田清波神父,他的《鄂尔多斯辞典》(*Textes oraux ordos*,1937)和三卷的《鄂尔多斯字典》(*Dictionnaire Ordos*,1941—1944)为其奠定了蒙古语言学研究上的国际学术地位。③ 他对蒙文的研究,最初始于翻译。

---

① 关于对圣母圣心会在华学术贡献的介绍,最早的一篇文章见于1947年的天津《益世报》,参见[比]贺登崧:《在华圣母圣心会会士之学术研究》,常守义译。
② 齐木德道尔吉:《蒙古学研究简史》,《蒙古学集刊》(电子版)2004年第2期。链接:https://www.sinoss.net/qikan/uploadfile/2010/1130/3239.pdf.
③ 有学者统计田清波的蒙古学著述有四十三篇(部)之多。参见 *Antoon Mostaert, C.I.C.M.*(1881-1971),*Apostel van de Mongolen en geleerde*,pp.56-58.

在其1905年入华之后不久,就翻译出版过数本蒙文译本。其中有《中文教理》(Cihula nomun surtal,1914)、《一目了然》(Nigen Ujimegce todurhai medeku debter,1916)、三册的《要理条解》(Cihula yosusu tailburi,1920)和《炼灵圣月》(Arilghahu orunu sunesudun sara,1921)等等。另外,出版过蒙文译著的还有葛永勉神父(Claeys Florent,1871—1950),他曾编译过407页的蒙文《祈祷书》(Jalbaril-un debter,1931)、362页的《圣人传》(Arighun Kumun-ner-un uiledburis-un duradqal,1934),以及275页的《圣经福音书》(Sine toghtaghal -un tobciya,1936)等。这些蒙文书籍在当时对信徒来说是非常稀少和珍贵的,甚至直到今日仍然是内蒙古地方教会主要依赖的宗教用书。①

随着汉族佃农在十九世纪陆续迁入口外,汉民在蒙古地区逐渐成为了主要的群居人口。因此,除了译书之外,让传教士自己能够掌握汉语更是当务之急。但成为一名语言学家,或如同早期耶稣会士那样努力钻研中国经典以求成为泰西大儒并与士大夫往来攀谈,却不是圣母圣心会传教士追求的目标。所以,他们早期的语言学著作,以较为实用的方言辞典和字典类书籍为主。又因为圣母圣心会大多数的会士说荷兰语,所以编纂中荷字典对他们来说十分必要。第一部出于该会传教士之手的中荷字典是于民国二十四年(1935)在"北洋"(Peiyang Press)出版的《华尼字典》(Praktisch Chineesch-Nederlandsch woordenboek,"尼"为"尼德兰语"的简称),共有356页,作者是何雷树神父。闵宣化在1933年出版的《热河方言文法》第三册,虽为文法书的一部分,但该册

---

① 《蒙古首次出版现代蒙古语天主教教要理和祈祷经本》,信德报(网络版)2004,文章链接: https://www.xinde.org/show/1779.

内容却也是一部有 440 页的中荷字典。如果单独成册出版的话,在成书时间上将比《华尼字典》要早。而圣母圣心会传教士最早编写的一部字典,是陶福音于 1904 年在上海土山湾出版的中、法、拉丁文的《华汇捞字三网》(Trois coups de filet dans le dictionnaire chinois)。

在工具书的编撰上,最具突破性的当属吕登岸神父的《方言际辣体汉字字典》(Lacmeah Jismuj Tyueasfuap Jistianh,1935)。他认为中国幅员辽阔,各个地区的方言差别不小,如果能用西方拉丁字母创造出一套统一的语音拼写系统,使中国各类方言、官话,以及历代古音都能以此系统拼写出来,就可以在很大程度上解决西方人在方言学习和古文字研究上所遇到的种种注音难题。因此,在与另外两位法籍传教士,即巴黎外方传教会的梁亨利(Henry Lamasse,1869—1952)与魁北克外方传教会的闵世人(Ernest Jasmin,1902—1972)的合作下,经过多年的研究与尝试,他们终于自行编制了一套系统的"方言通用罗马字"(即"方言际辣体汉字",Romanisation interdialectique),试图以此来解决中国各地方言注音上的问题。① 吕登岸还曾经发表过一系列的文章推广"方言际辣体汉字",这些文章刊登在当时的北京《公教教育丛刊》(Collectanea Commissionis Synodalis)上。② 不过,这

---

① "方言际辣体汉字"是吕登岸在梁亨利神父与闵世人神父的协助下共同创制的。参见 David Prager Branner, *The Chinese Rime-Tables: Linguistic Philosophy and Historical-Comparative Phonology*, Amsterdam/Philadelphia: John Benjamins Publishing Co. , 2006, pp. 223 - 224.

② 比如,《对梁神父和闵神父的"方言际辣体汉字"的思考》("Quelques réflexions sur la Romanisation interdialectique des PP. Lamasse et Jasmin",1934),《关于方言际辣体汉字的新出版物》("Nouvelles publications en romanisation interdialectique",1935),《方言际辣体汉字之字母简述》("Lettre à propos de la romanisation interdialectique",1935),《闵神父的方言际辣体汉字字典一瞥》("Quelques pages du dictionnaire chinois du Père Jasmin",1936),《对"方言际辣体汉字系统"之阐述》("Note à propos de la romanisation interdialectique",1936),等。

套拼音规律非常复杂,且难以掌握应用,以致并没有得到在华西人以及国际学界的广泛响应。但传教士们的这种初衷以及他们在方法上作出的积极尝试,在中国语音学史留下了特殊的学术意义。

圣母圣心会的传教士不仅研究方言的读音,在词汇与语料上也积极地加以收集和整理。比如杜维礼神父(René Leva,1880—1958)的《察哈尔方言类编》(*Particules du dialecte de Chahar*, 1941) 和《晋北方言词典》(*Le Dialecte Chansi Nord. Liste Alphabétique d'expressions avec traduction française*, 1944),都经过大量的田野考察,利用收集到的民间俗语、谚语等通俗语料来编纂成书。这种形式的方言著述还有彭嵩寿的《西南蒙古汉人的谚语集》(*Dictons et proverbes des Chinois habitant la Mongolië sud-ouest*, 1919) 和罗秉铎的《分类格言选集》(*An anthology of 3600 classified Chinese proverbs and wise sayings*, 1970)等。

在其他类型的汉语语言学著作上,闵宣化的《热河方言文法》当之无愧是最为著名的。这本著作将在后文详细介绍。其他诸如此类的著作还有贺登崧的《四年制国文教材》(*Vier-jarige cursus in de geschreven nationale taal*, 1947—1950),这本面向圣母圣心会传教士的荷文教材与闵宣化具有学术性的语法书相比更为通俗易懂,是传教士首次接触中文的入门指南。而贺氏在语言学上的最大功绩则是把"方言地理学"的理论与研究方法引进到了中国。他主张把"人民的语言"带入到研究当中,倡导学者应该脱离书本的束缚,进入民间与当地人深入交往,记录其生活中"鲜活的语言",这样获得的语料才更为真实,并且从中可以考察出语言的地域性以及它在演变中同文化、历史之间的互动与影响。但是,当时以高本汉为代表的主流学界"重文献、轻口语",贺氏的观点不被认可。然而，他在1951年转赴日本传教之后，其理论却受到了当地学界的赏识，为战后的日本方言学研究作出了极大的贡献。贺登崧的论著集《中国方言地理学》也在日本出版。2003年，该著作的中文译本出版，正如其译者在前言中所倡导的——"愿方言地理学在中国开花结果"。①

圣母圣心会另一位语言学家司礼义神父，也发表了不少语言学研究方面的文章。到1991年为止，累计有四十余篇。② 1962年，司礼义在美国乔治城大学被聘为汉语语言学教授，全职从事汉语语法和方言的教学与研究工作。1974年司礼义在《通报》上发表了一篇名为《商代卜辞语言研究》③的文章，成为了他在甲骨文这一新研究领域上的开山之作，其"司礼义法则"至今仍是欧洲和北美学界研究甲骨文文法的基石。④ 司礼义在他的自述中曾如此说道：

图4-6 在大同的贺登崧

图片来源：The Sanctuaries in a N. China City

---

① 石汝杰：《贺登崧和汉语方言地理学》，第72—76页；[比]贺登崧：《汉语方言地理学》，石汝杰、岩田礼译，上海：上海教育出版社，2018年，序言第1页。

② "A List of Publications of Paul L-M. Serruys up to 1977," *Monumenta Serica*, Vol. 33 (1977).

③ Paul L. M. Serruys, "Studies in the Language of the Shang Oracle Inscriptions," *T'oung Pao*, Vol. 60, No. 1/3 (1974).

④ W. South Coblin, "Paul L-M. Serruys, C. I. C. M. (1912-1999)," p. 512. 近年出版的专题研究《西方传教士与中国甲骨学》一书中，未提及司礼义对甲骨文的研究。参见邹芙都、樊森：《西方传教士与中国甲骨学》，北京：科学出版社，2015年。

研究甲骨文已成为我许多年来最热衷的事情。会开始研究甲骨文，说来全属偶然……自从我在《通报》上发表了一篇长文之后，我就再也没能够停下对殷商甲骨文的研究热情，一直持续到现在。①

　　虽然圣母圣心会力求以深入民间的方言和口语为学习的侧重点，但这并不意味着他们忽视文言文。闵宣化和司礼义在此领域的贡献最为突出，闵宣化以荷兰文写成的三册《古文原则》有上千页，司礼义在文言文的语法解析方面也发表过数篇文章，他在《说文》《方言》和《释文》以及《诗经》的研究上颇有建树。② 不过，圣母圣心会最早投身到文言文研究上的学者则是陶福音。他在1913年撰写了三册共335页的《文言文研究》(*Étude sur les classiques chinois*)，书中以《孟子》《书经》等古代经典来作为学习的文本，以中、法双语对照的方式认识文言文的用法。除此之外，陶福音还翻译了"四书"(*Seu-chou ou les quatre livres, traduction*, 1897)和《诗经》(*Cheu-king ou le livre des Vers, un des classiques chinois, traduction*, 1907)，这些译本成为了当时圣母圣心会中不可多得的古汉语类参考书籍。

---

① Paul Serruys, *My language Studies*, unpublished manuscript, 1985, Scheut Memorial library, Ferdinand Verbiest Institute, KU Leuven.
② 比如，Paul L-M Serruys, "Five word studies on Fang Yan (first part)," *Monumenta Serica*, Vol. 19 (1960); Paul L-M Serruys, "Five word studies on Fang Yan (second part)," *Monumenta Serica*, Vol. 21 (1962); Paul L-M Serruys, "Five word studies on Fang Yan (third part)," *Monumenta Serica*, Vol. 26 (1967); Paul L-M Serruys, "Studies in the language of the Shih Ching: I the final particle Yi," *Early China*, Vol. 16 (1991); Paul L-M Serruys, "The Word for 'Salt' in Shuo Wen," *Oriens*, Vol. 11, No. 1/2 (1958); Paul L. M. Serruys, "The Function and Meaning of Yün 云 in Shih Ching—Its Cognates and Variants," *Monumenta Serica*, Vol. 29 (1970); 等等。

三、民族民俗学

"民族学"(Ethonology)这一学科，在不同的国家有不同的称谓。在西方学界，有时也被称为"文化人类学"(Cultural Anthropology)或"社会人类学"(Social Anthropology)。其研究范围涉及一个民族的宗教信仰、风俗习惯、社会结构、经济文化等方面。① 总体而言，圣母圣心会在这一领域里，对中国风俗礼仪和宗教信仰的研究成果较为丰富。

康国泰神父在 1932 年出版了他对甘肃地区土族研究的专著《甘肃土人的婚姻》(*Le mariage chez les T'ou-jen du Kansou*)。其中文译本在 1998 年问世后，使得康氏成为了中国学界最为熟悉的圣母圣心会民族学研究者。② 关于对土族的研究，在这里还要提及田清波与石德懋(De Smedt Leo，1881—1951)共同撰写的一部研究土人语言蒙兀儿(Monguor)的著作《甘肃西部蒙人之蒙兀儿方言》(*Le Dialecte monguor parlé par les Mongols du Kansou Occidental*，1933)，共计 521 页。关于对其他中国西部地区的民族研究，1924 年杨永盛神父(Antoon Popelier，1884—1953)用荷语撰写的《西藏周边地区的民族学》(*Volkenkunde rondom Thibet*)是一部代表作。这些研究都是在日复一日的观察、走访以及大量材料收集的基础上才能够完成的。

当然，传教士在传教区中与汉人接触得最多，所以对于他们的生活方式与民族个性记录得也最为详尽。目前发现的最早的一部

---

① 李绍明：《〈民族学概论〉讲座(第一讲 民族学的定义、研究对象及其与有关学科的关系)》，《贵州民族研究》1982 年第 2 期，第 94 页。

② 在 1998 年出版的中译本中，康国泰被称为"许让"(Schram)，可能是译者以其本姓的发音来定的。参见[比]许让(Schram L. L.)：《甘肃土人的婚姻》，费孝通、王同惠译，沈阳：辽宁教育出版社，1998 年。

著作是以连载的形式刊登在1898年的圣母圣心会年鉴中,这位署名为"一位传教士"的作者以近三十个主题详细地介绍了中国人生活的方方面面,实为一部考察早期弗拉芒人眼中华北民风的重要史料。① 在单行本著作方面,司化兴(Arthur Seger 1874—1935)和朗安国(Florent Lauwers,1874—1939)二人分别出版了《中国及其人民的生活与礼仪》(*China, het volk, dagelijksch leven en ceremoniën*,1932)和《中国人的家庭》(*De Chineesche familie*,1913)。这两本著作是在当时仅有的以荷兰文介绍中国人生活的书籍,均出版于比利时的安特卫普,为当时弗拉芒人了解一个真实的中国带来了很大的帮助。尤其是在二十世纪初的欧洲,被大炮攻破大门的中国常以腐朽没落的形象见诸报端,而传教士在此时跨越政治上的歧视,以自己的亲身经历来书写中国,就显得更为重要了。其他此类描写汉人生活的文章还有董国清(Paul Jozef Dols,1873—1938)的《甘肃地区汉人之生活》("La Vie chnoise dans la province de Kansou, Chine")和《甘肃地区汉人的全年节日和习俗》("Fêtes et usages pendant le courant d'une annee dans la province de Kansou Chine",1937)。乔德铭(Rafaël Verbrugge,1872—1957)的《内蒙古地区的拓荒汉人先锋》("La vie des pionniers chinois en Mongolie aux prises avec un sol ingrat",1921—1925)。他们都以长篇连载的形式描述了汉人垦民在西北塞外边疆的境况,记录下了不同民族之间在文化和生活上产生的互动和影响,以及所带来的历史演变。

---

① Een missionaris van Scheut, "De Verkeerde wereld, of de gewoonten en gebruiken van China," in S. Missiehuis, eds., *Missietijdschrift: Missiën van Scheut*, Brussel: Scheut, 1898-1899-1900, pp. 33, 34, 65, 67, 109, 111, 125, 141, 155, 172, 189, 200, 212, 225, 245, 257, 282, 285, 302, 318, 337, 429, 442, 449, 477, 493, 509, 526, 541.

除了乐于记录和介绍中国大众的日常生活之外，圣母圣心会传教士还收集传教区里的民歌或歌谣、地方戏剧，介绍中国的中草药文化、特有的动植物群，甚至把中国特有的大熊猫以儿童书的形式介绍给比利时的小朋友们，以此来增添他们对这个远东国家的兴趣，这也可算作早期的"熊猫外交"。① 有趣的是，纵观传教士在中国民族和文化上的研究，似乎"婚姻礼俗"也是他们感兴趣的主题之一。早在1888年，陶福音就发表过一篇题为《中国婚姻史》（"Geschiedenis van een huwelijk volgens Chineesch gebruik"）的文章，后期还有吕登岸的《简述本地人的婚姻》（"Note sur les mariages indigènes"，1924），龚德华（Jozef Kler，1897—1969）的《鄂尔多斯的婚礼习俗》（"Quelques notes sur les coutumes matrimoniales des Mongols Ortos"，1935）等，甚至很少涉及民俗领域研究的闵宣化也就此撰文，在1936年发表了《新法下的中国婚姻》（"Het Chineesche huwelijk volgens een nieuwe wet"）一文。

传教士对中国婚姻礼俗的关注，部分原因可能是"谈婚论嫁"在中国人心目中所占有的崇高地位，再加上这群"未婚"传教士对婚姻生活怀有的一份天然的好奇心。康国泰在自己的书中曾写道："在欧洲人中，对于一个没有结婚的人是不觉得奇怪的……婚姻在土人中是一生中的大事，超越其他一切的事。一个人若不结婚就不算是好人。"② 或许，传教士们对中国婚姻礼俗的描述和阐

---

① 此类文章有：彭嵩寿的《鄂尔多斯南部汉人的民歌》（"Chansons populaires chinoises de la region Sud des Ortos"，1911）、《关于中国民歌》（"À propos d'une chanson populaire chinoise"，1924）、《蒙古歌曲汇集》（"Recueil de Chansons Mongoles"，1908）、杨丽觞（Jozef Marchal，1907—1970）的《中国传教区的中医药》（"Médecins chinois dans les mission de Chine"，1937）、彭嵩寿的《中国的医药》（"La mendicité en Chine"，1918）、逵遗德（Richard Cocquyt，1904—1982）的《大熊猫》（"Van den reus 'Panta'"，1933）等等。

② ［比］许让（Schram L. L.）：《甘肃土人的婚姻》，费孝通、王同惠译，第5页。

释,更是想通过中国人心目中的头等大事——"婚姻"来向自己本国的民众传达一个讯息,那就是"东西文化的理解不同,很容易不在正确的光线下来观察这许多事实……对具有不同理解的观察者说来,同样的事实有人看了觉得很合理,另一人看来却是很可笑而很可怕的"。① 所以,人们不能用自身的文化或哲学眼光狭隘地去审视一个不同的文化。"文化重构的大多数形式在结果上都是丰富了民族文化。这里的'丰富'既是对该民族文化而言的,也是对国家文化乃至人类文化而言的。"②因此,相对于不同文化间的互相排斥,人们更应该试图去了解和认识对方,寻求民族文化间的和谐与共同繁荣,这样比互相敌视或抵制更为合理和富有智慧。

关于民俗学的研究,在此还要提及闵宣化在1920年自行创办的一份面向圣母圣心会内部的学术杂志,其名为《汉蒙学术》(*Sino-Mongolica - Gedenkschriften der Missionarissen van Oost-Mongolië*)。该期刊发行了四年,收录了数位传教士对地方民俗的研究性文章,比如乔德铭的《中国的大米文化》("De Rijstteelt"),江怀仁(Florent Durein,1887—1920)的《中国戏曲》("Over het chineesch tooneel")以及梁维益(August Delaere,1888—1914)描述当地喇嘛庙、在理会、义和团等涉及民间宗教或秘密社团的《三十家子以及周边的历史》("Eenige Brokjes Geschiedenis over San-cheu- kia- tze en Omstreken")等,关于这部杂志我们在后文介绍闵宣化著作时再作具体介绍。

对于中国的民间宗教信仰,圣母圣心会入华后即有所关注。此类文章多在其修会年鉴中刊载,比如由潘似海(Cyriel Van

---

① [比]许让(Schram L. L.):《甘肃土人的婚姻》,费孝通、王同惠译,第4页。
② 同上,第284页。

Belle，1857—1918)撰写的长篇连载《中国神仙》("De Chineesche goden")就是早期的代表作品。全文不但对中国道教中的神仙进行了细致的考察和介绍，并且还提供了多幅民间绘画作品作为插图。① 除了中国本土宗教外，秘密社团也进入了传教士的视野。1891 年，在理会、武圣门、金丹教合力在热河地区发起的"金丹道事件"，让圣母圣心会在东蒙古传教区的事业受到了不少冲击，后来义和团运动的影响更是剧烈。因此，圣母圣心会年鉴始创初期，就刊登了一份卢熏陶给总会长的长篇汇报，名为《秘密社团"白莲教"》("Het geheim genootschap der Waterlelie"，1890)，详述了从山东传入热河的这个秘密组织。其后，又有一些文章介绍了分布比较广的组织，如在理会、共济会等。另外还有一些研究较不为人知的地方秘密社团的文章，如在中蒙古流行的"黄吉道"、②在马架子一带活动频繁的"上神教"，以及在北京地区设立的"宣讲堂"等。③ 这些文章的价值在于，很多的内容是出自这些社团成员的口述史料。他们皈依天主教之后，传教士把他们在这些社团的亲身经历详细地记录下来，其中包括社团的传播手段、内部教条、祭拜礼仪、组织结构等内容，对后期民间宗教社团的研究是值得参考

---

① C. Van Belle, "De Chineesche goden," in S. Missiehuis, eds., Missietijdschrift: Missiën van Scheut, Brussel: Scheut, 1895 - 1896 - 1897, pp. 421, 443, 458, 472, 486, 505, 515, 549, 566.

② Van Damme, "Miss. In Midden-Mongolië: Brief: een zonderlinge ontdekking," in S. Missiehuis, eds., Missietijdschrift: Missiën van Scheut, Brussel: Scheut, 1895 - 1896 - 1897, pp. 55 - 57.

③ 涉及中国民间宗教组织的文章，有叶步司的《在理会邪教的特点》("Bijzonderheden over de sekte der Tsai-li-ti", 1892)、高东升的《在理会》("Tsai-li-ti", 1901)、包海容(Antoon Botty, 1875—1919)的《宣讲堂》("Hsuan-chiang-t'ang", 手稿)、江怀仁的《上神教》("Cheng-Chen-Chiao", 1921—1922)等。江怀仁对中国的民间宗教很感兴趣，但因其早逝，没有继续做更多的研究，在他的档案中留下了一些没有发表的手稿和学习笔记。参见，Archive Nr.：BE/942855/1262/801, Documentatie- en Onderzoekscentrum voor Religie, Cultuur en Samenleving (KADOC), KU Leuven.

的补充材料。

在中国的宗教和哲学的研究上,闵宣化曾写过两部著作,一部是应英国天主教真理公会(Catholic truth society)的邀请而写,介绍中国流行宗教的简史。① 这本名为《中国之宗教》(*The religion of China*)的著作被编入该学会出版的"宗教比较学丛书",它从史学的角度介绍了景教、道教、佛教、天主教等宗教在中国的情况。② 他的另一本著作《东方人》(*De oosterse mens*)则更具学术性,专门阐述了中国儒家哲学及其对中国人思想和生活的影响。③ 闵宣化这部在布鲁日出版的书,其主旨无外乎是试图带领弗拉芒读者正确地认识东方的哲学思想,为当时政治环境下愈演愈烈的文化碰撞带来一些缓冲。此外,在中国宗教和哲学上的研究还有王我嵩神父(Martin Van Oss, 1904—1960)350页的《中国宗教》(*De Godsdiensten van China*, 1957)、卢扬愿神父以一定的"索隐派"意识来分析中国本土信仰的文章《"上帝观"在中国的最初形成》("Le notion primitive de Dieu en Chine", 1927)、梅岭蕊神父考察中国人精神观念后而撰写的《中国人及其灵魂观》(*Le Chinois et la notion de l'âme*, 1927),以及高东升神父研究儒家提倡的"孝文化"后写成的《中国人孝道的理论及实践》(*Théorie et pratique de la piété filiale chez les Chinois*, 1910)等。值得注意的是,圣母圣心会传教士在二十世纪后对中国非基督宗教或本地民间信仰的阐述,基本已经脱离了把中国人作为"异教者"(heidenen)加以叙述

---

① 1935年5月17日,英国天主教真理学会写给闵宣化的信。参见 Archive Nr.: T. I. a. 9.1.2.5. (KADOC18 - 475/6), Documentatie- en Onderzoekscentrum voor Religie, Cultuur en Samenleving (KADOC), KU Leuven.

② Rev. J. Mullie, *The religion of China*, in Rev. J. Mullie and Rev. J. M. Martin, eds., *Studies in comparative religion - The religions of China and Japan*, London: Catholic truth society, 1934.

③ Prof. Dr. J. L. Mullie, *De oosterse mens*, Brugge: Desclée De Brouwer, 1961, p. 8.

或研究的角度,与前期的文章相比较,他们在这一点上有了很大的思想转变。①

四、历史与地理

圣母圣心会在历史上的研究,成就最为卓越的是贺歌南神父,他在该修会传教史上的著述最为丰富。他以数年精力不断地收集各方资料,分别以东蒙古、绥远、宁夏、西南蒙古代牧区为主题留下了多部文献汇编式的著作。这些以荷兰文撰写的内部出版物,成为了当今学者研究圣母圣心会在华传教史极为重要的参考文献。除了教会史之外,传教士也在中国史领域有自己的贡献。说到以考古的方式来研究中国历史的学者,我们又要首先提起闵宣化。他在古代都城和地理的研究上发表过一系列的文章,其中最为中国学界所熟知的莫过于 1922 年发表的一篇研究辽临汉府上京的文章《东蒙古辽代旧城探考记》。② 日本东洋史学者古松崇志曾在他的文章中列举了闵宣化在辽代历史和地理领域所作出的十一个新的发现,并认为他的研究直接影响到了中西方学界对大辽文化和历史的兴趣,打开了国际学界对辽代历史以及契丹遗址研究的一扇新的大门。③ 除了对古代遗址的发掘外,闵宣化还在 1936 年以荷文发表了一篇关于在辽墓中发现"契丹石碑文"的文章,为当

---

① 二十世纪后圣母圣心会传教士以大众文学的形式来描写中国的时候,"异教"或"异教徒"这样词汇还是会出现。这其中的原因也包含吸引西方读者的阅读兴趣和同情。这一类型的文章也多出现在募集传教资金支持的刊物中。比如,包海容的《一个人口众多的异教国度》("Uit het heidensch millioenenland", 1920)就刊载在荷兰的《司帕伦道传教士年鉴》(*Annalen der Missionarissen van Sparrendaal*)中。
② Jozef Mullie, "Les anciennes villes de l'empire des grands Leao 大辽 au royaume Mongol de Bārin," *T'oung Pao*, Vol. 21, No. 2/3 (1922).
③ [日]古松崇志:《东蒙古辽代契丹遗址调查的历史——1945 年"满洲国"解体前》,姚义田译,《辽宁省博物馆馆刊》(2009),沈阳:辽海出版社,2009 年,第 56—88 页。

时对此领域仍极为陌生的荷语汉学界带来了新的研究动向。① 圣母圣心会内研究契丹文的不止闵宣化一人,梅岭蕊 1923 年在《通报》上以法文发表的文章《辽代道宗陵墓及首批被发现的契丹碑文》曾让国际学界刮目相看。② 总之,他们二位对古代辽城与契丹文字的研究,在当时是开拓性的。1953 年日籍东洋史学者田村实造等人合著了一部关于辽庆陵的著作,其前言中特别指明了闵宣化和梅岭蕊在此研究领域中的先驱地位。③

在中国历史的研究方面,由于传教地域上的直接影响,圣母圣心会的传教士较为关注东三省的抗日战争、华北的军阀内战以及蒙古地区发生的事变等问题。在此方面较早的文章有吕登岸的《中日战争之我所见》("De Japanisch‐Chinesische krieg", 1895)、司福音的《中国之社会状况以及当前危机的解决》("L'état social de la chine et la solution de la crise actuelle", 1901)、德朋善(August Van de Velde, 1877—1931)的《天朝统治者的退出》(Une sortie solennelle des souverains du Céleste Empire, 1906)等。后期的一些文章有乔德铭的《中日冲突时期的察哈尔地区》("Le pays des Tchakars, occasion de conflits sino-japonais", 1934)、彭嵩寿的《绥远的内战》("La guerre civile au Soei-yuen", 1926)和《巴拉盖和二十家子的内战》("La guerre civile à Palakai et à Eul-che-kia-tse", 1928)等。笔者发现,闵宣化也曾以匿名的方式在弗拉芒报刊上发表过长篇连载《在战争之时》("In de

---

① Jozef Mullie, "De K'i-tan-inscripties van de graven der Liao-dynastie (907 - 1125)," *Oosterse Gernootschap in Nederland* (Leiden), No. 6 - 8 Januari (1936).

② 该文题目在国内学界多被写为《辽陵之契丹文字》,该文章原文参见 L. Kervyn, "Le tombeau de l'empereur Tao-tsong des Leao, et les premières inscriptions connues en écriture K'itan," *T'oung Pao*, Vol. 22, No. 4 (1923).

③ Jitsuzo Tamura, Yukio Kobayashi, Shinobu Iwamura, *Tombs and mural paintings of Ch'ing-ling: Liao imperial mausoleums of eleventh century A. D. in Eastern Mongolia*, Kyoto: Kyoto university, Vol. 1, 1953, p. 7.

oorlogstijd"),以日记的形式跟踪报道了这场内战的种种细节。①关于蒙古地区事变的叙述,因传教士多在汉蒙交界之地传教,所以记述相关事件的文章也不在少数。比如曹清臣(Cyrillus Van Lantschoot,1875—1947)的《蒙古地方之中国革命》("Épisodes de la révolution chinoise en Mongolie",1912)、彭嵩寿的《蒙古地方的革命时日》("Journées révolutionnaires en Mongolie",1914)、乔德铭的《蒙古地区的"独立"事件》("La Mongolie un instant autonome",1924—1925)等等。

在圣母圣心会传教士的地理研究方面,范·欧沃梅尔在他的文章《科学嵌入宗教使命:圣母圣心会在华传教士与地理学会的互动(1881—1939)》中已有所介绍,本书不再赘言。②

但在此需要提及的是圣母圣心会传教士为我们留下的一大批游记性的地理考察汇报,这类的文章很多,这也许与这群来自一马平川低地国的年轻人对高山、平原、沙漠等多样的地貌发生兴趣有着一定的关系。他们的这些文章大部分刊载在《圣母圣心会年鉴》《圣婴善会年鉴》以及《传信善会年鉴》中,在此不一一列举。本书仅对出版的著作做一介绍,以此了解其大致的面貌。第一本圣母圣心会的游记著作,同时也是该会的首部出版物,出自四位首批赴华传教士之一的良明化之手。他用荷文完整地记录了他们从司各特到西湾子的整个旅程以及路上的所见所闻,极具可读性。③ 其

---

① Archive Nr.: T. I. a. 9. 3. (KADOC18 - 750), Documentatie- en Onderzoekscentrum voor Religie, Cultuur en Samenleving (KADOC), KU Leuven.

② Dirk Van Overmeire, "The embedding of a scientific into a religious mission: the interaction of CICM China missionaries with geographical societies (1878-1939)," in K. Weiying and Z. Xiaoyang, eds., *From Antoine Thomas S. J. to Celso Constantini: Multi-aspect Studies on Christianity in Modern China*, Beijing/Leuven: Social Sciences Academic press/Ferdinand Verbiest Instituut KU Leuven, 2011.

③ Franciscus Vranckx, *De Belgische geloofszendelingen in Mongolie - verhaal hunner reis en aankomst*.

后较早的同类著作还有祁训真的《去往蒙古的旅行》(*Op reis naar Mongolië*，1897)，以及杨峻德(Sintobin Joannes，1867—1903)的《从司各特到中蒙古的日记摘录》(*Van Scheut naar Midden Mongolië，reis beschrijving uit het dagboek*，1899)，这部366页的著作是早逝的杨峻德留下的唯一的一部出版物。其他的游记还涉及新疆和西藏地区，如尹德芒(Emiel Indemans，1866—1912)的两部描写伊犁的著作，《去往伊犁的海路以及伊犁传教区的汇报》(*Zeereis naar Ili en Verslag van de Ili Missie*，1890)和《从北京到伊犁——跨越华北和戈壁沙漠，翻越天山的旅程》(*Rondreis naar Ili van uit Peking，door geheel China，de woestijn van Gobi，over het Hemelsch gebergte naar de Missie van Ili*，1891)，以及代格物(Constant De Deken，1852—1896)419页的著述《横贯亚洲》(*Dwars door Asie*，1899)，那是他从中亚到西藏的旅行日记。以上列举的这些出版物都是十九世纪末的作品。进入二十世纪后，在地理游记上著述较多的传教士是乔德铭，出自其笔下的该类文章至四十年代为止有近二十篇之多，文中描述了内蒙古各个地区的地理面貌，如熔岩、沙漠、平原等。[1] 其标志性的学术著作是1938年在巴黎出版的《察哈尔地区的地理研究》(*Le pays des Tchahars，étude de géographie regionale*)，该著作除了对察哈尔的地理进行了详细的考察之外，还对当地经济以及移民等问题有着自己的分析。在此值得一提的是，圣母圣心会传教士的游记类著作或文章，很大一部分是以荷兰文撰写的，其原因是很多内容摘自他们以母语写成的日记或信件。传教士笔下中国的高山平原、沙漠河流，与其母国比利时的平地风貌形成了强烈的对

---

[1] Willem A. Grootaers, Dries Van Coillie, *Proeve eener bibliographie van de Missionarissen van Scheut* (Congregatio Immaculati Cordis Mariae), Brussel: Priestermissiebond, 1939, pp. 90 – 91.

比,这必然会引起弗拉芒民众对中国的兴趣与向往。与此同时,这些朴实无华的事实性记述文字,又把这些西方读者从对这一远东异国的无限遐想中带回到一个有血有肉的现实世界。

五、中国美术

如果我们把"汉学"的研究领域稍加扩展的话,中国的艺术也应囊括其中。因为对于一种文化的传播而言,视觉艺术的作用非同小可,它可以跨越语言的阻隔,直接探入人心。仅以俄国为例,"中国风"的艺术形式在其十八世纪汉学学科的建立上起了重要的推动作用。[①] 而在中国艺术西传的历史上,更不乏中国化的基督宗教艺术作品的身影。该艺术形式早在16世纪葡、荷两国带入欧洲的"耶稣瓷"上就已出现。[②] 明代以降,来华耶稣会士的著作中也充分利用了这种本土化的艺术来传播自己的信仰,如1619年刊印出版的《诵念珠规程》,其中极富中国特色的圣像画作品让人耳目一新。在这一方面,圣母圣心会的传教士也做过积极的尝试,狄化淳神父(Leo Van Dyck,1878—1951)就曾把多幅中式圣像加入到他编写的要理书当中,与耶稣会士的做法异曲同工。而作为真正的艺术家,另一名圣母圣心会的传教士方希圣神父(Mon Van Genechten,1903—1974)在这一领域的贡献更为突出。他不仅把具有"中国风"的基督宗教艺术介绍给自己的本国人民,还尝试通过自己的艺术作品来表现军阀内战、抗日战争中中国民众的痛苦遭遇,表达了他对当时饱受战火摧残的中国民众的极大同情。

[①] 阎国栋:《十八世纪俄国汉学之创立》,《中国文化研究》2004年第2期,第152—162页。

[②] 关于十六世纪基督教主题瓷器在海外流通的研究,参见董少新:《明清时期基督教主题瓷器再考察》,李军主编:《跨文化美术史年鉴2:"欧罗巴"的诞生》,济南:山东美术出版社,2021年,第327—368页。

在 1969 年一篇题为《方希圣——完全的弗拉芒人,完全的中国人》的访谈报道中,方希圣分享了他在中国绘画上的研究历程以及创作意图。1930 年,在他进入中国传教区之前,圣母圣心会已经对其绘画才能颇为注意,因此派遣他到伦敦和巴黎学习深造,分别在英籍画家弗兰克·威廉·布兰文爵士(Frank Brangwijn, 1867—1956)和法籍画家莫里斯·丹尼斯(Maurice Denis, 1870—1943)的指导下提高画技。方希圣入华之后,又在溥心畲的指导下于北京辅仁大学钻研中国绘画八年之久,在此期间他创作了多幅中式圣像并与中国画家一起开办数场画展。另外,方希圣也以中国庙宇的表现手法装饰过传教区内的教堂,以中式的天主教人物肖像绘制教堂壁画,并设计中式祭台。1937 年日本占领北京后,因比利时在二战中对日宣战,在华的比籍神职人员均被日军关入山东潍县的集中营。方希圣目睹了中国人民的惨痛遭遇,用画笔记录下了战时的种种状况。但可惜的是,此期间的画作均被日军没收。1943 年解禁之后,他开始了其代表画作——"磨难中之中国"(Suffering China)的创作。该画作中以不同的人物形象来表现当时国难当头,中国人民遭受种种痛苦的情形。

方希圣始终认为,传教士强迫中国皈依者接受西方文化是不合理的。西洋绘画更与本地风俗格格不入。相反,中国本土

图 4-7　方希圣绘制的教堂主祭台壁画

图片来源:Beeldarchief Verbiest Institute, KU Leuven

历史悠久的绘画传统应被很好地学习和借鉴。这也是他努力尝试创作中国式圣像画的初衷。经过多年的创作后他又意识到,真正的中国圣像画不应融入任何西方元素,要全盘运用中国绘画的手法和精髓才能体现其真正的艺术价值。当方希圣1946年离开中国回到修会母院后,并没有放弃对中国绘画的研究与创作,他奔走各地,以自己的艺术作品展现抗日战争中饱受摧残的中国。方希圣的中国式绘画得到了本国人的赏识和推崇,其二百多幅作品被购买收藏。更重要的是,通过他的作品,有更多的比利时民众了解到了中国人民在战争中的痛苦,以及抵抗侵略的无畏精神,这些艺术作品是文字所不能替代的直观而又深入的情感表达。尽管如此,以艺术的形式来传教或推进社会公益并不是每个人都可以了解和接受的。方希圣如此感慨道:

图4-8 方希圣在画中国画

图片来源:Beeldarchief Verbiest Institute, KU Leuven

>当我在辅仁大学教绘画时,我的同会会士经常认为我没有做任何实质性的工作。如他们所说的,我没有建立堂口也没有与信教群众紧密往来。回想起来,我必须承认,在贡献的层面上,我们传教士们中间有很多人是不能互相理解的。①

---

① 方希圣神父的文字采访,参见 F. Dalle, "Fang, Hsi-Sheng - Mon Van Genechten. Volbloed Vlaming-Volbloed Chinees," *Kerk en Leven*, Oct 16 (1969). 对方希圣的专题研究,参见 Lorry Swerts, Koen De Ridder, *Mon Van Genechten (1903 - 1974), Flemish Missionary and Chinese Painter: Inculturation of Christian Art in China*, Leuven: Leuven University press/Ferdinand Verbiest Foundation, K. U. Leuven.

六、怀仁学会的创立

前文提及,十九世纪的圣母圣心会对本会传教士的"世俗学术"培养一直持保留态度,但这样的治学方针在进入二十世纪之后有了根本性的变化。这期间标志性的事件是在 1947 年 3 月 8 日,圣母圣心会总会长安清国(Kamiel Crabbe, 1879—1954)同意中国传教区在北京建立该会汉学学术机构——"怀仁学会"(Verbist Akademie),这所学术机构也成为中比之间学术文化交流的一个见证。

圣母圣心会之所以会做出这样的决定,是历史的进程和普世教会政策双重作用下的结果。首先,1937 年"卢沟桥事变"爆发,中国进入了全国性抗日战争时期。在此期间,第二次世界大战又于 1939 年全面爆发,比利时也成为了日本的敌对国。这样的情况下,在华的比籍传教修会自然也没能幸免于难。自 1943 年 3 月起,沦陷区的圣母圣心会传教士遭到了侵华日军的逮捕和软禁,起初他们被安置在山东的潍县集中营,后来他们被软禁在位于北京太平仓的圣母圣心会账房"普爱堂"里,一直到 1945 年日本无条件投降为止,总共历时两年之久。① 不过,这次经历客观上为他们的学术研究创造了有利的条件。软禁的生活迫使传教士们远离了繁重的传教工作,使年轻的传教士有更多时间来学习和掌握中文,也让有经验的传教士可以重操旧业,把他们以往无暇顾及的学术研究提上日程。比如,善秉仁(Jozef Schyns, 1889—1979)的《文艺月旦》(又名《说部甄评》,*Romans à lire et romans à proscrire*,

---

① 关于这次日军在潍县集中营扣押在华西方敌国传教士的具体情况,参见 Patrick J. Scanlan, *Stars in the Sky*, Hong Kong: Trappist Publications, 1984.

1946)、《一千五百种中国现代小说与戏剧》(*1500 modern Chinese novels & plays*,1948),以及文宝峰(Hendrik van Boven,1911—?)的《新文学运动史》(*Histoire de la littérature chinoise moderne*,1946)都是在这一时期完成的佳作。① 除此之外,在集中营里,来自四面八方的传教士可以聚集到一起,借此机会分享他们各自传教区内不同的人文风俗、所见所闻,如此时间充裕的直接对话是平时信件交流所不能替代的。王守礼的《边疆公教社会事业》(*En Mongolie: l'action sociale de l'Eglise Catholique*,1945)就是在这样的契机下完成的。② 在日军威逼下集合到一起的圣母圣心会传教士越来越体会到共同分享汉学上的研究心得是传教之外的一种乐趣。

其次,是受到了基督新教在中国传教政策的影响以及从中感受到了威胁。二十世纪初,在华的新教传教士为扩大其社会影响力,在全国范围内不遗余力地开展高等教育。他们在传播西学上成为中坚力量,这一点是当时天主教会所不能比拟的。圣母圣心会传教士高乐康在其著作《文化方面的传教工作》(*Apostolat intellectuel en Chine*,1947)的序言中转述前直隶东南代牧区刘钦明主教(Henry Lécroart,1864—1939)的话,明确地表达出在新时代里以文化知识传教的重要性。"目前国内势力,即仍旧在'士'的手里,唯一打进富裕有识阶级的方法,就是创设各级教育机关。誓反教(基督新教)徒在各大都市里,凭借着他们的基督教青年会和

---

① 关于这三部著作的介绍以及它们在中国文学史上的影响,参见[法]安必诺(Angel Pino)、何碧玉(Isabelle Rabut):《西方传教士与中国现代文学》,王耀文、韩一宇译,《国际汉学》2007 年第 2 期,第 33—48 页; Isabelle Rabut, Angel Pino, *Pékin, Shanghai - tradition et modernité dans la littérature chinoise des années trente*, Paris: Bleu De Chine, 2000.

② V. Rondelez, *Nieuwe banen voor het apostolaat in China*, Archive Nr. : G/XIII/a/3/4/7, Documentatie- en Onderzoekscentrum voor Religie, Cultuur en Samenleving (KADOC), KU Leuven.

各种教育机构(计大学七所,医学校十六处)对中产以上的中国人发生了很大的影响。他们的策略和成效,指出了进攻的正确方式……"①这样的想法与耶稣会在华传教士所秉持的传教风格相契合,而对圣母圣心会来说,他们执行的从下而上的传教策略却亟待调整,培养本会知识型人才的呼声也由此而起,并力图使大学的教席中也有圣母圣心会士的身影。

最后,促使圣母圣心会在后期投身于"世俗科学"的最关键的因素,则是1919年11月30日教廷向普世教会颁布的"夫至大"(Maximum Illud)通谕。这份通谕对远东教会的发展带来了根本性的转变。"发聋振聩,拨云见日,于中国公教之上空出现了一颗晓明之星。"②该通谕除了在培养本地司铎、建立中国教区、抑制西方传教士民族主义思想蔓延等方面给予教导外,又特别阐明了传教士在传教区本土学术文化陶成上的重要性和必要性。教宗本笃十五世特别强调,以中国为代表的远东历史文化悠久而高深,传教士应付出时间加以学习和研究,这也是其传教事业的一个重要组成部分。③ "夫至大"通谕要求他们"当致其知,知必要明其庶物":

> 以故凡蒙主召,供传教使命诸修道学生,学生时,应如法陶养之,而按各科课程,圣学欤,俗学欤,凡为传教士所需要者,法当一一教授之。④

"夫至大"通谕颁布之后,欧洲教会反应强烈,比利时决定在

---

① [比]高乐康(P. Legrand):《文化方面的传教工作》,景明译,北京:铎声月刊社,1947年,著者序言第1页。
② 王臣瑞:《"夫至大"通牒与中国教务》,《铎声月刊》1944年第3卷第12期,第292页。
③ Carine Dujardin, *Missionering En Moderniteit: de Belgische Minderbroeders in China 1872-1940*, pp.259-261.
④ "夫至大"的最早中文译本由马相伯(1840—1939)翻译。该译本原文参见方豪编《马相伯先生文集》,北平:上智编译馆,1947年(民国三十六年),第225—241页。

1923年9月11日至14日在本国举行为期四天的专题研讨会，参加者为全国各个海外修会团体的传教士，他们集中讨论以"文化知识传教"的具体实施细节。会议被称为"传教周"大会（Missionlogische Week），首届（1923）和第二届（1924）都是在

图 4-9 怀仁学会"半亩园"入口处

图片来源：KADOC

鲁汶的圣母圣心会会院中举行的，与会者有二百多位，可见圣母圣心会在这次会议中的领导角色。①

在以上诸多条件的促成下，圣母圣心会决定在1947年6月16日买下位于当时北京东城牛排子胡同二号的"半亩园"，作为自己学术研究的基地。这座中式庭院从道光二十一年（1841）起由江南河道总督麟庆（字见亭，1791—1846）历时两年修缮而成，它最早属于清初兵部尚书贾汉复（1605—1677）的宅邸。②经过与其最后的园主黄积有的交涉，圣母圣心会最终以五万美金购得该房产，1947年7月19日由圣母圣心会华籍会士常守义（1903—1991）与黄氏签署购买合约。为了纪念圣母圣心会的会祖"南怀仁"，这所比利时在华学术机构被定名为"怀仁学会"，③该学会的第一任院长是贺歌南神父。

---

① Carine Dujardin, *Missionering En Moderniteit: de Belgische Minderbroeders in China 1872-1940*, pp. 261-262.
② 完颜爱兰：《半亩园之始末》，《紫禁城》1987年第5期，第38—49页。
③ 圣母圣心会为了将他们修会创始人与前弗拉芒籍耶稣会士南怀仁（Ferdinand Verbiest）相区别，再加上后来发现的一枚印章，最终在二十世纪八十年代决定将其会祖中文名改为"南怀义"。在此须注意的是，耶稣会南怀仁的本姓为"Verbiest"，与圣母圣心会会祖的本姓"Verbist"相比，在拼写上多出字母"e"。参见 Jeroom J. Heyndrickx, "Verbist versus Verbiest, Nan Huai Yi versus Nan Huai Jen," *Verbist Study Notes*, CICM SM Province, No. 17 (2004).

这所学会创立之后,除了让圣母圣心会新派来的传教士在该处学习中文外,其最重要的用途就是安排传教士进行汉学上的专业研究。其中较为著名的学者有研究鄂尔多斯方言以及民俗学的田清波、研究蒙兀儿民族史和宗教学的康国泰、研究中国文学的善秉仁、研究中国哲学的华籍会士常守义、研究蒙古方言和传教史的贺歌南、研究中国哲学的郎卫师(Louis Lauwers,1909—1981)、研究中国思想史的秦培德(Urban Debyttere,1909—1964)、研究中国方言地理学的贺登崧,以及研究中国方言学的司礼义等十二位圣母圣心会学者。

图 4-10 在怀仁学会的圣母圣心会传教士
田清波(一排左三)、贺登崧(一排右一)、司律义(一排右二)

图片来源:KADOC-KU Leuven, Photo archive of the Generalate of CICM

另外该学会还建立了文化宣传部,其中的事工之一是开办无线电广播节目,它的筹划者为姚耀思神父(Jan Joos,1911—

1986),主要播放的节目有:天主教时刻、中文演讲及西洋音乐、中国文学评论、西方文学介绍、中国社会时事新闻等栏目。每一档节目的播放时间约为一个小时。而另一项文字宣传事工由万广礼负责,其工作涉及大量的材料收集工作,以协助广播宣传事业。例如中国的时事新闻、民间小说、俗语谚语、先贤名言、中国经典等材料,其意图是尽量结合中国的本土文化来协助天主教事业的宣传工作,做到"引经据典"。此外,该学会还把收集到的这些材料结集成册,以中文和英文双语出版,成为当时传教士了解中国政治、文化、民俗的重要参考书。怀仁学会有了自己的汉学研究以及文化宣传后,开办自己的出版事业也是必然的。其出版社的中文名称为"普爱堂出版社"(Scheut edities)。1947年该会创建后的数月内,其出版社发行的书籍就已有八册,其中包括上文提到的《文艺月旦》和《边疆公教社会事业》两本。①

总之,怀仁学会的创立以中国语言及文化研究事业为其最主要的重心。北京《上智编译馆馆刊》刊登了怀仁学会成立的消息,其中也点明了它的创会宗旨,"该会对于一切文化运动积极尽力参加,以引中国知识界归向基督。至该会之主要工作,则是从事著作事业"。② 然而,到了1949年,圣母圣心会的传教士开始陆续离开中国大陆,怀仁学会也渐渐难以为继。1951年7月25日,怀仁学

---

① 以上关于"怀仁学会"的内容,整理自贺歌南与万广礼两位的油印手稿。参见 V. Rondelez, *Nieuwe banen voor het apostolaat in China*, Archive Nr.: G/XIII/a/3/4/7, Documentatie- en Onderzoekscentrum voor Religie, Cultuur en Samenleving (KADOC), KU Leuven; Dries Van Collie, *Verslag over de Intellectueele werking van Scheut in Peiping*, Archive Nr.: G/XIII/a/3/4/6, Documentatie- en Onderzoekscentrum voor Religie, Cultuur en Samenleving (KADOC), KU Leuven. 关于普爱堂1947年出版的书籍,参见冯瓒璋:《一九四七年出版的中文公教书》,《上智编译馆馆刊》1948年第3卷第3/4期,第150—152页。

② 冯瓒璋:《怀仁学会正式成立》,《上智编译馆馆刊》1947年第2卷第6期,第516页。

会在半亩园的历史正式落下帷幕,其在华的历史仅延续了四年。①

但是,怀仁学会在中国的结束并不意味着汉学研究传统在弗拉芒籍学者中间就此断绝。比利时鲁汶大学除了设立了上文提到的汉学系之外,还在二十世纪八十年建立了南怀仁研究中心(Ferdinand Verbiest Instituut)。该中心不但延续了当初圣母圣心会学者在中国尚未完成或有待展开的汉学研究工作,而且还活跃在新时代中比之间的学术交流活动中。迄为为止,南怀仁研究中心以"鲁汶中国学丛书"(Leuven Chinese Studies)的形式,出版发行了四十余部汉学著作。在此期间,该研究中心又联合中外学者组织召开了十四次国际汉学学术会议。这些成绩,也许正是北京怀仁学会精神的一种延续和继承。

第三节　闵宣化的汉语观

"语言就是人民"(De tael is gansch het volk)是一句出自比利时弗拉芒籍文学诗人范·杜斯(Prudens Van Duyse,1804—1859)的名言。② 虽然这句话在十九世纪的弗拉芒地区传递着更为浓重的政治色彩,但同时也表达出了"语言"这一人类最基本的沟通形式在弗拉芒人心目中所占有的重要地位。"语言"绝不仅仅是作为表情达意的工具、思维思想的载体而存在,它同时也是一个民族及其历史的真实写照。作为"他者"的西方人,在看待汉语时想必也

---

① J. L. Van Hecken, W. A. Grootaers, *The Half Acre Garden*, *Pan-Mou Yüan*, *Monumenta Serica*, Vol. 18 (1959), p. 371.

② P. de Keyser, "De Taal is gans het volk! Na de 100ste verjaardag van het overlijden van Prudens van Duyse (1804-1859)," *De Vlaamse Gids*, Nr. 44 (1960), pp. 246-255.

秉持着同样的观点,正如童庆生所言,"汉语观不仅集中表达了西方思想界、学术界对汉语的总体认识,更是西方对中国文化、社会和历史总体想象中的核心内容,是其中国观的重要组成部分"。①

然而,"西方"泛指的欧美诸国,在文化、语种上存在种种差异,对汉语的观察与阐释必然也会随之不同。因此,每一位语言学家或汉学家对汉语的认识也将会"因人、因时、因地"而存在差异。本节将以闵宣化为个案,以其文章和著述所阐述的观点为基础,通过他的成长环境、教育背景以及个人经验等诸多因素,具体探讨他个人对汉语的理解以及为后世所带来的启迪。

一、弗拉芒运动影响下的汉语研究

在闵宣化的手稿中,笔者发现一篇题为"弗拉芒的问题"("the Flemish question")的英文文章。相对于他大量涉及中国语言或文化的手稿和笔记,这篇文章显得较为独特。不但他在文末以"一位弗拉芒人"(a Fleming)署名,并且也是目前发现的唯一一篇闵宣化谈及自己弗拉芒籍民族问题的文稿。②虽然只是寥寥几页,但让我们了解了在这场持续一个世纪之久的南北政治风波下,闵宣化所持有的态度和观点。更为重要的是,它在一定程度上为我们揭示了一些闵宣化研究汉语的潜在原因。

在前文追述荷语汉学的发展过程时,我们已经提及比利时是

---

① 童庆生:《汉语的意义:语文学、世界文学和西方汉语观》,北京:生活·读书·新知三联书店,2019年,第4页。
② 该稿件为铅印稿。其内容是为了反驳一篇在5月18日刊登于 *Eche de Tientsin*(《天津回声报》)的法文文章,文章作者是布朗吉(Marcel Boulanger)。但闵宣化的这篇英文文稿是否已经被刊登以及刊登在哪份报刊上,目前笔者还没有找到线索。此文稿参见 Archive Nr.: BE/942855/1262/5819 (The Flemish question), Documentatie- en Onderzoekscentrum voor Religie, Cultuur en Samenleving (KADOC), KU Leuven.

由说荷兰语的弗拉芒人与说法语的瓦隆人所组成,弗拉芒人为了争取自己在本国的民族权利而展开了一场名为"弗拉芒运动"的百年斗争。据闵宣化所言,这场声势浩大的民族运动实际上自 1830 年比利时独立之后起就已开始:

> 具有古老诗歌传统而又美丽的弗拉芒,这个历史悠久的国家(country),就这样被无情地卷入一场疯狂的征战中了。①

这场运动不仅颠覆了当时比利时的教育界,也深入地影响了比利时社会的方方面面,并导致了宪法的数次修订。论及弗拉芒运动爆发的根本原因,荷、法两种语言之间的矛盾只是它的一个外在特征,其内部则涉及弗拉芒人与瓦隆人之间在民族、政治、宗教和社会地位上等诸多层面的矛盾。

十六世纪南北尼德兰分道扬镳,其中宗教所发挥的作用不可估量。以天主教信仰作为核心价值的南部尼德兰,即今天大部分的比利时地区,信仰成为了其民族意识中坚不可摧的"生命力"。自 1815 年起,信奉新教的荷兰君主一度成为了比利时新的统治者,其宗教以及经济上的压迫,让南部尼德兰地区内,曾经誓不两立的天主教保守派与世俗化的自由派意想不到地联合到了一起,并取得了独立革命的胜利。

闵宣化指出,作为革命的主导者,以罗泽为代表的瓦隆人在建国后却高举法国文化的旗帜,让瓦隆人和法语再次把持了比利时全国政治的核心地位。在 1831 年,布鲁塞尔的行政部门里有 400 名瓦隆人工作,而弗拉芒人却只有 20 位。1844 年全国发行的 27 份日报全都是法文的。在百年之中,弗拉芒人在政府部门里要讲法语,在军队里要听从法语号令,在学校里要接受法语教育,在法

---

① Archive Nr.: BE/942855/1262/5819 (The Flemish question), p. 1.

院要履行法语的裁决。总之,在比利时如果你不懂法语,除非你去做苦力,要不然是填不饱肚子的。①

除此之外,与天主教派曾经联手完成独立革命的自由派开始对天主教会在国内的强大渗透力加以排斥,以推进"世俗化"的政治策略来抵制教会的力量。以闵宣化的观点,在比利时最疯狂的法语捍卫者,都是来自这群既反宗教又高举世俗主义的自由派。②因着南北语言上的不同,经济发展上的不均衡,再加上信仰和政见上的敌视,高举天主教信仰、以农业经济为主的弗拉芒人与反对教权统治、以工业经济为主的瓦隆人之间的对立逐渐加剧。二者之间日益激化的社会矛盾,逐渐演变成了两个民族之间的矛盾。而捍卫自身民族性成为了拥护本民族语言的强大动力。作为天主教信仰背景深厚的弗拉芒人,认为语言是上帝对于一个民族的神圣恩赐,因此,这场以争取弗拉芒语言权利的"语言民族主义"(linguistic nationalism)运动便不可避免地爆发了。③

该运动的支持者大部分来自弗拉芒地区中产阶级的下层民众,例如教师、作家以及神职人员等。他们在自己的著述或学校课堂中坚决抵制那些充斥着"世俗主义"的法国文学作品,并在此基础上以捍卫弗拉芒语言和推动弗拉芒文学作品为手段,推动和提升该语言在整个社会中的主体地位。这些遍布在弗拉芒地区天主教中学里的神职人员,得益于其庞大的教会人脉,使他们的思想对当地青少年产生着强大的感染力和号召力。即便当时的课堂用语

---

① Archive Nr.: BE/942855/1262/5819 (The Flemish question), p.1, 3.
② Ibid., p.6.
③ Lieve Gevers, "The Catholic Church and the Flemish Movement," in K. Deprez and L. Vos, eds., *Nationalism in Belgium: Shifting Identities*, 1780-1995, New York: St. Martin's Press, inc., 1998, pp.110-111. 关于"语言民族主义"的定义,参见 H. Boyer, "Linguistic nationalism: an interventionist alternative to the liberal conceptions of the linguistic market," *Noves SL.*, No. autumn-winter (2006).

皆为法语,也并没有妨碍他们把热爱弗拉芒语的精神扩散到广大学生中间。① 尤以著名诗人希都神父为其中的领军人物。而我们在前文中已经提及,闵宣化在中学时代的诗歌教师即是希都神父的侄子——西栽尔神父,他对年轻的闵宣化有着深刻的影响。闵宣化在他的文稿中也称希都神父为"伟大的诗人",而这些神职人员则是"深爱自己弗拉芒同胞的人"。②

随着弗拉芒地区神职人员的民族思想在广大学生中间的日益发酵,一场"弗拉芒天主教学生运动"在1875年开始兴起,其影响力从中学生一直扩展到大学生、神学生中间,又以天主教鲁汶大学最为活跃。1903年6月,一个全国性质的"弗拉芒天主教学生联合会"(Het Algemeen Katholiek Vlaams Studentenverbond)在鲁汶成立,该组织号召弗拉芒学生开展"自学"运动,自行在荷语的学习上追求精进,并以科学知识为整个弗拉芒地区的教育贡献力量,进而追求建立一个以天主教为核心的弗拉芒社会。闵宣化认为,此时的弗拉芒运动已经不单纯局限在"语言地位"的斗争上,它开始以青年学生为导向逐渐遍及教育、科学、文化等社会领域,而这才是真正的意义之所在。③

正逢求学阶段的闵宣化就是在这种政治氛围下成长起来的,他作为推广弗拉芒语言文化的西栽尔神父的学生有五年之久(1898—1903)。西栽尔神父与其伯父希都神父不但是当时高举推广弗拉芒语言和文学旗帜的领军人物,并且作为"语言特殊论"(Particularisme)的鼓吹者还极力维护本土方言——西弗拉芒语的文化价值,认为该方言是能够体现中世古荷兰语诸多面貌的

---

① Lieve Gevers, "The Catholic Church and the Flemish Movement," p. 111.
② Archive Nr.:BE/942855/1262/5819 (The Flemish question), p. 3.
③ Lieve Gevers, "The Catholic Church and the Flemish Movement," pp. 112-113; Archive Nr.:BE/942855/1262/5819 (The Flemish question), p. 3.

纯正历史语言。虽然目前我们没有任何证据可以表明闵宣化认同"语言特殊论",但是,在这种教育氛围的影响下,至少我们可以理解为何语言对于年轻的闵宣化有着特殊的吸引力,并且在一定程度上也可以解释为何年仅十三岁的闵宣化曾经给同是希都神父追随者的克拉耐斯特神父写信,请教如何深入学习古荷兰语、方言学等方面的问题了。此外,闵宣化在鲁汶学习院学习期间,是否参与过"弗拉芒天主教学生联合会"的活动,笔者目前还没有找到有关史料。不过,他在课余时间阅读大量语言学书籍的行为,以及在非"神圣学科"的语言学知识上力求上进的精神,与当时弗拉芒学生运动号召的"自学"行动,却有着不可忽视的呼应关系。

通过对闵宣化这篇文稿的观察,我们不能否认他在字里行间清晰地表达着对弗拉芒语言的热爱和对其民族地位的拥护,不加掩饰地对法语文化在比利时大行其道感到愤怒并反抗。同时,他也对弗拉芒人中的法国派(Fransquillon)表示轻蔑与不满。他在文中如下写道:

> 这帮弗拉芒籍的法国派,他们拒绝承认自己的弗拉芒血统,背叛了自己的同胞,在其他国家他们会被叫做叛国者,但是法语报纸却称他们"国家的栋梁、高品位和知识分子"。……我相信,(弗拉芒人)不能成为异族文化的奴隶,如果法国人想失去弗拉芒人的认同,他们尽管去藐视我们罢了,但胜利终将落在弗拉芒人的手中。瓦隆人和弗拉芒的法国派必须把自由还给弗拉芒人,不然我们的复仇将指日可待。我不想说革命的话语,但是这是不可避免的事实。如果你们真的希望四百万弗拉芒人永远在一个异族统治者的面前阿谀奉承,那真是蒙蔽了双眼。①

---

① Archive Nr.: BE/942855/1262/5819 (The Flemish question), p. 3.

从上面这些话来看,我们可以确认闵宣化是这场"弗拉芒运动"的支持者。但同时我们也应该认清他对弗拉芒人争取比利时社会地位与政治权利的支持并不代表这是一种"民族主义者"(nationalist)或"国家分裂主义者"(separatist)的行为,这有时很容易被误解。我们在闵宣化的档案中发现了当时"弗拉芒学生运动"的主要推动者——根特大学法学教授和文学家杜斯福(Lodewijk Dosfel, 1881—1925)从1921年至1923年写给闵宣化的八封信。他也是目前发现的唯一一位与闵宣化有信件往来的"弗拉芒运动"领导者,他在信中称闵宣化为"敬爱的朋友"。因此笔者认为,闵宣化与杜斯福之间保持交流,可以反映他们二人在"弗拉芒运动"中存有共识。① 杜斯福在1922年的一次报告中这样指出:

> 如果按照字面实际的意思把所有主张"弗拉芒运动"的人都列为"民族主义者"的话,这是十分错误的,二者也相差甚远。在比利时议会的弗拉芒阵营里只有四位可称作是民族主义者,而其他弗拉芒代表的共同目的却是要在比利时国家统一的基础上去解决弗拉芒问题,他们渴望国家、议会和中央行政机构的统一和完整。②

因此,我们把闵宣化争取弗拉芒地区在语言、文化、教育等方面社会平等地位的意识与行为,理解为"弗拉芒民族意识者"(Flamingant),将更为符合实际。同时,这也将有助于我们进一

---

① 在杜斯福去世后,他的遗孀蒂斯曼(Angela Dosfel-Tysmans)在1926年3月29日写信给尚在中国传教的闵宣化,详述杜斯福去世的过程,由此可见他们二人之间的友谊。杜斯福与闵宣化之间的往来信件现保存在 Archive Nr.: BE/942855/1262/5522, Documentatie- en Onderzoekscentrum voor Religie, Cultuur en Samenleving (KADOC), KU Leuven.

② Lodewijk Dosfel, "Catholicism and Nationalism, 1922," in T. Hermans, L. Wils and L. Vos, eds., *The Flemish movement: a documentary history*, Londen: The Athlone Press Ltd., 1992, p. 266.

步理解若干闵宣化在汉语研究出发点上的问题,即为何熟练掌握法语的他始终坚持以荷兰语撰写汉语语言的著作,为何他坚持从母语荷兰语的角度来解析汉语,甚至为何他愿意一生投身于汉学事业当中。总的说来,这与"弗拉芒运动"的影响是关系密切的——通过知识和书籍的传播来推动本民族的力量。而能够达成这一目的的唯一途径就是使用本民族的语言。① 1928年2月16日,闵宣化在写给杨峻德的一封信中非常明确地表达了他坚持用荷兰语撰写《热河方言文法》的态度,他如此写道:

> 我从我们修会在天津的账房那里受到了很多人的压力,他们自以为是地认为:我用荷兰文写这本语法著作是犯了头等大罪。但是,我要让他们知道,休想让我用法语写这本著作。如果他们想要法语的,让他们自己写去吧。②

闵宣化在《热河方言文法》前言中开诚布公地阐明了他以荷兰语撰写这本语言学著作的首要目的:

> 这本著作的写作目的是为了服务于北京以北方言的学习。耶稣会士戴遂良的汉语著作有充分的条件可被称为大师级的作品,并且对很多传教士的汉语学习深有帮助,但这本著作的出版或许可以为其提供一些知识上的补充。然而,毕竟到现在为止,以荷语为母语的传教士还没有一本能够以自己的母语来学习北京以北方言的书籍。荷兰语作为一种与其他欧洲语言完全不同的语言,学生们不应该借助另一种外国语

---

① Lodewijk De Raet, "The Flemish University and Flemish life, 1907," in T. Hermans, L. Wils and L. Vos, eds., *The Flemish movement: a documentary history*, Londen: The Athlone Press Ltd., 1992, p. 196.

② 1928年2月16日闵宣化在承德写给杨峻德的信。参见 Archive Nr.: BE/942855/1262/5490, Documentatie- en Onderzoekscentrum voor Religie, Cultuur en Samenleving (KADOC), KU Leuven.

言来学习汉语,而最上乘的方法则是用自己的母语。因为,汉语与荷兰语之间的语法关系可以更清楚地直接传达,对学生们来说也会产生更深刻的印象。①

闵宣化这种坚持以荷兰语撰写自己学术著作的态度,或更好地说是为本民族学术服务的态度,与"弗拉芒运动"中所倡导的精神是一致的。1895年"弗拉芒运动"的推动者,根特大学的麦克理奥德(Julius Mac Leod,1857—1919)教授曾对弗拉芒籍知识阶层如此呼吁道:

> 有弗拉芒民族意识的人……他们要学会如何成为我们自己民众的老师,以此来服务于我们本国的那些不能够在学校里学习外语以致无法从邻国学习知识的人,他们要努力确保每年数以千百计的书籍是用我们自己的语言写成,并得以推广。这些事情只有这些怀有弗拉芒民族意识的人才可以完成,如果他们不做,没有人可以替代他们。……我们有不少的民族意识觉醒者开始从事着学术和科学的研究,特别是在年轻人中间。这样下去,我们弗拉芒的学术精英将会不断地增长发展,这将对我们自己的国家带来有益而深远的影响。②

但是,用小语种荷兰语撰写著作的劣势也是显而易见的。那就是读者主要局限在为数不多的荷语母语者中间,而研究成果的学术影响力也不会有更深更广的发展,严重地阻碍了学者在该学

---

① Jozef Mullie, *Het Chineesch taaleigen: inleiding tot de gesprokene taal* (*Noord-Pekineesch dialekt*), Vol. 1, Pei-T'ang: Drukk. der Lazaristen, 1930, voorwoord, p. 5.

② Julius Macleod, "Language and Knowledge, 1885," in T. Hermans, L. Wils and L. Vos, eds., *The Flemish movement: a documentary history*, Londen: The Athlone Press Ltd., 1992, p. 174.

术领域上的话语权或知名度。在这一点上闵宣化想必也同样清楚。因为他以法语撰写的关于辽城遗迹和帝陵发掘的研究,为海外学界所熟知,但倾注毕生精力用荷语撰写的汉语语言学研究在学术界并不受重视。虽然《热河方言文法》曾有英译本,但其撰写角度明显地是以荷语母语者为对象,在注音符号的使用和语法的释义上都未有体现出迎合英语学习者的痕迹。① 而后期的《古文原则》则更是如此。所以,闵宣化的这两部经典著作在国际学界乏人问津的局面是很容易理解的。但是,他对这些似乎并不以为然。因为他个人的学术目标很明确,即服务于以弗拉芒籍传教士为主体的圣母圣心会,并期望自己的汉学研究能为弗拉芒学术界添砖加瓦。以"学术来提高语言地位"是"弗拉芒运动"中知识分子们的广泛共识。

> 很多人对用荷兰语来从事学术或科学研究不能认可,他们常常认为我们的弗拉芒语言既愚蠢又不丰富……有人对年轻的学者或科学家说,如果用荷兰语撰写著作的话,将会把自己的研究成果埋没殆尽,并且阻碍在学界上的发展……在其他国家没有人会读荷兰语写的著作,荷兰文的学术著作将阻碍国际学者了解其中的内容,因此,这些作品将成为废纸……但我认为,荷兰语也一定会有它的将来,有越多的人使用荷兰语来撰写学术著作,我们的语言也越会被更多地认可。……未来掌握在我们的手中。②

二十世纪初接受圣母圣心会培育的传教士大部分都是在"弗

---

① E. Edwards, "Reviewed Work(s): The Structural Principles of the Chinese Language: An introduction to the Spoken Language (Northern Pekinese Dialect). Vol. I. by J. Mullie and A. Omer Versichel," *Bulletin of the School of Oriental Studies, University of London*, Vol. 7, No. 3 (1934), p. 653.

② Julius Macleod, "Language and Knowledge, 1885," pp. 174 - 176.

拉芒运动"的影响下成长起来的。我相信其中还有不少的弗拉芒籍传教士在学术著作的撰写和研究上受到了该运动的影响。① 比如曾在比属刚果传教的毕特弥斯神父(Leo Bittremieux,1880—1946)就是一个较为典型的例子,他同样坚持以荷兰语撰写自己对非洲语言和文化的研究著作。他曾在信中写道:

> 如果确实有必要,我也可以用法语撰写我的著作。但我自己的母语却是弗拉芒语,在国王的面前我也理直气壮。除非会冒犯他人,否则我坚持用弗拉芒语给每个人写信。能读弗拉芒语的人比你想象的要多……那些法国派方方面面为难我们,难道我们还要帮助他们扩大和提升法语学术著作地位的重要性吗?②

我们在这里仍要强调,虽然这些传教士在"弗拉芒运动"的长期影响和号召下,不遗余力地维护自己本民族的语言和文化,但这并不代表他们是拥护弗拉芒文化至上的狭隘民族主义者。再以毕特弥斯神父为例,他极其热爱刚果本地语言和文化。传教区内的方言马永贝语(Mayombisch)在他心目中的地位正如他自己的母语一样重要,他愿意深入地学习本地语言以便能更顺利地融入到本地文化的氛围中去。与此同时,他对欧洲人以"现代文明"的姿态在非洲做出的殖民主义行径异常不满,这与他所支持的弗拉芒民族阵营反对那些法国化"贵族阶级"的霸权统治也有着异曲同工之处。③ 热爱传教区文化的传教士不只是毕特弥斯一人而已,闵

---

① Patrick Taveirne, *Han-Mongol encounters and missionary endeavors: a history of Scheut in Ordos (Hetao), 1874–1911*, pp. 304–305.

② 1911年3月23日毕特弥斯神父写给其弟约瑟夫(Jozef)的信,转摘自Luc Vandeweyer, "Scheutist, linguïst en etnoloog Leo Bittremieux - Zijn visie op wetenschappelijk taalgebruik in 1910–1914," *wt*, Vol. LXVIII, No. 2 (2009), p. 186.

③ Luc Vandeweyer, "Scheutist, linguïst en etnoloog Leo Bittremieux - Zijn visie op wetenschappelijk taalgebruik in 1910–1914," pp. 188–189.

宣化在 1940 年的荷兰《玛斯伯德报》中曾这样说过：

> 圣母圣心会的传教士对中国的文化一直是推崇备至的。我们也按照这个优良传统从始至终努力推进。因此，直到现在我们修会的传教士一直保持身着中式服装的习惯。中国人认为他们自己的文化底蕴丰富，这也是完全合理的。①

确实，甚至当闵宣化回到鲁汶会院后，他仍保持着中国人的生活方式，这一有趣的细节在一篇"弗拉芒运动"机关刊物《我们的生活》(Ons Leven) 刊载的一篇文章中有所描述：

> 当你进入到他的房间时，将会惊讶眼前所看到的一切。你好像忽然感觉到已经身临中国一般。屋内的墙上挂的是中国绘画，各种中文书籍罗放在桌子和椅子上，中国的烟叶摆在写字台上……一个留着好像中国官员那样大胡子的人，在他的眼镜后面有一双明亮有神的眼睛，那就是闵宣化神父。他拿着一支带着银制小烟嘴的中国长烟袋，一边抽着中国烟叶，一边研究着中国书籍。②

十九世纪末二十世纪初的这一代弗拉芒籍圣母圣心会传教士，或多或少地都经历了自己的民族语言和文化在国内社会中遭受压迫、歧视和不公的待遇，这场"弗拉芒运动"的影响绝不单单只是带动了比利时国内社会和政治上翻天覆地的改革。它的影响也随着一些传教士一起踏入了他们在异国的传教区，催生了一批立志以弗拉芒语从事学术研究的传教士。这不但为比利时的国内学术史打开了一个重要的篇章，同时也拉开了以弗拉芒语从事海外

---

① "Bij Professor Mullie, De nieuwe hoogleraar in het Chineesch te Utrecht," (Feb. 27, 1940), *Avondblad*, *De Maasbode*, p. 5.

② Prof. Bittremieux, "E. P. Jos Mullie," *Ons Leven*, Vol. 52, No. 3 (1940), p. 49.

学术研究的序幕。闵宣化就是其中的一员,虽然当时压力重重,反对之声也是此起彼伏,但他仍以此为起点和动力,用弗拉芒语来研究汉语语言学。

二、圣母圣心会的汉语教学

事实证明,在新中国建立之前,比利时与汉学研究之间的关系,始终是以赴华传教士为纽带而逐渐形成起来的。因此作为十九世纪以降比利时赴华传教士的主力军,被誉为"中国苗圃"的圣母圣心会,更是在中比学术交流上扮演了主要角色。① 该修会包括闵宣化在内的传教士们,在汉学研究领域上所做出的成绩,不仅是得益于其在地域上"近水楼台"的优势,他们在赴华前所接受的长达六七年的汉语教育,也为他们更深入地进行汉学研究创造了先决条件。②

1931年,闵宣化接管了该修会汉语教学的任务,这成为了该修会在汉语教学上的一个突破性的转折点。他不仅系统地安排课程,循序渐进加以引导,并且在教学上也更强调遵循语言学上的科

---

① 十九世纪末,在中国的弗拉芒籍传教士除了来自圣母圣心会,也有来自方济各会的。从1872年到1940年在湖北西南地区(也称为"鄂西南宗座代牧区")传教的方济各会传教士,共计102位。他们隶属于比利时方济各会圣若瑟会省,其中也有不少弗拉芒籍传教士。1872年首次派来中国的两名传教士中,有一位是来自西弗拉芒省蒂尔特(Tielt)的祁栋梁(Benjamin Christiaens, 1844—1931),他在1889年成为鄂西南宗座代牧主教。该修会弗拉芒林堡省(Limburg)传教士杜尼森(Beatus Theunissen, 1906—1990,中文名不详)于1939年领导在北京建立了语言学校,该学校在1948年迁到香港。关于该修会在中国的传教士的专题研究,参见 Carine Dujardin, *Missionering En Moderniteit: de Belgische Minderbroeders in China 1872-1940*, Leuven: Universitaire Pers Leuven, 1996;其中涉及杜尼森执掌北京语言学校的内容,参见 Carine Dujardin, *Missionering En Moderniteit: de Belgische Minderbroeders in China 1872-1940*, pp. 139-140.

② 第一次世界大战开始(1914)后的几年里,汉语课在初学院曾被取消。参见 Jos Mullie, "De Studie van het Chineesch in de Congregatie van Scheut," p. 196.

学方法。他的学生贺登崧曾说,在 1931 年至 1949 年闵宣化执掌鲁汶学习院的汉语教学期间,那里可谓是弗拉芒地区的第一所"汉学学校",闵宣化所培养的圣母圣心会传教士共多达三百余位。在他的这些学生中间,有的成为北京辅仁大学的汉学教授,有的成为在莱顿、伦敦、纽约获得博士学位的汉学专家。① 用闵宣化自己的话说,当时在欧洲没有任何一个修会可以与圣母圣心会在汉语教学上的投入相媲美,其教学方法和付出的精力也走在前列。②

圣母圣心会对该会会士的汉语教学传统可以追溯到创会初期。韩默理在 1866 年就曾向修会创始人南怀义呼吁过传教士掌握汉语的必要性。他在信中曾这样说:

> 敬爱的总会长,我恳求您,从现在起请不要再派遣像我这样的传教士到这遥远的地方。不能用语言交流的痛苦,在我看来,比深山里隐修士的禁食还要难受。③

但是,在圣母圣心会刚刚起步的十九世纪中期,他们并没有条件,更没有任何经验为新加入的传教士们提供汉语上的教育,甚至对他们最基础的哲学和神学培育也只能依托于罗马的传信大学或鲁汶的耶稣会神学院。再加上缺少口语方言教材,让这些刚踏入中国的传教士在汉语学习上困难重重。

1877 年的 10 月,圣母圣心会建立了第一所隶属于自己修会的神学院,会士们可以在那里学习哲学和神学科目。其后在 1885 年 9 月 26 日,修会第一次任命了从中国返国的李崇耀(Albert

---

① Willem A. Grootaers, "Oude banden tussen Vlaanderen en China," *De Vlaamse linie*, 2 Sept. (1949).

② Jos Mullie, Jos Mullie, "De Studie van het Chineesch in de Congregatie van Scheut," p. 200.

③ 韩默理 1866 年 2 月在黑水地区马架子写给南怀义的信。转引自 Jos Mullie,"De Studie van het Chineesch in de Congregatie van Scheut," p. 200.

Gueluy，1849—1924)在神学院里开设汉语课程，后来接替他的是曾在甘肃传教的丙存德。早期教授汉语的方法比较单一，首先是从汉字学习入手，以学习明代梅膺祚《字汇》中总结出的 214 个汉字偏旁为基础，其目的是掌握之后就可以自行查阅《康熙字典》等工具书来帮助自学。其次是以中文的要理书、祈祷经文和白话圣经作为辅助学习口语。早期使用的教材有《一目了然》和《古经略说》，这些浅显易懂的语体文书籍既是重要的传教素材，也是易于理解的中文文本。① 当初对传教士汉语上的要求也仅是以口语交流为主，以能够向本地慕道群众解释要理，或对信教群众公开证道为标准。而以语言学为指导系统地进行教学，当时是不存在的。闵宣化这样回忆说：

> 那时对我们传教士的教育，除了哲学就是神学。汉学这一知识在老一辈的传教士中间更不存在。1903 年时，汉语老师上课的第一句话就是"汉语没有语法"。德国汉学家甲柏连孜(Georg von der Gabelentz, 1840—1893)早在 1881 年出版的语法书《汉文经纬》(Chinesische Grammatik)，我们在司各特和鲁汶也从来没有听说过。②

但是随着圣母圣心会在中国传教的规模越来越大，与此同时又计划逐渐兴办男女公学、大小修道院，培育本地传教员和司铎等工作，简单的口语已经不能胜任这些事务了。为了提升传教士自身的学识地位，掌握文言雅语和中国经典越来越被重视起来。然

---

① 圣母圣心会当时用的《一目了然》并非是卢戆章 1892 年在厦门出版的切音字教材《一目了然初阶》，而是徐家汇土山湾印书馆 1878 年印刷出版的要理书籍，另一本《古经略说》由方济各会顾立爵(Eligius Cosi)撰写，在 1886 年于河间府胜世堂出版。这两本书今仍藏在南怀仁研究中心的图书馆内。

② Jozef Mullie, *In memoriam eerwaarde pater Antoon Mostaert* (*10 augustus 1881 - 2 juni 1971*), Brussels: Jaarboek van de koninklijke Vlaamse Academie voor wetenschappen, letteren en schone kunsten van Belgie, 1971, p. 412.

而,到了 1905 年,清朝废除了科举制度后,新式学堂纷纷建立,白话文课程取代了私塾中研读古代经典的传统。圣母圣心会在这一时期的中文老师由桑贵仁神父担任,他也是闵宣化在鲁汶学习院学习时期的中文老师。据闵宣化说,1904 年到 1906 年期间桑贵仁仍是沿用前辈的方法,让神学生以研读《一目了然》和《真道自证》来学习中文,但是后来却革命性地使用了《官话指南》,这可能是圣母圣心会使用的第一本正式的汉语教科书。① 到了 1922 年,圣母圣心会还用了当时不同等级的国民学校通用的《新式国文教科书》来教授汉语。② 以圣母圣心会在二十世纪初所使用教科书来看,他们还算是与时俱进的,然而,总会认为传教士所接受的汉语教育仍然不能与当时"文化传教"的目的相适应。因此,自 1931 年起,也就是闵宣化被召回鲁汶负责汉语教学的第一年,圣母圣心会内专业和系统的汉语教学时期开始了。

当闵宣化还在热河传教的时候,他已经对圣母圣心会汉语的教学情况做出了反思,并且把他的改革意见提交给中国的省会长作为参考。在 1930 年 3 月的这封信中,他认为学好汉语的根本目的是让传教士能更好地胜任在中国的传教工作。这包括:熟练掌握口语,能与当地人交谈传道;掌握足够的文言知识,能够主持当地教育机构的日常事务和教学;掌握简单的中文书写能力,能够撰写书籍做到文字传教。如果传教士想在中国人中间发挥一定的影响力,不具备以上的能力是很难达成的。而学好汉语的先决条件

---

① 闵宣化并没有对那时所使用的《官话指南》有更多的介绍。该书可能是由吴启太、郑永邦编撰的北京官话《官话指南》。该书陆续出版了诸多版本,其中有北京官话版本、南京官话版本和方言版本等。最早的《官话指南》(四卷)出版于 1881 年 12 月,其后文求堂在 1903 年出版了修订版,修订者是金国璞。参见张美兰:《〈官话指南〉及其四种方言对译本的价值》,《国际汉语学报》2016 年第 7 卷第 1 期,第 157—165 页。

② 在鲁汶大学远东图书馆的储藏阁楼里,笔者看到了很多堆积起来的民国《新式国文教科书》,这些书籍可能是当时圣母圣心会所留下的。

是应该有优秀的老师,其次是在不妨碍哲学和神学学习的前提下,增加会士们在神学院的汉语学习时间。再有就是教科书的选择问题,系统地学习语法是掌握汉语的捷径。因此,闵宣化极力争取汉语教学在神学院中应有的重要地位,并且以建立专业的汉学学科为最理想的目标,而广泛地引进师资和合理地安排教学任务是建立一个完善学科的首要前提。[①]

闵宣化的这封信或许是导致其不久之后返回故土执掌中文课程的原因之一。但无论如何,他的到来确实为比利时母院的汉语教学带来极大的改观。在圣母圣心会的档案中,笔者发现一份闵宣化在1947年提交给总会长的汉语课程教学报告,其中不但记录了1935年至1947年之间圣母圣心会学生的课程安排和考试成绩,还大致阐述了他自己在教学上所秉持的一些方针原则。譬如,他坚持白话文和文言文的学习比重持平。在初期教学上以白话文为主,以文言文为辅,但随着年级的增长,文言文的学习比重也随之逐年增加。在语言教材的选用上,闵宣化从始至终重点使用一套称为"天主教国文"(*Katholieken Kwo-wen*)的汉语课本。[②] 这套在1912年9月民国政府教育部颁布"壬子癸丑学制"后诞生的教材,由圣教杂志社编写,文本多采用与教会生活密切相关的内容。其"说明手册"的前言中有如下文字,以此可知全书大致的面貌:

---

① 1930年3月13日,闵宣化在承德(热河)写给省会长(Pater Provinciaal)的信。参见 Archive Nr.: BE/942855/1262/5513(KADOC18 - 722), Documentatie- en Onderzoekscentrum voor Religie, Cultuur en Samenleving (KADOC), KU Leuven.

② 这套教材是上海徐家汇土山湾印书馆出版的《国民学校国文新课本》,共分为八册,现在在鲁汶大学远东图书馆中有藏。据该馆馆员所述,这套国文教科书起初都保存在圣母圣心会在鲁汶的会院里,目前均已转交鲁汶大学远东图书馆代为保管。因当时圣母圣心会陆续采购这套国文教材以供传教士学习汉语,因此收藏的数量不少且含有多种版本。其中最早的版本是1913年的第二版,最晚的版本是1935年的第九版。另外,此套藏书中还有几册《国文新课本说明书》(第一编:学校制度;第二编:国文教授;第三编:国文注解;第四编:表簿备考),分别在1917年和1918年出版于上海土山湾慈母堂。

是书宗旨是为养成国民知识,灌输公教真理,按照国民学校四年毕业年限编辑,每半年一册,共八册,每册五十课,共四百课,用生字三千一百个……第一至四册以单语及短文构成,使儿童即能自造短句短文;第五、第六册另辟文法一门,使知文字之所以然;第七、第八册则示以日用文章……得此亦足自立,而无学非所用之弊。①

虽然当时的中国社会逐步兴起了提倡"言文一致"的"国语运动",但此"天主教国文"课本的内容仍旧以浅近文言的"近世文"为主。② 这也是为何闵宣化起初主张收集热河地区的口语语料,撰写更贴近口语语境的《热河方言文法》的原因之一。据闵氏所述,"天主教国文"课本的第一、二册用在学生第一年的初学时期学习,第三、四、五册在其后两年的哲学时期学习,而程度较深的六、七、八册则是在他们读神学的四年中学习,这与原书所规定的半年一册的学习进度相比有所放缓。闵宣化在教学的一开始还强调掌握汉语语音的重要性,"语音学"(klankleer)课程在学生第一年入学起就要开始学习。对中文发音的练习闵宣化也力求遵循科学和系统的原则,首先要求学生掌握标准的发声方法(articulaties),然后再强化汉语的声调练习。这种以"知其然,又要知其所以然"的教学理念一直是闵宣化坚持贯彻的教学方针。他在早期就对"鹦鹉学舌"式的教育方式提出过异议,并撰文检讨在传统私塾教育中学生重复诵念古代经典但不知其解的实际意义。③ 此外,闵宣化或许是受到了早期圣母圣心会内部汉语教育的影响,他也认为学生

---

① 圣教杂志社:《国文新课本说明书:第四编　表簿备考》,上海:土山湾慈母堂,1918年,第1页。
② 陈尔杰:《"古文"怎样成为"国文"——以民初中学教科书为中心的考察》,《中国现代文学研究丛刊》2012年第2期,第141—152页。
③ Min Suan-Hwa, "Uit China, Een Katholiek kollegie in Oost-Mongolië," (Jul. 05, 1913), *Het Handelsblad*.

须在第一年掌握214个汉字偏旁,这是他们要能独立使用中文字典的必备技能。为此,闵宣化编写了一本面对荷语母语者学习汉字偏旁的书籍《汉字的214个部首》。①

在文言文即"古文"(Koe-wen)的学习上,初学阶段的学生以研读耶稣会士南怀仁的著作《教要序论》(1670)起步。到了哲学和神学的学习阶段,则开始陆续研读儒家典籍"四书"以及耶稣会士顾赛芬(Sépaphin Couvreur,1835—1919)撰写的《公文文选》(*Choix de documents*,)。②闵宣化在讲授古代汉语时,力求对古文语法作细致的分析,③这也是他在后来大量引经据典来撰写《古文原则》的初衷。同时,他也深信研读古代先贤的经典著作是认识中国思想文化的必经之路。因此,除了学习"四书"外,他又选取一些其他能够代表中国主要哲学流派的著作,如孟子、列子和朱熹的作品。其目的是在学习汉语的过程中还可以循序渐进地帮助学生了解中国人的内心世界和文化渊源,这将有助于年轻的传教士跨越东西思想之间的鸿沟。

中国深厚的文化底蕴是建立在其悠久的历史基础上,闵宣化对此也高度认同。他通过讲授既有文学价值又有史学意义的著作——司马迁的《史记》来向学生介绍中国从上古时代到汉武时代的人物和故事。他在课上还协助学生一起翻译《汉书》(*Annalen der Vorstenhuizen*),从中挖掘中国与西域之间早期交流的历史痕迹。具有叙事特色的史学著作《左传》也是闵宣化推荐学生学习的

---

① Jozef Mullie, *De 214 sleutels van de Chinese karakters*, Leuven: Dewallens, (publishing date unknown).

② 该书全名为《中国公函、诏令、奏议、觉书、碑文等文选》(*Choix de documents, lettres officielles, proclamations, édits, mémoriaux, inscriptions: texte chinois avec traduction en français et en Latin*),1894年在河间府的天主堂印书馆(Ho Kien Fou, Imprimerie de la Mission Catholique)出版。

③ W. South Coblin, "Paul L-M. Serruys, C. I. C. M. (1912-1999)," p. 507.

文本之一。除了这些具有文学价值的先秦两汉史学著作外，闵宣化又把近代的地方志书《承德府志》（1826—1887）加入到课程当中，其目的是让学生熟悉与他们传教目的地息息相关的地理、历史和风土人情。他又与学生一起研读《邪正理考》（1913），以此来了解中国的民间信仰。可见其古文教学内容选材的精良和丰富。

在比利时母院学习汉语的最后一年里，闵宣化要求他的学生们加强阅读白话中文报纸的能力。他认为，二十世纪初期出现的"新闻语"是一种介于中文口语与文言之间的现代语体，是在"白话文运动"影响下形成的一种重要的文化现象，是书写语言大众化转型过程中的表现形式。① 阅读各种白话报刊，不仅可以从学生们对中国时事的"好奇心"上激发起他们的阅读兴趣，同时也可以培养他们在后期能够自行撰写迎合新时代需要的中文文章和信件的能力。闵宣化一直坚信，虽然白话文在五四时期中国的知识阶层中间大行其道，但仍不能放弃学习文言文。甚至他要求他的学生从第一年学习中文起就要开始接触文言文，这会让他们在最后一年阅读中文报纸时有"轻车熟路"之感，因为"新闻语"简单说来就是一种"简化"（gereduceerd）后的文言文而已。②

闵宣化在鲁汶圣母圣心会神学院的汉语教学虽然名义上只是汉语语言课程，但他所讲授的知识和安排的学习内容却涵盖了中

---

① 关于对早期"白话报刊"的介绍，参见刘光磊、孙娉：《白话报刊对白话文运动的影响》，《宁波大学学报》（人文科学版）2012 年第 25 卷第 1 期，第 128—132 页。

② 以上对闵宣化中文课程内容的阐述，整理自两份文献材料。一份是 1930 年 3 月 13 日，闵宣化在承德（热河）写给省会长的信，另一份是 1940 年闵宣化发表的一篇文章《圣母圣心会的汉语学习》，参见 Archive Nr.：BE/942855/1262/5513（KADOC18－722），Documentatie- en Onderzoekscentrum voor Religie, Cultuur en Samenleving (KADOC), KU Leuven.

国的口语、训诂、文学、历史、哲学、宗教、新闻传播等诸多方面。他的这一教学宗旨不仅贯彻在圣母圣心会比利时的会院中,在荷兰奈梅亨的会院中也同样遵循。闵宣化的荷籍学生魏达恒(P. Verdagem)曾在1940年的一封信中写道:

> 得知您被乌特勒支大学聘为汉语教师的消息后,我为您作为我们的汉语老教授和修会里东方学的领路人从心底感到骄傲。您的汉语教学将要跨出我们修会这所"全欧洲最大的汉语学校"而向外伸展。……毋庸置疑,我们知道您要求我们学生的不仅只是在中国的语言上下功夫,而中国的历史、民族学、地理、宗教、哲学都要一并掌握。①

在圣母圣心会这七年的学习,不仅让这些赴华的年轻传教士们能够很快地融入中国本土的传教生活,并且为他们日后在汉学领域中深入地研究打下了一个良好的基础。这或许也可以解释为何在闵宣化的学生中出现了不少如贺登崧一样的汉学研究者,并且对他们的老师始终心怀感激。

三、汉字的荷语化拼音

在闵宣化的一份手稿中,他对圣母圣心会传教士的三个培育阶段——即初学期、哲学期和神学期的汉语学习目标做了一个宏观上的规划。对进入初学期培育的学生来说,他们大部分对汉语还是一无所知。闵宣化认为,掌握汉语规范的发音方法是学生迈入汉语世界的第一个重要门槛。而掌握正确的发音,在他看来不

---

① 1940年3月9日,魏达恒在奈梅亨写给闵宣化的信。参见 Archive Nr.:BE/942855/1262/5515(KADOC18-3388),Documentatie- en Onderzoekscentrum voor Religie, Cultuur en Samenleving (KADOC),KU Leuven.

外乎要依靠"语音学"的科学指导。

学生时代的闵宣化,最早是通过阅读德国语音学家西弗士(Eduard Sievers,1850—1932)的著作来系统地学习语音学的知识。他在鲁汶攻读神学期间,也很有可能曾在语言学教授贺鲁达的语音实验室内受到过专业训练。① 因此,当 1909 年闵宣化第一次踏入中国传教区后,便立即着手对当地方言进行全面的考察,以自己掌握的语音学知识对热河地区的方言进行记录。他在汉语语言学上的开山之作,就是一篇涉及"发音语音学"(articulatory phonetics)的研究。这篇以西弗士的语音学知识为理论框架而撰写的德文文章《热河省语音研究》("Phonetische Untersuchungen über die nordpekinesischen Sprachlaute")于 1913 年发表在《人类学》杂志上。② 闵宣化以科学严谨的态度深入考察了热河方言的发音,③记录下了二十多个元音与四十多个辅音,对它们的音质、音位等语音特征逐一进行了细致的分析和描述。除此之外,他还在文中详细地记录了热河方言在音调(der tonakent)上的曲折变化,提出了重音(der dynamische akzent)在语言表达上的重要性,北方口语中儿化音的特点以及同音缩略(haplologie)、语音同化(assimilation)、元音和谐(vokalharmonie)、元音融合(kontraktionen)等一系列的语音

---

① "Prof. Jos. Mullie, Missionaris en Sinoloog," (Oct. 22, 1938), *Nieuw Vlaanderen*, p. 8; Jozef Van Hecken, *Documentatie betreffende de missiegeschiedenis van Oost-Mongolië*, Vol. 9, p. 81.

② Jozef Mullie, "Phonetische Untersuchungen über die nordpekinesischen Sprachlaute," *Anthropos*, Vol. 8, No. 2/3 (1913),中文标题参考 1947 年常守义翻译的《在华圣母圣心会士之学术研究》一文。参见[比]贺登崧:《在华圣母圣心会会士之学术研究》,常守义译。

③ 闵宣化在文中称其考察的方言为"北京以北方言",是东蒙古代牧区内使用的方言。在地理位置上涵盖了热河地区。他的口语著作 *Het Chineesch taaleigen* 也是以"北京以北方言"为研究对象。该书名曾被华籍圣母圣心会会士常守义译为《热河方言文法》。因此本书以常守义的译法为准,当行文中涉及"北京以北方言"时,也写作"热河方言"。参见[比]贺登崧:《在华圣母圣心会会士之学术研究》,常守义译。

变化形式(der phonetische lautwandel)。闵宣化对二十世纪初热河口语发音的深入观察和缜密的记录,为后人了解该方言在百年前的语音面貌提供了一个可靠而翔实的参考依据。正如司马翎所说的,读完闵宣化的这篇文章后,会使人萌发出一种想到热河去听一听当地人讲话的冲动。① 而瑞典语言学家高本汉对上古、中古汉语音韵的研究著作,给闵宣化后期的热河语音研究也带来了启迪。他曾这样评价说:

  (高本汉)对中国古汉字音韵上的深入研究,为学界解决公元三世纪前汉字音韵上的许多问题上开启了一线曙光。他对《诗经》音韵的阐释以及对上古汉语(Chinois archaïque)语音的考证做得可说是细致入微。②

  闵宣化认为,能够快速地领悟汉语发音特点并且有效地掌握其发音规律,在学习汉语上是很重要的。学生在汉语发音上遇到的困难完全可以通过语音学的知识加以改善。首先学生要了解自己母语语音的"调音"(articulatie)特点,然后再经过一番比较,把汉语中存在而在荷兰语中不存在的发音方式集中地加以学习和训练。③ 但是,汉字作为一种"非表音"的文字,能够让学

---

 ① 本书中语言学的专有名词,以 2011 年由语言学名词审定委员会出版社的《语言学名词》一书为参考。参见语言学名词审定委员会:《语言学名词》,北京:商务印书馆,2011 年。另,对于闵宣化《热河省语音研究》一文的评述,参见 Rint Sybesma,"A history of Chinese Linguistics in the Netherlands," in Wilt L. Idema, eds., *Chinese Studies in the Netherlands - Past, Present and Future*, pp. 147 - 148.
 ② 闵宣化在这里指的是高本汉的《中国音韵学研究》(*Études sur la phonologie chinoise*, 1915—1917)和《北京话语音读本》(*A Mandarin Phonetic Reader in the Pekinese Dialect*, 1917)。闵宣化的这句话转引自 Jozef Van Hecken, *Documentatie betreffende de missiegeschiedenis van Oost-Mongolië*, Vol. 9, pp. 81 - 82.
 ③ Archive Nr.: BE/942855/1262/5516(KADOC17 - 68), Documentatie- en Onderzoekscentrum voor Religie, Cultuur en Samenleving (KADOC), KU Leuven. 另,"调音"是发音语言学的术语。指的是改变声腔的形状和大小,以及唇形的圆展等,对声源激励进行调制以形成不同的音色。参见语言学名词审定委员会:《语言学名词》,第 38 页。

> Den TONGRAND kan men leggen 1) tegen den ondersten boord der boventanden. Fig. 1.
> 2) tegen het binnenvlak der boventanden. Fig. 2.
> 3) tegen het tandvleesch. Fig. 3.
> 4) tegen den boog der tandwortels, een weinig boven het tandvleesch. Fig. 4.
> Het TONGVLAK kan men leggen 1) tegen het tandvleesch. Fig. 5.
> 2) tegen den boog der tandwortels. Fig. 6.

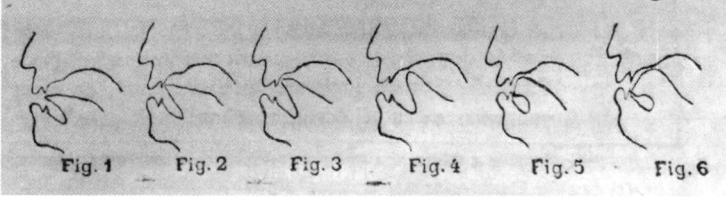

图 4-11 《热河方言文法》中发音口型的图例

图片来源：笔者自摄

生在第一时间里快速而正确地辨识出其发音的方法，最简单有效的途径就是借助于西方较为熟悉的"罗马字拼音"（Romanisatie）了。因此，掌握各式"拼音"是学习汉语的重中之重。闵宣化如此说：

> 就当今的形势来看，掌握英式的汉语拼音方法是必不可少的。但我们的传教士又要读到不少法文（的汉语语言学）书籍，所以法式的拼音也需要学习。然而更不能忽略，我们（在中国传教区）互相写信或者写书用的都是荷兰语，如果其中出现汉字的英式拼法，而读的人却不懂英文，那岂不毫无意义。因此，我们还要掌握我们自己的荷式拼法。所以我认为掌握以上这三种汉字的拼音方法对我们来说都很重要，而它们三者之间的区别也不算太大。据我的经验，年轻的传教士在学习汉语拼音上都有困难，并且也不太理解其中的原理，因此从一开始就要详解每个拼音的正确发

音和拼写形式。①

在《热河方言文法》这部著作中,闵宣化自创了一套近似于"莱普修斯标准字母"(Standard Alphabet by Lepsius)的语音书写系统(下称"闵式拼法"),②他用该方法与戴遂良的"法式拼音"为全书中的汉字注音。在音调的标注上,他采用了苏格兰语言学家格里尔森(Sir George Grierson,1851—1941)的方法,把汉语音调按照上平(ˉ)、下平(´)、上声(ˇ)、去声(。)"来划分,并把声调的"调号"设计在汉字拼音前部的上角或下角,如"ˉpa"(八)、"ˇxwā"(黄)、"˗ma"(马)、"°ma"(骂)。③ 但这样的标注形式看起来并不便于阅读和书写,而且他自创的这套汉字拼音形式也过于复杂,对汉语初学者来说并不容易理解和掌握。这些弊端导致他的这个首次尝试没有获得汉语语言学同行们的广泛认可。④ 闵宣化在他后期的汉语著作或文章,如《古文原则》和《中国语初范》(Korte Chinese

---

① Archive Nr.: BE/942855/1262/5516(KADOC17 - 68), Documentatie- en Onderzoekscentrum voor Religie, Cultuur en Samenleving (KADOC), KU Leuven. 另,文中"英式拼音"指的是威妥玛的拼音,"法式拼音"是戴遂良的拼音。威妥玛的拼音见他的著作《语言自迩集》(Yü yen tzu êrh chi, A progressive course designed to assist the student of colloquial Chinese as spoken in the capital and the metropolitan department, 1867),戴遂良的拼音方式见于他的两部著作《汉语口语入门——河间府方言》(Rudiments de parler chinois, dialecte du Ho-kien-fou, 1892)和《汉语口语手册:北方官话,非北京方言》(Chinois parlé, manuel, koan-hoa du Nord, non-pékinois, 1912)。

② 闵宣化在1922年撰写的《音学撮要》一书中专题介绍了自己设计的这种汉字拼音。参见 Jos Mullie, Notions élémentaires de phonétique et alphabet général, Changhai: La presse orientale, 1922.

③ Jozef Mullie, Het Chineesch taaleigen: inleiding tot de gesprokene taal (Noord-Pekineesch dialekt), Vol. 1, pp. 15 - 16.

④ E. Edwards, "Reviewed Work(s): The Structural Principles of the Chinese Language: An introduction to the Spoken Language (Northern Pekinese Dialect). Vol. I. by J. Mullie and A. Omer Versichel," p. 653; Lionel Giles, "Reviewed Work (s): The Structural Principles of the Chinese Language. Vols. II and III by Jos. Mullie and A. Omer Versichel," Journal of the Royal Asiatic Society of Great Britain and Ireland, No. 2 (1939), p. 281.

第四章 闵宣化汉语语言学的研究 437

spraakkunst van de gesproken taal，1947）中，也没有再继续使用这套"闵式拼法"。

经过这次并不成功的尝试后，取而代之的是他为荷语母语者量身定制的另一种拼写方法（下称"荷式拼音"）。该方法是力求在荷语的发音和拼写规则之上为北京以北的方言注音，在近代汉语语音史上可谓有其一定的创新性。闵宣化这样写道：

> 我们必须承认，当我们读一本荷语书或文章时，里面的汉字却是用法语或英语拼写出来的，这些外国拼法对我们荷语者来说读起来会感觉又吃力又别扭。因此，有必要在此设计一套适合荷语者的汉字注音方法。①

闵宣化在 1946 年出版了《汉学指南》(*Drie sinologische bijdragen*)一书，他在其中的《汉语的荷语拼音法》("De Nederlandse romanisatie van het Chinees")一文中首次对该方案做了具体介绍。该拼音系统包含声母二十一个，韵母三十九个。在声母（beginklanken）里按发音的方式分为五个小类。其中

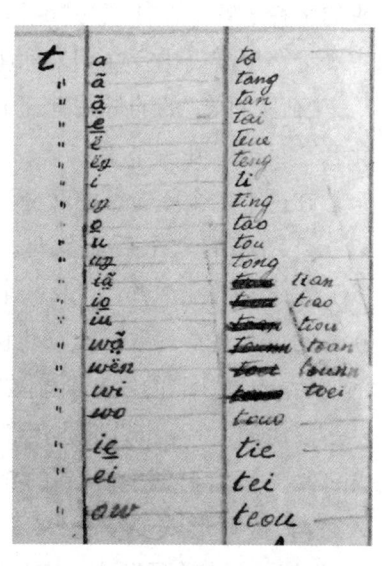

图 4-12 闵宣化设计"闵式拼音"方案的手稿

图片来源：KADOC-KU Leuven, Photo archive of the Generalate of CICM

---

① Jozef Mullie, "De Nederlandse romanisatie van het Chinees," in *Drie sinologische bijdragen*, Leuven: Vlaamse drukk., 1946, p. 7.

喉音(gutturalen)四个(k, k', h, ng),上腭音(palatalen)五个(sj, zj, tsj, tsj', y),齿音(dentalen)六个(t, t', ts, ts', s, n),唇音(labialen)五个(p, p', f, w, m)和流音(liquida)一个(l)。与1958年中国推出的《汉语拼音方案》相比,多出了"ng""w"和"y"三个声母。① 除了"w"和"y"是以元音开头的零声母音节外,"ng"加入到声母行列的原因是因为闵宣化认为热河方言音系中一些以"n"开头的字在发音上往往应为"ng",而以北京方言中开口呼零声母的古疑母字也需以拼音"ng"来标注。②

"荷式拼音"的韵母共有三十九个,并分为开音节、闭音节和儿化音三小类。开音节有二十二个,闭音节有十六个,儿化音有一个。在这十六个闭音节中又分为以"n"为结尾的十个前鼻韵母,和以"ng"结尾的六个后鼻韵母。除了多出了两个开音节"iai"和"wi",一个闭音节"iun"以及一个儿化音"eul"外,其余与现代汉语拼音的方案基本一致。闵宣化认为,热河的方言经过长期的历史演变后,韵母"iai"的发音渐渐被"ei"取代,但有时为了便于标注一些古汉语的发音,"iai"还是有必要保留的,如"kiai"(街,今发音为"jie")。③ 而"wi"则是"wei"的变体,当韵母"wei"的前面有声母介入时,其拼写形式要变为"wi",如"twi"(对)。④ 而"iun"是韵母"un"的另一种拼写形式。它比"un"更为常用,如"kiun"(军),当"un"前面有"i"作为零声母时,则要拼为"yun"。⑤

总体看来,闵宣化改进后的荷式拼音与戴遂良的法式拼音在

---

① 参见黄伯荣、李炜:《现代汉语》上册,北京:北京大学出版社,2016年,第19、82—83页。
② Jozef Mullie, "De Nederlandse romanisatie van het Chinees," in *Drie sinologische bijdragen*, pp. 9–10.
③ Ibid., p. 14.
④ Ibid., p. 15.
⑤ Ibid., p. 17.

书写上并没有很大的差别。在声调的标注上甚至与戴遂良的方法保持了一致，原则上都是把调号置于韵腹的上方，四声的符号依次写为"ˉ、ˊ、ˇ、ˋ"。① 然而，我们在细节当中仍可以明显地看出闵宣化的拼写系统是顾及到了荷语者的拼读习惯。以"k"（即汉语拼音的"g"和"j"）为例，闵宣化是如此阐释的：

> "k-"和我们荷语中"k-"的发音一样，比法语中"k"的发音要短促些。如果"k"在"i"或"u"之前，在北方方言中的"k"就变成了舌面的颚化齿音（een gepalataliseerde dentale met tongvlakartikulatie），发音就如同荷语中的"tj-"一样。发音时用舌面前端顶住上齿后的硬颚。因为有此清晰的规律，所以没有必要在书写上再区分"k-""tj-"这两个不同的发音了。②

汉语中的塞擦音"zh""ch"对荷语者来说通常较难掌握。因此闵宣化以更符合荷语拼读形式的"tsj""tsj"来书写。而荷汉之间一些相互对应的发音，他也直接加以利用。例如荷语中的"oe"与汉语中的"u"，以及荷语中的"sj"与汉语中的"sh"等。然而，无论拼写系统如何改良，一些汉语发音仍旧难以用本国的罗马字母拼写出来。比如汉语的舌尖后浊擦音"r"，虽拼写为"zj"，但发音仍不能完全对应。闵宣化这时不得不再加以注释，指出法语"j"的发音在此处更为接近。③

---

① 在调号的标注上也有例外的情况。如遇到"iou、uei"时，调号置于韵尾之上。如，"kioú"（就），"k'oeì"（亏）。遇到"uen"时，调号置于韵头上。如，"yǔen/yǔn"（云）。
② Jozef Mullie, "De Nederlandse romanisatie van het Chinees," in *Drie sinologische bijdragen*, pp. 8-9. 另，在这段话中，"i"和"u"分别指的是现代汉语拼音中的"i"（依）和"ü"（迂）。闵宣化在此处要说明的是，当"k"（哥）的后面是"i"（依）或"ü"（迂）时，此时的"k"（哥）就充当了现代汉语拼音中的"j"（基）的角色。例如，荷式拼音的"kuan"应读为"卷"（juan），"kia"应读为"家"（jia）。而"官"（guan），以荷式拼音的规律，应拼为"kwan"。
③ Jozef Mullie, "De Nederlandse romanisatie van het Chinees," in *Drie sinologische bijdragen*, p. 10.

现以通行的汉语拼音方案（简称"汉"）为框架，将闵宣化前后创立的"闵式"和"荷式"这两种拼音方法，与当时在华传教士较为常用的戴遂良"法式拼音"（简称"法"）和威妥玛的"英式拼音"（简称"英"）一起进行对照，以便较为直观地看出这几种拼音方式之间的异同。

表 4-1　五种汉字注音对照表①

声 母 表					
字	汉	闵	荷	法	英
玻	b	p	p	p	p/b
坡	p	px	p'	p'	p'
摸	m	m	m	m	m
佛	f	f	f	f	f
得	d	t	t	t	t/d
特	t	tx	t'	t'	t'

---

① 此表格的各种拼音方式整理自五部著作。参见黄伯荣、李炜：《现代汉语》上册，第 82—83 页；Jozef Mullie, "De Nederlandse romanisatie van het Chinees," in *Drie sinologische bijdragen*, 1946; Jozef Mullie, *Het Chineesch taaleigen: inleiding tot de gesprokene taal（Noord-Pekineesch dialekt）*, Vol. 1, 1930, pp. 1 - 25; Léon Wieger, *Chinois parle: Manuel* 官话 *Koan-Hoa du Nord*, *Non-Pekinois*, Paris：A.-Maisonneuve, 1912, pp. 9 - 14; Mullie Jozef, *The Structural Principles of the Chinese Language: An Introduction to the Spoken Language（Northern Pekingese Dialect）*, Peiping: The Bureau of Engraving and Printing, Vol. 1, 1932, pp. 1 - 17. 另，表格中带有 * 号的这些拼写形式并没有在《热河方言文法》一书中出现，但在闵宣化收藏的另一份音节表（klank-tafel, tot herhaling en spraakoefening）手稿中有记载，该手稿参见 Archive Nr. : BE/942855/1262/5527, Documentatie- en Onderzoekscentrum voor Religie, Cultuur en Samenleving (KADOC), KU Leuven.

续 表

字	汉	闵	荷	法	英
		声 母 表			
讷	n	n	n	n	n
勒	l	l	l	l	l
哥	g	k	k	k	k
科	k	kx	k'	k'	k'
喝	h	x	h	h	h
基	j	t'	k	k/ts	ch
欺	q	tš	k'/ts'	k'/ts'	ch'
希	x	s	hs*/s	h/s	hs
知	zh	dž	tsj	tch	ch
蚩	ch	tš/ tšx	tsj'	tch'	ch'
诗	sh	š	sj	ch	sh
日	r	ž	zj	j	j
资	z	dz/z	ts	tz	tz/ts/z
雌	c	ts/tsx	ts'	ts'	tz'/ts'
思	s	s	s	s	s
			ng-		
		w	w	w	w
		y	y	y	y

韵 母 表					
字	汉	闵	荷	法	英
啊	a	a	a	a	a
喔	o	o	o	o	o
鹅	e	ö	e/ee	eue/ee	e/o
哀	ai	e̱	ai	ai	ai
欸	ei	ei	ei	ei	ei
熬	ao	o̱	ao	ao	ao
欧	ou	ow	ow	eou	ou
安	an	a̱	an/en	an/en	an
恩	en	ën/e̱n	en/enn	en/enn	en/enn
昂	ang	ā	ang	ang/oang	ang
	eng	ëŋ*	eng	eng	eng
	ong	uŋ*	oeng	oung	ung
衣	i	i/ë	i/e	i/eu	i/ih/ ŭ
呀	ia	ia	ia	ia	ia
耶	ie	ie̱*	ie	ie	ie
腰	iao	io̱	iao	iao/eao	iao
忧	iou	iu	ioe	iou	iu
烟	ian	iā	ien	ien	ien
因	in	in*	in	in/inn	in
央	iang	iā	iang	iang/eang	iang
英	ing	iŋ*	ing	ing	ing

续 表

字	汉	闽	荷	法	英
韵 母 表					
雍	iong	iuŋ*		ioung	iung
乌	u	u	oe/w	ou	u
蛙	ua	wa	wa	wa/oa	ua/wa
窝	uo	wo	wo	ouo	uo
歪	uai	we̱	wai	ouai	uai
威	uei	wi	wei/wi	oei	uei/ui
弯	uan	wā̱	wan	wan/oan	wan/uan
温	uen	wën*	wen	oen/oumn	un/uen
汪	uang	wā	wang	ouang/wang	wang/uang
翁	ueng	wëŋ/üëŋ*		weng	
迂	ü	ü/iü	iu	u/iu	ü/iü
约	üe	üë	ue	ue	üëh
冤	üan	üā̱	uan	uan/oan	üan
晕	ün	ün*	un/iun	iun/oen	ün
		ël	eul	eul	erh
			iai		
		ŋ		ng	ng

上文提及，闵宣化对汉字罗马字注音方法的重视，不仅是因为他受到了语音学知识的影响，而且他认为虽然汉字"表音"的痕迹还时有出现，但与西方的"表音文字"(klankschrift)相比，读音与

字形间的联系很弱,所以在认读上,西方拼音文字有其实用性。

闵宣化认为,在汉字的象形、指事、会意、形声、转注和假借这"六书"造字法中,实以"形声"汉字所占的比例最多。但在经过数世纪的语音演变后,很多形声字的"声旁"渐渐失去其原始的表声意义,因此已不能承担为现代汉语正确"表音"的功能。即便是学过汉字的中国人,当他看到一个生字时,不仅不能知道它的确切含义,而且也反应不出它的发音和声调,听到汉字的读音也常难以写出对应的字形来。因此,闵宣化坦承汉字在使用上会阻滞当时社会的发展。譬如,掌握一定数量的汉字需要耗费数年的时光、在字典的使用上需要依靠214个部首的复杂系统、汉字在打字机的使用上极为不便、用铅字印刷中文书籍耗时耗力、解析电报中的汉字很困难,以及汉字在书写上的要求很高——书法水平的高低会给很多人带来压力,因为一笔好字不仅是教育背景的体现,也牵扯到中国人的"颜面"问题。①

闵宣化的这些感受基本可以佐证"国语运动"中"切音运动"的出发点,即为了实现国家进步,必须先提高民众的识字率,而学习汉字困难且耗时,实应利用学习汉字的大好时光来学习格致之学用以造福社会。② 然而,"切音"固然是好,但废除汉字之举并不是闵宣化所倡导的。中国疆域宽广,方言众多,在语言交流上障碍重重。闵宣化认为"汉字"是联结中国各个地区统一、保证说不同方言的人能够正常交流的强大纽带。闵宣化这样举例说:

> 我想把汉字与化学公式的功用相比较最为恰当。当荷兰人、英国人、德国人和法国人,他们每个人都按照自己的语言读同一个化学公式时,对每个人来说这个公式的意义并没有

---

① Jozef Mullie, *De romanizering van de Chinese taal*, Brussel: Paleis der Academiën, 1958, pp. 4-6.

② 黎锦熙:《国语运动史纲》,北京:商务印书馆,2011年,第91—92页。

改变,并且每个人也都可以完全看得懂。①

汉字的积极作用之一在于打破了中国不同方言在交流上出现的各种障碍。这一数千年来用以书写的文字,很难由罗马字拼音取代,尤其是文言文。阅读一篇以"拼音"写成的文言文好似看"天书"一般,无法使人全盘理解。闵宣化认为这其中的原因不外乎以下几点:一、口语在用词上与文言文截然不同,一些文言文的词汇已经不被口语使用,即便使用也表达了不同的义项。二、口语与文言文在语法结构上也不一样。比如在文言文中一些可以表达时态或体貌变化的助词(partikels),在口语中已经不能承担同样的语法功能。三、在构词的形式上文言文和口语二者之间也存在明显的差异。文言文在构词上以单字独立成意的"单音词"居多,尤其在动词上几乎没有"双音词"的形式。而在口语词中"双音词"则占主要地位。最后一点,也是最重要的原因,就是汉字中存在大量的同音字。闵宣化以高本汉的研究为例,指出汉字的读音在数世纪的演变中,很多都出现了"同音化"现象。比如,"篱"(lia)、"例"(liad)、"犁"(liər)、"戾"(liəd)、"立"(gliəp)、"鬲"(glek)、"秝"(liek)、"詈"(lieg)、"力"(liək)、"吏"(kiəg)这些在上古时期发音均不同的汉字,虽然演变之后在声调上仍有差异,但它们的发音都已经成为了"li"。由于文言文"单音字"居多,如何以拼音来辨识这些同音字将成为文言文"拼音化"上最难攻克的一关。而对于"双音字"的口语来说,这一问题就更容易解决。以"yǒu lì"为例,拼写文言文时可以写成发音相同的"有利"和"有力",没有汉字的帮助则很难知道其准确的含义。但转为口语的"yǒu lì yì"(有利益)和"yǒu lì liàng"(有力量)时,其意义的表述则相对更为清楚。②

---

① Jozef Mullie, *De romanizering van de Chinese taal*, p. 7.
② Ibid., pp. 9–11.

总之,闵宣化认为,文言文中众多的单音字、同音字,再加上很多在口语中已经渐渐失去表意功能的古代词汇,以及弱化了的文言文助词等,都不能让"汉字罗马化"在中国文学中站得住脚。尤为重要的是,在他眼中,无论"切音文字"多么有其"与时俱进"的好处和优越性,它的实际意义仍然完全只是一个为西方传教士学习汉语或底层民众识字提供方便的暂时工具而已。对在当时"国语运动"中推动废除汉字的革命人士,闵宣化开诚布公地认为他们的思想与欧洲宗教改革时期的"圣像破坏运动者"(Iconoclast)几乎同出一辙,都是摧毁传统价值的狂热暴徒。① 而对最早以"先锋"的角色推行"拼音化"的日本文字(即日语假名),闵宣化以一种带有"警醒"的口吻如此说道:

  反观日本的拼音文字,它确实在社会上得到了推广,并特别为外国人学习日文提供了便利。虽然这样的举动让外国人有了尽快掌握日文的幻想,然而可惜的是,日本人的精神生活也犹如一本书一样,从此在西方世界的眼前合上了。②

闵宣化一直坚信,无论经过什么样的改革或运动,在中华四千年的悠久文明中孕育出来的汉字和文言文体,在中国文学历史中的地位是根深蒂固的。这块重要的文化基石将不可能在后世的种

---

① "切音字运动"并非全盘否定汉字的价值,在汉字的存废上也有各种分歧。而其中绝大多数也是尽力维护汉字的地位。关于"国语运动"中"废除汉字"的历史沿革,参见桑兵:《文与言的分与合——重估五四时期的白话文》,《社会科学战线》2010 年第 10 期,第 78—90 页;王东杰:《声入心通:国语运动和现代中国》,北京:北京师范大学出版社,2019 年,第 34 页。另,"破坏圣像运动"在欧洲历史上曾发生过两次。第一次发生在八世纪和九世纪之间的拜占庭帝国。第二次发生在欧洲的宗教改革时期。由加尔文派新教徒发起,尼德兰作为当时中世纪艺术的中心,很多艺术品因此遭到了严重的破坏,在低地国家中产生了非常大的影响。闵宣化在此可能指的是这第二次的历史事件。关于"圣像破坏运动"以及"圣像破坏运动者"的研究,参见 Jan N. Bremmer, "Iconoclast, Iconoclastic, and Iconoclasm: Notes Towards a Genealogy," *Church History and Religious Culture*, Vol. 88, No. 1 (2008).

② Jozef Mullie, *De romanizering van de Chinese taal*, pp. 21-22.

种"浩劫"中毁灭。①

四、文言语法的重要性

毋庸置疑,能够掌握和灵活运用传教区的口语,是西方传教士开展传教活动的根本前提。在前文中我们已经概述过圣母圣心会各个时期在汉语教学上的大致面貌。从最早使用单一的中文教理书、祈祷文来学习,到后来开拓性加入了口语教材《官话指南》,培育传教士口语的能力是圣母圣心会从始至终的教学目标。然而,当闵宣化执掌了圣母圣心会的汉语教学后,文言文的研习开始渐渐走入传教士的功课日程。这样的转变与闵宣化持有的"文言观"是密不可分的。

清末民初,在西学东渐,特别是在日本的影响下,中国文学开始走上改革之路。五四时期爆发的新文化运动,把中国的文体革命推向了高潮。作为其中重要一环的"国语运动",高呼"言文一致,国语统一"的口号,不但力求废除汉字,同时也把"改古文为白话文"列为其重要的改革内容之一。② 然而,闵宣化的教育方针看似并没有被这次改革风潮所左右。他在中国经典以及文言文的教学力度上不但没有因此削弱,反而比以往有所提高。我们在前文已经论及闵宣化在比利时总院所安排的长达七年的汉语教学内容。他不仅要求学生研习传统"四书"经典,而且在中国的历史、地理以及风俗文化等方面,也摘选历代文学经典来作为辅助教材。闵宣化甚至明言,

---

① 闵宣化的铅印手稿(letterkundige taal of volkstaal),参见 Archive Nr.: BE/942855/1262/5513, Documentatie- en Onderzoekscentrum voor Religie, Cultuur en Samenleving (KADOC), KU Leuven.
② 王东杰:《声入心通:国语运动和现代中国》,第 25、28 页;桑兵:《文与言的分与合——重估五四时期的白话文》,第 78—90 页。

攻克文言文这一关应是传教士最后四年汉学学习的"首要目标"。①

我们不要忽略,每位圣母圣心会传教士除了在比利时总院里要学习汉语外,到达中国后还要在北京的学习院里继续深造一年。这是他们在没有其他课业负担的条件下,全身心投入到中国文化和语言学习的最后阶段。因此,闵宣化为北京学习院制定的教学计划中,要求学生走出书斋,亲身对中国的风俗、文化、宗教、哲学、政治进行实地考察。同时,花大量时间研读中国古籍经典也是他们的必修课。闵宣化希望学生在这一年中能够深入地学习"四书"的全部内容和《左传》的大部分内容,以及《礼记》《诗经》和《书经》中的主要章节。② 然而,这样繁重的学习任务并不是每一位圣母圣心会传教士都能够完成的。对一部分人来说,掌握汉语口语已经力不从心,要再对文言文的学习倾注如此大的心力,让很多人都感到迟疑——作为以传扬基督福音为职责的传教士,有必要都成为能够引经据典、旁征博引、贯通古今的"汉学家"吗?

对此,闵宣化有所解释。他首先表明了文言文在历代中国文学中不可取代的地位,以及作为传教士阅读这些优秀作品的必要性。在闵宣化的眼中,中国的文学经典,犹如中国的汉字一样,无疑承载了中国古老的文化,他如此说道:

> 很遗憾,有一些人对学习文言文持有一定的偏见。然而,无可争议的是,中国文学的整个宝藏皆是以文言文来撰写的,我们对此事实不能视若无睹。此外,不掌握文言文的话,人们在科学领域或护教领域将不能做出任何事情。这并不意味着

---

① 闵宣化的铅印手稿(Notas over het studieprogramma zelf)中的第三条"3. Theologie",参见 Archive Nr.: BE/942855/1262/5513, Documentatie- en Onderzoekscentrum voor Religie, Cultuur en Samenleving (KADOC), KU Leuven.

② 闵宣化的手稿(studieprogram voor Peking),参见 Archive Nr.: BE/942855/1262/5513, Documentatie- en Onderzoekscentrum voor Religie, Cultuur en Samenleving (KADOC), KU Leuven.

我们要用文言文来著书立说，但是，我们不能阻止中国人自己使用文言文，我们在很多方面要有能力读懂中国人书中的观点。这或许是传教士还没有意识到文言文在中国的地位吧。……整个的中国文化建立在他们的古籍经典之上。若想了解中国的文明，研读中国的经典是必行之路。在这个新文化运动风靡的世纪中，人们会自问，中国人怎么能够把他们自己如此宝贵的文化财富弃如敝屣呢？①

图 4-13 闵宣化研究文言文的手稿

图片来源：KADOC-KU Leuven, Photo archive of the Generalate of CICM

二十世纪，中国社会进行的一系列"革新运动"，它们对中国文字和文学发展的影响是有目共睹的。闵宣化在这方面表达了自己的观点，他曾这样写道：

> （中国人）知道得很清楚，整个中国民众的文化精髓蕴藏在其丰厚的古老文学经典之中，这也是其古老文明的坚实根基。中国历代先贤对古代经典文学的贡献，让中国那些没有文化的底层民众也都对饱读诗书、出手成章的文人倍加尊重。

---

① 闵宣化的铅印手稿（letterkundige taal of volkstaal），参见 Archive Nr.：BE/942855/1262/5513，Documentatie- en Onderzoekscentrum voor Religie, Cultuur en Samenleving (KADOC)，KU Leuven.

诚然,现在的人们打着推翻"封建主义"这等口号来摒弃古籍经典,但不能否认的是,这些流传于后世的文学经典是让中国得以如此伟大的原因之一。①

闵宣化又相信,掌握文言文的知识在传教工作中也同样有其用武之地。把西方的宗教文学介绍到中国,传教士在其中的角色不可或缺。如果他们在堂区的工作之余投身于中西文字的翻译工作上,这将为自己在华的传教工作锦上添花。而文言文在其中也是必不可少的。闵宣化这样说:

> 有人会说,我们的传教士到了传教区后,这些文言文也没什么用途了。要是这样想的话,我为这些人感到遗憾,他们将失去很多为中国服务的良机。如果他们只把兴趣局限在自己堂口的传教工作中,当然会觉得文言文的知识没有多大用。然而,你在中国的工作仅限于传教吗?我们传教士就没有想过在夏天有空的时候,或在任何业余的时间里做一些翻译上的工作吗?中文的宗教文学领域里至少还有一万册的空白等待着我们去填补。当然,用白话文书写也可以,但是你怎么才能有能力去指导那些用文言撰写书籍的翻译助手呢?②

再有,闵宣化认为学习文言文是理解口语白话文的"钥匙"。掌握文言文的知识后,对二十世纪新的书写形式——"国语",也会是无师自通了。他在一篇手稿中这样写道:

> 从语言学的角度来看,中文口语的知识很多方面是与文言文紧密相连的。比如,在"的"的使用上,只有从文言的

---

① Jozef Mullie, *De romanizering van de Chinese taal*, p. 21.
② 闵宣化的铅印手稿(letterkundige taal of oorlogstijd),参见 Archive Nr.: BE/942855/1262/5513, Documentatie- en Onderzoekscentrum voor Religie, Cultuur en Samenleving (KADOC), KU Leuven.

角度才能解释得清楚。又如,"当家的"(tang-kia-di)这个词的意思,在我弄清楚"当"这个字在文言中的"义项演变"(betekenisontwikkeling)之前,我始终不甚理解。"当街"(tang-kie)这个词,也是同理。

现在的"国语"从文言中借用了很多固定的词组和成语,而不懂文言文也很难读懂现在中国的报纸。我在乌特勒支的学生对分析《孟子》第一章的内容比读卜郎特的《摩登新闻丛编》更加得心应手。① 原因不外乎是因为这些新闻文章都是简化了的文言文,是把很多例如"者、之、也、所"这样的助词去掉的结果。如果学生们对文言文有了深入的学习,会本能地在头脑中加上这些助词而通晓这些白话文章的意思。这也是为什么我把阅读中国报刊的内容放在我们圣母圣心会中文课程的最后一年里的原因。②

可见,闵宣化推崇文言文,不仅仅因为它是中国历代经典和文学作品中经久不衰的书写文体。从语言学的角度看,他认为文言文是"白话文"形成的源头和根本。"不能忘本"是闵宣化对中国文字改革持有的一个明确态度。

但是,闵宣化对中国经典和文言文的大力拥护并不表明其思想的封闭和保守。以墨守成规的私塾方式研读诸子百家始终不是他所乐见的学习形式,这与他早期持有的观点并无差别。闵宣化认为背诵繁复的中国经典,并没有实际的意义。一贯提倡"知其

---

① 闵宣化这里指的是俄籍汉学家卜郎特(Yakov Yakovlevich Brandt, 1869—1944)的著作《摩登新闻丛编》。参见 J. J. Brandt, *Modern newspaper Chinese: progressive readings with vocabularies, notes and translations*, Peiping: Henri Vetch, 1935.

② 闵宣化的铅印手稿(letterkundige taal of oorlogstijd),参见 Archive Nr.: BE/942855/1262/5513, Documentatie- en Onderzoekscentrum voor Religie, Cultuur en Samenleving (KADOC), KU Leuven.

然,更要知其所以然"的他,始终强调学习汉语语法,特别是文言文语法的重要性。而以拉丁语法的知识体系来解读汉语,则是不错的办法。闵宣化如此写道:

> 我知道在中国有的学校里,有培养拉丁语人才的课程。他们的方法是要让学生先学习两到三年的法语。其目的是以法语为"语言桥梁"把中文与拉丁文联系起来,人们对此方法也感到满意。但是让我实为不解的是,为什么整个法语可以与汉语直接相对照,而拉丁语却行不通。为什么直接用中文学习拉丁语会比以借用法语做"桥梁"更吃力呢?无论哪种方式,都是需要学生认识词汇在整个句式中担当的语法角色。难道这个特点在法语中会比在拉丁语中更为显著吗?在中国学生的眼中当然不是了。[①]

以上的解释是符合逻辑的,如果汉语与隶属于拉丁语系的法语能够在语法结构上建立联系,那为何中国学生不直接用自己的母语来认识拉丁语呢?闵宣化认为这样的结果是历史所造成的。一是中国没有一个深厚的语法传统,二是传教士也没有在其中做出真正的尝试,他这样说道:

> 这样的缺陷是有渊源的:汉语与拉丁语之间的连接之所以断节,是因为中国的学童们从来没有以一个语法的角度学习过他们自己的母语,而欧洲人在中国人那里接受汉语教育时,也没有用他们自己的母语与汉语——这个对他们来说又新又陌生的东方语言相联系。无论是中国人还是外国人,掌握汉语的句法结构将是他们学习的捷径,以此能够更深入、更

---

① Jozef Mullie, *De belangrijkheid van de Chineesche syntaxis*, Rede, uitgesproken bij de aanvaarding van het ambt van bizonder hoogleeraar aan de Rijks-Universiteit te Utrecht, op den 4en Maart, 1940, Leuven: Bomans, 1940, p. 2.

彻底地了解汉语的本质。①

闵宣化说得并不为过。一直到十九世纪末之前,语法学在中国语言学的领域中都没有实质出现过。一些早期涉及语法问题的著作,譬如陈骙的《文则》(1170)、卢以纬的《语助》(1311)等书没有真正地把汉语语法的规则加以严格的系统化。直到 1898 年,马建忠(1845—1900)以拉丁文为纲编写出版的《马氏文通》,才让国人第一次以科学的方式认识了自己母语的语法结构。而西方撰写的最早的汉语官话语法书籍,目前发现的是 1703 年在广州出版的《华语官话语法》(*Arte de la lengua madarina*),这本由多明我会传教士万济国(Francisco Varo,1627—1687)撰写的语法书只涉及了口语的内容。其后,马若瑟的《汉语札记》(*Notitiae Linguae Sinicae*,1728 年写就,1831 年出版)成为了首部涉及文言语法的著作。②但此类分析文言语法的书籍在后来的日子里可谓寥寥无几,正如伦敦大学的古汉语教授葛瑞汉(Angus Charles Graham,1919—1991)所言,"令人吃惊的事实是,德国汉学家甲柏连孜的《汉文经纬》(*Chinesische Grammatik*,1881)是现在唯一广为流传的以西方语言写就的汉语文言文语法著作了"。③

闵宣化在入华早期就已经发现,在 1902 年之前的中国社会,文言的古籍经典是唯一普及全国的学习教材。学生寒窗苦读参加科举考试(het rijk examen),只为金榜题名。中国学童从最初的《百家姓》《千字文》,一直读到后期的四书五经,学习方法仅以背诵

---

① Jozef Mullie, *De belangrijkheid van de Chineesche syntaxis*, p. 2.
② [法]贝罗贝:《20 世纪以前欧洲汉语语法学研究状况》,张西平、杨慧玲主编:《近代西方汉语研究论集》,北京:商务印书馆,2013 年,第 175—187 页。
③ A. C. Graham, "Observations On A New Classical Chinese Grammar," *Bulletin of the School of Oriental and African Studies*, Vol. 22, No. 3 (1959), p. 556.

为主,其最大的缺点就是他们不甚了解自己背诵的内容到底是什么。而老师只在两三年之后才讲解这些学生已经背诵过的文本,解释一些生僻的字词和句子的意思而已。语法在教学中并不存在,学生唯一知道的是一种"近似"(pseudo,也称"伪")语法的"实字、虚字、活字、死字"这样的分类,然而这只是一种为了让诗词能够写得平仄、对仗合规而做出的考量。对闵宣化而言,这个在十三世纪的中国做出的词汇分类,从欧洲语言学的角度来看并没有什么实际上的语法意义。①

同时期巴黎东方语言学院的东方语言学教授,接替沙畹(Édouard Chavannes,1865—1918)之教席的法籍汉学家马伯乐(Henri Maspero,1883—1945)也同样否认这四种分类与欧洲语法的词类分类有任何关系。他甚至扬言,不管是以欧洲语法的角度或是以中国人思维的角度来看,汉语里并不存在"词类分别"(rededeelen)之说。但闵宣化强烈反对马伯乐的这个观点。

马伯乐不但认为汉语没有"语法"上的范畴,甚至还宣称汉语在句式结构中也不存在严格意义上的"名词"和"动词"概念。在他的认识里,汉语字词之间只存在有两种关系。一种是"限定关系",一种是"支配关系"。"限定关系"指的是汉语中的主导词(或称"限定词",beheerschend woord)在前,而"依附词"(或称"受定词",afhankelijk woord)总是位于"主导词"之后来受其"限定",其形式类似于现代语法的"主谓关系"和"偏正关系"。而"支配关系"指的是"主导词"(即指明动作的词)在前,而"依附词"(即动作所支配的词)总是位于"主导词"之后来受其"支配",其形式类似于现代汉语

---

① Jozef Mullie, *De belangrijkheid van de Chineesche syntaxis*, pp. 2 - 3.

中的"动宾关系"。① 因此,如果词的位置产生了变化,其关系性质也同时改变了。例如:"手背"(手的背面)就属于"限定的"关系,而"背手"(背着手)则属于"支配"的关系。②

而在闵宣化看来,马伯乐这样的说法并不成立。如"手背"和"背手"二词,它们二者中的"背"没有任何理由不可分别归为词类中的"名词"和"动词"。此外,马伯乐提出的两个"关系类别"既并不适宜解释所有汉语的句型,在分类上也过于简单粗糙。闵宣化毫不怀疑,在很多汉语句型上马伯乐不能够以他的"关系论"给出清晰而具体的解释。稍微复杂一些的单句或从句,比如口语中与直接宾语和间接宾语语法功能相关的"将字句"和"把字句"字,就很难解释清楚了。闵宣化始终坚持,对汉语词语的划分不可以按照其词汇的意义或是词与词之间的位置关系作判断,而是应该按照其在整个句子中的语法功能来划分。他比喻道:汉字在句子中的语法功用就好像电影中的一个人物形象一样,人们通过一张照片不能了解这个角色的本质,而需要看完整部电影才能真正了解这个角色的真实面貌。③ 闵宣化对文言文中的字词特征有如下的看法:

> 文言文知识的建立不是仅仅依靠学习数量可观的汉字而已。只知道句子中汉字不同的意思,再把它们连成一串变成一个大约可以明白的句子,这是远远不够的,这也绝不能成为

---

① 关于马伯乐对于汉语语法的观点,以及"限定关系"和"支配关系"的具体介绍(《语言学研究与批判》第二辑中称"规定关系"和"引导关系"),参见北京大学中国语言文学系编:《语言学研究与批判》第二辑,北京: 高等教育出版社,1960 年,第 320—333 页。

② 关于马伯乐在汉语语法上的观点的详述,参见[苏] 拉日杰斯特文斯基:《马伯乐的汉语语法观》,《语言研究译丛》编辑组编:《语言研究译丛》第一辑,天津: 南开大学出版社,1984 年,第 182—193 页;严修:《批判高本汉和马伯乐的汉语语法观点》,《学术月刊》1957 年第 9 期,第 65—72 页。

③ Jozef Mullie, *De belangrijkheid van de Chineesche syntaxis*, pp. 2 - 3.

翻译工作上可行的方法。人们必须明白汉语句子中的内部结构，并要知道结构上的变化以及如何解释出每个句型的"所以然"来。①

在闵宣化看来，汉语词汇不但有词类上的划分，并且汉语完全可以用西方语法的理论框架诠释内部的语法结构。以拉丁语的语法原则来反观汉语是闵宣化的诉求。他认为，学习拉丁语的学生们不会以背诵拉丁文为主要的学习方法，而是依靠拉丁语的语法原则来分析和理解拉丁文的句式结构，而这样的学习方法也完全适用于汉语的学习。并且，如果中国学生先了解了汉语的语法原则，学习拉丁语也将会有"轻车熟路"之感。这可谓是触类旁通。闵宣化如下解释道：

> 如果学习拉丁语的中国学生不能领悟到他们自己母语的语法规则，我们年轻的欧洲老师也只能被迫地讲解一些非常基础的拉丁语语法知识给学生。而如果我们欧洲老师自己能够掌握正确而完整的汉语语法知识，再融会贯通地讲解拉丁语，在帮助中国学生理解拉丁语的这个问题上也可以得到补救。②

然而需要注意的是，闵宣化并不是单纯地认为汉语语法是完全可以由西方语法体系来阐释清楚的。他的主要目的是从"比较语言学"的角度把汉语的语法与拉丁语的语法或荷兰语的语法进行对比，再以"求同存异"的理念认识汉语。这也正与他的汉语发音教学方针如出一辙，在不同中求相同，然后再从差异中集中学习。他认为在中国的教育体制中，把背诵经典的时间安排在学习

---

① Jozef Mullie, *Grondbeginselen van de Chinese letterkundige taal*, Leuven: Dewallens, Vol. 1, 1947, voorrede, pp. 1-2.

② Jozef Mullie, *De belangrijkheid van de Chineesche syntaxis*, p. 11.

语法上将是明智之举。无论中国人还是外国人,从一开始就可以从日常生活中所熟知的口语入手,学习领悟其中的语法规则。在这之上再学习文言文的语法。由此可以比较两个语法规则,从用词、句型结构的角度发现两者之间的异同。这样的学习方法将会有事半功倍的效果。①

对于汉语语法的研究,特别是针对文言文语法的研究,除了能够帮助汉语和西方语言建立起以语言学为基础的桥梁,还能够提高汉学家们对中国经典翻译的正确性。闵宣化这样说:

> 如果能够成行的话,我们可以从简单的语法研究开始,直到找到一个有价值的学习方法,以此能够为年轻的汉学家们提供服务,让他们的语言能力得以充实,在文言文语法上和中国经典的翻译方面得以进步。②

闵宣化认为,在文言文翻译上出现的失误,很多来自对语法的认识模糊,闵宣化以戴遂良在其著作《书面语、语法与成语》(*Langue écrite*, *mécanisme*, *phraséologie*, 1908)中所阐释的"者……也"为例。依照戴遂良的解释,"者"为一个后缀,经常用逗号或句号,与后面的"者也"相连。比如"聋者,有耳不能听者也"。闵宣化认为戴遂良的解释并不充分,没有详细分辨出"者"为何可以做主语的后缀,也同样可以作为直接或间接宾语的后缀,又同时可以做谓词和副词的后缀。而照闵宣化的解释来看,"者"能够作为主语后缀的直接原因,是此处的"者"是由"所谓……者"这一句式演变而来的。这里的主语"聋"其实是一个形容词,加上后缀"者"之后词性得以转换并可以单独使用。而后面从句中的"者也"则是一个对前面主语"聋者"的具体说明,是把主语"具体化"

---

① Jozef Mullie, *De belangrijkheid van de Chineesche syntaxis*, pp. 10 - 11.
② Ibid., p. 11.

(substantiveering)的一个句型标志。所以,这句话的正确翻译应该是"被称为聋子的人,是那些有耳朵但不能听见的人"(degene dien men een doove noemt, is iemand die ooren heeft, maar niet kan hooren)。而戴遂良的翻译"聋子有耳朵,但是不能听"(les sourdes ont des oreilles, mais ne peuvent pas entendre),闵宣化认为是不正确。①

此外在文言文中,一些语法规律是相对比较明显的,而有一些则比较隐晦。遇到这样复杂的文言文语法现象,学者或者有意忽略绕过,或者解释得不恰当。② 比如,在传统"虚字"(de ijdele woorden)的概念上,"虚"这个称谓让西方人很容易误以为该类词汇真的是没有任何语法上的功用。然而,在语法功能上非常重要的"助词"就属于汉语"虚字"中的一种。而与"实字"相比,"虚字"的用法也是在西方人眼中最为难懂的。闵宣化 1942 年在《通报》上发表《助词"之"字考辨》("Le mot-particule 之 tchē"),全文三百余页,是闵宣化在文言文研究上的代表作品。③ 他的学生,也是根特大学首任汉学教授丹尼尔·艾乐希尔斯在 1967 年的一次学术会议上曾这样说过:

> 我今天带来了一份图表,里面详细描述了文言文助词"之"的语法结构。这个图表是用来挂在墙上的,以解答学生们对"之"字提出的任何问题。这个图表之长,可以用"英尺"来计算了。通过这个图表,我们从"之"字的动词语法功能上开始讲起,然后是指示代词、助词引申出的从句、从句的主语等诸如此类的语法知识。我们可以用拉丁语法中的"主格关

---

① Jozef Mullie, *De belangrijkheid van de Chineesche syntaxis*, p. 12.
② Ibid., p. 11.
③ Jos Mullie, "Le mot-particule 之 tchē," *T'oung Pao*, Vol. 36, No. 3/5 (1942).

系""宾格关系"这样的学术术语来讨论汉语文言文的语法。这个"之"字的图表就是一个很好的例子。……我们甚至用这样的模式来学习现代汉语和日语,并为此发表了文章。我们对古代日语中"从属分句"(subordinate clauses)的解析还赢得了日本政府的嘉奖。……而这个"之"字图表就是来自闵宣化教授《助词"之"字考辨》这篇文章。①

闵宣化始终呼吁,人们只要以一个科学而系统的语言学知识看待汉语的口语和文言文,并且以一种缜密的学术态度来考察词典内汉字的真正含义,欧洲语言和汉语语言之间的联系将会逐渐地建立起来。汉学家将会更清楚地看到和理解中西语言之间存在的差异,这会让他们对汉语的研究更加轻松。而且,作为汉语母语者的中国人也将会从西方语法知识中获益,他们会更加认识到自己语言中句式结构的特征,可以更清晰地用汉语表达出自己的思想。然而,我们不得不提及的是,作为传教士的闵宣化,其在语言学上所作的一切努力,最初的考量还是来源于在华传教士在传教生活上的益处。我们在前文已经阐述过传教士对学习文言文所怀有的迟疑态度。而他们对文言文的抗拒,很大一部分的原因又是文言文的艰涩以及在学习文言文上所要耗费的时间,认为这样的学习只适合于专门投身于汉学事业的人。闵宣化对此有所回答:

(除了觉得文言文没有用处),另一个让圣母圣心会传教士不能热衷学习文言文的原因是,他们觉得文言文真的实在难学。但是,现在一部文言文的语法书即将完成了。这部著

---

① *Two Conferences on Chinese Linguistics*. 1966: *Computers and Chinese Linguistic Research*; 1967: *Problems of Content and Form in the Teaching of Chinese*, ERIC Educational Resources Information Center, pp. 56-57. 这场座谈会的打印稿,参见链接: https://files.eric.ed.gov/fulltext/ED024021.pdf.

作将为传教士们解决不少疑问,甚至语言学校中的学生也可以使用它。因此,我认为掌握文言文并不是汉学家的"独门绝技"。一般的传教士从文言文的知识中也会受益匪浅。当他们将来在传教区开始工作时,就能够理解文言文知识在其中的重要性了。①

闵宣化在手稿中所提到的这部"文言文的语法书",就是他继1930年出版三册《热河方言文法》后,在50年代出版的第二部汉语语言学代表著作,该书也分为三部,取名《古文原则》。闵宣化对汉语文言文学习的重视程度一生没有改变,甚至他的这一理念延伸到了比利时大学的汉学学科当中。对中国文言文的研究传统或许是早期东方学在比利时的大学里留下的遗迹,或许更是因为闵宣化的学生艾乐希尔斯把自己老师的影响带进了课堂。艾乐希尔斯在1967年曾这样说:

> 首先我要说的是,我的研究来自一个特别的汉语语言学研究框架。我们在比利时还是特别地着重于汉语文言文的学习,并且我们的语言学研究也受其影响很深。因此我认为,我们继续开展文言文的课程是不可避免的事实。在这里我们有闵宣化教授里程碑式的著作《古文原则》,这三卷一千一百页的著作对我们来说是一个宝藏。只要我们的研究涉及中国古典"十三经"上的内容,我们的学生就可以从闵宣化的著作中找到所有想要了解的答案。②

---

① 闵宣化的铅印手稿(letterkundige taal of volkstaal),参见 Archive Nr.: BE/942855/1262/5513, Documentatie- en Onderzoekscentrum voor Religie, Cultuur en Samenleving (KADOC), KU Leuven.

② *Two Conferences on Chinese Linguistics. 1966: Computers and Chinese Linguistic Research; 1967: Problems of Content and Form in the Teaching of Chinese*, p. 56.

《古文原则》的出版证明了闵宣化对文言文语法的研究理念决不是信口雌黄的空谈。虽然以拉丁文的语法理论框架来反观文言汉语并不是每个学者都能认可的方式，但是闵宣化的初衷也并不是要把西方的语法体系强行套用在汉语上。他所追求的不外乎是以一种"比较语言学"的科学角度来解释汉语的方法。闵宣化的研究所要达到的目的，是希望我们在两种语言的比较中接受其相同的部分，而尊重其不同的地方。

再值得注意的是，闵宣化对汉语的研究并不只是为了西方人学习之用。他的研究在很大程度上也考虑到了学习拉丁文的中国学生，正如前文我们提到的，闵宣化自问，为什么中国的学生要借助法语语法来学习拉丁语的语法呢？为什么不能以母语直接来认识拉丁文呢？闵宣化的这一想法，与他在"弗拉芒运动"的影响下尽力让弗拉芒的传教士以自己的母语荷兰文来学习汉语的想法有着异曲同工之处。法语固然重要，但是有什么能够比用自己的母语去直接学习另一种语言来得更为容易呢？我想，这是有着鲜明"弗拉芒个性"的闵宣化在他的语言研究上一直坚守的原则。

第四节　闵宣化的汉语语言著作

闵宣化在中国二十余年的生活经历以及对汉学孜孜不倦的钻研，使得他在各大学术期刊陆续发表了不少中国语文、考古、地理等方面的学术性文章。[①] 就专著而言，闵宣化一生一共撰写并出版过三部。它们无一例外都属于汉语语言学领域，分别为在北京

---

① 闵宣化的著作目录请见本论文的"附录二"。

出版的《热河方言文法》(1930—1933)、后期在鲁汶出版的《古文原则》(1947—1950),以及在荷兰乌特勒支大学任教期间出版的《中国语初范》(1947)。从严格的意义上来说,《中国语初范》是在《热河方言文法》的基础上改编而成的一个缩略版本,服务于乌特勒支大学刚刚接触汉语的学生,同时也对《热河方言文法》做出了补充和修订。①

本节将重点描述闵宣化的前两部著作。毫无疑问,这两部著作都是他经过数年的学术积累而凝结出的研究成果。它们不但是以荷语研究汉语语法的里程碑,而且较为全面地展现了闵宣化对汉语口语和文言两方面的总体认识,奠定了他在荷语汉学研究领域上的学术地位。

一、《热河方言文法》的成书过程

1930 年 3 月 3 日,荷语报刊《时报》(*De Tijd*)上刊登了一则题为《一部用荷兰语撰写的著作在中国出版了!》("Een nederlandsch boek in China uitgegeven!")的消息。其醒目的标题想必吸引了当时荷语读者好奇与兴奋的目光。尤其是在二十世纪三十年代,比利时社会上下正值法语与荷兰语之间无休无止的"语言大战"。此时的弗拉芒地区,能有一部用自己的语言写成的汉语语言学著作问世,这对比利时的荷语学术界确实是一个意外的惊喜。正如该篇报道第一句话所写的:

> 能在遥远的中国出版一部用荷语撰写的语言学著作,其

---

① Jozef Mullie, *Korte Chinese spraakkunst van de gesproken taal* (*Noord-Pekinees dialect*), Utrecht: Spectrum, 1947, voorwoord, p. 4. 关于闵宣化《中国语初范》的研究,参见郑永君(Zheng Yongjun):《闵宣化及其〈中文口语文法概要——北京以北方言〉(1947)研究》,硕士学位论文,中山大学,2018 年。

本身的特殊意义对我们来说已经是不言而喻的了,而这与它的学术价值同样地重要。①

此处指的这部著作就是闵宣化的《热河方言文法》(下称《文法》)。不但该书的独特性让比利时和荷兰的新闻记者耳目一新,②而且其本身的学术价值也吸引了汉学界的目光,荷兰籍汉学家戴闻达在1930年6月5日写给闵宣化的信中这样说道:

> 我很荣幸您能受命来撰写这部杰出的著作。因此,您为整个汉学领域,特别为荷语的汉学界,作出了伟大的贡献。您用我们自己的母语能够撰写出如此优秀的汉语语法作品,我们荷兰人将对此表示出由衷的感谢。……您对汉语语法阐释得非常通透和全面,而且您对前人的研究也做出了重要的补充。③

不仅在比利时,即使是在汉学历史更为久远的荷兰,闵宣化也称得上是以荷兰文撰写"北方官话"语法著作的第一人。我们可以相信,闵宣化《文法》的问世,又加上他有多年的在华生活经验,是荷兰乌特勒支大学聘请这位既不是本国人又不是"科班出身"的天

---

① H. V. , "Een Nederlandsch boek in China uitgegeven!," (Maart 3, 1930), *Tweede blad*, *Avondblad*, *De Tijd*, p. 6.

② 《热河方言文法》在北京出版的消息,有数份报纸报道。参见 "Chineesch," (April 14, 1932), ina *Avondblad*, *De Maasbode*, p. 6; "Een Chineesche spraakkunst," (Feb. 22, 1930), *Tweede blad*, *Het Nieuwsblad van het Zuiden*; "Een Chineesche spraakkunst in het Nederlandsch," (Feb. 21, 1930), *Derde blad*, *Avondblad*, *De Tijd*, p. 11; "Belangrijke uitgaven van Chineesche en Mongoolsche woordenboeken," (Feb. 23, 1934), *Derde blad*, *Ochtendblad*, *De Telegraaf*, p. 6.

③ 戴闻达在1930年6月5日于莱顿(Leiden)写给闵宣化的信。参见 Archive Nr.: BE/942855/1262/5525 (KADOC17-143), Documentatie- en Onderzoekscentrum voor Religie, Cultuur en Samenleving (KADOC), KU Leuven.

图 4-14　乌特勒支大学任教时的闵宣化

图片来源：Catalogus Professorum, Academiae Rheno-Traiectinae, Universiteitsbibliotheek, Utrecht

主教传教士来接管该校汉学教席的直接原因。① 1939 年 8 月 8 日，乌特勒支大学印度学（Indologische studien）教授杨·宏达（Jan Gonda, 1905—1991）首次写信邀请闵宣化担任该校汉语语言教席时，这样写道：

> 我很高兴（本校汉语言教授职位）得以保留。我们此时正在寻找一位既对汉语在实际应用上有全面的掌握，又在该语言的学术领域颇有造诣的候选人。因此，我们把这一教席寄望于您的身上。我被授权向您询问，您是否对此职位能够有所考虑。②

《文法》一书的学术性无可非议，然而值得注意的是，闵宣化撰写这部著作的最初目的，并不是打算在汉语语言学的领域里崭露头角，开拓自己的学术前程。正如在戴闻达的信中所提供的信息，闵宣化起初是"受命"来撰写这本语法著作的。这一点

---

①　另外的原因是二十世纪中期荷兰本土汉学研究转向。从莱顿大学的施古德、乌特勒支大学的费妥玛（Thomas Tapley Helenus Ferguson，1871—1946，即闵宣化的前任），这些执掌该地汉学教席的学者的研究成果来看，早期荷兰汉语语言学的研究方向一直是针对荷属印尼当地华人常用的闽南话、客家话。进入二十世纪后，中国的官话（国语）愈趋成为了荷兰汉语语言学主要的研究对象，这时对华北方言卓有研究的闵宣化，也才有机会被荷兰汉学界赏识。参见 Rint Sybesma, "A history of Chinese Linguistics in the Netherlands," in Wilt L. Idema, eds., *Chinese Studies in the Netherlands-Past, Present and Future*, p.147.

②　宏达在 1939 年 8 月 8 日写给闵宣化的信。参见 Archive Nr.：BE/942855/1262/5524/1（KADOC18-47），Documentatie- en Onderzoekscentrum voor Religie, Cultuur en Samenleving (KADOC), KU Leuven.

在闵宣化的信中也有迹可循，1928 年 6 月 3 日他给杨峻德的信中这样写道：

> 这个星期我计划修改从第九十七页到第一百零一页的部分。然后，我想我可以为这些修女们印出这头一百页的内容。现在看起来一部详细的中文语法书就要开始慢慢地写出来了，我对此也抱有希望。那些修女们已经知道了一点儿中文，她们在这头一百页的基础性内容里其实也学不到什么新知识。我希望修女们也能原谅我在文中写下的那些她们并不懂的南尼德兰（弗拉芒）的词汇。①

从以上的内容可见，闵宣化开始计划撰写语法书籍的最初目的是帮助在热河地区传教的荷兰籍修女。这个来自荷兰的"玛利亚若瑟仁爱会"（Congregatie der zusters van Liefde, Dochters van Maria en Jozef）修女团体在 1922 年进入中国，前后二十五年当中（1922—1947），她们一共有二十一位成员曾在热河传教。据史料可知，早在 1923 年，荷兰籍圣母圣心

图 4-15 荷兰的玛利亚若瑟仁爱会修女

图片来源：Katholiek Documentatie Centrum, nr. TF1A20960

---

① 闵宣化在 1928 年 6 月 3 日写给杨峻德的信。参见 Archive Nr.：BE/942855/1262/5490（KADOC18 - 2627），Documentatie- en Onderzoekscentrum voor Religie, Cultuur en Samenleving（KADOC），KU Leuven.

会士元克允就曾请求闵宣化帮忙，为这些荷兰修女撰写一本适宜她们学习汉语的简要书籍。① 这一要求在很大程度上转化为一个潜在的动力，让闵宣化在若干年之后开始着手酝酿他的这部汉语语法专著。

从闵宣化写给杨峻德的这封信中，我们还可以发现他真正开始撰写《文法》的时间很可能是在 1928 年初。不难推测，在闵宣化动笔之前，他已用了数年时间来收集大量的口语语料，这些丰富的语言素材也成为该书一个非常突出的特点和贡献。这一做法与一些早期的西方汉语语法书籍不同，后者多以摘录中国通俗小说中的短句作为例句。② 闵宣化所记录下的则是那些他在日常生活中亲自听到和用到的语言，描写的也是他每日接触的语言现象，其实用性和真实性可想而知。闵宣化对于日常语料的收集和使用非常地重视，这一点在他 1928 年 1 月的一封信中有所表示：

> 我这里有一个问题，很想听听您的意见。我在副词、介词和连词的解释上（即《热河方言文法》第一册后半部分的内容）收集了非常多的语料，因此我认为很有必要进行筛选，如果把其中一部分语料舍掉不用的话，这本书就不会变得太厚重了。但是，保留这些不太常用的口语语料对学习者来说是非常重要的。因此，我们也可以把这本书后面部分的汉字注音删去，只注一些生僻的汉字，这样我们也会节省一大部分的印刷工作。如果我们这样做，就可以为我们的读者保留下更多的语料了。③

---

① Jozef Van Hecken, *Documentatie betreffende de missiegeschiedenis van Oost-Mongolië*, Vol. 9, pp. 83, 484.

② 比如，马若瑟《汉语札记》的"通言和日常用语"（De lingua vulgari et familiari stylo）一章。他在前言中表示，文中的例句皆选自《元人百种》《水浒传》《画图缘》《醒风流》《好逑传》《玉娇梨》等。参见 Joseph de Prémare, *Notitia Linguae Sinicae*, Malaccae: Academiae Anglo-Sinensis, 1831, p. 39.

③ 闵宣化在 1928 年 1 月 16 日写的信（写给 Jef? 人物未知）。参见 Archive Nr.：BE/942855/1262/5516（KADOC18 - 2609），Documentatie- en Onderzoekscentrum voor Religie, Cultuur en Samenleving (KADOC), KU Leuven.

闵宣化想方设法地在他的书中加入丰富而鲜活的口语例句，甚至不惜删去大量的汉字注音来为例句腾出篇幅。这不但是为了让学习者能够学到一些少见于其他汉语书籍里的口语句式，丰富他们对口语的认识，而且大量的例句也让学习者对汉语语法的阐释能够有更为深入和直观的理解。闵宣化在 1929 年的一封信中如下写道：

> 我没有打算采用“对话”的体例撰写这部书，因为这样会对语法的解释有所限制。我更愿意选择运用大量的例句来阐述一个汉语语法的规则。在一个对话当中，会出现很多不同的语法变化，人们不能把所有的规则都一次性地解释出来。此外，以课文对话的形式撰写的其他汉语语法书籍也不难找到。我撰写这本书的宗旨是让大家理解汉语语言的内部构造，即让读者明白汉语的句式是如何构成的。①

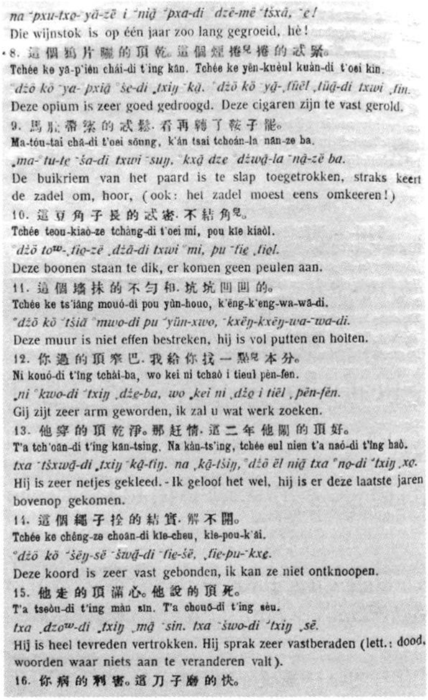

na ˉpxu-txo- yā-zē i ˉniā ˉpxa-di dzē-mē ˉtšxā, ˉe!
Die wijnstok is op één jaar zoo lang gegroeid, hè!
8. 這個鴉片曬的頂乾。這個煙捲兒捲的忒緊。
Tchée ke yā-p'ièn chái-di t'ing kān. Tchée ke yēn-kuèul kuàn-di t'oei kìn.
ˉdžō kō ˉya- pxiā ˉše-di ˌtxiŋ ˉkā. ˉdžō kō ˉyā-ˌfūēl ˌtūā-di txwi ˌfin.
Deze opium is zeer goed gedroogd. Deze cigaren zijn te vast gerold.
9. 馬肚帶煞的忒鬆. 看再轉了鞍子罷。
Ma-tóu-tai chā-di t'oei sōung, k'án tsai tchoán-la nān-ze ba.
ˌma-ˉtu-te ˉša-di txwi ˉsuŋ, ˉkxā dze ˉdžwā-la ˉnā-zē ba.
De buikriem van het paard is te slap toegetrokken, straks keert de zadel om, hoor, (ook: het zadel moest eens omkeeren!)
10. 這豆角子長的忒密. 不結角兒。
Tchée teou-kiaò-ze tchàng-di t'oei mí, pou kie kiaòl.
ˉdžō towˉ-ˌtio-zē ˌdžā-di txwi ˉmi, pu ˉtie ˌtiol.
Deze boonen staan te dik, er komen geen peulen aan.
11. 這個墻抹的不匀和. 坑坑凹凹的。
Tchée ke ts'iàng mouó-di pou yùn-houo, k'ēng-k'eng-wa-wā-di.
ˉdžō kō ˉtšiā ˉmwo-di pu ˉyün-xwo, ˉkxēŋ-kxēŋ-wa-ˉwa-di.
Deze muur is niet effen bestreken, hij is vol putten en holten.
12. 你過的頂寒巴. 我給你找一點兒本分。
Ni kouó-di t'ing tchâi-ba, wo kei ni tchaò i tieul pèn-fen.
ˌni ˉkwo-di ˉtxiŋ ˌdže-ba, wo ˌkei ni ˌdžo i tiēl ˌpēn-fēn.
Gij zijt zeer arm geworden, ik zal u wat werk zoeken.
13. 他穿的頂乾淨。那赶情. 這二年他鬧的頂好。
T'a tch'oān-di t'ing kan-tsing. Na kàn-ts'ing, tchée eul nien t'a naó-di t'ing haò.
txa ˉtšxwā-di ˌtxiŋ ˉkā-tiŋ. na ˌkā-tšiŋ, ˉdžō ēl niā txa ˉno-di ˉtxiŋ ˌxo.
Hij is zeer netjes gekleed. - Ik geloof het wel, hij is er deze laatste jaren bovenop gekomen.
14. 這個繩子拴的結實. 解不開。
Tchée ke chêng-ze choan-di kie-cheu, kie-pou-k'ai.
ˉdžō kō ˉšēŋ-sē ˉšwā-di ˉtie-šē, ˌtie-pu-ˉkxe.
Deze koord is zeer vast gebonden, ik kan ze niet ontknoopen.
15. 他走的頂滿心。他說的頂死。
T'a tseòu-di t'ing màn sin. T'a chouō-di t'ing sèu.
txa ˌdzow-di ˌtxiŋ ˌmā ˉsin. txa ˉšwo-di ˉtxiŋ ˌsē.
Hij is heel tevreden vertrokken. Hij sprak zeer vastberaden (lett.: dood, woorden waar niets aan te veranderen valt).
16. 你病的利害。這刀子磨的快。

图 4-16 《热河方言文法》内页中的例句和注音

图片来源：笔者自摄

比如，在解释如何用中文表达“一半”和“成倍”的概念

① 闵宣化在 1929 年 7 月 15 日于承德府写的信（收信人未知，信以“敬爱的神父”开头）。参见 Archive Nr.：BE/942855/1262/5516（KADOC18－735），Documentatie- en Onderzoekscentrum voor Religie，Cultuur en Samenleving（KADOC），KU Leuven.

时,闵宣化选用了 65 个句子来进一步说明,可见其例句的丰富程度。① 实际上,闵宣化在撰写该书的同时,也考虑为中国开展"方言学"(dialektologie)的研究做一些学术准备工作。② 他认为,当时的中国学界,对方言学的研究并不熟悉,尽可能多地收集口语语料必将为该学科的开展带来一定的帮助。③ 因此,《文法》中的大量口语语料素材,不仅有助于语言学习,而且也为后世的语言学和方言学研究提供了有价值的参考,成为了考察二十世纪初期热河方言语言面貌的第一手珍贵资料。④

二、《热河方言文法》的内容概述

该著作的书名原文是"*Het Chineesch taaleigen: Inleiding tot de gesprokene taal*(*Noord-Pekineesch dialekt*)"。中文译名《热河方言文法》是华籍圣母圣心会会士常守义的首创,⑤直译应为《汉语语法原则——对口语(北京以北方言)的介绍》。该书总计 1587 页,共分为三卷,每卷一册,分别于 1930 年、1931 年和 1933 年先后问世。该书由当时在北京的遣使会北堂印书馆(Drukkerij

---

① Rint Sybesma, "A history of Chinese Linguistics in the Netherlands," in Wilt L. Idema, eds., *Chinese Studies in the Netherlands - Past, Present and Future*, p. 146.

② 闵宣化在 1929 年 7 月 15 日于承德府写的信中提道:"我对于口语方言的描写,另一个原因是为了方言学研究的开展做准备。"(Een andere reden om onze dialekt te beschrijven was de studie der dialektologie voor te bereiden)参见 Archive Nr.:BE/942855/1262/5516(KADOC18 - 735), Documentatie- en Onderzoekscentrum voor Religie, Cultuur en Samenleving (KADOC), KU Leuven.

③ Jozef Mullie, *Het Chineesch taaleigen: inleiding tot de gesprokene taal* (*Noord-Pekineesch dialekt*), Vol. 1, voorwoord, pp. 5 - 6.

④ Rint Sybesma, "A history of Chinese Linguistics in the Netherlands," in Wilt L. Idema, eds., *Chinese Studies in the Netherlands - Past, Present and Future*, p. 146.

⑤ [比] 贺登崧:《在华圣母圣心会会士之学术研究》,常守义译。

der Lazaristen，Pei-T'ang，Pei-P'ing)出版印刷,并收录于德国《人类学杂志》下"语言学图书馆：国际语言学专著丛书"(Collection internationale de monographies linguistiques, Anthropos, Linguistische Bibliothek)的第五、六、七卷中。其后,圣母圣心会魏正俗神父(Omer Versichel,1889—1949)把该书译成英文,书名与荷文原文无异,取作"*The Structural Principles of the Chinese Language*, *an Introduction to the Spoken Language*(*Northern Pekingese Dialect*)"。英译本共计1295页,分为三卷两册,第一册(第一卷)于1932年由北平财政部印刷局(The Bureau of Engraving and Printing，Peiping)出版,第二册(第二、三卷)于1937年由遣使会北堂印书馆出版。

对于"北京以北方言"这个定义的由来,闵宣化有进一步的说明。首先,他表明书中所记录的口语皆是属于热河省的范围,同时也是圣母圣心会在东蒙古代牧区内使用的语言。相对于以南京话为主的"南官话"而言,热河方言隶属于"北方官话"的范畴。闵宣化认为,热河方言的形成来源于康熙(1662—1722)和雍正年间(1723—1735)从直隶、山东以及少数从山西、陕西来到此地的汉族移民,经数年群居生活而逐渐演化形成。虽然热河方言的独特性从方言学的角度完全能够独树一帜,但实际上它与北京话也非常接近。因此,"北京以北方言"的命名在更大程度上是以地理位置作为标准的。① 我们可以看出,闵宣化显然没有把"热河方言"与以北京话为代表的"北方官话"同等看待,当有些人问及闵宣化为何不撰写一部"官话汉语"的书籍时,他如下回复道：

我把研究集中在热河地区的方言中,是因为我对这一方

---

① Jozef Mullie, *Het Chineesch taaleigen: inleiding tot de gesprokene taal* (*Noord-Pekineesch dialekt*), Vol. 1, voorwoord, pp. 14 – 15.

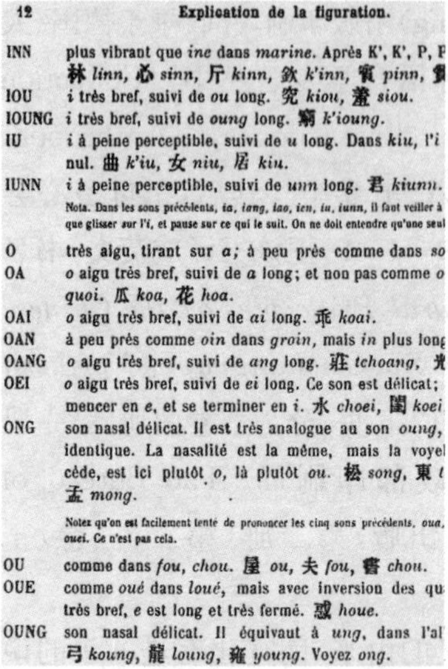

12 **Explication de la figuration.**

INN plus vibrant que *ine* dans *marine*. Après K', K', P, P
林 *linn*, 心 *sinn*, 斤 *kinn*, 欽 *k'inn*, 賓 *pinn*,
IOU *i* très bref, suivi de *ou* long. 究 *kiou*, 羞 *siou*.
IOUNG *i* très bref, suivi de *oung* long. 窮 *k'ioung*.
IU *i* à peine perceptible, suivi de *u* long. Dans *kiu*, l'*i*
nul. 曲 *k'iu*, 女 *niu*, 居 *kiu*.
IUNN *i* à peine perceptible, suivi de *unn* long. 君 *kiunn*.
Nota. Dans les sons précédents, *ia*, *iang*, *iao*, *ien*, *iu*, *iunn*, il faut veiller à
que glisser sur l'*i*, et pause sur ce qui le suit. On ne doit entendre qu'une seul

O très aigu, tirant sur *a*; à peu près comme dans *so*
OA *o* aigu très bref, suivi de *a* long; et non pas comme *o*
quoi. 瓜 *koa*, 花 *hoa*.
OAI *o* aigu très bref, suivi de *ai* long. 乖 *koai*.
OAN à peu prés comme *oin* dans *groin*, mais *in* plus long
OANG *o* aigu très bref, suivi de *ang* long. 莊 *tchoang*,
OEI *o* aigu très bref, suivi de *ei* long. Ce son est délicat;
mencer en *e*, et se terminer en *i*. 水 *choei*, 閨 *koei*
ONG son nasal délicat. Il est très analogue au son *oung*,
identique. La nasalité est la même, mais la voyel
cède, est ici plutôt *o*, là plutôt *ou*. 松 *song*, 東
孟 *mong*.
Notez qu'on est facilement tenté de prononcer les cinq sons précédents, *oua*,
ouei. Ce n'est pas cela.

OU comme dans *fou*, *chou*. 屋 *ou*, 夫 *fou*, 書 *chou*.
OUE comme *oué* dans *loué*, mais avec inversion des qu
très bref, *e* est long et très fermé. 或 *houe*.
OUNG son nasal délicat. Il équivaut à *ung*, dans l'al
弓 *koung*, 龍 *loung*, 雍 *young*. Voyez *ong*.

图 4-17 《汉语口语手册：北方官话，非北京方言》中的汉字注音

图片来源：笔者自摄

言的认识相对更有把握。对其他地区方言的研究，甚至是对北京话的研究，我更希望自己首先到那个地方去居住。否则，我将很可能忽略掉那个语言中很多独有的特点。①

据戴闻达所考，《文法》一书参照了戴遂良《汉语口语手册：北方官话，非北京方言》(*Chinois parlé, manuel, koan-hoa du Nord, non-pékinois*, 1912)的编排模式，②这一点在《文法》的前言中也隐约有所表示。闵宣化在其开篇就首先写道，戴遂良"大师级"的语法著作给华北地区传教士的汉语学习带来了诸多帮助和益处。而他也谦虚地指出自己的这部著作是在前辈研究的基础上做出的一种补充。然而闵宣化又特别强调，戴遂良所研究的"北方官话"主要聚焦在河间府的方言，③这与热河方言无论在声调、发音、语法或是在口语表达上都存在明显差别。闵宣化把"河间府方言"称作为"北京以南的方言"(Zuid-Pekineesch)。借此

① 闵宣化在1929年7月15日于承德府写的信，参见 Archive Nr.：BE/942855/1262/5516 (KADOC18 - 735), Documentatie- en Onderzoekscentrum voor Religie, Cultuur en Samenleving (KADOC), KU Leuven.

② J. J. L. Duyvendak, "Mullie's introduction to Chinese colloquial," *Acta Orientalia*, Vol. 13 (1936), p. 55.

③ 戴闻达称戴遂良所研究的"北方官话"实为"直隶省的南部"的方言。参见 J. J. L. Duyvendak, "Mullie's introduction to chinese colloquial," p. 55.

他也提醒学习者,不能盲目地把戴遂良的著作当作学习全国"官话"的标准,因为其中一些口语表达方式甚至在热河地区都不常见。①

而所谓戴遂良的研究模式,即是以拉丁语法体系为参照来反观汉语,这也是二十世纪之前西方人撰写汉语语法书籍惯用的一种基本方法。② 戴遂良在《汉语口语手册》中,除了在第一章中对汉语的注音方法加以解释之外,其余的语法内容基本按照其母语法语的九大词类范畴来划分成章。它们依次是:名词、形容词、后缀"的"、动词、比较级最高级、疑问句、介词、副词、连词、感叹词和代词,共分有十一个章节。虽然荷兰语与拉丁语族的法语不同,属于日耳曼语族的一种,但它们同属于印欧语系。

闵宣化在《文法》的编排上,严格遵循了荷兰语的"十大词类"范式。③ 鉴于他认为汉语中的冠词只限于"不定冠词"一种,所以把其归入到"名词"之中。全书把每一种词类单独成章,一共分为九章。它们依次是:名词、形容词、数词、代词、动词、副词、前置和后置介词、连词和感叹词,而在每个词类当中又有更细致的划分。④

闵宣化相信,掌握汉字的发音和部首是所有汉语初学者进入汉语世界的必经之路。因此,在进入这九章语法内容之前,他先以

---

① Jozef Mullie, *Het Chineesch taaleigen: inleiding tot de gesprokene taal* (*Noord-Pekineesch dialekt*), Vol. 1, voorwoord, p. 5.

② 据考证,最早的两本语法著作,麦齐奥的《漳州话语法》(1620—1621)和万济国的《华语官话语法》(1703),皆是参照西班牙人安东尼奥·德·内布雷加(Elio Antonio de Nebrija, 1444—1522)的《拉丁文文法入门》(*Introductiones Latinae*, 1481)的语法体系撰写的。参见 Hilary Chappell, Alain Peyraube, "The History of Chinese Grammars in Chinese and Western Scholarly Traditions," p. 108.

③ 荷兰语的"十类词类"包括:名词、形容词、动词、数词、代词、冠词、副词、介词、连词、感叹词。参见 Willy Smedts, William Van Belle, *Taalboek Nederlands*, Kalmthout: Pelckmans Uitgeverij nv., 2011.

④ 《热河方言文法》目录的中文译文,参见"附录三"。

二十余页的篇幅对汉语在语言史中的定位、汉语在中国历史中的演变、汉字的发展以及汉语的特点做了一个全面的介绍,然后又分别把"汉语发音"和"汉字的214个部件"作为《文法》的第一和第二章。英国汉学家翟林奈(Lionel Giles,1875—1958)认为,闵宣化在书中对汉字部首的讲解是当时最好且最为全面的。①

在此值得说明的是,虽然《文法》全书以"词类"为框架基础,但是这并不说明闵宣化认为汉语语法是"词本位"的。恰恰相反,他始终坚持一个汉字或词汇的真正意义需要在一个句子的结构中才能够充分体现,以"句本位"书写汉语语法才是闵宣化的中心思想,"语法就是句法"是他坚守的原则。② 汉语作为汉藏语系的一支,与印欧语系之间的差异是不言而喻的,汉语作为孤立语,与有时态(tense)、体貌(aspect)变化的西方屈折语截然不同。闵宣化在尝试对汉语句法做出阐释前已经明示读者,汉语的独特性不能全部依靠西方的语言体系来展现,他在《文法》的前言中写道:

> 在本书中,我尽量把那些难以用西方语法体系阐释出的汉语句式结构向大家讲清楚。这些句式或多或少地在其他的著作中被忽视了。而它们几乎都是具有鲜明汉语特色的句式。因此,我尽力以我们熟知的专业用语来把这些知识做出合适的阐述。③

---

① Lionel Giles, "Reviewed Work(s): The Structural Principles of the Chinese Language. An Introduction to the Spoken Language (Northern Pekingese Dialect). Vol. I by Jos. Mullie and A. Omer Versichel," *The Journal of the Royal Asiatic Society of Great Britain and Ireland*, No. 3 (1934), p. 819.

② 在汉语语法的著作中,以"句本位"为代表的著作有黎锦熙的《新著国语文法》(1924)。关于"句本位"的语法观与中国汉语语法观的变革。参见廖序东:《论句本位语法》,《北京师范大学学报》1990年第2期,第7—14页;岳方遂:《跨世纪的中国语法学》,《复旦学报》(社会科学版)1998年第5期,第95—100、107页。

③ Jozef Mullie, *Het Chineesch taaleigen: inleiding tot de gesprokene taal (Noord-Pekineesch dialekt)*, Vol. 1, voorwoord, p. 6.

对闵宣化来说更为棘手的问题是如何用选用正确的汉字来记录口语方言。因为,很多口语词汇或表达方式都是直接来自人们的日常交流,并没有刻意要求用文字记录。文字在当时大多只用于撰写书面文言而已。因此,闵宣化在记录口语的过程中会面临一些无法逃避的窘境。他询问当地平民百姓,但识字者屈指可数。而另一些受过教育者也对书写口语嗤之以鼻,认为用文字记录方言无从下笔。① 我们从以下这个例子可以看出,闵宣化在选用和考证正确的汉字来记录口语上的谨慎态度:

  曾经有一个学者向我提起过口语中的"chaó-k'eou"(按:shào kou),意指"浅滩",和"t'āng chaó"(按:tāng shào),意指蹚过浅滩,这两个词中的汉字"chaó"(按:shào)在书写上存在的困难。我想可能是"哨"字,来代表蹚水时发出的类似口哨的声音。但事实上,《五方元音》中载有一个发"chǒ"(按:shou)音的"洸"字,释为"过水也"。② 如果我们再仔细考察"chaó"字的发音演变可见,其实在北京以北方言中许多字的韵尾"ǒ"(按:ou)已经变成了"ao"音,或更精确地是"o̱"(按:ao)音了。③

在口语汉字的选用上,闵宣化基本遵循以下几个原则。一、如果两个同声同义字,但是有不同的声调时,取与口语声调发音相符的那一个字。如在"抄牲口"与"敹牲口"之间,取与口语声调一致的"敹"(cháo)字。二、如果口语中的某个字在字典中标注的发音与口语的实际发音不同,采取该字时标注口语发音。如在"只当"(意为"仅仅认为")中的"只",虽然字典中为"zhǐ"音,但口

---

 ① Jozef Mullie, *Het Chineesch taaleigen: inleiding tot de gesprokene taal* (*Noord-Pekineesch dialekt*), Vol. 1, voorwoord, p. 6.
 ② 闵宣化此说法可能有误,因"洸"字的在《五方元音》中的实际发音应为/ʃuei/。
 ③ Jozef Mullie, *Het Chineesch taaleigen: inleiding tot de gesprokene taal* (*Noord-Pekineesch dialekt*), vol. 1, voorwoord, p. 6.

语实际发音为"自"。因此,在"只当"与"自当"之间,"从义不从声"地选择"只"并注音为"zǐ"。三、一些口语汉字虽然常用,但在没用经过严格语音演变的考察下习惯性地错误使用。因此,在保留该错字的基础上再注明正确的汉字。如"憂"(gǎ,意为"粗鲁")应为"楳"(中古音:kap)字。四、鉴于口语表达与中国民俗之间的密切关系,在书写口语汉字时要考虑到中国民间风俗或历史根源。比如,闵宣化认为"到了火耗"(意为"行动的时间到了,不能再耽搁了")中的"火耗"(houò-hao),来自中国传统冶炼工艺上的用词,引申义就是金属在火上炼制的"适当时刻"。① 因此,他认为对中国民俗文化的考察是理解某些口语表达的根源。由以上几点不难看出,闵宣化在为口语选择对应汉字的过程中有着充分的考虑。他从字音、字义、字源和文化等多个角度来慎重地选择。

前文已经提及,在闵宣化1946年推出其"荷式拼法"前,在《文法》中使用的是他于1922年在语音学基础上总结出的"闵式拼法"和戴遂良的"法式拼法"。虽然给书中的每一个汉字和例句双重注音的工作量是庞大的,但闵宣化仍然认为这是很有必要的,他在1929年的一封信中这样说道:

> 我在书中使用"法式注音"的意图是为了帮助那些对语音学知识不了解的读者,至少这是我最初的意图。其实对我来说,我更愿意把这些"法式注音"删去,因为它们在书中占了很大的空间。②

---

① 闵宣化在此可能指的是北方方言中的"火候儿"一词。参见 Jozef Mullie, *Het Chineesch taaleigen: inleiding tot de gesprokene taal* (*Noord-Pekineesch dialekt*), Vol. 1, voorwoord, pp. 10–11.

② 闵宣化在1929年7月15日于承德府写的信,参见 Archive Nr.:BE/942855/1262/5516 (KADOC18-735), Documentatie- en Onderzoekscentrum voor Religie, Cultuur en Samenleving (KADOC), KU Leuven.

很幸运,闵宣化并没有把"法式拼法"从《文法》中删去。如果只保留他自己的"闵式拼法"的话,该书的使用价值可能将会大打折扣。因为"闵式拼法"的实用性并不是每一位学者都能够苟同的,甚至连闵宣化本人在他的后期著作里也没有再使用这一拼法。翟林奈在他的书评中这样公开评价道:

> (这是)一种看起来令人生厌的拼音系统,这些充满着不同标记的拼音可能会让语音学家心生愉悦,但绝不适于这种介绍汉语语法的书籍。①

汉语是否存在真正意义上的语法以及掌握汉语语法的真正意义曾是中外学界争论不休的话题,在荷语汉学界也有相同的情形。在闵宣化之前执掌乌特勒支大学汉语语言学教席六年之久(1933—1939)的荷兰汉学家费妥玛,就认为学习汉语语法实属浪费时间。不断重复地阅读和聆听才是学习汉语的正确途径,如果想要按照语法来理解句式并尝试自行造句的话,那至少也要留到汉语学习时的高级阶段。② 然而,闵宣化对此的看法完全不同。他始终坚持"语音学"和"语法学"是学习汉语口语的两把"钥匙"。在 1931 年的一封给圣母圣心会省会长的信中,他这样说道:

> 我始终坚持,并且现在仍然认定,对不同"发音态"生动而简洁的讲解是学习汉语发音最好的方法。这也是学生掌握汉语的基础。而对汉语结构的理解没有比学习汉语语法更有效的方式了。语法可以让学生理解每个句子是怎么构成的。我

---

① Lionel Giles, "Reviewed Work(s): The Structural Principles of the Chinese Language. Vols. II and III by Jos. Mullie and A. Omer Versichel," p. 281.

② Rint Sybesma, "A history of Chinese Linguistics in the Netherlands," in Wilt L. Idema, eds., *Chinese Studies in the Netherlands - Past, Present and Future*, p. 146.

认为,我在《文法》一书里阐释出了全部的汉语句式。①

《文法》一书在语法内容的安排上,确实正如闵宣化所言,极为充实丰富,在他看来也已涵盖汉语的各种句式结构。仅在"动词"一章里,就有二百余页的内容,在"名词"的阐释上,也有一百五十多页。鉴于篇幅有限,现仅简单介绍一下书中对汉语"名词"的阐释。闵宣化把"名词"作为《文法》的第四章来讲解,也是语法部分的首篇。在这里他首先阐明了汉字中大量的"同音异义字"现象。然后依次阐述名词中的"不定冠词"的形式,如"这个、那个、一个";"固有专属名词"的形式,如"王先生、辽河";名词在"性别"上的划分,如"公、母";以及具有汉语特色的"量词"。在量词中又细分为"体积量词",如"一扇、一身",以及"数量量词",如"一条、一群"。然后,闵宣化重点介绍了名词在句中所承担"格位"(De naamvallen)的属性。首先是"主格",共分为三种,分别是"独立主格形式"(voorstelling)、"主格作限定与非限定性的主语"(het bepaald en het onbepaald onderwerp),以及"双主格形式"(de dubbele nominatief)。然后是"属格",该形式类似于戴遂良《汉语口语手册》中所讲述的"后缀'的'"。接下来是"给字句"的"与格"和"把字句"的"宾格"。其中在"宾格"上,闵宣化又提出"双宾格"的形式。即在句式中存在一个由"把"字引导的"直接宾语"和一个由动词引导的"间接宾语"共存的形式。如,"官儿把那个贼打了两百手简"。

闵宣化对汉语名词"格"的划分虽然细致,但不是每一位学者都乐于认同的。比如以"你心好"为例句的"双主格"形式。闵宣化

---

① 闵宣化在 1931 年 3 月 10 日于鲁汶写给省会长的信,参见 Archive Nr.: BE/942855/1262/5538(KADOC18 - 564),Documentatie- en Onderzoekscentrum voor Religie, Cultuur en Samenleving (KADOC), KU Leuven.

认为,"你"和"心"分别可在句中充当"主格"作主语,"好"是"心"的谓语,而"心好"又是"你"的谓语。因此可称为"双主格"形式。然而,戴闻达认为制定出这样复杂的概念显然没有必要。依照正常语法的角度来看,一个句子只有一个主语,而"你心好"中的"你"显然是全句的"主语中心语"。① 此外,德国汉学家西门华德(Walter Simon,1893—1981)也对此表示过疑义。② 闵宣化随后在《通报》上发表专题文章《汉语的双主格形式》("Le Double Nominatif En Chinois"),进一步阐述了自己的观点。该文后期也被译为荷兰文,收录在《汉学指南》中。③

闵宣化在"名词"一章的最后又介绍了该词类的复数形式及其构词法。在构词法中又分为"名词组合构成"的名词和"动词组合构成"等类别。仅以"名词组合构成"的名词为例,大致有以下几种:一、以后缀"子、家、头"等构成的名词;二、两个单纯词以"重叠的形式"构成的名词,即现代汉语中所谓的"重叠式",如"星星";三、以两个意义相近和两个意义相反的词所构成的名词,即"联合型",如"道理";四、用前一名词性的词来修饰后一词而构成的名词,如"药铺";五、用前一形容词或副词性的词来限制后一个词而构成的合成名词,如"野鸡"。第四、五两种形式,作者虽以修饰词的不同词性而分别归为两类,但以现代汉语的概念来看,皆属于"偏正式"的构词法。

从闵宣化对汉语语法大量而细致的描述中不难看出,他试图"最大限度"地采用西方语言学的方式来分析这些鲜活生动的汉语

---

① J. J. L. Duyvendak, "Mullie's introduction to Chinese colloquial," pp. 58 – 59.

② Walter Simon, " Neue Hilfsmittel zum Studium der nordchinesischen Umgangssprache," *Orientalistische Literaturzeitung*, Vol. 11 (1932).

③ Jos Mullie, "Le Double Nominatif en Chinois," *T'oung Pao*, Vol. 30, No. 1 (1933).

口语,并以此希望说服西方语言学界,借助语法分析是学习汉语极为可行的道路。1940年闵宣化在乌特勒支大学就职典礼上做专题演讲,题目为"汉语语法的重要性"("De belangrijkheid van de Chineesche syntaxis")。他明确指出,虽然汉语的语法与我们熟知的西方语法并不完全相同,或者我们还没有从科学的角度把汉语语法全部整理挖掘出来,但不能因此就把汉语抛在西方语言学的研究框架之外。取而代之的应该是寻求另一种适于我们自己理解的方法,以科学的角度来解释汉语语法的独特性。①

闵宣化的这一努力是积极的,但其弊端也同样无法回避,那就是对某些汉语语法现象进行了过度"科学形式化"的释义。譬如戴闻达就反感"双主格"这样的"新"概念。英国汉学家翟林奈对此也曾抱怨道:"我们的脑袋被闵宣化的这些复杂的语法法则冲撞得晕头转向。"当然,翟林奈对汉语存在语法这一观念更是抱有怀疑。②除此之外,另一些学者也认为书中大量自创的语法术语会给学习者带来迷惑和困扰。③ 很显然,闵宣化花费数年编写的这部《文法》已经超越了他为来华传教士编写汉语学习手册的初衷,而成为了一部名副其实的学术著作。戴闻达也坦言,有能力查阅这样一部语法书的学生,绝对已经不是一个汉语的初学者了。④ 闵宣化对此很清楚,这也是他在1947年撰写另一部著作——《中国语初范》的主要原因,该书后来也成为乌特勒支大学和圣母圣心会在鲁

---

① 该演讲全文详见 Jozef Mullie, *De belangrijkheid van de Chineesche syntaxis,- Rede, uitgesproken bij de aanvaarding van het ambt van bizonder hoogleeraar aan de Rijks-Universiteit te Utrecht, op den 4en Maart, 1940*, Leuven: Bomans, 1940.

② Lionel Giles, "Reviewed Work(s): The Structural Principles of the Chinese Language. Vols. II and III by Jos. Mullie and A. Omer Versichel," p. 280.

③ E. Edwards, "Reviewed Work(s): The Structural Principles of the Chinese Language: An introduction to the Spoken Language (Northern Pekinese Dialect). Vol. I. by J. Mullie and A. Omer Versichel," p. 653.

④ J. J. L. Duyvendak, "Mullie's introduction to Chinese colloquial," p. 60.

汉学习院里学习中文口语的主要教材。[①]

在此值得一提的是,虽然《文法》一书分为三册,但阐述语法的内容只在第一、二册之中。第三册的内容其实是一部功能完整的"汉荷词典"。虽然其中的字词皆是在前两册的例句中出现过的,但内容也很丰富,共计有四百四十页之多。其体例安排也是完全仿照字典的编排形式,以每个汉字"法式拼音"的首字母依序排列。汉字后附有荷语的义项,并注明该字词在《文法》中出现的位置,查询极为便利。字词的索引方法分为两种,一是按照传统的 214 个部首查找汉字,另一种是根据荷文词汇查找对应的中文,性质类似于"荷汉词典"。

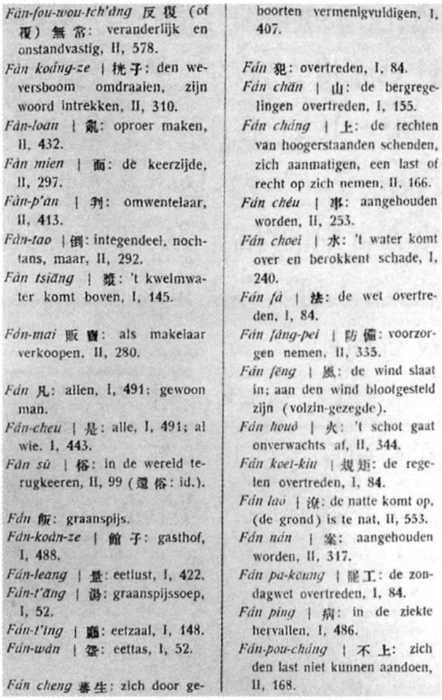

Fàn-fou-wou-tch'âng 反復(or 覆)無常: veranderlijk en onstandvastig, II, 578.
Fàn koáng-ze | 桄子: den weversboom omdraaien, zijn woord intrekken, II, 310.
Fàn-loan | 亂: oproer maken, II, 432.
Fàn mien | 面: de keerzijde, II, 297.
Fàn-p'an | 判: omwentelaar, II, 413.
Fàn-tao | 倒: integendeel, nochtans, maar, II, 292.
Fàn tsiāng | 漿: 't kwelmwater komt boven, I, 145.
Fán-mai 販賣: als makelaar verkoopen, II, 280.
Fán 凡: allen, I, 491; gewoon man.
Fán-cheu | 是: alle, I, 491; al wie. I, 443.
Fán sù | 俗: in de wereld terugkeeren, II, 99 (還俗: id.).
Fán 飯: graanspijs.
Fán-koàn-ze | 館子: gasthof, I, 488.
Fán-leang | 量: eetlust, I, 422.
Fán-t'āng | 湯: graanspijssoep, I, 52.
Fán-t'ing | 廳: eetzaal, I, 148.
Fán-wàn | 碗: eettas, I, 52.
Fán cheng 蕃生: zich door geboorten vermenigvuldigen, I, 407.
Fán 犯: overtreden, I, 84.
Fán chān | 山: de bergregelingen overtreden, I, 155.
Fán cháng | 上: de rechten van hoogerstaanden schenden, zich aanmatigen, een last of recht op zich nemen, II, 166.
Fán chéu | 事: aangehouden worden, II, 253.
Fán choei | 水: 't water komt over en berokkent schade, I, 240.
Fán fà | 法: de wet overtreden, I, 84.
Fán fâng-pei | 防備: voorzorgen nemen, II, 335.
Fán fēng | 風: de wind slaat in; aan den wind blootgesteld zijn (volzin-gezegde).
Fán houò | 火: 't schot gaat onverwachts af, II, 344.
Fán koei-kiu | 規矩: de regelen overtreden, I, 84.
Fán lao | 潦: de natte komt op, (de grond) is te nat, II, 553.
Fán nán | 案: aangehouden worden, II, 317.
Fán pa-koung | 罷工: de zondagwet overtreden, I, 84.
Fán ping | 病: in de ziekte hervallen, I, 486.
Fán-pou-cháng | 不上: zich den last niet kunnen aandoen, II, 168.

图 4 - 18 《热河方言文法》第三册内页

图片来源:笔者自摄

前文提及,早在 1628 年,荷兰人赫尔尼奥斯就以荷文撰写过第一部《中文词典》,但只以手稿形式存世而并未出版。其后,施古

① 在闵宣化的铅印手稿"乌特勒支大学的汉语学习"(Rijksuniversiteit te Utrecht, Studie der Chinese taal)中,他记录了在乌特勒支大学汉语语言专业使用的教材,分别是他自己的五部著作:《汉字的 214 个部首》《音学撮要》《汉学指南》《中国语初范》和《古文原则》。此外,在圣母圣心会鲁汶的学习院里,自 1970 年起讲授中文口语也使用的是闵宣化的《中国语初范》。参见 Archive Nr.: BE/942855/1262/5224 (KADOC17 - 99), Documentatie- en Onderzoekscentrum voor Religie, Cultuur en Samenleving (KADOC), KU Leuven; Jozef Van Hecken, *Documentatie betreffende de missiegeschiedenis van Oost-Mongolië*, Vol. 9, p. 84.

德在1886年编写的《荷华文语类参》虽称为"荷华",但内容却是只针对漳州方言的。另外,荷属东印度官员商克(Simon Schaank,1861—1935)在1897年也编写过一册《客语陆丰方言》(*Het Loeh-Foeng Dialect*),这本226页具有常用语手册性质的书描述的是客家方言中的"陆丰方言"。① 总的看来,我们可以认为闵宣化的《文法》第三册实际上是有史以来出版过的第一本针对"北方官话"的汉荷词典。

《文法》一书面世之后,其受欢迎的程度还是有目共睹的,甚至在荷属印尼的爪哇都有读者的需求。② 1930年,在第一册发行后,闵宣化曾在一封信中这样感慨道:

> 荷兰文版《文法》的第一册基本上都卖光了。看起来第二册也会卖得不错。我真没想到在六个月之内这本书的销路会这么好。③

《文法》能有广泛的读者群确实出乎了闵宣化的预料,因为他撰写该部著作的用意一直都是为了圣母圣心会传教士的汉语学习。英文版后期得以面世,也主要是由于海外汉学家的要求。④

---

① Rint Sybesma, "A history of Chinese Linguistics in the Netherlands," in Wilt L. Idema, eds., *Chinese Studies in the Netherlands - Past, Present and Future*, p. 134.

② 1930年4月14日闵宣化在承德写给杨峻德的信中提到,"《文法》书卖得不错,在印刷厂那里只剩下170本了。我们还要卖到爪哇那里"。参见 Archive Nr.: BE/942855/1262/5490(KADOC18 - 2745), Documentatie- en Onderzoekscentrum voor Religie, Cultuur en Samenleving (KADOC), KU Leuven.

③ 1930年7月19日闵宣化写的信(收信人不详),参见 Archive Nr.: BE/942855/1262/5527(KADOC18 - 728), Documentatie- en Onderzoekscentrum voor Religie, Cultuur en Samenleving (KADOC), KU Leuven.

④ "这本杰出的语法著作很快得到了很多汉学家的赏识,对英译本的要求也随之大量涌现"(Door zijn uitmuntendheid was dit grote werk al spoedig door al de sinologen van de wereld bekend en talrijke aanvragen naar een Engelse vertaling stroomden bij hem binnen)。参见 Jozef Van Hecken, "In memoriam Z. E. Pater J. Mullie", p. 299.

当 1930 年闵宣化从热河奉命回比之时,他在信中这样写道:

> 安清国(Kamiel Crabbe,1879—1954)①在信中让我十二月下半旬就要回到司各特母院,一月开始就要开汉语课。他希望《文法》在此之前可以全部完成。我回信说《文法》内容复杂,在中国不可能有人可以替我审改书稿。如果我现在回比,出版的事就要推迟两年。我希望修会让我在中国再待上三四个月完成书稿,反正这个工作与回去教中文一样,都是为了我们修会的传教士和在华传教区而做的。②

然而闵宣化最终还是在 1931 年奉命离开了中国,他的《文法》也正如他所预料的那样推迟到了 1933 年才全部出版完成。不过,闵宣化并没有对此失望,因为他的这部著作确实实现了他的初衷。1938 年,鲁汶大学语言学教授贺鲁达这样写道:

> 《文法》一书的问世不仅是学术界的成功。让闵宣化神父更感欣慰的是,这部被视作最值得信赖的汉语口语语法著作,自 1932 年起,成为了司各特那些年轻赴华传教士们每日必用的书籍。他们从中可以领悟到中国民众的内心世界。《文法》虽出自传教士之手,但它的确是一部真正的学术著作。③

闵宣化对汉语语法的研究并没有结束。与此同时,以科学的

---

① 安清国从 1930 年到 1947 年任圣母圣心会欧洲省的省会长。参见[比] Dirk Van Overmeire 编,古伟瀛、潘玉玲校:《在华圣母圣心会士名录》,台北:见证月刊杂志社,第 82 页。

② 1930 年 11 月 23 日闵宣化在承德府写给杨峻德的信,参见 Archive Nr.: BE/942855/1262/5490(KADOC18 - 2795), Documentatie- en Onderzoekscentrum voor Religie, Cultuur en Samenleving (KADOC), KU Leuven.

③ "Prof. Jos. Mullie, Missionaris en Sinoloog," (Oct. 22, 1938), *Nieuw Vlaanderen*, p. 8; Jozef Van Hecken, *Documentatie betreffende de missiegeschiedenis van Oost-Mongolië*, Vol. 9, p. 81.

方法掌握文言文在他的眼中也显得日趋重要。经过多年的摸索，加上在司各特和乌特勒支积累的教学经验，一本文言文的语法著作逐渐提上了他的写作日程。

三、文言语法著作《古文原则》的问世

在上文"文言语法的重要性"一节中我们已经讨论过，闵宣化对文言文的重视程度绝不低于口语，从语言学、文化和历史的角度上看，甚至更为推崇。在他看来，熟记很多汉字并且了解它们的含义固然非常重要，但是汉字作为单独的个体，离开了句式结构就不可能体现其真正的含义，不通语法也难以运用汉字表情达意。——"为什么我们的传教士已经学习了数千个汉字，但在阅读、书写汉语文言上还是感到困难重重？原因很简单，就是他们忽视了学习文言文语法的重要性。"[①]

在中国学界，早期对汉语的研究主要是从文字、音韵和训诂这三方面展开的。而从学术的角度来研究汉语则起始于1898年的《马氏文通》。该著作的问世也吸引了一批中国学者，使他们的目光集中到系统的汉语语法研究上来，产生了章士钊的《中等国文典》(1907)、刘复的《中国文法通论》(1920)、陈承泽的《国文法草创》(1922)、金兆梓的《国文法之研究》(1922)、杨树达的《高等国文法》(1930)等著作。而这些最早的语法著作无一例外地都是针对文言文的研究。虽然他们研究的角度各不相同，但用科学的理论方法来描述文言语法已逐渐成为国内学人的共识。[②]

---

① Jos Mullie, "De Studie van het Chineesch in de Congregatie van Scheut," p. 198.

② 陆俭明：《近百年现代汉语语法研究评说》，《东北师大学报》(哲学社会科学版)2019年第6期，第1—14页。

前文已经提及，西方凭借其悠久的拉丁语语法学传统，对汉语语法的记述最早可以追溯到十七世纪。[1] 在汉语文言的研究上，马若瑟的《汉语札记》（1728 年写就，1831 年出版）虽然问世最早，但在欧洲汉学界的影响力远不敌甲柏连孜的《汉文经纬》（1881）。古汉语教授葛瑞汉认为（1959），欧洲人虽然对汉语文言的研究比中国人早了近两个世纪，但其研究著作能够在西方学界发挥出影响力的则已寥寥无几，如今只有《汉文经纬》还得以广泛应用。他

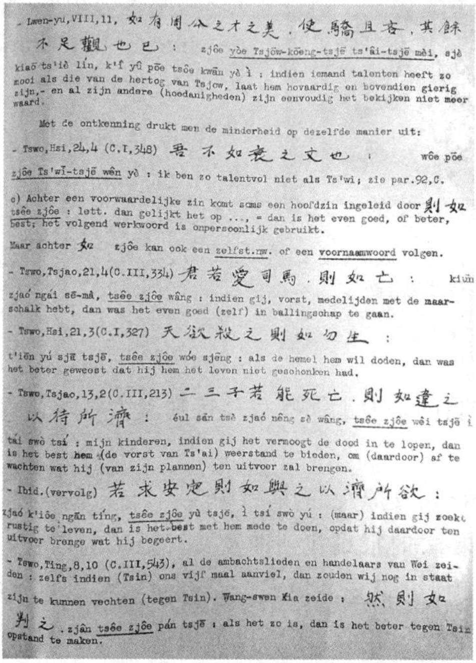

- Lwen-yu,VIII,11, 如有周公之才之美，使驕且吝，其餘不足觀也已 : zjôe yòe Tsjōw-kōeng-tsjē ts'âi-tsjē mèi, sjè kiaō ts'iè lín, k'î yû pōe tsôe kwān yè ì : indien iemand talenten heeft zo mooi als die van de hertog van Tsjow, laat hem hovaardig en bovendien gierig zijn,- en al zijn andere (hoedanigheden) zijn eenvoudig het bekijken niet meer waard.

Met de ontkenning drukt men de minderheid op dezelfde manier uit:

- Tswo,Hsi,24,4 (C.I,348) 吾不如衰之文也 : wôe pōe zjôe Ts'wī-tsjē wên yè : ik ben zo talentvol niet als Ts'wi; zie par.92,C.

c) Achter een voorwaardelijke zin komt soms een hoofdzin ingeleid door 則如 tsêe zjôe : lett. dan gelijkt het op ..., = dan is het even goed, of beter, best; het volgend werkwoord is onpersoonlijk gebruikt.

Maar achter 如 zjôe kan ook een zelfst.nw. of een voornaamwoord volgen.

- Tswo,Tsjao,21,4(C.III,334) 君若愛司馬，則如亡 : kiūn zjaó ngái sē-mà, tsêe zjôe wâng : indien gij, vorst, medelijden met de maarschalk hebt, dan was het even goed (zelf) in ballingschap te gaan.

- Tswo,Hsi,21,3(C.I,327) 天欲殺之則如勿生 : t'iēn yú sjā tsjē, tsêe zjôe wóe sjēng : als de hemel hem wil doden, dan was het beter geweest dat hij hem het leven niet geschonken had.

- Tswo,Tsjao,13,2(C.III,213) 二三子若能死亡，則如違之以待所濟 : éul sān tsè zjaó nêng sè wâng, tsêe zjôe wêi tsjē ì tái swò tsí : mijn kinderen, indien gij het vermoogt de dood in te lopen, dan is het best hem (de vorst van Ts'ai) weerstand te bieden, om (daardoor) af te wachten wat hij (van zijn plannen) ten uitvoer zal brengen.

- Ibid.(vervolg) 若求安定則如與之以濟所欲 : zjaó k'iôe ngān tíng, tsêe zjôe yù tsjé, ì tsí swò yú : (maar) indien gij zoekt rustig te leven, dan is het best met hem mede te doen, opdat hij daardoor ten uitvoer brenge wat hij begeert.

- Tswo,Ting,8,10 (C.III,543), al de ambachtslieden en handelaars van Wei zeiden : zelfs indien (Tsin) ons vijf maal aanviel, dan zouden wij nog in staat zijn te kunnen vechten (tegen Tsin). Wang-swen Kia zeide : 然則如判之. zjân tsêe zjôe pán tsjē : als het zo is, dan is het beter tegen Tsin opstand te maken.

图 4－19　《古文原则》第一册内页

图片来源：笔者自摄

[1] Hilary Chappell, Alain Peyraube, "The History of Chinese Grammars in Chinese and Western Scholarly Traditions," p. 108.

图4-20 土山湾出版的《国文新课本》封面

图片来源：笔者自摄

同时又感叹道："(很可惜)，闵宣化的《古文原则》只是面向那些懂弗拉芒文的读者。"①

的确，闵宣化的第二部语言学著作如同他的《热河方言文法》一样，同是以荷兰文撰写的。中文书名《古文原则》为常守义所译，其原文"Grondbeginselen van de chinese letterkundige taal"可直译为《中国文言文基础》。② 该著作共分为三册，分别于1946年、1947年和1949年在鲁汶的德瓦伦斯印书局（H. Dewallens）出版。这部著作与《文法》不同，它的受众群体已经不单是圣母圣心会的传教士们，闵宣化撰写《古文原则》更主要目的是为了那些在乌特勒支大学攻读汉语专业的学生们。

闵宣化在《古文原则》的前言中说到，自己的学生在使用《国民学校国文新课本》时很难找到涉及文言语法的内容。从该教材中也不能学到如何组织文言句式。而市面上可以找到的文法书籍，其内容也不算充实可靠。闵宣化希望借助自己的这部著作，能够对文言句式的组织、结构和特点做出更加充分的阐释。同时他又特别强调，《古文原则》中的内容只是"基础性"的文言语法知识，囊

---

① A. C. Graham, "Observations On A New Classical Chinese Grammar." p. 556.
② ［比］贺登崧：《在华圣母圣心会会士之学术研究》，常守义译。

括的只是一些最主要的、最不能忽视的内容,其主旨是帮助解决在一些普通文言语法上的问题。在闵宣化的心目中,这部 1062 页的语法专著与一部"完整"的语法书籍还是不能同日而语。①

正如《文法》的写作原则一样,闵宣化对例句的使用极为重视。他认为对一个语法规则的阐释应精心挑选大量的例句作为辅助,这是帮助学生真正理解文言和消除疑惑的有效方法。与面对整篇文言课文相比,学生在阅读和分析单独的例句时将会感到轻松许多。闵宣化如下写道:

> 如果以一篇课文作为文本进行语法讲解的话,充斥在其中的不同语法问题会交织在一起,学生很难能够清晰而系统地掌握住每一个语法规则。②

前文已经提到,圣母圣心会在文言文教学中很大程度上是以中国古代经典作为文本教材的,这在乌特勒支大学也不例外。③《古文原则》的问世,不仅为荷语世界的文言教学打开了一个新的局面,也是闵宣化对自己此前十多年教学和研究的一个学术总结。仅从这部著作例句的选择来看,其范围之广,内容之多,绝非短期

---

① Jozef Mullie, *Grondbeginselen van de Chinese letterkundige taal*, Vol. 1, voorrede, p. 1.

② Jozef Mullie, *Grondbeginselen van de Chinese letterkundige taal*, Vol. 1, voorrede, p. 1.

③ 关于乌特勒支大学的汉语教学方法,我们在闵宣化的档案中发现了一份他的前任费妥玛在 1937 年 9 月 22 日留下的"教学指南",其中也涉及文言教学的内容。以此我们可以大致了解在《古文原则》问世前,该校教授文言的情形。该"指南"中指出,"四书"的内容是学习文言的重点,并以《大学》和《论语》最为核心。使用的教材是理雅各(James Legge, 1815—1897)五卷本的《中国经典》(*The Chinese Classics: with a Translation, Critical and Exegetical Notes, Prolegomena, and Copious Indexes*, 1861—1872),该书是对《论语》《大学》《中庸》《孟子》《书经》《诗经》及《春秋左传》的英译。在费妥玛看来,尽可能地背诵这些文言章节是学生学习的主要方法。参见 Archive Nr.:BE/942855/1262/5524(Memorandum voor Mr. Van Drop van Vliet in zake de voortzetting van het Chineesch),Documentatie- en Onderzoekscentrum voor Religie, Cultuur en Samenleving (KADOC), KU Leuven.

可成。

《古文原则》中使用的例句囊括了二十九种古今书籍经典。其中包括:《大学》《中庸》《论语》《孟子》《易经》《春秋公羊传》《春秋穀梁传》《诗经》《礼记》《仪礼》《周礼》《左传》《书经》《韩非子》《墨子》《抱朴子》《商子》《道德经》《庄子》《前汉书》《后汉书》《国语•晋语》《孔子家语》《史记评林》《承德府志》,以及近代的《国民学校国文新课本》、《高等国文》①、顾赛芬的《公文文选》和卜郎特的《摩登新闻丛编》,其例句之丰富可见一斑。

不过,闵宣化从不同经典中选取例句的比例相差悬殊。其中,摘录自《左传》的例句是全书中最多的,共计有两千五百条左右。其次是《孟子》和《史记》,再有就是《礼记》和《论语》等,但《论语》中的例句仅有三百余条而已。而出自诸如《墨子》《韩非子》《抱朴子》等经典的例句则不足十条。除此之外,闵宣化从八册《国民学校国文新课本》中选取的例句也数量庞大,这不外乎是因为该教材曾是圣母圣心会一直重点使用的教学文本,闵宣化对它非常熟悉。然而其中的缺点也显而易见,那就是"文白夹杂"的语料不足以说服读者其文言语法的纯正性。比如,在"名词"一章中有对文言"量词"的阐释,闵宣化一共用了79个例句,但其中只有六个来自《孟子》,一个来自《左传》,其余全为《国文新课本》中的内容,这不免使读者难以了解古代汉语中"量词"的真实面貌。②

闵宣化对《古文原则》体例的编排,毫无疑问仍是延续了《文法》的方式,以拉丁语法体系为纲,以词类划分章节。其内容安排如下:第一册有"名词""形容词""数词""代词"四章,第二册为"动词",第三册包括"副词""前置和后置副词""连词""首尾词""感叹

---

① 这里可能指的是土山湾出版的《高等小学国文新课本》。
② Jozef Mullie, *Grondbeginselen van de Chinese letterkundige taal*, Vol. 1, pp. 2-9.

词""句式构造"六章。总计十一章。与《文法》的词类划分几乎完全一致,仅多出闵宣化命名为"首词和尾词"(De beginwoorden en slotwoorden)的这一汉语文言中特有的词语类别。①

闵宣化"句本位"的语法观,不仅贯穿其汉语口语语法著作中,也贯彻到了对汉语文言语法的研究中。比如,在《古文原则》的"首尾词"一章中,闵宣化对十七个"尾词"进行了讲解,其中仅对"焉"字的句法分析就有二十页之多。他首先从"焉"字的词义入手,然后再扩展到它在句法上的功用。闵宣化先从音韵学的角度分析了"焉"作为"尾词"所存在的两个上古和中古的不同读音,然后对"焉"与"然"之间的关系,"焉"作为动词性谓语后缀、动词后缀以及用在副词之后所表达的不同义项进行了描述。在句法上,则通过大量的例句具体阐述了"焉"在不同句式结构中担当的语法角色,其中包括简单句、前置分句和后置分句三个方面。最后是对"焉"字在句中的一些特殊用法进行考察。比如它与"也、是、然"在句中的转换关系、与"尔、耳、耳乎、耳矣"的组合形式等等。② 司礼义曾在 1953 年发表长篇书评《一部新诞生的文言语法著作》("Une Nouvelle Grammaire Du Chinois Littéraire")对闵宣化的《古文原则》进行多方面的介绍和点评,他在文中最后这样写道:

  闵宣化神父这部杰出著作的重要意义值得进一步地具体讨论。它确实会成为汉语语法学生的必备书籍,下至撰写的方法、语料的收集、章节的安排,上到对文言的解析、文本的翻译,这些都是值得研究的。……我怀着敬畏之心写下了对这

---

① 《古文原则》目录的中文译文,参见"附录四"。
② Jozef Mullie, *Grondbeginselen van de Chinese letterkundige taal*, Vol. 3, pp. 322-342. 另,闵宣化后期把这一章节译成法文,发表在《哈佛亚洲研究学报》(*Harvard Journal of Asiatic Studies*)上。参见 L. M. Mullie Jos, "Note sur yên," *Harvard Journal of Asiatic Studies*, Vol. 15, No. 1/2 (1952).

部著作的评价,他的作者闵宣化神父,曾是我的首位汉学老师。我们希望并相信,这本著作如被译为法语或英语,将会有更多的学生可以从中获益。①

在《古文原则》出版之前,闵宣化在1942年的《通报》上发表过一篇题为《助词"之"字考辨》的长文,这也是他首次发表关于汉语文言语法的文章。全文分为九个部分来讲解助词"之"字在文言中的用法。其中包括:一、"之"作为动词"去";二、"之"作为指示性形容词;三、"之"作为第三人称代词;四、"之"作为助词的连接作用;五、从句中的宾语代词"之";六、"之+於"和"之+与"的句式用法;七、"何……之"的句式结构;八、关系从句中的"之";九、"之"字在从属分句中的角色。② 1948年,时任清华大学西方语言和文学系教授的陈定民(1910—1985)在《华裔学志》上为此文撰写了一篇评论。他在文中提到,由于助词"之"属于中国文言中的"虚字",其语法角色最难被总结定义。闵宣化在大量例句的辅助下,从不同的语法功能和句式结构对"之"字加以阐释,内容充实并富有系统性。虽然自《马氏文通》问世以来已有很多学者对"之"进行过研究,但如此全方面而深入地对"之"字进行阐述的学者,闵宣化还是第一人。③ 陈定民在他的书评中最后写道:

  鉴于对"之"字研究上的漏洞应需补充,闵宣化的著作将受到语法学家们的欢迎。我希望他在文言文语法上的专著

---

 ① L. M. Serruys Paul, "Une Nouvelle Grammaire Du Chinois Littéraire," *Harvard Journal of Asiatic Studies*, Vol. 16, No. 1/2 (1953).
 ② 该文章同年又以单行本发行。参见 Jos Mullie, *Le mot-particule 之 tchē*, Leiden: Brill, 1942.
 ③ Ch'en Ting-Min, "Joseph Mullie: Le Mot-particule 之 Tche. E. J. Brill, Leiden (Hollande), 1942. 237 pages (en vente à la Mission de Scheut)," *Monumenta Serica*, Vol. 13 (1948).

《古文原则》能够及早问世。①

《古文原则》在1948年三册全部出版完毕,它成为了圣母圣心会、乌特勒支大学、根特大学这三所学校汉语专业的文言教科书。虽然目前笔者并没有发现这部著作被译为他国文字,②但它的学术价值,正如司礼义所言,值得我们进一步的考察和研究。总体来说,闵宣化对汉语语法的研究,不但是为了以科学的方式证明马伯乐等西方汉学家提出汉语无词类这等观点是荒谬的,更是为了让荷语学界了解到包括文言文在内的汉语并不是一种难以捉摸、无法触及的"神秘"语言。而闵宣化选择拉丁语法体系来表述汉语的语法结构,其出发点也是可以理解的。作为曾经受过西方语法和拉丁文培育的传教士来说,他们对任何一个新语言的观察方式都会自觉或不自觉地与自己熟知的语言学体系联系到一起。除此之外,拉丁语法作为一种西方熟知的传统语法范式,它既可以成为反映汉语语法面貌最为简单的"描述语言",又可扮演分享汉语知识最为清晰的"交流语言"。闵宣化选择拉丁语法体系作为挖掘和梳理汉语内在本质的工具,并不代表他盲目地比附汉语与拉丁语。与之相反,他希望通过他的汉语研究,让西方的学习者正视汉语语法与西方语法之间的差异,以及汉语自身存有的特殊性,进而尽力挣脱西方语法的束缚。正如他在乌特勒支大学汉语言教席就职演讲上最后的那句话:"一旦我们真正地掌握了汉语句式结构的知识

---

① Ch'en Ting-Min,"Joseph Mullie: Le Mot-particule 之 Tche. E. J. Brill, Leiden (Hollande), 1942. 237 pages (en vente à la Mission de Scheut)."

② 在根特大学的年报《大学生活》上,笔者发现一则《古文原则》将被译为俄文出版的消息。此项计划是莫斯科东方学院的索尔涅夫(Prof. Dr. V. Solncev)访问根特大学汉学系时决定的。原文是"我们达成协议,闵宣化教授的《古文原则》将在双方的监督下被译成俄文"(Er werd overeengekomen dat de Grondbeginselen van de Chinese Letterkundige Taal van Prof. Mullie onder gezamenlijke leiding in het Russisch zou vertaald worden),但后续如何,未能找到资料以供参考。参见 Rijsuniversiteit te Gent, *Universitair Leven*, No. 112, 1 Juni 1969, p. 18.

后,等再说起汉语时,就不会那么快地陷入到我们自己的欧洲语法,那非中国句式结构的深渊中了。"①

小　　结

　　以小语种撰写的汉语语言学著作,因使用者不多,流通渠道不广,在浩瀚的西方汉学著作中很容易被掩盖和埋没。然而,这些研究成果虽然鲜为人知,但并不意味着其学术价值不堪与同类著作相媲美。闵宣化的《热河方言文法》与《古文原则》就是两部值得学界深入研究的荷语汉语语言学著作,它们不仅在长时期内引领了整个圣母圣心会的汉语教学方向,也成为二十世纪比利时、荷兰汉语语言学科得以发展的一块基石。除此之外,以闵宣化为代表的圣母圣心会在华传教士,曾是中国境内最大的弗拉芒籍传教群体。他们以自己独特的视角记录下了中国的语言、历史、民俗、地理等的面貌,这些"封尘已久"研究成果也同样需要得到中外学界应有的瞩目。因此,本章以比利时汉学的发展沿革作为叙事背景,梳理出这个塞外传教团体在汉学研究上所作出的努力和贡献,以及在这个被誉为"中国苗圃"的圣母圣心会中,闵宣化在汉语研究和教学上所具有的突出地位。

　　自十三世纪起,弗拉芒籍传教士的身影就已进入中国史册。在十七世纪中西"文化使者"耶稣会士们中间,弗拉芒人留下的足迹也是可圈可点。然而,中比交流这条纽带的真正缔结应归功于十九世纪来华的圣母圣心会传教士。他们在中国边疆生活、传教长达一个世纪之久,工作之余投身汉学事业的人不在少数,多年的

---

① Jozef Mullie, *De belangrijkheid van de Chineesche syntaxis*, p. 27.

学术积累让这些"杂学家"成为了比利时汉学的先驱,他们遗留下的研究成果成为了当今汉学界仍未开采的宝藏。然而遗憾的是,由于当时法国在华"保教权",传教士又能说娴熟的法语,导致这些塞外传教士的"弗拉芒人"身份常常被外界忽略。

很显然,这群在"弗拉芒运动"中成长起来的传教士们,对自己本民族弗拉芒语的拥护和热爱远胜于法语。虽然不少法语汉学著述出自他们的笔下,但有更多的荷语汉学著述由他们写成。闵宣化对荷语著作"无人问津"的后果早有预料,但本着强烈的弗拉芒民族意识,他坚持用荷兰语撰写自己在汉语语言上的研究成果。其主旨有二:一是为根基尚浅的弗拉芒汉学学术添砖加瓦,二是为了帮助圣母圣心会的传教士更快、更系统地掌握汉语。

以科学严谨的态度来对待汉语,是闵宣化一直秉持的原则。《热河方言文法》是闵宣化在华二十二年来对热河口语研究的集大成之作。他不仅自行设计符合荷语发音规律的汉语拼音,而且在语法的阐释上辅以大量鲜活实用的例句。他的书也成为了当时在华圣母圣心会会士人手一册的汉语指南。闵宣化采用的这些例句在现今也未失去它的学术意义,数量庞大、内容充实的生活语料成为了考察百年前热河方言的珍贵素材。闵宣化又认为,白话固然重要,但文言是中国人的灵魂。中国人对文人、先贤的推崇,让古代经典成为了中国哲学思想的核心。因此,闵宣化不为当时盛行一时的"白话运动"所动,坚持推动圣母圣心会在文言文上的学习。1946年问世的《古文原则》,是他多年在文言文教学上的经验总结。这本以拉丁语法体系阐释文言文的著作,让荷语汉学界对古代汉语有了全新的认识。

闵宣化在语言学上的成就,使他担负起了领导整个圣母圣心会汉语教学的责任。在鲁汶学习院三十余年的教学生涯中,他培养了数百位来华传教士。闵宣化一贯提倡的"文言是白话的根基"

图 4-21 晚年的闵宣化

图片来源:"In Memoriam Z. E. Pater J. Mullie"

"汉语语法句本位"等观点成为了这所"欧洲最大汉语学校"的学习导向。自 1939 年起,闵宣化执掌荷兰乌特勒支大学汉学系,开始把荷兰以往偏重于闽南方言的教学传统转向北方官话,其汉语观也随之被带入了荷兰的汉语教学体系中。在他的培养下,其博士生艾乐希尔斯在 1959 年被任命为根特大学中国语言和文学教授,比利时历史上第一个汉学教席也随之诞生。我们不妨可以说,闵宣化对汉语语言的研究,不但影响了整个二十世纪的圣母圣心会,而且他的学术成就也催生了比利时的汉学专业,是该领域里一位名副其实的"鼻祖级"人物。

结　语

　　地处西欧一隅的比利时，在其独立革命胜利仅三十年后，即创立了一支属于自己的海外传教修会。这个具有鲜明国别特色的宗教团体，从最初的四位传教士逐渐发展成为一支数百人的中国传教队伍，不得不说这称得上是一个"奇迹"。而"奇迹"的背后，则是多方的努力与时代的机遇。

　　圣母圣心会得以诞生，并非历史的偶然。十九世纪作为中外近代史上的一个特殊时期，其历史环境为会祖南怀义的中国传教梦想创造了前所未有的机遇和施展空间。独立之后的比利时，在国内政治和宗教体制上焕然一新，久受压迫的比利时信众得到突如其来的自由和释放，导致了以天主教为旗帜的国家主义浪潮在全国范围内迅速蔓延。同时，西欧殖民扩张进入高潮，带动海外宣教运动风起云涌，圣母圣心会在此时成为了这个新兴国家抒发宗教情感和展现独立形象的一个舞台。然而，比利时国内经历的这个"特殊时期"只是圣母圣心会得以诞生的条件之一，远在东方的中国，其所遭遇的历史性转折，更是圣母圣心会得以成就其传教大业的重要前提。

　　鸦片战争爆发后，晚清政府在坚船利炮的威逼下签订了一系列不平等条约，西方传教士在禁教政策下的被动局面得以扭转，中法条约让法国政府一跃成为天主教在华的"保护伞",让沿海地区的天主教传教士能够进入内地发展。比利时与法国在地理位置上相邻,又世代联姻。圣母圣心会积极依附法国,不但得到法国护照,而且有机会接手法国遣使会在华的蒙古代牧区,使这个原本根基不足、人员匮乏的比利时传教团体,出人意料地赢得了教廷的批准,在诸多海外修会之中脱颖而出,获得进入中国传教区的"通行证"。

蒙古代牧区地处中国边疆,其地理和人文环境同沿海和内地其他省份相比,较为特殊。在历史上,这片汉蒙杂居之地,曾是中国百年禁教时期的"避难天堂"。然而,晚清的政治时局风云变幻,其"避风港"的角色已经不复存在,在法国遣使会的眼中,塞外教会已经不再是昔日他们眼中的"风水宝地",不平等条约所赢得的北京传教区成为了他们新的传教焦点。这时圣母圣心会的出现对遣使会来说实为"雪中送炭",而圣母圣心会为了能够早日进入中国,也愿意接手塞外这片荒凉的代牧区,双方可谓一拍即合。在这种"双赢互利"的条件下,南怀义等五人在1865年顺利到达西湾子,塞外传教史也进入了新的篇章。

不可否认的是,虽然比利时与其他欧美国家在国力上不能同日而语,更无力瓜分当时沦为半殖民地半封建国家的中国。但圣母圣心会的入华完全得益于当时清政府与西方列强之间的外交关系,并且强烈地依附于不平等条约的权益之上。传教士来自异国,传播的又是外来宗教,本就容易引起国人的戒心,再加上诸多因"开垦蒙地、划地为营"等传教策略所引发的民教争端,圣母圣心会的传教士便自觉或不自觉地被贴上了"殖民主义侵略者"的标签,使其在入华传教初期就被深深地刻上了"西方帝国主义者"的烙印。

诚然我们不能断言传教士与西方殖民主义的扩张政策是否有

直接的瓜葛，但他们在华建立的一切活动皆是基于传播基督宗教的主旨则是不能掩盖的事实。鉴于塞外地区特殊的地理环境，以及圣母圣心会的传教取向，来自内地的广大垦农成为了传教士关注的焦点。为了获取他们对基督信仰的接纳，光凭讲经说法是远远不够的。"尚未充饥，何谈礼教"的现实性让传教士们花更多的时间投身到社会工作当中，租买田地、兴办学校、建立医院、收养孤儿等形形色色的传教策略应运而生，而建立这些事业的背后是欧洲信众庞大的经济支持。为了保证善款源源不断，他们开始撰写各种关于中国方方面面的报告、书信、时事新闻等，以此博取欧洲信众的同情。这时的圣母圣心会传教士摇身一变，逐渐从一个西方信仰的传入者，转化为一个东方文化的输出者。而比利时的早期汉学就是在这样的机缘巧合中慢慢产生的。

因此，当我们考察、关注以圣母圣心会为中心导致的蒙汉冲突、土地纠纷时，不能忽略这群弗拉芒籍传教士在文化事业上所作出的贡献，以及他们在中比文化交流中充当的重要角色。传教士无疑是西方文明输入中国的媒介，对中国近代社会带来的变革毋庸置疑。然而，长期在中国生活，让这些西方人可以近距离地观察中国。作为宗教传播者的同时，他们又潜移默化地成为了东方文化的接受者和输出者。或许与其他在华传教团体不同，比利时作为一个政治复杂的新兴国家，北方荷语的弗拉芒地区长期受到南部法语地区的知识垄断，只说荷兰语的弗拉芒民众得到外界知识的机会极为有限。圣母圣心会作为一个弗拉芒籍传教修会，成为了该地区"东学西渐"上史无前例的先锋。尤其以闵宣化为代表的新一代知识型传教士，他们受到弗拉芒民族运动的深刻影响，在学术活动上尤以本民族的利益为重。在对中国文化的输出上，他们扮演着无可匹敌的重要角色。

纵观比利时汉学史的发展，不论是荷语区还是法语区。圣母圣心会在其中的重要地位都是无法取代的。比利时建国之前,以南怀仁、柏应理为代表的弗拉芒籍耶稣会士曾在中西文化之间积极奔走,但耶稣会的解体让他们建立起的汉学事业趋于沉寂。而十九世纪末入华的圣母圣心会,则打开了新的局面。他们通过1889 年创刊的荷兰语圣母圣心会年鉴,第一次把关于中国的知识以文字的形式较为准确地介绍给自己的同胞,也成为了当时弗拉芒籍比利时人了解中国的重要媒介。与早期弗拉芒籍耶稣会士不同,圣母圣心会的传教士积极以母语荷兰语撰写各种文章介绍中国,其读者也以本国民众为主。因此,他们才是比利时传教士汉学真正意义上的开启者。

年鉴的陆续出版,带动了不少圣母圣心会传教士投身到汉学的研究中去。借助传教之便,他们能够与中国社会不同阶层的人士密切交往,也有机会深入不同地区开展实地走访和考察,这些条件促使他们的研究特征更具有社会科学和人类学的色彩,在历史学、民俗学、地理学、考古学、语言学的研究上成绩卓著。1947 年,北京怀仁学会顺利成立,标志着圣母圣心会的汉学研究从传教士汉学慢慢走上了专业汉学的道路。

与远在西方的汉学家不同,圣母圣心会的传教士们从早期开始就乐此不疲地收集大量关于中国的资料来作为汉学研究的基础。其中,得益于大量的蒙汉语料,诞生出诸如田清波、贺登崧、闵宣化这样的语言学大家。田清波对蒙语的研究在国际学界声名远扬,贺登崧也是方言地理学在中国的首创者。而闵宣化在汉语语言学上的研究,是圣母圣心会中最为成功的一位,如果我们说他是比利时汉语语言学界成就最为卓越的一位,也不为过。他对汉语北方方言的研究,改变了圣母圣心会长时间需要借助法语、英语来学习汉语的困境。他的两部以荷兰语撰写的经典著作《热河方言文法》和《古文原则》,也成为了当时荷语汉学在语言学领域最前沿的研究。

不可否认,没有经过科班汉学训练的闵宣化,很难从学术脉络、师承渊源上来探寻其学术思想。但是,在其汉学研究上,特别是语言学的研究上,受"弗拉芒民族主义思潮"的影响是不能忽视的事实。在"语言就是人民"和"语言特殊论"氛围下成长起来的闵宣化,对语言有着特殊的感情。在汉语口语的研究上,他极为重视语料的收集,力图在鲜活的生活语料中揭示汉语语法的规则。除此之外,对闵宣化而言,汉语语言的魅力不单单停留在日常的口语之中。"从语言中寻找历史"是他一贯坚持文言文和中国古典文学重要性的思想源头。不难看出,闵宣化对待中国古代经典的观点具有一定"索隐"的倾向,但其倾向性不是去寻找基督的痕迹,而是去寻找一个真正的中国。他不止一次地强调,要坚持不懈地研读中国经典,因为这是认识中国和中国人灵魂的宝藏。

闵宣化认为,传教士把中国文化带向西方世界的最有效途径,就是正确地解读中国经典。这也是他不遗余力地撰写古代汉语语法著作的初衷。而介绍一种异国语言,最简单的方式莫过于借助自己熟悉的语言体系。然而,当他试图用西方熟知的拉丁语语法来解释汉语口语和文言文时,招来的却是很多人的非议,但闵宣化对此持有坚定的观点。他认为,汉语虽然与西方语言不同,但这并不意味着我们要把汉语当成是一种"奇怪"的语言来另眼相看。闵宣化以大量的语言学研究成果来反驳西方语言学家用字母文字为标准去判断汉语的方法。在他来看,西方语言学界认为汉语为单音节语言、不具语法规则的观点是粗浅的、带有偏见的。以事实说话的他,乐此不疲地撰写文章、举行讲演,目的就是去证明他一贯推崇的观点——无论是汉语口语还是文言都是有语法可寻的。

闵宣化无意在汉语学术界崭露头角,而是毫无顾忌地选择为自己民族的汉学事业服务。闵宣化早期在圣母圣心会学习汉语时就已察觉,没有用自己本民族语言撰写的汉语语言学书籍必将成为专业学术发展的绊脚石。在数十年中,闵宣化作为圣母圣心会汉语学习的领路人,把自己对汉语的研究心得贯彻到整个修会的内部,把专业的汉语口语和文言文知识循序渐进地安排进了传教士的日常培养当中,提升了这所当时"欧洲最大的汉语学校"——圣母圣心会鲁汶学习院的整体水平。在邻国荷兰,闵宣化在汉语研究上的非凡成就得到了高度认可,为扭转荷兰汉学界以学习闽南语为主的局面,闵宣化受聘执掌乌特勒支大学汉学教席长达十七年之久。他不但第一次把汉语北方官话带入荷兰的大学课堂当中,同时还培养出了比利时本国第一批专业的汉学人才,令自己奉献一生的汉语研究得以长久地发展。在此,我们再一次引述比利时首席汉学教席、闵宣化的学生艾乐希尔斯在二十世纪七十年代所说的话:"我们在比利时还是特别地着重于汉语文言文的学习,并且我们的语言学研究也受其影响很深。因此我认为,我们继续开展文言文的课程是不可避免的事实。在这里我们有闵宣化教授里程碑式的著作《古文原则》,这三卷一千一百页的著作对我们来说是一个宝藏。只要我们的研究涉及中国古典'十三经'上的内容,我们的学生就可以从闵宣化的著作中找到所有想要了解的答案。"

附录一 闵宣化生平年表

1886年2月14日：出生于西弗拉芒省的圣德奈斯（Sint-Denijs）。

1897年—1898年：进入位于梅嫩（Menen）的圣类思中学（Sint-Aloysiuscollege）学习。

1898年—1903年：进入位于科特赖克（Kortrijk）的圣阿曼中学（Sint-Amandscollege）学习。

1903年9月7日：加入司各特圣母圣心会。

1904年9月8日：首发圣愿。

1904年—1906年：在司各特总院学习哲学。

1906年—1909年：在圣母圣心会鲁汶学习院学习神学。在1907—1908年，他还跟随鲁汶大学东方语言系的教授科利奈神父（Philemon Colinet，1853—1917）学习梵文、巴利语等语言。

1909年7月18日：晋铎，由范·隆斯类主教（Mgr. Kamiel Van Ronslé）于司各特（Scheut）祝圣。

1909年9月25日：乘坐火车，穿越西伯利亚赴华。

1909年10月10日：到达锦州，入驻东蒙古代牧区主教府所在地松树嘴子学习中文。

1910年9月—1912年9月：担任大营子副本堂，本堂为龚振沦

(Louis Heyns，1875—1953)。

1912年9月14日—1915年9月：担任赤峰公学首任校长，当时的赤峰本堂为郭明道(Oscar Conard，1871—1947)。

1915年9月14日—1915年12月：担任康平县本堂。

1915年12月19日—1924年9月：担任深井本堂。任职期间的历任深井副本堂为：赵振纲(Chao Marcus，1869—?)，任期：1907—1916年；桑维远(Florent Boudewijn，1888—1980)，任期：1916年—1920年；罗秉铎(Edmond Devloo，1891—1974)，任期：1920年—1922年；郎正心(Raymond Lecrangée，1891—1972)，任期：1922年—1924年。

1924年9月8日—1926年9月：担任凌源(塔子沟)本堂。

1926年9月26日—1930年9月：担任承德(热河)本堂。1930年6月19日，被选为华洋义赈委员会成员。

1931年1月21日：乘坐天津—西伯利亚—布鲁塞尔的火车返回比利时(在天津港口负责运回会祖南怀义遗骨)。

1931年2月1日：到达布鲁塞尔(后入住圣母圣心会鲁汶会院)。

1931年—1948年：在司各特、鲁汶、奈梅亨(1940年止)的圣母圣心会学习院教授中文。

1939年12月16日—1956年：被聘为荷兰乌特勒支大学(Rijksuniversiteit te Utrecht)汉语语言文学系教授。1940年3月4日，发表乌特勒支大学就职演讲(主题为：汉语语法的重要性，De belangrijkheid van de Chineesche syntaxis)。1955年10月15日，成为弗拉芒比利时皇家学会通讯会员(De Koninklijke Vlaamse Academie van België，briefwisselend lid)。

1956年：从荷兰乌特勒支大学退休，居住在圣母圣心会鲁汶会院。

1956年12月13日：荣获荷兰奥兰治-拿绍司令勋章

(Commandeur in de Orde van Oranje-Nassau)。

1957年6月22日：成为弗拉芒比利时皇家学会正式会员(werkend lid)。

1958年9月17日：荣获利奥波德国王大军官勋章(Grootofficier in de Orde van Leopold)。

1970年5月：因左臂摔伤不能自理，迁入位于鲁汶附近括尔倍克庐(Korbeek-Lo)小镇的伊茂斯养老院(Rusthuis Emmaus)。

1972年5月：成为弗拉芒比利时皇家学会荣誉会员(erelid)。

1976年7月13日：在括尔倍克庐小镇的伊茂斯养老院中去世，享年90岁。

附录二 闵宣化的汉学著作列表
（以出版时间为序）

1. 语言学的著作

［1］Mullie Jozef, *Kwò wênn: letterkundig Chinees: grammaticale nota's*, unpublished.

［2］Mullie Jozef, *Notions élémentaires de phonétique et alphabet général*, Changhai: La presse orientale, 1922.

［3］Mullie Jozef, *Het Chineesch taaleigen: inleiding tot de gesprokene taal (Noord-Pekineesch dialekt)*, Pei-T'ang: Drukk. der Lazaristen, vol. 1, 1930.

［4］Mullie Jozef, *Het Chineesch taaleigen: inleiding tot de gesprokene taal (Noord-Pekineesch dialekt)*, Pei-T'ang: Drukk. der Lazaristen, vol. 2, 1931.

［5］Mullie Jozef, *The Structural Principles of the Chinese Language: An Introduction to the Spoken Language (Northern Pekingese Dialect)*, trans. by A. Omer Versichel, Peiping: The Bureau of Engraving and Printing, vol. 1, 1932.

［6］Mullie Jozef, *Het Chineesch taaleigen: inleiding tot de gesprokene taal* (*Noord-Pekineesch dialekt*), Pei-T'ang: Drukk. der Lazaristen, vol. 3, 1933.

[7] Mullie Jozef, *The Structural Principles of the Chinese Language: An Introduction to the Spoken Language* (*Northern Pekingese Dialect*), trans. by A. Omer Versichel, Peiping: Pei-t'ang Lazarist Press, vol. 2 - 3, 1937.

[8] Mullie Jozef, *Drie sinologische bijdragen* - 1. *De Nederlandse romanisatie van het Chinees*; 2. *De akkusatieven in het Chinees*; 3. *De dubbele nominatief of het volzin-gezegde in het Chinees*, Leuven: Vlaamse drukk. , 1946.

[9] Mullie Jozef, *Grondbeginselen van de Chinese letterkundige taal*, Leuven: Dewallens, vol. 1, 1946.

[10] Mullie Jozef, *Korte Chinese spraakkunst van de gesproken taal* (*Noord-Pekinees dialect*), Utrecht: Spectrum, 1947.

[11] Mullie Jozef, *Grondbeginselen van de Chinese letterkundige taal*, Leuven: Dewallens, vol. 2, 1947.

[12] Mullie Jozef, *Grondbeginselen van de Chinese letterkundige taal*, Leuven: Dewallens, vol. 3, 1949.

[13] Mullie Jozef, *De romanizering van de Chinese taal*, Brussel: Paleis der Academiën, 1958.

[14] Mullie Jozef, *De 214 sleutels van de Chinese karakters*, Leuven: Dewallens, (publishing date unknown).

2. 语言学的文章

[1] Mullie Jozef, "Het Nederlands in de taalwereld van het

Verre Oosten," *Biekorf*, (1909).

[2] Mullie Jozef, "Phonetische Untersuchungen über die nordpekinesischen Sprachlaute," *Anthropos*, vol. 8, no. 2/3 (1913).

[3] Mullie Jozef, "La Romanisation du Chinois, *Bulletion Catholique de Péken*," (1919).

[4] Mullie Jozef, "Une caractéristique phonologique du dialecte chinois de la Mongolie centrale," *Sino-Mongolica: gedenkschriften der missionarissen van Oost-Mongolië*, vol. 1, no. 1 (1920 - 21).

[5] Mullie Jozef, "Une caractéristique phonologique du dialecte chinois de la Mongolie Centrale," *T'oung Pao*, vol. 23, no. 2/3 (1924).

[6] Mullie Jozef, "Une règle de grammaire Chinoise," *Bulletion Catholique de Péken*, (1928).

[7] Mullie Jozef, "De plaats van het bepaald en het onbepaald onderwerp in de Chinese volzin (Noord-Pekingees Dialect)," *Festschrift P.W. Schmidt*, (1928).

[8] Mullie Jozef, "L'étude de la langue Chinoise," *Collectanea Commissionis Synodalis*, no. 3 (1930).

[9] Mullie Jozef, "Jaarboekje van de Voortplanting des geloofs," (1930).

[10] Mullie Jozef, "La question de la Romanisation de Chinois," *La politique de Pékin*, vol. 17, no. 40/41 (1930).

[11] Mullie Jozef, "Le double nominatif en Chinois," *T'oung Pao*, vol. 30, no. 3/5 (1933).

[12] Mullie Jozef, "Les accusatifs du Chinois," *Bulletion*

Catholique de Péken, (1933).

[13] Mullie Jozef, "L'écriture alphabétique de la langue Chinoise," *Bulletion Catholique de Péken*, (1933).

[14] Mullie Jozef, "De Chinese Taal," in Goris S. J., eds., *Katholieke Encyclopaedie*, Amsterdam: NV. Uitgeversmij Joost v. d. Vondel, 1934.

[15] Mullie Jozef, "De Chinese Letterkunde," in Goris S. J., eds., *Katholieke Encyclopaedie*, Amsterdam: NV. Uitgeversmij Joost v. d. Vondel, 1934.

[16] Mullie Jozef, "Goodrich, L. C.: The literary Inquisition of Ch'ien-Lung (book review)," *Orientalistische Literaturzeitung*, vol. 40, no. 2 (1937).

[17] Mullie Jozef, "L'étude des racines dans les langues indosinitiques," *Séance du Cercle Linguistique de Bruxelles*, (1937).

[18] Mullie Jozef, *De belangrijkheid van de Chineesche syntaxis*, Rede, uitgesproken bij de aanvaarding van het ambt van bizonder hoogleeraar aan de Rijks-Universiteit te Utrecht, op den 4en Maart, 1940, Leuven: Bomans, 1940.

[19] Mullie Jozef, "La Survivance de la voyelle A de l'ancien chinois dans le dialecte pékinois du nord," *Monumenta Serica*, vol. 6, no. 1/2 (1941).

[20] Mullie Jozef, *La survivance de la voyelle a de l'ancien chinois dans le dialecte pékinois du nord*, Peking: Vetch, 1941.

[21] Mullie Jozef, "Le mot-particule 之 tchē," *T'oung Pao*, vol.

36, no. 3/5 (1942).
[22] Mullie Jozef, "Note sur yên," *Harvard Journal of Asiatic Studies*, vol. 15, no. 1/2 (1952).
[23] Mullie Jozef, "Harold E. Shadick and Hsin-min Wu, Structural Analysis of Literary Chinese," *Harvard Journal of Asiatic Studies*, vol. 15, no. 1/2 (1952).
[24] Mullie Jozef, "George von der Gabelents, Chinesische Grammatik (book review)," *Orientalistische Literaturzeitung*, no. 8/9 (1955).
[25] Mullie Jozef, "Les Caractères [zhe], [zhi]... [ye], et [suo]. Réponse à M. J. L. Pierson," *Monumenta Nipponica*, vol. 13, no. 3/4 (1957).
[26] Mullie Jozef, "Les Caractères [zhe],[zhi]... [ye], [suo]. Réponse à M. J. L. Pierson (2)," *Monumenta Nipponica*, vol. 14, no. 1/2 (1958).
[27] Mullie Jozef, "Peut-On Expliquer le Chinois Par le Japonais?", *Monumenta Nipponica*, vol. 17, no. 1/4 (1962).
[28] Mullie Jozef, "Note sur deux mots de la langue wouhouan," *Anthropos*, vol. 63/64, no. 5/6 (1968).
[29] Mullie Jozef, "Le Monde Chinois," in P. Wigny, eds., *La bibliothèque de l'honnête homme*, Brussel: Nouvelle B. H. H., 1968.
[30] Mullie Jozef: "Sinologie, Bespreking van het werk van Karelgren: Etude de Phonologie Chinoise," (Maart 25, 1921), *Echo de Chine*.
[31] Mullie Jozef, "Voornaamwoorden in de Indosinische

Talen," *Handelingen van het XIXe Vlaamse Philologen Congres*, (Maart 27–28, 1951).

3. 考古学的文章

[1] Mullie Jozef, "Une caractéristique phonologique du dialecte chinois de la Mongolie centrale," *Sino-Mongolica: gedenkschriften der missionarissen van Oost-Mongolië*, vol. 1, no. 1 (1920–21).

[2] Mullie Jozef, "Aardrijkskundige namen uit het Mongools ontleend," *Sino-Mongolica: gedenkschriften der missionarissen van Oost-Mongolië*, vol. 1, no. 2 (1920–21).

[3] Mullie Jozef, "Les anciennes villes de l'empire des grands Leao 大辽 au royaume Mongol de Bārin," *T'oung Pao*, vol. 21, no. 2/3 (1922).

[4] Mullie Jozef, " Ou-ping-hien, Note sur l'ancienne géographie dela Mongolie Orientale," *New China review*, vol. 6 (1922).

[5] Mullie Jozef, "Note sur King-p'eng 经棚," *T'oung Pao*, vol. 23, no. 2/3 (1924).

[6] Mullie Jozef, "Les sépultures de K'ing des Leao 辽庆陵," *T'oung Pao*, vol. 30, no. 1/2 (1933).

[7] Mullie Jozef, "La rivière Jao-Lo 饶乐水," *T'oung Pao*, vol. 30, no. 1/2 (1933).

[8] 牟里(Jozef Mullie):《东蒙古辽代旧城探考记》,冯承钧译,上海:商务印书馆,1930 年。

[9] Mullie Jozef, "De K'i-tan-inscripties van de graven der Liao-dynastie (907–1125)," *Oosterse Gernootschap in Nederland*

(Leiden), no. 6 - 8 Januari (1936).

[10] Mullie Jozef, "Une planche a assignats de 1214," *T'oung Pao*, vol. 33, no. 2 (1937).

[11] Mullie Jozef, "La Survivance de la voyelle A de l'ancien chinois dans le dialecte pékinois du nord," *Monumenta Serica*, vol. 6, no. 1/2 (1941).

[12] 茂理(Yosephe Mullie):《金贞祐钞版考》,吴江、陆翔译,《说文月刊》1941年第2卷第10期。

[13] 闵宣化(Jos Mullie):《乘轺录笺证》,冯承钧译,《中国学报》1944年第1卷第5期。

[14] Mullie Jozef, "Les formules du serment dans le Tso-Tchouan," *T'oung Pao*, vol. 38, no. 1 (1947).

[15] Mullie Jozef, "Note sur Tchoung-lin et Lin-tchoung dans le bois," *Acta Orientalia*, no. 21 (1953).

[16] Mullie Jozef, "Les Toung-Hou," *Central Asiatic Journal*, vol. 12, no. 4 (1969).

[17] Mullie Jozef, "Les Chan-Joung ou Joung des montagnes," *Central Asiatic Journal*, vol. 12, no. 3 (1969).

[18] Mullie Jozef, "Les Sien-Pi, *Central Asiatic Journal*," vol. 13, no. 1 (1969).

[19] Mullie Jozef, "La Grande Muraille de Yen et de Ts'in," *Central Asiatic Journal*, vol. 13, no. 2 (1969).

[20] Mullie Jozef, "Les Wou-Houan," *Central Asiatic Journal*, vol. 12, no. 4 (1969).

[21] Mullie Jozef, "La Bataille de Pai-Lang-Chan 'Montagne du Loup Blanc'," *Central Asiatic Journal*, vol. 13, no. 2 (1969).

[22] Mullie Jozef, "Les Yu-Wen de Mongolie," *Zentralasiatische Studien*, vol. 5 (1971).

[23] Mullie Jozef, "Anciennes Villes dans les Environs de I-Tcheou (= I-Hien)," *Central Asiatic Journal*, vol. 15, no. 4 (1972).

[24] Mullie Jozef, "A la recherche de ki-tch'eng 棘城 la capitale des mou-joung," *Central Asiatic Journal*, vol. 15, no. 4 (1972).

[25] Mullie Jozef, "L'ancienne population de la province de Jehol," *Central Asiatic Journal*, vol. 20, no. 1/2 (1976).

[26] Mullie Jozef, "bespreking van Chang Te-K'un, Archaeology of China I, Praehistoric China," *Spiegel Historical*, vol. 4, no. 4 (april 1959).

4. 其他学科领域的书籍和文章

[1] Mullie Jozef, "Alven en Dwergen," *Biekorf*, (1910).

[2] Mullie Joseph, *Lettre du E. P. Joseph Mullie, Mongolië Orientale, Une nouvelle oeuvre*, in O. P. P. F., eds., *Les Missions catholiques: bulletin hebdomadaire de l'Oeuvre de la propagation de la foi*, Lyon: Oeuvre de la propagation de la foi, 1919.

[3] Mullie Joseph, *Lettre du E. P. Joseph Mullie, Mongolië Orientale, L'action catholique*, in O. P. P. F., eds., *Les Missions catholiques: bulletin hebdomadaire de l'Oeuvre de la propagation de la foi*, Lyon: Oeuvre de la propagation de la foi, 1920.

[4] Mullie Jozef, "Monseigneur Bruguière," *Sino-Mongolica:*

gedenkschriften der missionarissen van Oost-Mongolië, vol. 1, no. 2 (1920 - 21).

[5] Mullie Jozef, *De algemeen-overste van Scheut in Oost-Mongolië*, in Scheut Missiehuis, eds. , *Missietijdschrift: Missiën van Scheut*, Brussel: Scheut Missie, 1921.

[6] Mullie Jozef, *Pereltje is verloofd*, in Scheut Missiehuis, eds. , *Missietijdschrift: Missiën van Scheut*, Brussel: Scheut Missie, 1922.

[7] Mullie Jozef, "La lamaserie You-choen-seu à Tch'ao-yao-hien," *Sino-Mongolica: gedenkschriften der missionarissen van Oost-Mongolië*, vol. 3, no. 1 (1925 - 1926).

[8] Mullie Jozef, *Dure gierst*, in Scheut Missiehuis, eds. , *Missietijdschrift: Missiën van Scheut*, Brussel: Scheut Missie, 1930.

[9] Mullie Jozef, "De reis van T'ien-tsin naar Brussel over Siberië en Rusland," *Sint Paulus Missiebond*, no. 5/6 (1931).

[10] Mullie Jozef, *The religion of China*, in Rev. J. Mullie and Rev. J. M. Martin, eds. , *Studies in comparative religion - The religions of China and Japan*, London: Catholic truth society, 1934.

[11] Mullie Jozef, *China historisch en politiek overzicht*, in Goris S. J. , eds. , *Katholieke Encyclopaedie*, Amsterdam: NV. Uitgeversmij Joost v. d. Vondel, 1934.

[12] Mullie Jozef, J. M. Martin, *The religions of China and Japan*, London: Catholic Truth Society, 1934.

[13] Mullie Jozef, *Tch'eng-yao-lou*, *relation de voyage de Lou*

Tchen, in Axel Wilhelm Wallén, eds., *Hyllningsskrift tillägnad Sven Hedin på hans 70-årsdag den 19 febr. 1935*, Stockholm: Generalstabens litografiska anstalt, 1935.

[14] Mullie Jozef, *Bij het graf van Z. E. P. Karel de Jaegher, missionaris van Scheut*, Leuven: Kerk en Missie, 1936.

[15] Mullie Jozef, "Het Chinees huwelijk volgens een nieuwe wet," *Dienende Liefde(Brugge)*, (1936).

[16] Mullie Jozef, *China historisch en politiek overzicht*, in Scheut Missiehuis, eds., *Missietijdschrift: Missiën van Scheut*, Brussel: Scheut Missie, 1936.

[17] Mullie Jozef, "Wou, P.: La Vérité sur la Mandchourie (book review)," *Orientalistische Literaturzeitung*, vol. 40, no. 4 (1937).

[18] Mullie Jozef, "Forster, L.: The new Culture in China (book review)," *Orientalistische Literaturzeitung*, vol. 40, no. 7 (1937).

[19] Mullie Jozef, *Stamboom van de familie Mullie (1550 – 1937)/Stamboom van de familie Mullie 2e uitgeven*, Leuven: Private uitgave, 1938/1970?

[20] Mullie Jozef, " De Studie van het Chineesch in de Congregatie van Scheut," *Wetenschappelijke Tijdingen*, vol. 5, no. 9 (1940).

[21] Mullie Jozef, *Ferdinand Verbiest*, in Leon Elaut, Ludovic Grootaers, Robert Van Roosbroeck, August Vermeylen, eds., *100 groote Vlamingen: Vlaanderens roem en grootheid in zijn beroemde mannen*, Antwerpen: Standaard, 1941.

[22] Mullie Jozef, *Chine, Japon, Asie Centrale, Histoire et Civillisation*, in P. Wigny, eds., *La bibliothèque de l'honnête homme*, Brussel: Nouvelle B. H. H., 1945.

[23] Mullie Jozef, *Chine, Japon, Asie Centrale, Histoire et Civillisation*, in P. Wigny, eds., *La bibliothèque de l'honnête homme* (2e, éd), Brussel: Nouvelle B. H. H., 1949.

[24] Mullie Jozef, "Compte rendu de Henri Bernard-Maitre, Sagesse Chinoise et Philosophie chrétienne, Serie culturelle des Hautes etudes de T'ien-tsin," *Orientalistische Literaturzeitung*, vol. XLVIII (1953).

[25] Mullie Jozef, "Een nieuw werk van P. L. Schram," *Sint Tillo's Missiebond*, vol. jg. 20, no. 2 (1954).

[26] Mullie Jozef, "Z. E. P. Jozef Dewolf CICM," *Sint Tillo's Missiebond*, vol. jg. 21, no. 2 (1955).

[27] Mullie Jozef, *De bedrijvigheid van de Vlaamse missionarissen op het gebied der Mongolistiek*, Brussel: Paleis der Academiën, 1957.

[28] Mullie Jozef, "T. JANSMA. Oost- Westelijke Verkenningen in de dertiende eeuw. De Reizen van de Franciscaan Willem van Rubroek naar Mongolia in de jaren 1253 – 1255 en van de Nestoriaanse Prelaat Barsauma naar Eutropa in de jaren 1287 – 1288. (Leiden: E. J. Brill. 1959. Pp. 67. Gld. 12.)," *The Economic History Review*, vol. 13, no. 1 (1960).

[29] Mullie Jozef, *De familienaam Liagre*, Brussel: Paleis der Academiën, 1960.

附录二　闵宣化的汉学著作列表（以出版时间为序）　513

[30] Mullie Jozef, "De familie de Lannoy en Van de Lanoitte," *De Leiegouw*, no. 2/3 (1960/61).

[31] Mullie Prof. Dr. J. L. , *De oosterse mens*, Brugge: Desclée De Brouwer, 1961.

[32] Mullie Jozef, "Confucianisme, Reeks wereld godsdiensren les VII," *Missionnaire Orientatie*, (1963).

[33] Mullie Jozef, *De afstammelingen van Jan Desmulliers-Delfaille uit Marcq-en-Baroeul*, Leuven: Private uitgave, 1963.

[34] Mullie Jozef, *De Mongoolse prins Nayan*, Brussel: Paleis der Academiën, 1964.

[35] Mullie Jozef, *In memoriam eerwaarde pater Antoon Mostaert (10 augustus 1881 - 2 juni 1971)*, Brussels: Jaarboek van de koninklijke Vlaamse Academie voor wetenschappen, letteren en schone kunsten van Belgie, 1971.

[36] Mullie Jozef, "Universiteiten te Leuven en te Utrecht," (April 7 1956), *Utrechts Nieuwsblad, bijvoegsel. Universiteitsnummer*.

[37] Mullie Jozef, "De laatste reis van Dr. Sven Hedin in Midden-Azie," (Juli 16, 1938), *Nieuw Vlaanderen*.

[38] Mullie Jozef, "Verslag van tienjaarlijkse wedstrijd voor oosterse en klaassieke filologie, verslag van de jury. Sinologie en verwante gebieden," (Maart 24, 1950), *Belgisch Staatsblad*.

[39] Mullie Jozef, *Uitvindingen der drukkunst in China, Verslagen en Mededelingen van de Koninklijke Vlaamse*

Academie voor Taal-en Letterkunde Gent: N. V. Vanderpoorten & Co. , Maart 1934.

[40] Mullie Jozef, "De familie Parein," (Nov. 6, 1959), *De Weekbode*, *Roeselare*.

[41] Mullie Jozef, "Het Chinees mensbeeld in het Confucianisme," *Politica Berichten*, no. 4 (Oct. 6, 1956).

附录三 《热河方言文法》目录中文译文

第一册

第一章：汉语的发音

　　元音；双元音；辅音；声调；名词中儿化音；尾音

第二章：汉字的 214 个部件

第三章：汉语语法总览

　　名词与形容词；位格；代词；动词；陈述语气；条件语气；祈使语气；禁止语气；假设语气；助词；非限定动词形式；"有"和"是"；前置和后置介词；副词；否定和疑问句式；连词

第四章：独立名词

同音字；不定冠词；名词的独立结构；专有名词；普通名词；量词；质量性量词；体积性量词；名词的格；格的位置；直接和间接宾语；与不及物动词的连用；双主格形式；属格的使用；与格的使用；宾格的使用；名词的复数；名词构词法；与"子"的构词法；与"家"的构词法；与"头"的构词法；与重复性单音节字的构词法；"与格"形式的构词法；与两个词义相同结构组成的名词；与两个词义相反结构组成的名词；形容词与名词构成的名词；副词与名词构成的名词；名词与后置词构成的名词；动词性名词；动词与名词构词的名词；两个动词构成的名词；"首"字加动词构成的名词；"头"字加动词构成的名词；代指人的名词构词法；代指动物的名词构词法；代指植物的名词构词法；其他名词的构成类型；加后缀"儿"的名词

第五章：形容词

形容词的构成；单音节的形容词；同义词构成的形容词；与"巴"构成的形容词；与"当"构成的形容词；与"实"构成的形容词；与"和"构成的形容词；与"hu"音字构成的形容词；与"可"字构成的形容词；形容词的句式运用；表性质、质量特征的形容词；形容词的名词性；形容词作谓语；动词性谓语；实词性谓语；副词性谓语；一些形容词的特殊用法；"瘦"和"薄"；"冷"字；"老"字；"多"字；"够"字；"真"字；"干"字；表达"尺度"的形容词；表达"对比"的形容词；表达"一般"质量的形容词；表达"劣等"质量的形容词；表达"高等"质量的形容词；表达"高度"的形容词；表达"比较级"的形容词；表达"最高级"的形容词；表达"加强"的形容词；有"后缀"的形容词；

加强语气的形容词；削弱语气的形容词

第六章：数词

基数词；"两"和"二"字的使用；序数词；时间数词；不定数词；分数词；账目利息中使用的数词；"都"字的使用；"半"与"倍"；以数词构成的成语或词语

第七章：代词

人称代词；代词和形容词的所有格；指示代词；疑问代词；关系代词；关系从句；关系从句的用法；代词性动词；不定代词的各种形式

第二册

第八章：动词

一般动词：肯定句中的动词组合形式；指示语气；祈使语气；助词；不定语气；现在时的使用；过去时的使用；否定句的使用；"不"的使用；"再不"的使用；"绝不"的使用；系动词的使用；"成为"的使用；动词的构词法；单音节的动词；同义词构成的动词；动词和副词构成的动词；与"巴"构成的动词；与"la"音字构成的动词；与"弄"构成的动词；与"打"构成的动词；多音节的动词；多重组合构成的动词；"被动"词；"使动"词；无主句动词；反身动词；疑问动词；可能性情态动词；动词与"了"组合的句式；动词的翻译说明；表达"赢、取、失"的词；表达"玩、弹"的词；表达"租、赁"的词；表达"识、知道"的词；表达"买、卖"的词；表达"开"的词；表达"手工"动作的词；表达"行动"的词；表达"载"的动词；表达"必须"的动词；一些特殊汉语动词的使用；"叫"；"见"；"禁"；"主"；"发"；"显"；"混"；"可"；"落"；"闹"；"弄"；"算"；"打"；"当"；"得"

副动词：一般副动词；副动词的组合形式；副动词的使用特点；表达过去时态的副动词；副动词的重音；其他副动词；副动词在句式中的位置；对几个副动词的介绍；"差"；"着"；"成"；"真"；"及"；"见"；"尽"；"净"；"清"；"住"；"中"；"好"；"坏"；"开"；"给"；"够、足、饱、得"之间的分辨；"没"；"遍"；"破"；"死"；"倒"；"到"；"掉"；"迭"；"定"；"透"；"错"；"动"；"通"；"完"

双重副动词形式；"来"；"去"；"起"和"起来"；"进"和"进来、进去"；"出"和"出来、出去"；"回"和"回来、回去"；"过"和"过来、过去"；"上、下"和"上来、上去、下来、下去"

第九章：副词

副词的构词法；与"的"构成的副词；与助词"着"构成的副词；在形容词前加"个"构成的副词；与"然"构成的副词；副词在句式中的使用；副词的不同类型；表时间的疑问副词；表地点的疑问副词；表状态的疑问副词；表数量的疑问副词；表目的的疑问副词；表达时间、日、星期、月、年的副词；常用副词列表

第十章：介词和后置介词

与及物动词连用的形式；介词修饰语；常用介词列表

第十一章：连词

第十二章：感叹词和汉语的尾音

第三册

荷汉词汇列表

《热河方言文法》的原版目录

附录四 《古文原则》目录中文译文

第一册

第一章：名词

Ⅰ. 专有名词

Ⅱ. 普通名词

  A. 名词的性

  B. 名词中的量词

  C. 名词的格

    1. 主格形式：a. 名词的限定和不定形式；b. 名词作宾语的形式；c. 名词主格和属格与"之"的连用；d. 名词主格与"者"的连用；e. 名词的双主格形式；f. 名词的副词形式

    2. 呼格形式

    3. 属格形式

    4. 与格形式

    5. 宾格形式：a. 宾格的中性形式；b. "以"的宾格形式；c. "将"的限定宾格形式；d. 宾格的宾语形式；e. 间接宾语；

f. 动词前置的宾格；g. 日文中的"卵生者"；h. 双宾格形式
　6. 工具格形式，"以、用"的用法
D. 名词的复数形式
E. 名词构词法
　1. 单字的名词
　2. 由不同单字构成的名词：a. 名词性单字的构成形式；b. 动词性单字的构成形式；c. 与"人"字构成的名词

第二章：形容词

Ⅰ. 形容词的构成
　A. 单字的形容词
　B. 由单字构成的形容词
　　1. 名词性的单字：a. 由同义词构成；b. 由两个相同单字构成；c. 由名词和形容词构成
　　2. 动词性的单字：a. 由"可"构成；b. 由"无"构成；c. 由"有"构成
Ⅱ. 形容词在句型中的使用
　A. 形容词的独立使用形式
　B. 形容词在名词前的使用形式
　C. 形容词在主语后的用法
　D. 形容词在动词前的用法
　E. 形容词在动词后的用法
　F. 形容词限定程度的形式
Ⅲ. 形容词的特殊用法
　1. 形容词加动词
　2. 形容词＋"於"＋名词

3. 形容词＋"於"＋动词（宾语）
4. 形容词＋"以"＋动词
Ⅳ. 对一些特殊形容词的使用
1. 厚、薄、粗、细、密、稀
2. 真、假、实、虚
3. 旱、潦、干、湿
4. 老、旧、古
5. 表示"多"的词
6. 表示"稀少"的词
7. 表示"足够"的词
8. 东、南、西、北
9. "以"在"以东"中的用法
Ⅴ. 形容词的比较级和最高级

第三章：数词

Ⅰ. 主要数词
   A. 对"一"和"或……或……"用法的介绍
   B. "二"与"两"用法的介绍
   C. "贰"的用法
   D. "三"与"叁"的用法介绍
   E. "四"的用法
Ⅱ. 数词在句式中的运用
Ⅲ. 序数词
Ⅳ. 次数的表达
Ⅴ. 略数的表达
Ⅵ. 分数的表达

Ⅶ. "一半、中、双"的使用

第四章：代词

　Ⅰ. 人称代词
　　A. 第一人称和第二人称
　　B. 人称代词的宾格形式
　　B2. 表达"自己"的代词
　　C. 代词"其"的用法
　　D. 代词"之"的用法
　　E. "之"字作修饰性代词的功用
　　F. "之"字作人称代词
　Ⅱ. 形容词的所有格作人称代词
　Ⅲ. 具有指示性的形容词和代词
　Ⅳ. 疑问代词："谁、孰、者也、那、何"
　Ⅴ. "者、之、所"在荷语语法角度上的运用
　Ⅵ. 非限定代词和形容词："凡、诸、皆、毕、都、百、一切、群"等

第二册

第五章：动词

　Ⅰ. 动词的构成
　　1. 远古、中古汉语动词的演变
　　2. 多音字下产生的动词和名词
　　3. 动词作名词；形容词作动词

Ⅱ. 动词的变位
  A. 时态
    1. 现在时态
    2. 过去时态:"当、未尝、未尝不、曾、未曾、何曾、既、既……而、既已、卒、已、业已、罢、过、毕"等
    3. 将来时态:"欲、临、垂、行、将"等
  B. 表达愿望、可能性的助词:"其、其……乎"
  C. 表达祈使
  D. 表达禁止:"勿、毋、无、无令、勿使、毋若、休、得勿、能勿、如勿"等
  E. 连接分词:"之、者、且"
  F. 动词的独立使用形式
Ⅲ. 表从属关系的动词和系动词
  A. 表从属关系的动词:"有、不有、无"
  B. 系动词:"有、无"
  C. 系动词:"为、系、惟、非"等
  D. 表方位的动词:"在、所在、居、寓、位"
  E. 动词"当"的使用方法
  F. 特殊的条件性系动词"微"
Ⅳ. 动词的否定形式
  A. 一般否定式:"不、弗、否、若否、靡、蔑、末、亡、罔、未、圽"等
  B. 双重否定式:"无不、不无、未……不、靡不"等
Ⅴ. 疑问动词
  A. 问句:"岂、是否"
  B. 问句的结尾词:"乎、与、诸、邪、耶、哉、其……乎、其……诸"
  C. 疑问句首词和尾词的一般使用形式
  D. 选择性疑问句的使用:"有无、不、否"

Ⅵ. 动词的无主语形式
Ⅶ. 及物动词和不及物动词形式
   1. 带直接或间接宾语的及物动词
   2. 汉语文言文中的不及物动词："从於、随于、因於、害於、训于、怀于、疑於、及於、谏於、惧於、观於、明於、涉於、济於、察於"等
Ⅷ. 动词的"被动式"
Ⅸ. 反身动词："自、相、交、彼此相、胥"等
Ⅹ. 使动词："使、俾、令、任"
Ⅺ. 动词"以……为、作"的使用方式
Ⅻ. 能动词
   1. 表达"成为"："成"
   2. 表达"能够"："能、得、得以、可、可以、克、获、胜、堪、无从、有以、有自、知"
   3. 表达"必须"："应、当、须、必、宜、庸、不得不、不可不、需、合、该"
ⅩⅢ. 动词的介词形式："好、下、回、干、及、记、起、见、去、良、明、破"等

第三册

第六章：副词

Ⅰ. 副词的构成
   A. 与后缀"然"
   B. 与后缀"与"

C. 与后缀"若"
　　D. 与后缀"尔"
Ⅱ. 副词作谓语的形式
　　1. 一般句式
　　2. 倒装句式
　　3. 以"而"连接的谓语形式
Ⅲ. 副词在句式中的位置
　A. 副词的独立使用结构
　B. 表达时间、地点的指示性副词
　C. 汉语文言副词的特殊用法："为、非、有"
Ⅳ. 疑问副词：何、为、曷、胡、奚、遐、瑕、几、其诸、讵、安、宁、焉、庸、恶
Ⅴ. 限制性附加词"惟"的用法
Ⅵ. 常见的文言文副词

第七章：前置和后置介词

Ⅰ. 文言文特有的前置介词：
　　1. "於"和"于"
　　2. "乎"
Ⅱ. 名词做后置介词："后、下、间、里、内、旁、表、先、上、次、际、前、侧"等
Ⅲ. 动词做前置介词："尔、放、向、依、以、及、暨、距、隔、离、按、傍、比"等

第八章：连词

Ⅰ. 连接作用的连词："有、无、及"等
Ⅱ. 转折作用的连词："而、乃、然、抑、则、惟、奈、讵、伊"
Ⅲ. 承接作用的连词："则、斯"
Ⅳ. 有时间限定语法功能的连词
   A. 在主句中
   B. 在分句中
Ⅴ. 表达因果关系的连词："以、为、故、因、盖"
Ⅵ. 表达条件性的连词
Ⅶ. 表达疑问的连词："将、与无、与否"
Ⅷ. 表达让步关系的连词："虽、纵"
Ⅸ. 表达目的关系的连词："以、以之、为……起见、俾、使、致、累"等
Ⅹ. 表达限定性质的连词："除……外、之余"
Ⅺ. 表示假设的连词："如、若、犹"等

第九章：句首词和句尾词

Ⅰ. 句首词："今、夫、夫然、及夫、今夫、且夫、若夫"
Ⅱ. 句尾词："而、耳、尔、夫、乎、居、其、已、矣、是也、哉、焉、云"等

第十章：感叹词

第十一章：句式结构

Ⅰ. 简要说明：

　　1. 否定句式

　　2. 文言句式的灵活性

　　3. 倒转句式

　　4. 交叉句式

Ⅱ. 文言句式的属性：

　A. 一般句式

　B. 两个相同单字组成的句式："应有尽有、且鸣且行、旋得旋失"等

　C. 含有主句和从句的句式

　D. 文言文的分句形式：

　　1. 有起始作用的分句形式："之＋为＋也；之＋於＋也；之＋与＋也"

　　2. 分句作主格

　　3. 分句作宾格

　　4. 分句作谓语

　　5. 表达假设的分句

　　6. 限定时间的分句

　　7. 表达条件的分句

　　8. 表示因果的分句

　　9. 表示目的的分句

　　10. 表示指示的分句

　　11. 表示让步的分句

　　12. 表示递进关系的分句

- VIII -

```
何 ... 於 ......................................................... 52
   Aanm. 求 k'iöe .............................................. 53
   c. De bepaalde accusatief met 將 tsiäng ................. 53
   d. De voorstellingsaccusatief ............................. 54
   e. De onrechtstreekse accusatief .......................... 55
   f. De accusatief in omgezette woordorde vóór het ww. .... 57
   g. Een japanisme ............................................ 58
      Aanm. 卵生者 lwān-sjēng-tsjèe, enz. ................. 59
   h. De dubbele accusatief ................................... 60
      1/ ww.+ rechtstr.voorw.+ onr. voorw. ................. 60
      2/ ww.+ onr. voorw. + rechtstr.voorw. ................ 61
      3/ 以 ì-acc.(of postkl. 將 tsiäng-acc.)+ww.+onr.vw. .. 61
         Aanm. 以 ì is 以之 ì tsjē ......................... 61
      4/ ww.+ onr. voorw. + 以 ì-acc. ....................... 62
      5/ Voorstellingsacc. + ww. + onr. voorw. ............. 63
         Aanm.1. Dubbel rechtstr.of dubbel onrechtstr.voorw. 63
         Aanm.2. Plaats van datief en acc. bij hetzelfde ww. 64
   6. De instrumentaal ......................................... 65
D. Het meervoud der zelfst. nwn. ............................. 67
E. De vorming der zelfst. nwn. ............................... 69
   1. Eenlettergrepige zelfst. nwn. .......................... 69
   2. Samengestelde zelfst. nwn. ............................. 70
      a. Naamwoordelijke samenstellingen .................... 70
      b. Werkwoordelijke samenstellingen .................... 74
      c. Samenstellingen door plaatsing van een kwalificerend speci-
         fiek zelfst·nw. vóór een meer algemeen woord ...... 77
TWEEDE HOOFDSTUK. DE BIJVOEGLIJKE NAAMWOORDEN ................. 78
I. Vorming der bijvoeglijke naamwoorden ...................... 78
   A. Eenlettergrepige bijvoeglijke naamwoorden ............. 78
   B. Samengestelde bijvoeglijke naamwoorden ................ 78
      1. Naamwoordelijke samenstellingen .................... 78
         a) Bijv.nwn. gevormd door twee synoniemen ......... 79
         b) Bijv.nwn. gevormd door verdubbeling ............ 79
            Aanm. Verdubbelingen bestaande uit ww. en voorw. 79
         c) Bijv.nwn. gevormd door een zelfst. en een bijv. nw. 80
      2. Werkwoordelijke samenstellingen .................... 80
         a) Samenstellingen met het ww. 何 k'ò ............ 80
         b) Samenstellingen met 無 wóe .................... 81
         c) Samenstellingen met 有 yòe .................... 81
II.Syntaxis der bijvoeglijke naamwoorden ..................... 81
   A. Zelfstandig gebruikte bijvoeglijke naamwoorden ........ 82
      Aanm.1. 指之 tsjèe tsjī ............................ 83
      Aanm.2. Zelfst.gebruikt bijv. nw. met 者 tsjèe,als voorwerp 83
   B. Het bijv. nw. vóór het zelfst. nw. .................... 83
      Aanm.1. Eenlettergrepige bijv. nwn. met bijvoord .... 85
      Aanm.2. Twee bijv.nwn. met tegenovergestelde betekenis 85
      Aanm.3. Andere oorzaken van aanwezigheid van 之 tsjī 86
   C. Het bijvoeglijk naamwoord achter het onderwerp ....... 87
      1. Gezegde van een zelfst. nw., enz ................... 88
         a. Zonder koppelwerkwoord in gewone woordorde .... 88
```

《古文原则》的原版目录

附录五　外国人名中西文对照表

A

阿承恩(Lambert van Avezaath, 1843—?)
艾方济(François Estève, 1807—1848)
爱典(Jean-Baptiste Étienne, 生卒年不详)
安德义(Damascenus Salutti, 1727—1781)
安东尼奥·德·内布雷加(Elio Antonio de Nebrija, 1444—1522)
安清国(Kamiel Crabbe, 1879—1954)
安若望(Jean-Henri Baldus, 1811—1869)
奥波德二世(Leopold Lodewijk Filips Maria Victor, 1835—1909)

B

巴多明(Dominique Parrenin, 1665—1741)
巴尔纳博(Alessandro Barnabò, 1801—1874)
巴范济(Francesco Pasio, 1554—1612)
巴焕宗(Marcel Bakeroot, 1877—1940)
巴莱多(Melchior Nunes Barreto, 1520—1571)
巴茂真(Charles Paris, 1738—1804)
巴耆贤(Jaak Bax, 1824—1895)

巴义田(Judocus van Acht，1866—1900)
白晋(又译"白进"，Joachim Bouvet，1656—1730)
白乃心(Jean Grueber，1623—1680)
白玉贞(Florent De Preter，1875—1957)
白振铎(Géraud Bray，1825—1905)
柏朗嘉宾(Giovanni da Pian del Carpine，1182—1252)
柏应理(Philippe Couplet，1623—1693)
包海容(Antoon Botty，1875—1919)
包克仁(Ernest Van Obbergen，1875—1919)
包如天(Evarist De Boeck，1858—1913)
包士杰(Jean-Marie Planchet，1870—1948)
包神父(Joseph Boyer，1824—1887)
薄福音(Polydoor De Beule，1852—1909)
保禄三世(Paulo III，1468—1549)
贝尔坦(Henri Léonard Jean Baptiste Bertin，1720—1792)
贝伦(Ian Theodor Beelen，1807—1884)
贝清明(Gustaaf Cappelle，1880—1945)
毕克(Nestor Pycke，1930—2020)
毕特弥斯(Leo Bittremieux，1880—1946)
毕天祥(Louis Antoine Appiani，1663—1732)
毕学源(Gaetano Pires Pereira，1763—1838)
庇护七世(Pius VII，1742—1823)
庇护九世(Pius IX，1792—1878)
庇护十世(Pius X，1835—1914)
庇护十一世(Pius XI，1857—1930)
边沁(Jeremy Bentham，1748—1832)
丙存德(Adolf van Hecke，1855—1931)

卜郎特(Yakov Yakovlevich Brandt, 1869—1944)
卜天德(Pieter De Boeck, 1852—1938)
布拉邦特(Jan-Karek Brabandt, 1818—1869)
布勒西亚克(Melchior de Marion Brésillac, 1813—1859)

C

曹清臣(Cyrillus Van Lantschoot, 1875—1947)
查理·德·福尔班-让松(Charles de Forbin-Janson, 1785—1844)
常竞业(Léon Gochet, 1887—1937)
晁俊秀(François Bourgeois, 1723—1792)
陈神父(Raymond Aubin, 1759—1795)

D

代格物(Constant De Deken, 1852—1896)
戴济世(François-Ferdinand Tagliabue, 1822—1890)
戴如兰(J. Piet Van Dijk, 1879—1918)
戴遂良(Léon Wieger, 1856—1933)
戴闻达(Jan Julius Lodewijk Duyvendak, 1889—1954)
德·拉·瓦莱·普桑(Louis de La Vallée Poussin, 1869—1938)
德步天(Leo De Smet, 1870—1926)
德寇克(Alfons De Cock, 1867—1912)
德理格(Paul Philippe Theodoric Pedrini, 1671—1746)
德朋善(August Van de Velde, 1877—1931)
德萨当(Antoine de Sartine, 1729—1801)
德尚普(Victor-Auguste Dechamps, 1810—1883)
德万(Auguste-Jean Devin, 1829—1888)
德玉亮(Heliodoor Devos, 1847—1887)

德玉明(Alfons Devos, 1840—1888)
邓维翰(Leonard Joosten, 1885—1938)
狄化淳(Leo Van Dyck, 1878—1951)
狄哲奈(Charles-Éléonore Dufriche-Desgenettes, 1778—1860)
底以色(Jan-August Thys, 1829—1913)
丁狄阁(Johannes Dindinger, 1881—1958)
董国清(Paul Jozef Dols, 1873—1938)
董惠生(Gustaaf Van Roo, 1872—1949)
董若翰(Jean-Baptiste Anouilh, 1819—1869)
杜代牧(Constant Dubail, 1838—1887)
杜广宣(Richard Trouve, 1867—1907)
杜赫德(Jean-Baptiste Du Halde, 1674—1743)
杜尼森(Beatus Theunissen, 1906—1990)
杜斯福(Lodewijk Dosfel, 1881—1925)
杜维礼(René Leva, 1880—1958)

E
额我略十五世(Gregorius XV, 1554—1623)
额我略十六世(Gregorius XVI, 1765—1846)
恩理格(Christian Herdtrich, 1624—1684)

F
樊国梁(Pierre Marie Alphonse Favier-Duperron, 1837—1905)
范·杜斯(Prudens Van Duyse, 1804—1859)
范德华(Willy Vande Walle, 1949—)
范国安(Alois Goossens, 1866—1943)
范海默(J. Bapt. Van Hemel, 1798—1866)

范礼安（Alessandro Valignano, 1539—1606）
范尚人（Joseph Maxime Marie Callery, 1810—1862）
范世亨（Laurent-Joseph-Marius Imbert, 1796—1839）
樊国阴（Octave Ferreux, 1875—1963）
方济各沙勿略（Francisco Xavier, 1506—1552）
方济众（Jeroom Van Aertselaer, 1845—1924）
方若望（Emmanuel-Jean-François Verrolles, 1805—1878）
方希圣（Mon Van Genechten, 1903—1974）
菲利普二世（Felipe II, 1527—1598）
菲尼思（Dries Vanysacker, 1962—）
费尔林敦（Remi Verlinden, 1830—1892）
费建藩（Remi Verhaeghe, 1887—1954）
费利蒙·科利奈（Philemon Colinet, 1853—1917）
费妥玛（Thomas Tapley Helenus Ferguson, 1871—1946）
翁璧玉（Raphael Umpierres, 生卒年不详）
冯秉正（Joseph-Anne-Marie de Moyriac de Mailla, 1669—1748）
弗兰克·威廉·布兰文（Frank Brangwijn, 1867—1956）
弗兰索尼（Giacomo Filippo Fransoni, 1775—1856）
福文高（Domingos-Joaquim Ferreira, 1740—1824）
傅圣泽（Jean-François Fouquet, 1665—1741）

G

甘保义（Albert Raskin, 1915—2001）
甘保真（Raskin Jozef, 1892—1943）
甘若翰（Jean de Grammont, 1736—1812）
刚恒毅（Celso Benigno Luigi Costantini, 1876—1958）
高安国（Jean Kreit, 1899—1984）

高本汉(Bernhard Karlgren，1889—1978)
高达道(Daniel-Bernard van Koot，1848—1925)
高东升(Jozef Hoogers，1867—1945)
高多林(Ignace Cottolendi，1630—1662)
高华士(Noël Golvers,1950—)
高乐康(François Legrand，1903—1984)
高临渊(Emmanuel Conforti，1754—1837)
高幕理(A. M. Aymeri，1820—1880)
高培信(Frans Hoogers，1867—1937)
高文士(Thomas Coomans,1962—)
高神父(Joseph Caubrière，1872—1941)
高守谦(Verissimo Monteiro da Serra，1776—1852)
高延(Jan Jakob Maria de Groot，1854—1921)
高一志(又名王丰肃，Alfonso Vagnoni，1566—1640)
格里尔森(Sir George Grierson，1851—1941)
葛崇德(Louis Van Dyck，1862—1937)
葛瑞汉(Angus Charles Graham，1919—1991)
葛永勉(Claeys Florent，1871—1950)
龚德华(Jozef Kler，1897—1969)
龚尼拉(Matteo Eustachio Gonella，1811—1870)
龚振沦(Lodewijk Heyns，1875—1953)
顾赛芬(Sépaphin Couvreur，1835—1919)
顾神父(François-Xavier-Timothée Danicourt，1806—1860)
顾维德(Paul Coucke，1898—1999)
顾永珍(Armand Cools，1880—1963)
顾主教(François-Xavier-Timothée Danicourt，1806—1860)
桂德真(Edouard Cuissart，1844—1926)

郭明道(Oscar Conard, 1871—1947)

H
海西希(Walther Heissig, 1913—2005)
韩默理(Ferdinand Hamer, 1840—1900)
和羹柏(Alfons De Moerloose, 1858—1932)
贺登崧(Willem A. Grootaers, 1911—1999)
贺歌南(Jozef Van Hecken, 1905—1988)
贺鲁达(Ludovic Grootaers, 1885—1956)
贺清泰(Louis Antoine de Poirot, 1735—1813)
赫尔尼奥斯(Justus Heurnius, 1587—1651/1652)
洪若(Jean de Fontaney, 1643—1710)
胡际昌(Alfons Hulsbosch, 1865—1913)
胡利尤斯(Jacobus Golius, 1596—1667)
惠崇德(Jozef Hemrijck, 1886—1958)

J
基歇尔(Athanasius Kircher, 1602—1680)
吉德明(Jean Joseph Ghislain, 1751—1812)
季尔(Martin Guisset, 1836—1919)
纪星朗(Jozef Verhaert, 1876—1949)
甲柏连孜(Georg von der Gabelentz, 1840—1893)
江怀仁(Florent Durein, 1887—1920)
金德(Auguste Pierre Joseph t'Kint de Roodenbeke, 1816—1878)
金尼阁(Nicolas Trigault, 1577—1628)
金声远(Leo Daelman, 1880—1951)

K

卡尔·翰资(Carl Hentze，1883—1975)
卡米尔·范·隆斯类(Kamiel Van Ronslé，1862—1938)
卡内罗(Belchior Carniero Leitāo，1516—1583)
康国泰(Loiuis Schram，1883—1971)
康霖雨(Hubert Kallen，1871—1902)
柯尔恩(Hendrik Kern，1833—1917)
克拉耐斯特神父(Jan Craeynest，1858—1929)
克莱孟五世(Clemens V，1264—1314)
克莱孟十一世(Clemens XI，1649—1721)
克莱孟十四世(Clemens XIV，1705—1774)
克尼布希(Harry Knipschild，1944—)
孔模范(Pieter Dierickx，1862—1946)
孔神父(Florent Daguin，1815—1859)
孔之昂(Koen De Ridder)
逵遗德(Richard Cocquyt，1904—1982)

L

拉萼尼(又译"喇嚸呢"，Théodore de Lagrené，1800—1862)
拉蒙特(Etienne Lamotte，1903—1983)
兰博蒙(Auguste Lambermont，1819—1905)
兰广济(Willem Lemmens，1860—1943)
兰司铁(Gustaf John Ramstedt，1873—1950)
郎伯尔(Pierre de la Motte Lambert，1624—1679)
郎怀仁(Adrien Languillat，1808—1878)
郎沙尼(Giacomo Filippo Fransoni，1775—1856)
郎卫师(Louis Lauwers，1909—1981)

郎正心(Raymond Lecrangée, 1891—1972)
朗安国(Florent Lauwers, 1874—1939)
朗罗(Charles-François Langlois, 1767—1851)
劳伦(Laurent de Portugal,生卒年不详)
雷怀德(Piet Regaert, 1887—1961)
雷鸣远(Frédéric Vincent Lebbe, 1877—1940)
雷慕沙(Jean Pierre Abel Rémusat, 1788—1832)
雷霈霖(Leon Delhaye, 1873—1909)
雷有望(Piet de Leeuw, 1877—1943)
雷震东(Oktaaf De Vreese, 1900—1996)
李崇耀(Albert Gueluy, 1849—1924)
李道源(Piet Spoorenberg, 1866—1941)
李拱辰(Jose Ribeiro Nunes, 1767—1826)
李明(Louis le Comte, 1655—1728)
李培德(Ulrich Libbrecht, 1928—2017)
李神父(Augustin-Louis Pesné, 1707—1795)
李秀芳(Benjamin Brueyre, 1810—1880)
李希霍芬(Ferdinand Paul Wilhelm von Richthofen, 1833—1905)
理雅各(James Legge, 1815—1897)
利奥波德一世(Leopold I, 1790—1865)
利玛窦(Matteo Ricci, 1552—1610)
良明化(Frans Vranckx, 1830—1911)
良十三世(Leo. XIII, 1810—1903)
梁亨利(Herny Lamasse, 1869—1952)
林安当(Jean-Antoine Simiand, 1799—1871)
林辅臣(Paul Splingard, 1842—1906)
林懋德(Mgr. Stanislas-Francois Jardin, 1856—1933)

林允中(Achiel De Lombaerde, 1886—1972)
刘方济各(Jean-François-Régis Clet, 1748—1820)
刘钦明(Henry Lécroart, 1864—1939)
刘应(Claude de Visdelou, 1656—1737)
隆德理(Valeer Rondelez, 1904—1983)
隆如满(André de Longjumeau, 生卒年不详)
卢薰陶(Jaak De Groef, 1860—1910)
卢扬愿(Jozef Van Durme, 1883—1954)
鲁布鲁克(又译"鲁不鲁乞", Willem van Rubroek, 生卒年不详)
鲁日满(François de Rougemont, 1624—1676)
陆方济(François Pallu, 1626—1684)
路易菲利普一世(Louis-Philippe I, 1773—1850)
路易九世(Louis IX, 1214—1270)
路易十四(Louis XIV, 1638—1715)
路易十五(Louis XV, 1710—1774)
路易十六(Louis XVI, 1754—1793)
路易斯玛丽(Louise-Marie Thérèse Charlotte Isabelle, 1812—1850)
罗秉铎(Edmond Devloo, 1891—1974)
罗伯多禄(Pierre Philibert Maubant, 1803—1839)
罗德(Heinrich Roth, 1620—1668)
罗恩·德·吕伊(Drouyn de Lhuys, 1805—1881)
罗广祥(Nicolas Joseph Raux, 1754—1801)
罗明坚(Michele Ruggieri, 1543—1607)
罗廷梁(Ludovius Roothooft, 1855—1926)
罗泽(Charles-Latour Rogier, 1800—1885)
吕登岸(Joseph Rutten, 1874—1950)

吕之仙(又名吕继贤,Theodoor Rutjes,1844—1896)

M
马伯乐(Henri Maspero,1883—1945)
马德赉(Joseph De Moidrey,1858—1937)
马尔定五世(Martinus V,1368—1431)
马赖(Augustus Chapdelaine,1814—1856)
马礼逊(Robert Morrison,1782—1834)
马若瑟(Joseph de Premare,1666—1736)
马文明(Herman Raymakers,1868—1936)
马也耳(Willem Meyer,1838—1909)
麦克理奥德(Julius Mac Leod,1857—1919)
梅秉和(Muiteman Gerard,1842—1877)
梅德尔(Mathurin Lemaitre,1816—1863)
梅岭芳(Gabriel Kervyn,1883—1944)
孟高维诺(Giovanni da Montecorvino,1247—1328)
孟振生(Joseph-Martial Mouly,1807—1868)
弥隆(Alfred Milon,1844—1926)
闵兰思(Jozef Mullens,1891—1929)
闵世人(Ernest Jasmin,1902—1972)
闵玉清(Alfons Bermyn,1853—1915)
莫里斯·丹尼斯(Maurice Denis,1870—1943)
穆导沅(François-Alexis Rameaux,1802—1845,后改姓"张")
穆勒奈(Felix de Muelenaere,1793—1862)
穆天尺(Jean Mullener,1673—1742)

N

南阜民（Louis Janssen，1876—1950）
南格禄（Claude Gotteland，1803—1856）
南怀仁（Ferdinand Verbiest，1623—1688）
南怀仁（Gottfried von Laimbeckhoven，1707—1787）
南怀义（Theofiel Verbist，1823—1868）
南弥德（Louis-Francois-Marie Lamiot，1767—1831）
南志恒（Adrien Launay，1853—1927）
南治灵（Paul-Piet Hendriks，1846—1906）
尼格（Goswin Nickel，1584—1664）
尼各老四世（Nicolaus IV，1227—1292）
尼霍夫（Joan Nieuhof，1618—1672）

O

欧化民（Jozef Nols，1900—1974）

P

潘似海（Cyriel Van Belle，1857—1918）
潘廷章（Giuseppe Panzi，1734—1812）
潘有信（Paul De Brabandere，1878—1905）
庞孝爱（Cesar de Brabander，1857—1919）
裴化行（Henri Bernard，1889—1975）
彭嵩寿（Jozef Van Oost，1877—1939）
蒲循声（Louis Depont，1886—1966）

Q

祁栋梁（Benjamin Christiaens，1844—1931）

祁训真(Jozef Van Hilst, 1870—1955)
钱德明(Joseph-Marie Amiot, 1718—1793)
乔德铭(Rafaël Verbrugge, 1872—1957)
秦葛哗(Josepf Gobet, 1808—1853)
秦培德(Urban Debyttere, 1909—1964)

R
饶启迪(Jozef Nuyts, 1898—1986)
任广布/杨森(Jozef Jansen 1872—1955)
儒莲(Stanislas Aignan Julien, 1797—1873)
若望二十二世(Ioannes XXII, 1249—1334)

S
撒科利蒙席(Petrus Sacré, 1825—1895)
撒拉瓦(Joaquin De Souza Saraiva, 1774—1818)
萨西(Antoine Isaac Silvestre de Sacy, 1758—1838)
桑贵仁(Karel Van Sante, 1852—1930)
桑世晞(Jaak Leyssen, 1889—1975)
桑维远(Florent Boudewijn, 1888–1980)
桑志华(Émile Licent, 1876—1952)
沙如玉(Valentin Chalien, 1697—1747)
沙守信(Emeric de Chavagnac, 1670—1717)
沙畹(Édouard Chavannes, 1865—1918)
善秉仁(Jozef Schyns, 1889—1979)
商克(Simon Schaank, 1861—1935)
施古德(Gustaaf Schlegel, 1840—1903)
石德懋(Leo De Smet, 1881—1951)

史戴勒克斯(Engelbertus Sterckx, 1792—1867)
司福音(J. B. Steenackers, 1847—1887)
司化隆(Jozef Segers, 1868—1900)
司化兴(Arthur Seger 1874—1935)
司礼义(Paul Serruys, 1912—1999)
司律义(Henri Serruys, 1911—1983)
司马翎(Rint Sybesma, 1960—)
司牧灵(Antoon Smorenburg, 1827—1904)
司维业(Aloysius Van Segvelt, 1826—1867)
斯雷特(Robert Streit, 1875—1930)
斯文·赫定(Sven Hedin, 1865—1952)
宋德满(Hendrick Janssen van Son, 1852—1879)
苏汝安(George Seys, 1886—1965)
苏主教(Barthélemy Bruguière, 1792—1835)
索智能(Polycarpe de Souza, 1697—1757)

T

泰勒(Edward Burnett Tylor, 1832—1917)
谭永亮(Patrick Taveirne)
汤若望(Adam Schall von Bell, 1591—1666)
汤士选(Alexandre de Gouveia, 1751—1808)
陶范(Felix Dosfel, 1876—1918)
陶若翰(Jean-Baptiste Torrette, 1801—1840)
田嘉璧(Louis-Gabriel Delaplace, 1820—1884)
田清波(Antoon Mostaert, 1881—1971)

W

万广礼(Andries Van Coillie, 1912—1998)
万济国(Francisco Varo, 1627—1687)
汪达洪(Jean-Mathieu de Ventavon, 1733—1787)
王莪嵩(Martin Van Oss, 1904—1960)
王明达(又名王明德, Ottens Theodoor, 1844—1929)
王守礼(Carlo Van Melckereke, 1898—1980)
威达雷(Guido Vitale, 1872—1918)
威妥玛(Thomas Francis Wade, 1818—1895)
韦礼德(Henry Auguste Wilden, 1879—1935)
卫方济(François Noël, 1651—1729)
卫匡国(Martino Martini, 1614—1661)
魏士通(Wilrycx Jozef, 1842—1892)
魏拓铎(Jan Uijt de Willigen, 1866—1911)
魏有爱(Ernest Verheyen, 1878—1908)
魏振铎(Jan Uyt de Willigen, 1866—1911)
魏正俗(Omer Versichel, 1889—1949)
文沼灵(Emile Wins, 1886—1927)
文森·本迪克/边狄克(Vincent Bendix, 1882—1945)
沃尔古力(Jozef Vercoullie, 1857—1937)
沃尔豪斯(Daniël Verhelst, 1933—2007)
乌尔巴诺五世(Urbanus V, 1310—1370)
吴秉真(Jozef De Wolf, 1878—1958)
吴尔铎(Albert Dorville/d'Orville, 1622—1662)

X

西弗士(Eduard Sievers, 1850—1932)

西门华德(Walter Simon, 1893—1981)
西栽尔(Caesar Gezelle, 1875—1939)
希都(Guido Gezelle, 1830—1889)
希泽通(Jozef Sioen, 1881—1952)
向迪吉(Henri Raymakers, 1860—1928)
向克安(Marcel Van Hemelrijck, 1904—1981)
谢福音(Claude-Marie Chevrier, 1826—1893)
徐日昇(Thomas Pereira, 1645—1708)

Y

雅丽高(Pauline Jaricot, 1799—1862)
亚吉埃(Antoine Jacquier, 1706—1787)
亚历山大六世(Alexander Ⅵ, 1431—1503)
亚历山大七世(Alexander Ⅶ, 1599—1667)
亚历山大八世(Alexander Ⅷ, 1610—1691)
亚旭林(Asceline de Lombardie, 生卒年不详)
杨·宏达(Jan Gonda, 1905—1991)
杨广道(Andries Jansen, 1842—1913)
杨峻德(Karel De Jaegher, 1872—1934)
杨峻德(Sintobin Joannes, 1867—1903)
杨丽觞(Jozef Marchal, 1907—1970)
杨永盛(Antoon Popelier, 1884—1953)
姚耀思(Jan Joos, 1911—1986)
叶步司(Koenaard Abels, 1856—1942)
依诺增爵四世(Innocentius Ⅳ, 1195—1254)
易维世(Aldof-Jozef Bruylant, 1858—1915)
殷铎泽(Prospero Intorcetta, 1625—1696)

殷弘绪(François Xavier d'Entrecolles, 1664—1741)
尹德芒(Emiel Indemans, 1866—1912)
于名世(Dionysius Truyens, 1884—1944)
袁敬和(又名元克允, Jozef van Eygen, 1873—1961)

Z
翟林奈(Lionel Giles, 1875—1958)
翟守仁(Odorico Timmer, 1859—1927)
张诚(Jean-François Gerbillon, 1654—1707)
张敬一(Siméon-François Berneux, 1814—1866)
赵若望(João de França Castro e Moura, 1804—1868)
宗示津(Leon Van Damme, 1870—1911)

参考文献

一、原始文献(外文)

(一) KADOC 档案馆材料

[1] BE/942855/1262/801
 – Durein Florent
[2] BE/942855/1262/5513 (T. I. a. 9.1.1.2.)
 – With the Prov. Sup., correspondence between J. Mullie and J. Verhaert, prov. sup. (a. o. on financial questions, Je-Hol, Chinese studies in Belgium)
[3] BE/942855/1262/5514 (T. I. a. 9.1.1.3.)
 – With Other CICM, letters from A. Mostaert to J. Mullie (a. o. on 'Anthropos', Mongolian studies, Buddhism, J. Mullie's articles)
[4] BE/942855/1262/5516 (T. I. a. 9.1.1.3.)
 – With Other CICM, letters from P. Regaert to J. Mullie (a. o. on World War I, J. Mullie's studies, the teaching

of Chinese, Belgian and Chinese politics)

[5] BE/942855/1262/5519 (T. I. a. 9.1.1.4.)
- circular letters from the Sup. Gen. to the missionaries
- circular letters from F. Mortier, Sup. Gen., Card. Mercier and others, on World War I sent by R. Verhaeghe

[6] BE/942855/1262/5524 (T. I. a. 9.1.2.4.)
- With the University of Utrecht, letters from (students of) the University of Utrecht to J. Mullie

[7] BE/942855/1262/5525 (T. I. a. 9.1.2.5.)
- With Colleagues, letters from B. Karlgren, H. Garnier, L. dela Vallée Poussin, L. Richard, J. L. Duyvendak, L. Marcadé, W. Schmidt, J. Gibert, E. Licent, P. Pelliot, L. and W. Grootaers, and others, on Chinese culture and its studies

[8] BE/942855/1262/5527 (T. I. a. 9.1.2.6.)
- On Chinese Culture and Language, correspondence between J. Mullie and friends, redactions of reviews and journals

[9] BE/942855/1262/5538 (T. I. a. 10.1.2.)
- L. Schram: Correspondence between J. Mullie, A. Mostaert, C. van Melckebeke, R. Verhaeghe, H. Serruys, R. Van Keerberghen, and others. (a. o. on Chinese history, culture and language, on Mongolian, their respective publications)

[10] BE/942855/1262/5490 (T. I. a. 7.4.3.)
- letters from J. Mullie to K. De Jaegher (a. o. on their

works in the missions, their studies, CICM, the Pins, the case Lebbe, their problems with the Government, l'Institut des Langues Orientales, J. Mullie's Chinese grammar)

[11] BE/942855/1262/5450 (T. I. a. 6. 2. 2.)
 - CICM in China: mss. and Chinese texts with translation on the history of CICM in China

[12] BE/942855/1262/5487
 - Je-Hol: notes, newspaper-articles on the history of the mission of East Mongolia, later Je-Hol; documents (correspondence, notes, fishes) on the missionary post of Je-Hol

[13] BE/942855/1262/5492
 - collection of Chinese texts

[14] BE/942855/1262/5494
 - documents on education in China (les Pins)

[15] BE/942855/1262
 - 5682 (F. Boudewijn to J. Mullie) / 5704 (E. Devloo) / 5497 (A. Mostaer)

[16] BE/942855/1262
 - 5389/5391/2735/2736/2737/2738 (Verbist Akademie) / 2723 (photos)

[17] BE/942855/1262
 - 147(CICM Chinese names) / 151(Study results of CICM)

(二) 圣母圣心会年鉴中的文章

[1] "Bij een gouden Priesterjubileum, De Z. E. P. Karel Van

Sante." *Missietijdschrift: Missiën van Scheut* 32 (1924)：145 - 148.

[2] "De Missiecongregatie van Scheut, De opbloei van Scheut na de eerste afreis naar Mongolië (1866)." *Missietijdschrift: Missiën van Scheut* 36 (1928)：43 - 47.

[3] "De Missiecongregatie van Scheut, De tweede afreis naar China (1866)." *Missietijdschrift: Missiën van Scheut* 36 (1928)：106 - 108.

[4] "De Missiecongregatie van Scheut, Geschiedenis van haar ontstaan, IV.-De eerste afreis naar Mongolië." *Missietijdschrift: Missiën van Scheut* 35 (1927)：27 - 28, 50 - 52, 74 - 76.

[5] "De Missiecongregatie van Scheut, Geschiedenis van haar ontstaan." *Missietijdschrift: Missiën van Scheut* 34 (1926)：146 - 151, 194 - 197.

[6] "De wereldoorlog en de missiën." *Missietijdschrift: Missiën van Scheut* 27 (1915 - 1919)：32 - 40.

[7] "Geschiedenis van Scheut, Onuitgegeven brieven 1867." *Missietijdschrift: Missiën van Scheut* 37 (1929)：259 - 261.

[8] "Geschiedenis van Scheut, Onuitgegeven brieven van 1866, Pater Verbist aan zijn medebroeders te Scheut." *Missietijdschrift: Missiën van Scheut* 37 (1929)：116 - 118.

[9] "Geschiedenis van Scheut, Onuitgegeven brieven van 1866, Pater Verbist aan den E. H. Rutjes, ter gelegenheid van diens priesterwijding." *Missietijdschrift: Missiën van Scheut* 37 (1929)：138 - 140.

[10] "Geschiedenis van Scheut, Onuitgegeven Brieven van 1866,

Uittreksels uit brieven van P. Verbist aan zijn medebroeders te Scheut." *Missietijdschrift: Missiën van Scheut* 37(1929): 66 - 67.

[11] "Geschiedenis van Scheut, Onuitgegeven Brieven van 1867, Pater Van Segvelt aan den E. H. Bax in België." *Missietijdschrift: Missiën van Scheut* 37 (1929): 237 - 238.

[12] "Geschiedenis van Scheut, Samenvatting." *Missietijdschrift: Missiën van Scheut* 38 (1930): 43 - 45.

[13] "Het Noviciaat van Scheut te Zuun." *Missietijdschrift: Missiën van Scheut* Dec. (1942): 107 - 108.

[14] "Het ontstaan van de Missiecongregatie van Scheut, Een oude onuitgegeven brief van Ferdinand Hamer." *Missietijdschrift: Missiën van Scheut* 36 (1928): 177 - 184.

[15] "Het ontstaan van de Missiecongregatie van Scheut, Onuitgegeven brieven (1866)." *Missietijdschrift: Missiën van Scheut* 36 (1928): 207 - 211, 255 - 257.

[16] "Het ontstaan van de Missiecongregatie van Scheut, V.-De eerste Karavaan naar Mongolië." *Missietijdschrift: Missiën van Scheut* 35 (1927): 140 - 142, 164 - 165, 187 - 188.

[17] "Het ontstaan van de Missiecongregatie van Scheut, VI.-De eerste Scheutisten te Si-wan-tze." *Missietijdschrift: Missiën van Scheut* 35 (1927): 188 - 189, 213 - 214, 237 - 238.

[18] "Het Ontstaan van de Missiecongregatie van Scheut." *Missietijdschrift: Missiën van Scheut* 33 (1925): 74 - 88,

123 – 128, 146 – 149, 170 – 175.

[19] "Nieuwe Missie in China aan Scheut toevertrouwd." *Missietijdschrift: Missiën van Scheut* 46 (1938): 346 – 347.

[20] "Onze school voor hooger onderwijs in China." *Annalen der Missionarissen van Sparrendaal* 10 (1910): 32 – 37.

[21] "Wat ons tijdschrift zijn zal." *Missietijdschrift: Missiën van Scheut* 1 (1889, 1890 en 1891): II – III.

[22] Abels, Koenr. "Sterfgeval." *Missietijdschrift: Missiën van Scheut* 3 (1895 – 1896 – 1897): 358 – 360.

[23] Abels, M. "Oost-Mongolië, Brief van M. Abels, Bijzonderheden over eene-bekeering." *Missietijdschrift: Missiën van Scheut* 1 (1889 – 1890 – 1891): 41 – 43.

[24] Bakeroot, E. P. M. "Over bekeeringsmethoden in China." *Missietijdschrift: Missiën van Scheut* Juli (1937): 201 – 205.

[25] Botty, P. A. "De missie van O. L. V. ter Pijnboomen in Oost-Mongolië (China)." *Missietijdschrift: Missiën van Scheut* 27 (1915 – 1919): 153 – 159.

[26] Botty, P. A. "Oost-Mongolië, Een Normaalschool voor missiemaagden." *Missietijdschrift: Missiën van Scheut* 26 (1914): 271 – 273.

[27] Cools, W. E. P. A. "Korte Berichten, Oost-Mongolië, Chenn-tsing, Januari, 14." *Annalen der Missionarissen van Sparrendaal* 14 (1914): 190 – 191.

[28] De Brabander, E. H. "Mengelmaren. Onrust en China; Hongersnood in Kan-soe en Midden-Mongolië."

Missietijdschrift: Missiën van Scheut 1（1889 – 1890 – 1891）：541 – 543.

[29] De Brabander, E. H. "Midden-Mongolië, Brief van den E. H. De Brabander." *Missietijdschrift: Missiën van Scheut* 1（1889 – 1890 – 1891）：409 – 412.

[30] De Groef, J. "Een rondreis van een Missionaris." *Missietijdschrift: Missiën van Scheut*, Brussel：Scheut Missie 2（1892 – 93 – 94）：537 – 541, 549 – 555.

[31] Eene Missionaris van Scheut. "De Verkeerde wereld, of de gewoonten en gebruiken van China." *Missietijdschrift: Missiën van Scheut* 4（1898 – 1899 – 1900）：33, 34, 65, 67, 109, 111, 125, 141, 155, 172, 189, 200, 212, 225, 245, 257, 282, 285, 302, 318, 337, 429, 442, 449, 477, 493, 509, 526, 541.

[32] Gochet, E. P. "Hoe het zendingspost van Ta-ing-tze gesticht werd." *Missietijdschrift: Missiën van Scheut*, Brussel：Scheut Missie 20（1920）：73 – 76.

[33] Gochet, L. "Het grasland." *Annalen der Missionarissen van Sparrendaal* Maart（1920）：49 – 55.

[34] Goossens, Alois. "Brief van den Eerw. Pater Goossens." *Annalen der Missionarissen van Sparrendaal*（1902）：175 – 184.

[35] Joos, E. P. Jan. "Scheut te Peking." *Missietijdschrift: Missiën van Scheut* 9（1939）：266 – 272.

[36] Van Belle, C. "De Chineesche goden." *Missietijdschrift: Missiën van Scheut* 3（1895 – 1896 – 1897）：421, 443, 458, 472, 486, 505, 515, 549, 566.

[37] Van Damme, P. "Miss. In Midden-Mongolië: Brief: een zonderlinge ontdekking." *Missietijdschrift: Missiën van Scheut* 3 (1895 – 1896 – 1897): 55 – 57.

[38] Van Dijck, L. "Verspreid Nieuws, China. Oost-Mongolië – Onaangename tijding." *Missietijdschrift: Missiën van Scheut* 26 (1914): 21.

[39] Van Eygen, Jozef. "Oost- Mongolië, Brief van P. van Eijgen, Een nieuw Missieveld in't zicht." *Annalen der Missionarissen van Sparrendaal* 8 (1908): 81 – 91.

[40] Van Koot, M. "Het apostolisch Vicariaat van Oost-Mongolië." *Missietijdschrift: Missiën van Scheut* (1889 – 1890 – 1891): 59 – 62.

[41] Van Melckebeke, Carol. "'De 'Reducties' van Mongolie." *Missietijdschrift: Missiën van Scheut* 44 (1936): 201 – 204, 232 – 234.

[42] Verheyen, P. Ernest. "Van Brussel naar Mongolië met den ijzerenweg over Siberië." *Missietijdschrift: Missiën van Scheut* 11 (1903): 241 – 251.

[43] Verheyen, P. Ernest. "Van Brussel naar Mongolië met den ijzerenweg over Siberië." *Missietijdschrift: Missiën van Scheut* 12 (1904): 1 – 12, 25 – 32.

(三) 报刊杂志

[1] "Belangrijke uitgaven van Chineesche en Mongoolsche woordenboeken." *Derde blad, Ochtendblad, De Telegraaf*, Februari 23, 1934.

[2] "Bij Professor Mullie, De nieuwe hoogleraar in het

Chineesch te Utrecht. " *De Maasbode*, *avondblad*, Februari 27, 1940.

[3] "Caesar Gezelle, Priester-dichter en levensbeschrijver van zijn oom Guido. " *De Maasbode*, Februari 14, 1939.

[4] "China. " *Le Bien Public*, Octobre 10, 1858.

[5] "Chineesch. " *Avondblad*, *De Maasbode*, April 14, 1932.

[6] "Een Chineesche spraakkunst in het Nederlandsch. " *Derde blad*, *Avondblad*, *De Tijd*, Februari 21, 1930.

[7] "Een Chineesche spraakkunst. " *Tweede blad*, *Het Nieuwsblad van het Zuiden*, Februari 22, 1930.

[8] "Een Europeesche nederzetting in de woestijn. " *De Standaard*, Maart 5, 1922.

[9] "Onderwijs, Prof. J. L. M. Mullie. " *Avondblad*, *De Maasbode*, December 20, 1939.

[10] "Prof. J. L. M. Mullie, Missionaris van Scheut hoogleeraar te Utrecht. " *De Maasbode*, September 12, 1939.

[11] "Prof. Jos. Mullie, Missionaris en Sinoloog. " *Nieuw Vlaanderen*, Oktober 22, 1938.

[12] Bittremieux. "E. P. Jos Mullie. " *Ons Leven* 3 (1940): 49.

[13] Dalle, F. " Fang, Hsi-Sheng - Mon Van Genechten. Volbloed Vlaming-Volbloed Chinees. " *Kerk en Leven*, Oct 16, 1969.

[14] Grootaers, Willem, A. "Oude banden tussen Vlaanderen en China. " *De Vlaamse linie*, September 2, 1949.

[15] H. , V. "Een Nederlandsch boek in China uitgegeven!" *Tweede blad*, *Avondblad*, *De Tijd*, Maart 3, 1930.

[16] Min Suan-Hwa. "Uit China, De dode stad. " *Het Handelsblad*,

Januari 18, 1912.

[17] Min Suan-Hwa. "Uit China, Een nieuw verband - Binnenlandsch nieuws." *Het Handelsblad*, Juli 6, 1912.

[18] Min Suan-Hwa. "Uit China, Onlusten in oost Mongolië: een Katholieke Mandarijn." *Het Handelsblad*, Januari 21, 1913.

[19] Min Suan-Hwa. "Uit China, Afschaffing van het parlementarisme, Japan en China." *Het Handelsblad*, Januari 3, 1914.

[20] Min Suan-Hwa. "Uit China, bijzondere briefwisseling van Het Handelsblad." *Het Handelsblad*, Maart 7, 1912.

[21] Min Suan-Hwa. "Uit China, De Katholieke pers in China. De vereeniging der Chineesche Katholieke Actie." *Het Handelsblad*, Augustus 2, 1913.

[22] Min Suan-Hwa. "Uit China, De kieswet. De Sino-Mongoolsche oorlog. The International Institute." *Het Handelsblad*, December 26, 1912.

[23] Min Suan-Hwa. "Uit China, De Mongoolse onafhankelijkheid." *Het Handelsblad*, Mei 2, 1912.

[24] Min Suan-Hwa. "Uit China, De protestanten in China. Hunne scholen, hun apostolaat." *Het Handelsblad*, Augustus 29, 1912.

[25] Min Suan-Hwa. "Uit China, De Russen in Mongolië." *Het Handelsblad*, Oktober 17, 1911.

[26] Min Suan-Hwa. "Uit China, Een Katholiek kollegie in Oost-Mongolië." *Het Handelsblad*, Juli 5, 1913.

[27] Min Suan-Hwa. "Uit China, Eene Katholieke Hoogeschool

in China." *Het Handelsblad*, September 17, 1910.

[28] Min Suan-Hwa. "Uit China, Godsdienstvrijheid in China. Beteekenis dezer hervorming." *Het Handelsblad*, Augustus 24, 1912.

[29] Min Suan-Hwa. "Uit China, In den Chineeschen politieken winkel." *Het Handelsblad*, Augustus 20, 1910.

[30] Min Suan-Hwa. "Uit China, In den Chineeschen politieken winkel." *Het Handelsblad*, Juni 30, 1910.

[31] Min Suan-Hwa. "Uit China, In het binnenland." *Het Handelsblad*, Juni 8, 1912.

[32] Min Suan-Hwa. "Uit China, Koreesche toestanden." *Het Handelsblad*, Oktober 5, 1911.

[33] Min Suan-Hwa. "Uit China, Monoolsche toestanden." *Het Handelsblad*, Januari 20, 1912.

[34] Min Suan-Hwa. "Uit China, Nog de godsdienstkwestie. - Een Chineesche Beyl. - De scholen. - De oogst." *Het Handelsblad*, Oktober 19, 1912.

[35] Min Suan-Hwa. "Uit China, Nogmaals de protestanten. - De laatste legerbeweginggen in Mongolië." *Het Handelsblad*, Mei 17, 1913.

[36] Min Suan-Hwa. "Uit China, Noord en Zuid tegen Yan-sje-k'ai. - Hsioeng-hsi-ling." *Het Handelsblad*, September 27, 1913.

[37] Min Suan-Hwa. "Uit China, Onlusten in Mongolië. Russen en Japanners." *Het Handelsblad*, September 29, 1912.

[38] Min Suan-Hwa. "Uit China, Opstand in Zuid-West China."

Het Handelsblad, November 17, 1911.

[39] Min Suan-Hwa. "Uit China, Pestnaklanken-Worden zij wijs?" *Het Handelsblad*, Augustus 5, 1911.

[40] Min Suan-Hwa. "Uit China, Reisvoorvallen. - De Mongolen." *Het Handelsblad*, November 27, 1912.

[41] Min Suan-Hwa. "Uit China, Sino-Mongoolsche oorlogsverrichtingen in Oost-Mongolië. Eene Katholieke missie ontruimd." *Het Handelsblad*, December 9, 1913.

[42] Min Suan-Hwa. "Uit China, Sino-Mongoolsche oorlogsverrichtingen in Oost-Mongolië. Eene katholieke missie ontruimd." *Het Handelsblad*, December 9, 1913.

[43] Min Suan-Hwa. "Uit China, Un Etat rebelle dans un Etat impuissant!" *Het Handelsblad*, April 5, 1912.

(四) 著作出版物

[1] Capy, Jean. *Notices et Documents sur les prêtres de la Mission et les filles de la Charité de S. Vincent de Paul: Massacrés, le 21 Juin 1870, à Tien-tsin (Pé-tehe-ly, Chine) en haine de la Religion Catholique et de ses Saintes Œuvres.* Peking: Typographie du Pe-T'ang, 1895.

[2] De Moidrey, Joseph. *La hiérarchie catholique en Chine, en Corée et au Japon (1307 - 1914).* Chang-hai: Impr. de l'Orphelinat de T'ou-Sè-Wè (Zi-Ka-Wei), 1914.

[3] de Prémare, Joseph. *Notitia Linguae Sinicae.* Malaccae: Academiae Anglo-Sinensis, 1831.

[4] De Raet, Lodewijk. "The Flemish University and Flemish life, 1907." *The Flemish movement: a documentary*

history, edited by Theo Hermans, Lode Wils and Louis Vos, Londen: The Athlone Press Ltd. , 1992.

[5] Dosfel, Lodewijk. "Catholicism and Nationalism, 1922." *The Flemish movement: a documentary history*, edited by Theo Hermans, Lode Wils, Louis Vos and Londen: The Athlone Press Ltd. , 1992.

[6] Du Halde, Jean Baptiste. *Description Géographique, Historique, Chronologique, Politique Et Physique de L'Empire de La Chine Et de La Tartarie Chinoise*. Paris: P. G. Le Mercier, Imprimeur-Libraire, vol. 4, 1735.

[7] Goosens, Alwin. *Brieven uit Oost-Mongolië, 1900 - 1921*. Amsterdam: Uitgeverij L. J. Veen B. V. , 1993.

[8] Grootaers, Willem A. , Dries Van Coillie. *Proeve eener bibliographie van de Missionarissen van Scheut (Congregatio Immaculati Cordis Mariae)*. Brussel: Priestermissiebond, 1939.

[9] Huc, Évariste-Régis, *Le christianisme en Chine, en Tartarie et au Thibet*. Paris: Gaume frères, vol. 1, 1857.

[10] Launay, Adrien. *Mgr. Verrolles et la mission de Mandchourie*, Paris: Téqui, Libraire-éditeur, 1893.

[11] Leyssen, Jacques. *De missies in Mongolië*. Leuven: Xaveriana, 1936.

[12] Leyssen, Jacques. *The cross over China's wall*. Peking: Lazarist press, 1941.

[13] Licent, Émile. *Hoang Ho-Pai Ho. Comptes-rendus de onze années (1923 - 1933) de séjour et d'exploration dans le Bassin du Fleuve Jaune, du Pai Ho et des autres*

tributaires du Golfe du Pei-Tcheu-Ly. Tientsin: Mission de Sienhsien, 1935-1936.

[14] Macleod, Julius. "Language and Knowledge, 1885." *The Flemish movement: a documentary history*, edited by Theo Hermans, Lode Wils, Louis Vos, Londen: The Athlone Press Ltd., 1992.

[15] Mayers, William Frederick. *Treaties between the Empire of China and foreign powers*. Shanghai: North-China Herald office, 1902.

[16] Milon, Alfred. *Mémoires de la Congrégation de la Mission (Lazaristes) - La Congrégation de la Mission en Chine*. Paris: Procure de la Congrégation de la Mission, vol. 2, 1912.

[17] Rondelez, Valère. *Scheut getuigt in China*. Brussel: Scheut editions, 1954.

[18] Rondelez, Valère. *Scheut, congrégation missionnaire: ses origines et ses débuts*. Bruxelles: Éditions de Scheut, 1961.

[19] Rondelez, Valère. *Scheut, zo begon het*. Brussel-Leuven: Scheut Editie-Bibliotheca Alphonisana, 1960.

[20] Scanlan, Patrick J. *Stars in the Sky*. Hong Kong: Trappist Publications, 1984.

[21] Thomas, A. *Histoire de la Mission de Pekin - Depuis l'arrivée des lazaristes jusqu'à la révolte des Boxeurs*. Paris: Tirage prive (privately printed), vol. 2, 1926.

[22] Van Den Brandt, Joseph. *Les Lazaristes en Chine, 1697-1935, notes biographiques*. Pei-P'ing: Impr. des Lazaristes, 1936.

[23] Van Hecken, Jozef, *Documentatie betreffende de missiegeschiedenis van het bisdom Ning-hsia*. Schilde: Private uitgave, 1-3, 1978-1980.

[24] Van Hecken, Jozef. "Betrekkingen van België met China onder Leopold I in de Belgische pers van 1858 tot 1865." *Koninklijke Academie voor Overzeese Wetenshappen* 95 (1965): 1238-1274.

[25] Van Hecken, Jozef. "Jozef L. M. Mullie, missionaris, filoloog en sinoloog." *Nationaal Biografisch Woordenboek*, *Vol. VIII*, edited by J. Duverger, Brussel: VIGES, 1992.

[26] Van Hecken, Jozef. *Documentatie betreffende de missiegeschiedenis van Oost-Mongolië*. Leuven: Private uitgave, 1-9, 1970-1973.

[27] Van Hecken, Jozef. *Documentatie betreffende de missiegeschiedenis van Zuidwest-Mongolie aartsbidom Suiyuan bisdom Ning-hsia*. Leuven: Private uitgave, 1-3, 1976-1977.

[28] Van Hecken, Jozef. *Documentatie betreffende de missiegeschiedenis van het apostolisch vicariaat Zuidwest-Mongolie (Ordos)*. Schilde: Private uitgave, 1-7, 1980-1981.

[29] Van Hecken, Jozef. *Documentatie betreffende de missiegeschiedenis van het aartsbisdom Sui-yuan (1922-1954)*. Schilde: Private uitgave, 1-5, 1981.

[30] Van Hecken, Jozef. *In memoriam Z. E. Pater J. Mullie*. Brussels: Jaarboek van de koninklijke Academie voor wetenschappen, letteren en schone kunsten van België,

1979.

[31] Van Hecken, Jozef. *Les Missions chez les Mongols aux temps modernes*. Peking: Imprimerie des Lazaristes (Petang), 1949.

[32] Van Hecken, Jozef. *Les réductions catholiques du pays des Ordos: une méthode d'apostolat des missionnaires de Scheut*. Switzerland: Schöneck/Beckenried, 1957.

[33] Verhelst, Danïel, Hyacint, Daniëls. *Scheut vroeger en nu 1862 - 1987: geschiedenis van de Congregatie van het Onbevlekt Hart van Maria C. I. C. M.* Leuven: Universitaire Leuven pers, 1991.

[34] Verhelst, Danïel, and Paul Van Daelen. *La Congrégation du Coeur Immaculé de Marie (Scheut): édition critique des sources*. Leuven: Leuven university press, 1986.

[35] Vranckx, Franciscus. *De Belgische geloofszendelingen in Mongolie: verhaal hunner reis en aankomst*. Mechelen: Van Moer, 1866.

[36] Wieger, Léon. *Chinois parle: Manuel* 官话 *Koan-Hoa du Nord*, *Non-Pekinois*. Paris: A.-Maisonneuve, 1912.

二、原始文献(中文)

(一) 文史资料、地方志及资料汇编

[1] 陈增辉主编:《清末教案》第四册,北京:中华书局,2000 年。
[2] 陈增辉主编:《清末教案》第五册,北京:中华书局,2000 年。
[3] 《赤峰军事志》,呼和浩特:内蒙古人民出版社,1992 年。

[4]《赤峰市教育志》编纂委员会编:《赤峰市教育志》,赤峰:内蒙古科学技术出版社,1995年。

[5]《崇礼县教育史沿革(一):1935年(民国二十四年)》,中国人民政治协商会议崇礼县委员会文史资料研究委员会编:《崇礼文史资料》第一辑,1986年。

[6] 波都勒口述,曹德巴整理:《天主教传入鄂托克旗的情况》,中国人民政治协商会议鄂托克前旗委员会文史资料研究委员会编:《鄂托克前旗文史资料》第一辑,1989年。

[7] 赤峰市地方志编纂委员会编:《赤峰市志》第三卷,呼和浩特:内蒙古人民出版社,1996年。

[8] 赤峰市红山区地方志编纂委员会:《赤峰市红山区志》,呼和浩特:内蒙古人民出版社,1996年。

[9] 赤峰市政协文史委员会编:《赤峰人物(总近代卷)》,北京:中国文史出版社,2002年。

[10] 杜赫德编:《耶稣会士中国书简集——中国回忆录》,上卷,郑德弟、吕一民、沈坚译,郑州:大象出版社,2005年。

[11] 杜赫德编:《耶稣会士中国书简集——中国回忆录》,中卷,朱静、耿昇译,郑州:大象出版社,2005年。

[12] 杜赫德编:《耶稣会士中国书简集——中国回忆录》,下卷,吕一民、沈坚、郑德弟译,郑州:大象出版社,2005年。

[13] 冯允中:《天主教赤峰教区沿革》,中国人民政治协商会议赤峰市委员会文史资料研究委员会编:《赤峰市文史资料选辑》第二辑,1984年。

[14] 韩国才、赵杰民:《林西县大营子天主教堂》,中国人民政治协商会议赤峰市委员会编:《赤峰风情》,北京:中国文史出版社,1987年。

[15] 贾祯等:《筹办夷务始末(咸丰朝)》,沈云龙主编:《近代中国

史料丛刊》第五十九辑,台北:文海出版社,1966年。

[16] 康平县志编纂委员会编:《康平县志》,沈阳:东北大学出版社,1995年。

[17] 乐天宇:《收缴西湾子天主教堂》,中国人民政治协商会议崇礼县委员会文史资料研究委员会编:《崇礼文史资料》第一辑,1986年。

[18] 辽宁省建平县县志编纂委员会:《建平县志》,沈阳:辽海出版社,1999年。

[19] 林西县地方志编纂委员会编:《林西县志》,呼和浩特:内蒙古人民出版社,1999年。

[20] 刘映元:《天主教在河套地区》,内蒙古自治区文史研究馆编:《史料忆述》第一辑,1986年。

[21] 裘凤仪:《承德市区的天主教堂变迁和夏树卿神甫》,《承德文史文库》编委会编:《承德文史文库》第二卷,北京:中国文史出版社,1998年。

[22] 田万生修、张滋大纂:《建平县志》第四卷,1931年。("爱如生中国方志库")

[23] 王慧生、朱承明、郭耀:《崇礼县(近、现代)沿革》,中国人民政治协商会议崇礼县委员会文史资料研究委员会编:《崇礼文史资料》第一辑,1986年。

[24] 王铁崖编:《中外旧约章汇编》,北京:生活·读书·新知三联书店,1981年。

[25] 王学明:《绥远教区简况》,中共呼和浩特市委党史资料征集办公室、呼和浩特市地方志编修办公室编:《呼和浩特史料》第五集,1984年。

[26] 王学明:《天主教在内蒙古地区传教简史》,中国人民政治协商会议内蒙古自治区委员会文史资料研究委员会编:《内蒙

古文史资料》第二十二辑，1987年。

[27] 文庆、贾桢、宝鋆等：《筹办夷务始末（道光朝）》，沈云龙主编：《近代中国史料丛刊》第七十六辑，台北：文海出版社，1966年。

[28] 佚名：《清季中外使领年表》，沈云龙主编：《近代中国史料丛刊》第十六辑，台北：文海出版社，1985年。

[29]《恽毓鼎庚子日记》，北京大学历史系中国近代史教研室编：《义和团运动史料丛编》第一辑，北京：中华书局，1964年。

[30] 张建民：《松树嘴子天主教会沿革》，中国人民政治协商会议辽宁省朝阳县委员会文史资料办公室编：《朝阳县文史资料》第三辑，1986年。

[31] 中国第一历史档案馆编：《清中前期西洋天主教在华活动档案史料》第一册，北京：中华书局，2003年。

[32] 中华全国公教进行会监督处：《中华全国公教进行会统计手册》，北平：中华全国公教进行会监督处，1936年。

[33] "中央研究院"近代史研究所：《近代中国对西方及列强认识资料汇编》，"中央研究院"近代史研究所编：《中国近代史资料汇编》第一辑，第二分册，台北："中央研究院"近代史研究所，1972年。

[34] 周秋光编：《熊希龄集》第四册，长沙：湖南人民出版社，2008年。

[35] 朱承明、郭耀搜集整理：《崇礼县天主教历史沿革》，中国人民政治协商会议崇礼县委员会文史资料研究委员会编：《崇礼文史资料》第一辑，1986年。

[36] 朱承明、郭耀搜集整理：《日伪统治时期的崇礼县城——西湾子》，中国人民政治协商会议崇礼县委员会文史资料研究委员会编：《崇礼文史资料》第一辑，1986年。

[37] 朱金甫主编：《清末教案》第一册，北京：中华书局，1996年。
[38] 朱金甫主编：《清末教案》第二册，北京：中华书局，1998年。
[39] 朱金甫主编：《清末教案》第三册，北京：中华书局，1998年。

(二) 报刊杂志

[1]《中国圣教史拾零》，《慈音-上海教区徐家汇圣依纳爵公学圣母始胎会会刊》1943年第9卷第7—8期。

[2] 冯瓒璋：《怀仁学会正式成立》，《上智编译馆馆刊》1947年第2卷第6期。

[3] 冯瓒璋：《一九四七年出版的中文公教书》，《上智编译馆馆刊》1948年第3卷第3/4期。

[4] 贺登崧：《在华圣母圣心会会士之学术研究》，常守义译，《益世报》(天津)民国36年1月25日第6版。

[5] 李君武：《介绍宗座圣婴善会》，《铎声月刊》1942年第1卷第7期。

[6] 杞忧：《全国各教区简史》，《圣教杂志》1934年第23卷第1期。

[7] 王臣瑞：《"夫至大"通牒与中国教务》，《铎声月刊》1944年第3卷第12期。

[8] 周连墀：《传信会史略》，《公教白话报》1941年第24卷第10期。

[9] 周连墀：《传信会史略》，《公教白话报》1941年第24卷第11期。

[10] 周连墀：《传信会史略》，《公教白话报》1941年第24卷第12期。

[11] 周连墀：《传信与圣伯铎二善会史略》，《公教白话报》1941年第21期。

(三) 文史著作

[1] 樊国梁(Pierre Marie Alphonse Favier):《燕京开教略》,陈方中主编:《中国天主教史籍汇编》,台北:辅仁大学出版社,2003年。

[2] 樊神父(Octave Ferreux)著:《遣使会在华传教史》,吴宗文译,台北:华明书局(天津教区内部资料),1977年。

[3] 费赖之:《明清间在华耶稣会士列传:1552—1773》,上海:天主教上海教区光启社,1997年。

[4] 费赖之:《在华耶稣会士列传及书目》,冯承钧译,北京:中华书局,1995年。

[5] 高乐康(P. Legrand):《文化方面的传教工作》,景明译,北京:铎声月刊社,1947年。

[6] 李杕:《增补拳匪祸教记》,上海:上海土山湾印书馆,1909(宣统元年岁次己酉)年。

[7] 裴化行(H. Bernard):《天主教十六世纪在华传教志》,萧睿华译,上海:商务印书馆,1937年。

[8] 史式徽:《江南传教史》第一卷,天主教上海教区史料译写组译,上海:上海译文出版社,1983年。

[9] 王守礼(Mgr. C. Van Melckereke):《边疆公教社会事业》,傅明渊译,北京:普爱堂/上智编译馆,1947年。

[10] 希望:《公进概论》,北平:中华公教进行会总监督处,1935年。

三、相关研究文章及著作(外文)

[1] "A List of Publications of Paul L-M. Serruys up to 1977."

Monumenta Serica, 33 (1977).

[2] Abé, Takao. "The Missionary Réductions in New France: An Epistemological Problem with a Popular Historical Theory." *French Colonial History* 15 (2014).

[3] Andrews, Paul. "Experiment in Paraguay." *Studies: An Irish Quarterly Review* 45/179 (1956).

[4] Belien, Paul. *A Throne in Brussels: Britain, the Saxe-Coburgs and the Belgianisation of Europe*. UK: Imprint Academic, 2014.

[5] Bertuccioli, Giulia. "Martino Martini's Grammatica Sinica." *Monumenta Serica*, 51 (2003).

[6] Biallas, Franz Xaver. "Reviewed: Het chineesch taaleigen by Jos Mullie." *Anthropos* 26, 1/2 (1931).

[7] Boyer, H. "Linguistic nationalism: an interventionist alternative to the liberal conceptions of the linguistic market." *Noves SL*. autumn-winter (2006).

[8] Branner, David Prager. *The Chinese Rime-Tables: Linguistic Philosophy and Historical-Comparative Phonology*. Amsterdam/Philadelphia: John Benjamins Publishing Co., 2006.

[9] Bremmer, Jan N. "Iconoclast, Iconoclastic, and Iconoclasm: Notes Towards a Genealogy." *Church History and Religious Culture* 88/1 (2008).

[10] Brockey, Liam Matthew. *Journey to the East: The Jesuit Mission to China, 1579 – 1724*. Cambridge, Massachusetts, London, England: The Belknap Press of Harvard University press, 2008.

[11] C., Wessels. *Early Jesuit travelers in Central Asia, 1603 - 1721*. New Delhi/Madras: Asian educational services, 1992.

[12] Campbell, Thomas J. *The Jesuits (1534 - 1921)*. New York: The Encyclopedia press, 1921.

[13] Chappell, Hilary, and Alain Peyraube. "The History of Chinese Grammars in Chinese and Western Scholarly Traditions." *Language and history* 57/2 (2014).

[14] Ch'en Ting-Min, "Joseph Mullie: Le Mot-particule 之 Tche. E. J. Brill, Leiden (Hollande), 1942. 237 pages (en vente à la Mission de Scheut)." *Monumenta Serica* 13 (1948).

[15] Cleynhens, L. *De scheutisten tijdens de eerste wereldoorlog: hun verblijf in Groot-Brittannië, Nederland en aan de IJzer*. Leuven: licentiaatsverhandeling, KU Leuven, 1995.

[16] Coblin, W. South. "Paul L-M. Serruys, C. I. C. M. (1912 - 1999)." *Monumenta Serica* 47 (1999).

[17] Cole, H. M. "Origins of the French Protectorate Over Catholic Missions in China." *The American Journal of International Law* 34/3 (1940).

[18] Cooke, Nola. "Early Nineteenth-Century Vietnamese Catholics and Others in the Pages of the 'Annales de la Propagation de la Foi'." *Journal of Southeast Asian Studies* 35/2 (2004).

[19] Cordier, Henri. "La suppression de la Compagnie de Jésus et la mission de Peking." *T'oung-pao* 17/3 (1916).

[20] Cordier, Henri. "La suppression de la Compagnie de Jésus

et la mission de Peking(Suit). "*T'oung-pao* 17 4/5 (1916).

[21] Davor, Antonucci, and Pieter Ackerman (edt.). *Chinese missionary linguistics*. Leuven: KUL. Ferdinand Verbiest Institute, 2017.

[22] De Jaegher, Karel. "Le père Verbiest, auteur de la première grammaire mandchoue." *T'oung Pao* 22/3 (1923).

[23] De Lichtervelde, Louis. *Léopold first, the founder of modern Belgium*. trans. by Thomas H. Reed, H. Russell Reed, New York, London: The Century Co., 1930.

[24] De Ridder, Koen (edt.). *Footsteps in deserted valleys: missionary cases, strategies and practice in Qing China*. Leuven: Leuven University press, 2000.

[25] De Ridder, Koen. "Congo in Gansu (1898 - 1906): Missionary versus Explorer/Exploiter." *Footsteps in deserted valleys: missionary cases, strategies and practice in Qing China*, edited by Koen De Ridder, Leuven: Leuven University press, 2000.

[26] De Ridder, Koen. *Kongo in Gansu: bijzonder relaas over de Belgische aanwezigheid in de Chinese grensprovincie Gansu in de periode 1898 - 1906*. Huldenberg: Heemkundige kring van Huldenberg, 2008.

[27] De Waele, Maria. "De strijd om de citadel - Frankrijk en de vernederlandsing van de Gentse universiteit, 1918 - 1930." *Belgisch Tijdschrift voor Nieuwste Geschiedenis* 1 - 2 (2002).

[28] Dewulf, Jeroen. "The Flemish Movement: On the

Intersection of Language and Politics in the Dutch-Speaking Part of Belgium." *Georgetown Journal of International Affairs* 13/1 (2012).

[29] Dhondt, Jan. *Korte geschiedenis van het ontstaan van het graafschap Vlaanderen van Boudewijn den Ijzeren tot Robrecht den Fries*. Brussel: Manteau, 1943.

[30] Dujardin, Carine. *Missionering En Moderniteit: de Belgische Minderbroeders in China 1872 - 1940*. Leuven: Universitaire Pers Leuven, 1996.

[31] Dunn, Kevin C. *Imagining the Congo: The International Relations of Identity*. New York: Palgrave Macmillan US, 2003.

[32] Duyvendak, Jam J. L. "Mullie's introduction to Chinese colloquial." *Acta Orientalia* 13 (1936).

[33] Duyvendak, Jan J. L. "Early Chinese Studies in Holland." *T'oung Pao* 32/5 (1936).

[34] Edwards, E. "Reviewed Work(s): The Structural Principles of the Chinese Language: An introduction to the Spoken Language (Northern Pekinese Dialect). I. by J. Mullie and A. Omer Versichel." *Bulletin of the School of Oriental Studies, University of London* 7/3 (1934).

[35] F. Verbiest Institute (edt.). *History of the catholic church in China: from its beginning to the Scheut fathers and 20th century: unveiling some less known sources, sounds and pictures*. Leuven: Ferdinand Verbiest institute, 2015.

[36] F. Verbiest Institute (edt.). *The Mongols and Sino-*

Mongol relations, 14th – 20th centuries: in memory of Henry Serruys' scientific heritages. Leuven: Ferdinand Verbiest Foundation, 2019.

[37] Fabian, Johannes. *Language and colonial power: the appropriation of Swahili in the former Belgian Congo, 1880 – 1938.* Berkeley; Oxford: University of California Press, 1991.

[38] Françoise, Aubin, and Paul L. M. Serruys. "In Memoriam Le R. P. Henry Serruys (Ssu Lü-Ssu 司律思), CICM (10 Juillet 1911 – 16 août 1983) Erudit Sino-Mongolisant." *Monumenta Serica* 36 (1984).

[39] Gevers, Lieve. "The Catholic Church and the Flemish Movement." *Nationalism in Belgium: Shifting Identities, 1780 – 1995*, edited by K. Deprez and Louis Vos, New York: St. Martin's Press, inc., 1998.

[40] Giles, Lionel. "Reviewed Work (s): The Structural Principles of the Chinese Language. An Introduction to the Spoken Language (Northern Pekingese Dialect). I by Jos. Mullie and A. Omer Versichel." *The Journal of the Royal Asiatic Society of Great Britain and Ireland*, 3 (1934).

[41] Giles, Lionel. "Reviewed Work (s): The Structural Principles of the Chinese Language. Vols. II and III by Jos. Mullie and A. Omer Versichel." *The Journal of the Royal Asiatic Society of Great Britain and Ireland* 2 (1939).

[42] Golvers, Noël, and Willy Vande Walle. *The history of the relations between the Low Countries and China in the Qing era (1644 – 1911).* Leuven: F. Verbiest Foundation, 2003.

[43] Golvers, Noël. *Ferdinand Verbiest*, *S. J.* (*1623 - 1688*) *and the Chinese Heaven: The Composition of the Astronomical Corpus*, *its Diffusion and Reception in the European Republic of Letters*. Leuven: Leuven University press/Ferdinand Verbiest Foundation, K. U. Leuvem, XII, 2003.

[44] Golvers, Noël. *Postulata Vice-Provinciae Sinensis in Urbe Proponenda: A blueprint for a renewed SJ mission in China*. Leuven: Ferdinand Verbiest Institute, 2018.

[45] Gonzalez, Justo L. *The story of Christianity*. New York: Harper Collins Publishers Inc, vol. 1 - 2, 2010.

[46] Gorissen, B. "The most unfruitful mission in the world - CICM Fathers Frans and Jozef Hoogers in Xinjiang: 1895 - 1922." *The history of the relations between the Low Countries and China in the Qing era* (*1644 - 1911*), edited by Willy Vande Walle and NoëL Golvers, Leuven: Leuven University press/Ferdinand Verbiest Foundation, 2003.

[47] Graham, A. C. "Observations On A New Classical Chinese Grammar." *Bulletin of the School of Oriental and African Studies* 22/3 (1959).

[48] Gunn, Geoffrey C. *First Globalization: The Eurasian Exchange*, *1500 -1800*. Lanham: Rowman and Littlefield, 2003.

[49] H, I. "The Revival of Flemish Nationalism in Belgium." *The World Today* 5/5 (1949).

[50] Halbertsma, Tjalling H. F. *Early Christian Remains of Inner Mongolia - Discovery*, *Reconstruction and Appropriation*.

Leiden: Brill, 2008.
[51] Harrison, Henrietta. "'A Penny for the Little Chinese': The French Holy Childhood Association in China, 1843 – 1951." *The American Historical Review* 113/1 (2008).
[52] Heissig, Walther. "The Mongol manuscripts and xylographs of the Belgian Scheut-Mission." *Central Asiatic Journal* 3 (1957).
[53] Hemeryck, J. "Reviewed Work(s): De stichtingsgeschiedenis van de Kreits Tsj'eng-tee (Je-hol) by Daniël Ellegiers." *Central Asiatic Journal* 4/2 (1959).
[54] Herbert, Christopher. *Culture and Anomie: Ethnographic Imagination in the 19th Century*. Chicago/London: University of Chicago Press, 1991.
[55] Heylen, Ann. *Chronique du Toumet-Ortos: looking through the lens of Joseph van Oost, missionary in inner Mongolia (1915 – 1921)*. Leuven: Ferdinand Verbiest Stichting, 2004.
[56] Heyndrickx, Jeroom. "Louis J. M. Schram, CICM: Missionary and Ethnologist." *From Antoine Thomas S. J. to Celso Constantini: Multi-aspect Studies on Christianity in Modern China*, edited by in Ku Weiying and Zhao Xiaoyang, Beijing/Leuven: Social Sciences Academic Press/Ferdinand Verbiest Instituut KU Leuven, 2011.
[57] Heyndrickx, Jeroom. "Verbist versus Verbiest, Nan Huai Yi versus Nan Huai Jen." *Verbist Study Notes*, *CICM SM Province*, 17 (2004).
[58] Hickey, Edward John. *The Society for the propagation of*

the faith; its foundation, organization and success (1822 - 1922). Washington D. C.: The Catholic University of America Press, 1922.

[59] Hu, Weiqing, "Missionaries in Modern China and their perceptions of Confucianism." *Christianity*, edited by in Zhuo Xinping, Leiden, Boston: Brill, 2013.

[60] Huysmanns, M. Camille. "The Flemish Question." *Journal of the Royal Institute of International Affairs* 9/5 (1930).

[61] Idema, Wilt L. "Chinese Studies in the Netherlands." *Chinese Studies in the Netherlands - Past, Present and Future*, edited by Wilt L. Idema, Leiden: Brill, 2014.

[62] Jeuken, M. "De priester als wetenschapper." *Streven - Maandblad voor geestesleven en cultuur* 15 (1961-1962).

[63] Karlgren, Bernhard. *A Mandarin Phonetic Reader in the Pekinese Dialect*. Stockholm: Kungl. Boktryckeriet, P. A. Norstedt & Söner, 1918.

[64] Kennedy, George A. "Another Note on Yen." *Harvard Journal of Asiatic Studies* 16, 1/2 (1953).

[65] Kervyn, Louis. "Le tombeau de l'empereur Tao-tsong des Leao, et les premières inscriptions connues en écriture K'itan." *T'oung Pao* 22/4 (1923).

[66] Knipschild, Harry. *Ferdinand Hamer 1840 - 1900, Missiepionier en martelaar in China: een nieuwe kijk op de missiemethode van de Scheutisten in het noorden van China, en de reactie daarop van de Chinezen*. Leiden: Universiteit Leiden, 2005.

［67］Knipschild, Harry. *Soldaten van God: Nederlandse en Belgische priesters op missie in China in de negentiende eeuw.* Amsterdam: Bakker, 2008.

［68］Kohn, Hans. "Nationalism in the Low Countries." *The Review of Politics* 19/2 (1957).

［69］Ku, Wei-Ying, "Some Observations on CICM in China, 1865 – 1955: life of 679 Scheutists." *History of the catholic church in China: from its beginning to the Scheut fathers and 20th century: unveiling some less known sources, sounds and pictures*, edited by Ferdinand Verbiest Institute, Leuven: Ferdinand Verbiest Institute K. U. Leuven, 2015.

［70］Ku, Wei-Ying. *Missionary approaches and linguistics in mainland China and Taiwan.* Leuven: Leuven university press, 2001.

［71］Kuiper, Koos. *The Early Dutch Sinologists (1854 – 1900)– Training in Holland and China, Functions in the Netherlands Indies.* Leiden: Brill, 2017.

［72］Kuiper, Koos. "The Earliest Monument of Dutch Sinological Studies: Justus Heurnius's Manuscript Dutch – Chinese Dictionary and Latin – Chinese Compendium Doctrina Christianae (Batavia 1628)." *Quaerendo* 35/1 – 2 (2005).

［73］Lievens, Sara. "The spread of the cicm mission in the Apostolic Vicariate of Central Mongolia (1865 – 1911): A general overview." *The history of the relations between the Low Countries and China in the Qing era (1644 – 1911),* edited by Willy Vande Walle and NoëL Golvers, Leuven: Leuven University press/Ferdinand Verbiest Foundation, 2003.

[74] Macerlean, John. "Clement XIV and the Suppression of the Jesuits." *Studies: An Irish Quarterly Review* 22/87 (1933).

[75] Masini, Federico. "Notes on the first Chinese dictionary published in Europe (1670)." *Monumenta Serica* 51 (2003).

[76] Matthyssen, Mieke, and Bart Dessein. "China in Belgium: From a religious, economic and political interest, to the development of an academic discipline." *From Sinology to Post-Chineseness Intellectual Histories of China, Chinese People, and Chinese Civilization*, edited by Chih-Yu Shij, Peizhong He and Lei Tang, China/UK: Social Sciences Academic Press / Paths International Limited, 2019.

[77] Mccaffrey, Cecily. "From Chaos to a New Order: Rebellion and Ethnic Regulation in Late Qing Inner Mongolia." *Modern China* 37/5 (2011).

[78] Mcleod, Hugh. "Christianity and nationalism in nineteenth-century Europe." *International Journal for the Study of the Christian Church* 15/1 (2015).

[79] Meeuwis, Michael. "Involvement in Language: The Role of the 'Congregatio Immaculati Cordis Mariae' in the History of Lingala." *The Catholic Historical Review* 95/2 (2009).

[80] Megowan Splingaerd, Anne. *The Belgian Mandarin: The*

Life of Paul Splingaerd. Philadelphia: Xlibris Corporation, 2008.

[81] Montalbano, Kathryn A. "Misunderstanding the Mongols: Intercultural Communication in Three Thirteenth-Century Franciscan Travel Accounts." *Information & Culture* 50/4 (2015).

[82] Pierard, Louis. "Belgium's Language Question: French vs. Flemish." *Foreign Affairs* 8/4 (1930).

[83] Pollard, John. "Pius XI's Promotion of the Italian Model of Catholic Action in the World-Wide Church." *The Journal of Ecclesiastical History* 63/4 (2012).

[84] Printy, Michael. "The Intellectual Origins of Popular Catholicism: Catholic Moral Theology in the Age of Enlightenment." *The Catholic Historical Review* 91/3 (2005).

[85] Pycke, Nestor. *Het avontuur van Theofiel Verbist (1861 – 1868): een pionier in Chinees Mongolië*. Leuven: Ferdinand Verbiest Institute K. U. Leuven, 2009.

[86] Pye, Michael. "Feature: Francophone Buddhist studies – Introduction." *The Eastern Buddhist* 48/1 (2017).

[87] Rabut, Isabelle, and Angel Pino. *Pékin, Shanghai – tradition et modernité dans la littérature chinoise des années trente*. Paris: Bleu De Chine, 2000.

[88] Randall, John Herman. "Romantic Reinterpretations of Religion." *Studies in Romanticism* 2/4 (1963).

[89] Raspoet, Erik. *Reizigers in God: de missionarissen van Scheut*. Amsterdam: Meulenhoff, 2001.

[90] Renson, Raymond. "Virgins in Central Mongolia." *The History of the Relations between the Low Countries and China in the Qing Era (1644 - 1911)*, edited by W. F. Vande Walle, Leuven: Leuven University press, 2003.

[91] Royer, Fanchón. "Charles de Forbin-Janson, Missionary Bishop." *The Americas* 10/2 (1953).

[92] Sagaster, Klaus. *Antoine Mostaert (1881 -1971). C. I. C. M. missionary and scholar*. Leuven: Ferdinand Verbiest Stichting, 1999.

[93] Samarin, William J. "The Linguistic World of Field Colonialism." *Language in Society* 13/4 (1984).

[94] Schlegel, Gustaaf. *Over het belang der Chineesche Taalstudie*. Leiden: E. J. Brill, 1877.

[95] Serruys, Henry. "Missionary Safe-Conducts: An Additional Note." *T'oung Pao* 73, 1/3 (1987).

[96] Serruys, Paul L. "The Function and Meaning of Yün 云 in Shih Ching—Its Cognates and Variants." *Monumenta Serica* 29 (1970).

[97] Serruys, Paul L. M. "Studies in the Language of the Shang Oracle Inscriptions." *T'oung Pao* 60, 1/3 (1974).

[98] Serruys, Paul L. M. "Une Nouvelle Grammaire Du Chinois Littéraire." *Harvard Journal of Asiatic Studies* 16, 1/2 (1953).

[99] Serruys, Paul L-M. "Five word studies on Fang Yan(first part)." *Monumenta Serica* 19 (1960).

[100] Serruys, Paul L-M. "Five word studies on Fang Yan (second part)." *Monumenta Serica* 21 (1962).

[101] Serruys, Paul L-M. "Five word studies on Fang Yan(third part)." *Monumenta Serica* 26 (1967).

[102] Serruys, Paul L-M. "Folklore contributions in Sino-Mongolica: Notes on customs legends, proverbs and riddles of the province of Jehol." *Folklore Studies* 6/2 (1947).

[103] Serruys, Paul L-M. "Studies in the language of the Shih Ching: I the final particle Yi." *Early China* 16 (1991).

[104] Serruys, Paul L-M. "The Word for 'Salt' in Shuo Wen." *Oriens* 11, 1/2 (1958).

[105] Shelley, Thomas J. "Mutual Independence: Church and State in Belgium: 1825 – 1846." *Journal of Church and State* 32/1 (1990).

[106] Shorter, Aylward. *Cross and Flag in Africa: The "White Fathers" During the Colonial Scramble (1892 – 1914)*. Maryknoll, NY: Orbis Books, 2006.

[107] Simon, Walter. "Neue Hilfsmittel zum Studium der nordchinesischen Umgangssprache." *Orientalistische Literaturzeitung* 11 (1932).

[108] Smedts, Willy, and William Van Belle. *Taalboek Nederlands*. Kalmthout: Pelckmans Uitgeverij nv., 2011.

[109] Standard, Matthew G. "Lumumba's Ghost: A Historiography of Belgian Colonial Culture." *The MacKenzie Moment and Imperial History: Essays in Honour of John M. MacKenzie*, edited by Stephanie Barczewski and Martin Farr, Cham: Springer International Publishing, 2019.

[110] Strasser, Gerhard F. "The Impact on the European Humanities of Early Reports from Catholic Missionaries from China, Tibet and Japan between 1600 and 1700." *The Making of the Humanities*, edited by Rens Bod, Jaap Maat and Thijs Weststeijn, Amsterdam: Amsterdam University press, 2012.

[111] Sweeten, Alan Richard. *China's Old Churches -The History, Architecture, and Legacy of Catholic Sacred Structures in Beijing, Tianjin, and Hebei Province.* Leiden: Brill, 2019.

[112] Swerts, Lorry, and Koen De Ridder. *Mon Van Genechten (1903-1974), Flemish Missionary and Chinese Painter: Inculturation of Christian Art in China.* Leuven: Leuven University Press/Ferdinand Verbiest Foundation, K. U. Leuven, 2002.

[113] Sybesma, Rint. "A history of Chinese Linguistics in the Netherlands." *Chinese Studies in the Netherlands - Past, Present and Future*, edited by Wilt L. Idema, Leiden: Brill, 2014.

[114] Symposium Georganiseerd Door Ferdinand Verbieststichting Leuven, 31 Augustus - 3 September 1993. *Antoon Mostaert, C. I. C. M. (1881-1971), Apostel van de Mongolen en geleerde.* Leuven: Ferdinand Verbieststichting, 1993.

[115] Szczesniak, Baleslaw. "Athanasius Kircher's: China Illustrata." *Osiris* 10 (1952).

[116] Tamura, Jitsuzo, Yukio Kobayashi, and Shinobu Iwamura,. *Tombs and mural paintings of Ch'ing-ling:*

Liao imperial mausoleums of eleventh century A. D. in Eastern Mongolia. Kyoto: Kyoto university, 1-2, 1953.

[117] Taveirne, Patrick. "The CICM Apostolate in Mongolia, late 19th and early 20th century." (Unpublished) Revised Paper presented at the Conference on "The Importance of the History of Evangelization Taking CICM as an Example", (2020).

[118] Taveirne, Patrick. "The earth does not belong to us, we belong to the earth: The missionary case of Fengzhen subprefecture Revisited." *History of the catholic church in China: from its beginning to the Scheut fathers and 20th century: unveiling some less known sources, sounds and pictures*, edited by Ferdinand Verbiest Institute, Leuven: Ferdinand Verbiest Institute K. U. Leuven, 2015.

[119] Taveirne, Patrick. "The religious case of Fengzhen district: reclamation and missionary activities in Caqar during the Late Qing dynasty." *The History of the Relations between the Low Countries and China in the Qing Era (1644-1911)*, edited by W. F. Vande Walle, Leuven: Leuven University press, 2003.

[120] Taveirne, Patrick. *Han-Mongol encounters and missionary endeavors: a history of Scheut in Ordos (Hetao), 1874-1911*. Leuven: Leuven University press, 2004.

[121] Tiedemann, R. G. *Reference Guide to Christian Missionary Societies in China: From the Sixteenth to the Twentieth Century*. New York: M. E. Sharpe, Inc., 2009.

[122] Tiedemann, R. G. *Handbook of Christianity in China*, Volume Two: 1800 to the Present. Leiden: Brill, 2010.

[123] Tiedemann, R. G. "Baptism of Fire: China's Christians and the Boxer Uprising of 1900." *International Bulletin of Missionary Research* 24/1 (2000).

[124] Tiedemann, Rolf Gerhard. "Catholic Mission Stations in Northern China: Centers of Stability and Protection in Troubled Times." *The Church as Safe Haven: Christian Governance in China*, edited by Lars Peter Laamann and Joseph Tse-Hei Lee, Leiden: Brill, 2018.

[125] Van Coetsem, Frans. *Ludovic Jean Joseph Grootaers (Tongeren, 9 augustus 1885 – Leuven, 12 oktober 1956)*. Leiden: Brill, 1957.

[126] Van Daele, Henri. *Een geschiedenis van Vlaanderen*. Tielt: Lannoo nv., 2005.

[127] Van Hecken, Jozef, and W. A. Grootaers. "The Half Acre Garden, Pan-Mou Yüan (半亩园)." *Monumenta Serica* 18 (1959).

[128] Van Osselaer, Tine. "Christening Masculinity? Catholic Action and Men in Interwar Belgium." *Gender & History* 21/2 (2009).

[129] Van Osselaer, Tine. "From that moment on, I was a man!' Images of the Catholic male in the Sacred Heart Devotion." *Gender and Christianity in Modern Europe*, edited by P. Pasture, J. Art, T. Buerman, J. De Maeyer, L. Van Molle, T. Van Osselaer, and V. Viaene, Leuven: Leuven University press, 2012.

[130] Van Overmeire, Dirk, "'The Sky is the Limit'. Missionary Imperatives and Constraints in Determining the Spatial Outline of the Mongolian Vicariates of the Congregation of Scheut, 1900 – 1939." *Mission & Science: Missiology Revised / Missiologie revisitée, 1850 – 1940*, edited by Carine Dujardin and Claude Prudhomme, Leuven: Leuven University press, 2015.

[131] Van Overmeire, Dirk. "The embedding of a scientific into a religious mission: the interaction of CICM China missionaries with geographical societies (1878 – 1939)." *From Antoine Thomas S. J. to Celso Constantini: Multi-aspect Studies on Christianity in Modern China*, edited by in Ku Weiying and Zhao Xiaoyang, Beijing/Leuven: Social Sciences Academic press/Ferdinand Verbiest Instituut KU Leuven, 2011.

[132] Van Roo, P. A. "Affermage des terres de la Mission aux chrétien Chinois." *Le Bulletin Catholique de Pekin* (1920).

[133] Vande Walle, Willy. "Belgian treaties with China and Japan under King Leopold I." *The history of the relations between the Low Countries and China in the Qing era (1644 – 1911)*, edited by Willy Vande Walle and Noël Golvers, Leuven: Leuven University press, Ferdinand Verbiest Foundation, 2003.

[134] Vande Walle, Willy. "Willem A. Grootaers, Linguist and Ethnographer." *History of the Catholic Church in China: from its beginning to the Scheut Fathers and 20th*

century: unveiling some less known sources, sounds and pictures, edited by Ferdinand Verbiest Institute, Leuven: Ferdinand Verbiest Institute K. U. Leuven, 2015.

[135] Vandeweyer, Luc. "Scheutist, linguïst en etnoloog Leo Bittremieux – Zijn visie op wetenschappelijk taalgebruik in 1910–1914." *wt*, LXVIII 2 (2009).

[136] Vanysacker, Dries. "Body and Soul. Professional Health Care in the Catholic Missions in China between 1920 and 1940." *Footsteps in deserted valleys: missionary cases, strategies and practice in Qing China*, edited by in Koen De Ridder, Leuven: Leuven University press, 2000.

[137] Viaene, Vincent. "King Leopold's Imperialism and the Origins of the Belgian Colonial Party, 1860–1905." *The Journal of Modern History* 80/4 (2008).

[138] Viaene, Vincent. *Belgium and the Holy See from Gregory XVI to Pius IX (1831–1859) Catholic Revival, Society and Politics in 19th Century Europe*. Leuven: Leuven University Press, 2001.

[139] Walravens, Hartmut. "Christian Literature in Manchu: Some bibliographic notes." *Monumenta Serica* 48 (2000).

[140] Weaver, Robert M. "The Jesuit Reduction System Concept: Its Implications for Northwest Archaeology." *Northwest Anthropological Research Notes* 11/2 (1977).

[141] Weststeijn, Thijs. "The Middle Kingdom in the Low Countries: Sinology in the Seventeenth-Century Netherlands." *The Making of the Humanities*, edited by Thijs Weststeijn, Rens Bod and Jaap Maat, Amsterdam:

Amsterdam University Press，2012.
[142] Witek, John W. *Ferdinand Verbiest (1623 - 1688): Jesuit Missionary, Scientist, Engineer and Diplomat.* Nettetal：Steyler Verlag，30，1994.

四、相关研究文章及著作（中文）

[1] Daniël Verhelst：《向中国传教的比利时》，古伟瀛主编：《塞外传教史》，台北：光启文化事业，2002年。
[2] Dirk Van Overmeire编，古伟瀛、潘玉玲校：《在华圣母圣心会士名录》，台北：见证月刊杂志社，2008年。
[3] 安必诺、何碧玉：《西方传教士与中国现代文学》，王耀文、韩一宇译，《国际汉学》2007年第2期。
[4] 巴得胜：《比利时的汉学机构》，《中国典籍与文化》1998年第3期。
[5] 包罗史：《拓荒者和引水者：莱顿大学的早期汉学家(1853—1911)》，张西平主编：《欧美汉学研究的历史和现状》，郑州：大象出版社，2005年。
[6] 宝贵贞、宋长宏：《蒙古民族基督宗教史》，北京：宗教文化出版社，2008年。
[7] 宝贵贞：《天主教与近代内蒙古地区乡村建设》，《宗教与民族》2013年第8期。
[8] 北京大学中国语言文学系编：《语言学研究与批判》第二辑，北京：高等教育出版社，1960年。
[9] 贝罗贝：《20世纪以前欧洲汉语语法学研究状况》，张西平、杨慧玲主编：《近代西方汉语研究论集》，北京：商务印书馆，2013年。

[10] 贝文典(Leo Van den Berg):《圣母圣心会塞外传教来华神父名册(1865—1947)》,古伟瀛主编:《塞外传教史》,台北:光启文化事业,2002年。

[11] 曹纳木:《田清波与鄂尔多斯研究》,《内蒙古社会科学》(文史哲版)1992年第6期。

[12] 曾晓渝:《试论〈西儒耳目资〉的语音基础及明代官话的标准音》,《西南师范大学学报》(人文社会科学版)1991年第1期。

[13] 陈得芝:《关于元朝的国号、年代与疆域问题》,《北方民族大学学报》(哲学社会科学版)2009年第3期。

[14] 陈尔杰:《"古文"怎样成为"国文"——以民初中学教科书为中心的考察》,《中国现代文学研究丛刊》2012年第2期。

[15] 陈开华:《二十世纪汉语界的天主教传华史研究综述》,《中国天主教》2014年第3期。

[16] 陈育宁:《近代鄂尔多斯地区各族人民反对外国教会侵略的斗争》,《内蒙古社会科学》1982年第4期。

[17] 陈垣:《元也里可温考》,上海:东方杂志社/商务印书馆,1924年。

[18] 戴学稷:《"光绪二十六年正,绥远到处起神兵"——洋教士的罪恶和义和团的反帝运动》,《内蒙古大学学报》(社会科学版)1956年创刊号。

[19] 戴学稷:《西方殖民者在河套鄂尔多斯等地的罪恶活动——帝国主义利用天主教侵略中国的一个实例》,《历史研究》1964年第5—6期。

[20] 戴学稷:《一九○○年内蒙古西部地区各族人民的反帝斗争》,《历史研究》1960年第6期。

[21] 邓庆平:《贺登崧神父与中国民间文化研究》,《民俗研究》2014年第3期。

[22] 狄德满:《义和团民与天主教徒在华北的武装冲突》,刘天路译,《历史研究》2002年第5期。

[23] 董方峰:《传教士对中国语言学的影响》,《中国社会科学报》2014年3月19日,第6版。

[24] 董少新:《明清时期基督教主题瓷器再考察》,李军主编:《跨文化美术史年鉴2:"欧罗巴"的诞生》,济南:山东美术出版社,2021年。

[25] 董少新等:《朝天记——重走利玛窦之路》,上海:上海古籍出版社,2012年。

[26] 董新林:《辽代祖陵陵园考古发现和研究述论》,《草原文物》2011年第1期。

[27] 杜静元:《近代河套地区的天主教与移民社会》,《青海民族研究》2012年第23卷第2期。

[28] 额尔敦孟克:《田清波与鄂尔多斯方言研究》,《内蒙古师大学报》(哲学社会科学版)1995年第2期。

[29] 方豪:《中西交通史》下卷,上海:上海人民出版社,2015年。

[30] 房建昌:《热河天主教与基督教新教史考略(1835—1949年)——以法国神父与英国牧师的地图为中心》,《内蒙古师范大学学报》(哲学社会科学版)2019年第48卷第4期。

[31] 房建昌:《天主教宁夏教区始末》,《固原师专学报》(社会科学版)1998年第5期。

[32] 冯健、霍维洸:《圣母圣心会移民垦殖活动述论》,《中国民族博览》2016年第6期。

[33] 冯健:《圣母圣心会教育活动述论》,《固原师专学报》2006年第4期。

[34] 冯允中:《在昭盟天主教代表会议上》,《中国天主教》1981年第3期。

[35] 伏尔泰：《路易十四时代》，吴模信、沈怀洁、梁守锵译，北京：商务印书馆，1996年。

[36] 傅海波：《欧洲汉学简评》，张西平主编：《欧美汉学研究的历史与现状》，郑州：大象出版社，2006年。

[37] 傅熊(Bernard Fuehrer)：《中西思想诠释之早期交汇新探——评〈中国哲学家孔夫子〉》，归伶昌译，《国际汉学》2015年第5期。

[38] 高华士(Noël Golvers)：《清初耶稣会士鲁日满常熟账本及灵修笔记研究》，赵殿红译，郑州：大象出版社，2007年。

[39] 格日乐塔娜：《清末官垦在巴林左右二旗的推行》，《前沿》2008年第12期。

[40] 葛兆光：《想象异域：读李朝朝鲜汉文燕行文献札记》，北京：中华书局，2014年。

[41] 葛兆光：《宅兹中国：重建有关中国的历史论述》，北京：中华书局，2011年。

[42] 耿昇：《伯希和西域探险与中国文物的外流》，《世界汉学》2005年第3期。

[43] 古松崇志：《东蒙古辽代契丹遗址调查的历史——1945年"满洲国"解体前》，姚义田译，《辽宁省博物馆馆刊》(2009)，沈阳：辽海出版社，2009年。

[44] 古伟瀛：《国籍神父名册》，古伟瀛主编：《塞外传教史》，台北：光启文化事业，2002年。

[45] 古伟瀛：《怀仁秉德——对圣母圣心会会士取中文名的一些观察》，古伟瀛主编：《塞外传教史》，台北：光启文化事业，2002年。

[46] 顾卫民：《中国天主教编年史》，上海：上海书店出版社，2003年。

[47] 郭晶波:《比利时圣母圣心会在内蒙古地区开办的教育活动及其影响——以内蒙古中西部地区为例》,《内蒙古师范大学学报》(哲学社会科学版)2007年第6期。

[48] 郭丽娜、陈静:《论巴黎外方传教会对天主教中国本土化的影响》,《宗教学研究》2006年第4期。

[49] 韩狄:《民国初内蒙古王公与日本"第一次满蒙独立运动"》,《日本研究》2016年第2期。

[50] 贺登崧:《汉语方言地理学》,石汝杰、岩田礼译,上海:上海教育出版社,2018年。

[51] 洪庆明:《宗教争论与18世纪法国的政治转变》,《上海师范大学学报》(哲学社会科学版)2008年第37卷第2期。

[52] 胡斯托·冈萨雷斯(Justo L. González):《基督教史》(上下卷),赵城艺译,上海:上海三联书店,2016年。

[53] 黄伯荣、李炜:《现代汉语》,北京:北京大学出版社,2016年。

[54] 黄佳:《詹森派视野中的"利玛窦规矩"——以〈耶稣会士的实用伦理学〉第二卷为中心》,《浙江社会科学》2013年第9期。

[55] 贾兴路:《清代内蒙古地区教案研究现状》,《内蒙古民族大学学报》(社会科学版)2014年第40卷第1期。

[56] 江莉:《十九世纪下半叶来华西方人的汉语研究》,博士学位论文,北京外国语大学,2015年。

[57] 解成:《基督教在华传播系年(河北卷)》,天津:天津古籍出版社,2008年。

[58] 敬知本:《论1891年热河东部人民大起义》,四川省哲学社会科学学会联合会、四川省近代教案史研究会合编:《近代中国教案研究》,成都:四川省社会科学院出版社,1987年。

[59] 康志杰：《明清来华耶稣会士汉名琐议》，《世界宗教研究》1996年第4期。

[60] 康志杰：《中国天主教财务经济研究：1582—1949》，北京：人民出版社，2019年。

[61] 拉日杰斯特文斯基：《马伯乐的汉语语法观》，《语言研究译丛》编辑组编：《语言研究译丛》第一辑，天津：南开大学出版社，1984年。

[62] 雷纳·格鲁塞：《蒙古帝国史》，龚钺译，北京：商务印书馆，1996年。

[63] 黎锦熙：《国语运动史纲》，北京：商务印书馆，2011年。

[64] 李爱、吕桂霞：《国民政府初期的货币危机与"废两改元"政策》，《河南大学学报》（社会科学版）2006年第4期。

[65] 李绍明：《〈民族学概论〉讲座（第一讲 民族学的定义、研究对象及其与有关学科的关系）》，《贵州民族研究》1982年第2期。

[66] 李天纲：《中国礼仪之争：历史、文献和意义》，上海：上海古籍出版社，1998年。

[67] 李晓晨：《近代河北乡村天主教会研究》，北京：人民出版社，2012年。

[68] 梁丽霞：《晚清圣母圣心会在阿拉善旗的传教活动及其影响》，《青海民族研究》2015年第26卷第1期。

[69] 廖序东：《论句本位语法》，《北京师范大学学报》1990年第2期。

[70] 林春花：《利奥波德二世（1865—1909）与中比关系之研究》，硕士学位论文，福建师范大学，2005年。

[71] 刘春子：《天主教东蒙古教区初探》，赵建敏主编：《天主教研究论辑》第十一辑，北京：当代中国出版社，2015年。

[72] 刘存宽:《中俄关系与外蒙古自中国的分离(1911—1915)》,《历史研究》2004年第4期。

[73] 刘光磊、孙墀:《白话报刊对白话文运动的影响》,《宁波大学学报》(人文科学版)2012年第25卷第1期。

[74] 刘国鹏:《刚恒毅与中国天主教的本地化》,北京:社会科学文献出版社,2011年。

[75] 刘丽敏:《晚清华北乡土天主教民的信仰与民间文化》,北京:人民出版社,2019年。

[76] 刘青瑜:《近代以来天主教传教士在内蒙古的社会活动及其影响(1865—1950)》,博士学位论文,内蒙古大学,2008年。

[77] 刘庆志:《中国天主教教区沿革史》,北京:中国社会科学出版社,2017年。

[78] 刘毅政:《近代外国教会在内蒙古的侵略扩张》,《内蒙古师院学报》(哲学社会科学版)1982年第3期。

[79] 隆德理(Valeer Rondelez):《圣母圣心会在华传教简史》,罗光主编:《天主教在华传教史集》,台南:征祥出版社,1967年。

[80] 隆德理(Valeer Rondelez):《西湾子圣教源流》,古伟瀛主编:《塞外传教史》,台北:光启文化事业,2002年。

[81] 陆俭明:《近百年现代汉语语法研究评说》,《东北师大学报》(哲学社会科学版)2019年第6期。

[82] 罗常培:《汉语拼音方案的历史渊源》,《文字改革》1958年第1期。

[83] 罗杰·夏蒂埃:《法国大革命的文化起源》,洪庆明译,南京:译林出版社,2015年。

[84] 罗薇:《"人字堂"——尊重中国传统而建造的教堂》,《中国建筑史论汇刊》2014年第1期。

[85] 马庆株:《〈汉语拼音方案〉的来源和进一步完善》,《语言文字应用》2013年第1期。

[86] 马占军:《晚清时期圣母圣心会在西北的传教(1873—1911)》,博士学位论文,暨南大学,2005年。

[87] 梅谦立:《〈孔夫子〉:最初西文翻译的儒家经典》,《中山大学学报》(社会科学版)2008年第48卷第2期。

[88] 梅荣:《庚子年内蒙古阿拉善旗王公礼送外籍神父出境事件述略》,《内蒙古师范大学学报》(哲学社会科学版)2013年第42卷第5期。

[89] 梅荣:《清末鄂尔多斯天主教历史研究》,博士学位论文,内蒙古大学,2014年。

[90] 米辰峰:《从二十四顷地教案日期的分歧看教会史料的局限》,《清史研究》2001年第4期。

[91] 穆启蒙(Joseph Motte):《中国天主教史》,侯景文译,台北:光启文化事业,1971年。

[92] 内田庆市:《中国语言学中的"周边"研究法——以文化交涉学领域之一的角度》,张西平、杨慧玲编:《近代西方汉语研究论集》,北京:商务印书馆,2013年。

[93] 聂君:《试论近代宁夏地区圣母圣心会的教育活动》,《青海民族大学学报》(社会科学版)2014年第40卷第1期。

[94] 聂斯托·毕克(Nestor Pycke):《壮志未酬!圣母圣心会会祖南怀义的中国梦》,蔡耀伟译,台北:光启文化事业,2015年。

[95] 齐木德道尔吉:《蒙古学研究简史》,《蒙古学集刊》2004年第2期。

[96] 让·东特:《比利时史》,南京大学外文系法文翻译组译,南京:江苏人民出版社,1973年。

[97] 桑兵:《文与言的分与合——重估五四时期的白话文》,《社会科学战线》2010年第10期。

[98] 莎茹拉、苏德:《1900年内蒙古西部的蒙旗教案》,《历史档案》2002年第4期。

[99] 石汝杰:《贺登崧和汉语方言地理学》,《语言教学与研究》2003年第6期。

[100] 谭其骧:《历史上的中国和中国历代疆域》,《中国边疆史地研究》1991年第1期。

[101] 谭永亮(Patrick Taveirne):《汉蒙相遇与福传事业:圣母圣心会在鄂尔多斯的历史 1874—1911》,台北:光启文化事业,2012年。

[102] 汤开建、曾金莲:《中国西北地区天主教及基督新教史研究现状与史料》,《西北民族研究》2011年第4期。

[103] 汤开建、马占军:《清末民初圣母圣心会新疆传教考述(1883~1922年)》,《西域研究》2005年第2期。

[104] 汤开建、马占军:《晚清圣母圣心会宁夏传教述论(1874~1914)》(上),《西北民族研究》2004年第1期。

[105] 汤开建、马占军:《晚清圣母圣心会宁夏传教述论(1874~1914)》(下),《西北民族研究》2004年第2期。

[106] 唐志杰:《基督的新娘:中国天主教贞女研究》,北京:中国社会科学出版社,2013年。

[107] 童庆生:《汉语的意义:语文学、世界文学和西方汉语观》,北京:生活·读书·新知三联书店,2019年。

[108] 托克维尔(Alexis de Tocqueville):《旧制度与大革命》,冯棠译,北京:商务印书馆,1997年。

[109] 完颜爱兰:《半亩园之始末》,《紫禁城》1987年第5期。

[110] 汪炳明:《清朝覆亡之际驻京蒙古王公的政治活动》,《内蒙

古大学学报》(哲学社会科学版)1985年第3期。

[111] 汪炳明:《是"放垦蒙地"还是"移民实边"》,《蒙古史研究》1989年第3期。

[112] 王东杰:《声入心通:国语运动和现代中国》,北京:北京师范大学出版社,2019年。

[113] 王晗:《晚清民国时期蒙陕边界带"赔教地"研究》,《中华文史论丛》2019年第2期。

[114] 王皓:《19世纪至20世纪初的中国天主教史研究述评》,《基督宗教研究》2015年第1期。

[115] 王华锋:《乾隆朝"一口通商"政策出台原委析论》,《华南师范大学学报》(社会科学版)2018年第4期。

[116] 王力主编:《古代汉语》(共四册),北京:中华书局,2018年。

[117] 王力:《汉语语法史》,北京:北京联合出版公司,2018年。

[118] 王力:《中国现代语法》,北京:北京联合出版公司,2019年。

[119] 王立新:《"文化侵略"与"文化帝国主义":美国传教士在华活动两种评价范式辨析》,《历史研究》2002年第3期。

[120] 王立新:《晚清政府对基督教和传教士的政策》,《近代史研究》1996年第3期。

[121] 王庆余:《在华圣母圣心会士对近代中西文化交流的贡献》,《东南文化》1987年第2期。

[122] 王曙明:《近代圣母圣心会在西南蒙古教区的教育活动》,《西北民族研究》2008年第4期。

[123] 王思然、赵旭:《近代西方传教士的传教策略及对汉语推广的启示》,《党政干部学刊》2017年第4期。

[124] 王卫东、郭红:《移民、土地与绥远地区天主教的传播》,《上

海大学学报》(社会科学版)2005年第3期。

[125] 王中茂:《晚清天主教会在内地的置产权述论》,《清史研究》2007年第3期。

[126] 王仲男、方环海:《西方汉学中汉字注音一瞥》,《汉字文化》2014年第4期。

[127] 卫青心:《法国对华传教政策》下卷,黄庆华译,北京:中国社会科学出版社,1991年。

[128] 魏若望(John W. Witek S. J.):《耶稣会士傅圣泽神甫传:索隐派思想在中国及欧洲》,郑州:大象出版社,2006年。

[129] 吴莉苇:《文化争议后的权力交锋——"礼仪之争"中的宗教修会冲突》,《世界历史》2004年第3期。

[130] 吴宁:《传教士与人类学家——对比利时圣母圣心会传教士康国泰的研究》,《中央民族大学学报》(哲学社会科学版)2012年第5期。

[131] 武春野:《"北京官话"与书面语的近代转变》,博士学位论文,复旦大学,2011年。

[132] 夏志清:《中国现代小说史》,香港:中文大学出版社,2015年。

[133] 邢亦尘:《试论基督教在蒙古民族中的传播》,《内蒙古社会科学》(文史哲版)1990年第6期。

[134] 徐宗泽:《明清间耶稣会士译著提要》,上海:上海书店出版社,2010年。

[135] 徐宗泽:《中国天主教传教史概论》,北京:商务印书馆,2015年。

[136] 许璐斌:《葡萄牙和西班牙的远东"保教权"之争及其历史影响》,《北京教育学院学报》2008年第22卷第2期。

[137] 许让(Schram L. L.):《甘肃土人的婚姻》,费孝通、王同惠

译,沈阳:辽宁教育出版社,1998年。

[138] 严修:《批判高本汉和马伯乐的汉语语法观点》,《学术月刊》1957年第9期。

[139] 阎国栋:《十八世纪俄国汉学之创立》,《中国文化研究》2004年第2期。

[140] 杨福绵:《罗明坚、利玛窦〈葡汉辞典〉所记录的明代官话》,张西平、杨慧玲主编:《近代西方汉语研究论集》,北京:商务印书馆,2013年。

[141] 杨天宏:《基督教与民国知识分子:1922年—1927年中国非基督教运动研究》,北京:人民出版社,2005年。

[142] 于晓娟:《清末热河地区的蒙地放垦及其影响》,《赤峰学院学报》(汉文哲学社会科学版)2009年第30卷第4期。

[143] 语言学名词审定委员会:《语言学名词》,北京:商务印书馆,2011年。

[144] 岳方遂:《跨世纪的中国语法学》,《复旦学报》(社会科学版)1998年第5期。

[145] 张美兰:《〈官话指南〉及其四种方言对译本的价值》,《国际汉语学报》2016年第7卷第1期。

[146] 张西平:《基督宗教传教士对中国语言研究的贡献》,《基督宗教研究》2002年第1期。

[147] 张西平:《西方近代以来汉语研究的成就》,张西平、杨慧玲主编:《近代西方汉语研究论集》,北京:商务印书馆,2013年。

[148] 张西平:《西方人早期汉语学习史的研究初探——兼论对外汉语教学史的研究》,《国外汉语教学动态》2003年第4期。

[149] 张西平:《西方游记汉学简述》,张西平主编:《欧美汉学研

究的历史与现状》,郑州：大象出版社,2006年。

[150] 张晓虹、庄宏忠：《天主教传播与鄂尔多斯南部地区农牧界线的移动——以圣母圣心会所绘传教地图为中心》,《苏州大学学报》(哲学社会科学版)2018年第39卷第2期。

[151] 张彧、汤开建：《晚清圣母圣心会中蒙古教区传教述论》,《中国边疆史地研究》2007年第2期。

[152] 张彧：《圣母圣心会塞外传教活动研究述评》,《兰州学刊》2007年第7期。

[153] 张彧：《晚清圣母圣心会在阿拉善旗的传教活动》,《电子科技大学学报》(社科版)2008年第2期。

[154] 张彧：《晚清时期天主教会在内蒙古地区活动研究》,北京：中国社会科学出版社,2019年。

[155] 赵坤生：《近代外国天主教会在内蒙古侵占土地的情况及其影响》,《内蒙古社会科学》1985年第3期。

[156] 赵晓阳：《建国以来中国天主教史研究综述》,《中国史研究动态》2015年第5期。

[157] 周文佳：《民国初年"壬子癸丑学制"述评》,《河北师范大学学报》(教育科学版)2011年第11期。

[158] 朱维铮：《十八世纪中国的汉学与西学》,《复旦学报》(社会科学版)1987年第3期。

[159] 庄宏忠：《清至民国天主教在蒙古地区的传播及其环境适应研究》,博士学位论文,复旦大学,2017年。

[160] 邹芙都、樊森：《西方传教士与中国甲骨学》,北京：科学出版社,2015年。

[161] 邹国华：《解放前后天主教在巴盟活动的点滴》,中国人民政治协商会议临河县委员会文史资料室编：《文史资料选辑》第一辑,1983年。

［162］邹小站:《儒学的危机与民初孔教运动的起落》,《中国文化研究》2018年第4期。
［163］佐藤公彦:《热河金丹道起义》,宝力格译,《蒙古学资料与情报》1990年第1期。

后　记

时光匆匆，从复旦毕业已三年有余，这部博士论文如今能付梓出版，确实心存无限感激。我对圣母圣心会在华史以及闵宣化的研究兴趣始于就读硕士期间，当时闵宣化用荷兰文写的《中国语初范》深深地吸引了我，于是我开始搜集与这本书相关的种种史料，了解它背后的人与事，从此一发不可收拾。从中山大学毕业后，我立志继续从事荷兰语汉学家的研究，并且逐渐认识到来华圣母圣心会与比利时汉学有着千丝万缕的关系。这也让我深信，传教士汉学是欧洲——至少是比利时——认识和了解中国的一扇大门。我从来没有动摇过继续深造的意愿，即下定决心报考复旦大学文史研究院，拜董少新老师为师，来开展我对圣母圣心会和闵宣化更深一层的研究。而对此领域浓厚的兴趣是我得以持续研究的全部动力。

在复旦读博的第二年，我借暑假之机返比收集文献，但新冠突起肆虐，欧洲也随之封锁边境。就此，我再也无法回到复旦，一切研究只能在比国继续进行。好在我使用的文献资料大部分存于鲁汶，且受惠于现代科技，让我能与董师每日在线沟通，求教我在论文研究上遇到的各种问题和疑惑。董师不但把对史学的认识、研究的方法和文献考证的经验毫无保留地传授给我，且在我滞留比国期间,仍不辞劳苦地每日在线指导我的研究。对董师的师恩师德,我心怀崇敬。因此,我现在始终保留着我的论文初稿,上面有董师密密麻麻的修改意见。我想这是对这位复旦恩师最好的留念。

在此,我也要感谢在论文预答辩和正式答辩中带给我无限支持和帮助的老师们,他们是史学界各领域的专家。诸位老师在结构、语言、文献运用、逻辑方法和研究方向上为我的论文提供了各种宝贵的建议。使我在论文的写作与本书的修订上受益匪浅。他们是复旦大学中国历史地理研究所的张晓虹所长,历史系的邹振环教授,文史研究院的吴玉贵教授、邓菲教授和王鑫磊教授,以及上海大学历史系的陶飞亚教授和华东师范大学历史系的顾卫民教授。而在鲁汶期间,在研究上带给我大力支持的韩德力神父是我最为感恩的。我每次返比,年过九旬的韩院长都与我促膝长谈,关心我博士研究的各项进展。韩院长不但在研究上鼓励我,且积极为我联系相关人员和各国的档案机构,帮助我收集各种难以获取的文献资料。没有韩院长的无私支持和协助,我想这部专著很难面世。此外,鲁汶大学天主教历史档案与文献研究中心(KADOC, KU Leuven)的Patricia Quaghebeur女士、Let Smets女士,司各特纪念图书馆(Scheut Memorial Library)的王挺怡女士以及鲁汶大学东亚图书馆(Oost-Aziatische Bibliotheek)的华贝妮女士(Benedicte Vaerman),她们悉心帮助我寻找所需资料,并在使用上提供各种便利,实在有感于心。

最后,我应该提及对本书从始至终进行耐心校对的徐卓聪编辑。作为本书的责编,徐先生在工作上认真负责,在文稿内容、文字润饰、脚注核对和人物考证等方面都作了极为细致的查证并给出了合理的修改意见,帮助我减少了诸多书稿中的错讹和笔误。对此本人表示衷心的感谢。

一部著作的问世，作者的背后有一群恩人的支持。没有他们，我实在不敢想象自己会写出这洋洋洒洒的数十万字。我也很庆幸，如今在鲁汶大学南怀仁研究中心已工作了三年有余，对荷语传教士汉学、中比关系、天主教在华传教史的研究兴趣始终不减，且愈发浓厚。这也许就是天意。我当然不会辜负上天对我的安排，及赋予我的机会和能力，我力争尽己所能，在不久的将来，能够给培育我的祖籍国、学术界以及富有深厚历史的中国教会作出更多有价值的贡献。

郑永君
2024 年 10 月 18 日
写于秋叶满园的鲁汶大学

复旦全球史书系·东西之间丛书

《首位华人主教罗文炤研究》
　　［西］保罗·罗伯特·莫雷诺 著　董少新 修订

《信风万里：17世纪耶稣会中国年信研究》
　　刘耿 著

《18、19世纪药材知识的跨文化传播：一部从中国出发的自然知识史》
　　［韩］安洙英 著

《比利时来华圣母圣心会及其荷语汉学家闵宣化（1886—1976）研究》
　　［比］郑永君 著

图书在版编目（CIP）数据

比利时来华圣母圣心会及其荷语汉学家闵宣化(1886—1976)研究 /（比）郑永君著. -- 上海：上海古籍出版社，2025.2. --（复旦全球史书系 / 董少新主编）. ISBN 978-7-5732-1374-7

Ⅰ. B979.2

中国国家版本馆 CIP 数据核字第 2025CX6847 号

复旦全球史书系·东西之间丛书

比利时来华圣母圣心会及其荷语汉学家闵宣化(1886—1976)研究

（全二册）

［比］郑永君（Simon Yongjun Zheng） 著

上海古籍出版社出版发行

(上海市闵行区号景路159弄1-5号A座5F 邮政编码201101)

(1) 网址：www.guji.com.cn
(2) E-mail: guji1@guji.com.cn
(3) 易文网网址：www.ewen.co

启东市人民印刷有限公司印刷

开本 890×1240 1/32 印张 19.5 插页 13 字数 478,000

2025年2月第1版 2025年2月第1次印刷

ISBN 978-7-5732-1374-7

B·1436 定价：89.00元

如有质量问题，请与承印公司联系